JN193376

現代の信託法

アメリカと日本

樋口範雄
神作裕之 編

石川優佳・小山田朋子・加毛 明
佐久間毅・田中和明・溜箭将之
松元暢子・萬澤陽子 著

弘文堂

はしがき

　前作『現代の代理法——アメリカと日本』が刊行されたのは 2014 年 1 月のことである。代理法第 3 次リステイトメント（2006 年）を素材に、2011年から 2 年間、公益財団法人トラスト 60 の支援を受けて、研究会が行われ、リステイトメントの原文と和訳とともに 10 章から成る論文集が上梓された。

　その際の企画段階では、信託法第 3 次リステイトメントを題材とする考えもあった。だが、2011 年時点では、まだ第 3 次リステイトメントが完成されておらず、最後の部分が未完であった。それなら、アメリカ法上、あるいは広く英米法上、同じ fiduciary relation （信認関係）の 1 つとして重要な代理関係について、すでにリステイトメントの最新版が出されているので、それをまず研究対象にしようと考えたわけである。

　その研究成果が 1 冊の本となり、2012 年に信託法第 3 次リステイトメントの第 4 巻が公表されて完成し、満を持して、2013 年 12 月から 2017年 3 月まで 3 年あまりの期間に 36 回の研究会を行った。その間、われわれの研究を継続的に支援してくれる公益財団法人トラスト 60 は、2014 年に公益財団法人トラスト未来フォーラムと名称を変え、2017 年には 30 周年記念論文集である『信託法制の新時代——信託の現代的展開と将来展望』（能見善久・樋口範雄・神田秀樹編著・弘文堂）も刊行された。

　さて、本書は、以上のような経緯を経て、現代のアメリカ信託法の基本資料である信託法第 3 次リステイトメントを中心にして、今後の信託法を考えるために編まれたものである。前作と同様、10 編の論文から成り、それぞれの論文の中にはアメリカの統一信託法典に焦点をあてたものや、「アメリカと日本」を越えてイギリス法との比較を試みたものもある。

　アメリカにおいては、第 2 次リステイトメントが公表された 1957 年以降、信託法について大きな動きが 3 つあった。

第1に、信託財産の運用について、いわゆる prudent investor rule が原則となり、従来よりも積極的で合理的な運用をすることが基本とされた。この原則の内容は、信託法第3次リステイトメントのうちでもいち早くまとめられて 1992 年に公表された。わが国でも、早川眞一郎訳『米国信託法上の投資ルール──第3次信託法リステイトメント：プルーデント・インベスター・ルール』〔トラスト 60 研究叢書〕（学陽書房・1996）として翻訳がなされている。

第2に、アメリカでは信託の利用法として、遺言に代わって裁判所を通さない財産承継手段として生前信託（撤回可能信託）が主流となり、家族信託と呼ばれるように、多くの人に利用されるようになった。イェール大学のラングバイン教授が nonprobate revolution と呼ぶような、相続に関する一種の革命が信託を中心に起こった。

第3に、これらの動きを受けて 2000 年には統一信託法典（Uniform Trust Code）が作られて、新たな投資原則を組み入れるとともに、撤回可能信託を原則とするような、新たなモデル法となった（大塚正民・樋口範雄編著『現代アメリカ信託法』（有信堂・2002）の巻末に条文翻訳が掲載されている）。2018 年現在、このモデル法案は 32 州の州議会と連邦直轄地であるワシントン（コロンビア特別区）で採択されている。

信託法第3次リステイトメントはこれらの動きを背景にして 2012 年に最後の第4巻が公表された。1992 年の prudent investor rule も組み入れて、条文数 111 の4巻本である。

主任レポーターは、カリフォルニア大学・バークレイ校の Edward C. Halbach, Jr. 教授、それに、エモリー大学の Jeffrey N. Pennell 教授、ハワイ大学の Randall W. Roth 教授、アイオワ大学の Thomas P. Gallanis 教授が補助レポーターとなって完成させた。

このリステイトメントを面前において、3年の間、前回のメンバーに松元さんと田中さんを加えて、ともに研究会を重ねるのは一同にとって何よりの貴重な機会だった。事務局の海川志保さんによる工夫を重ねた毎回のお弁当も、いつも楽しみだった。支援をしてくださったトラスト未来フォーラムに重ねて感謝申し上げる。リステイトメントの翻訳許可も今回はま

ったくスムーズで、相手方の American Law Institute の弁護士とも 1、2 度のメールのやりとりで許可が得られ、本書の巻末に条文翻訳を掲載することができた。もちろん、弘文堂の北川陽子さんにも感謝したい。本書が、今後の日本の信託法と信託の発展に何らかの寄与ができればと心から願って、はしがきとする。

　　　2018 年 8 月 15 日

樋口範雄・神作裕之

なお、メンバーの名前と 2018 年 8 月現在の所属を掲げる。

石川優佳（大阪学院大学准教授）

小山田朋子（法政大学教授）

加毛　明（東京大学准教授）

神作裕之（東京大学教授）

佐久間　毅（同志社大学教授）

田中和明（三井住友トラスト・ホールディングス・三井住友信託銀行法務部アドバイザー）

溜箭将之（立教大学教授）

樋口範雄（武蔵野大学特任教授）

松元暢子（学習院大学教授）

萬澤陽子（専修大学准教授）

目　次

第1章

委託者による信託支配——英米比較　　　　溜箭将之

I　はじめに

　アメリカとイギリスの信託を比較して、顕著な違いがみられるのが、委託者による信託支配に対する態度だといわれる。アメリカでは、委託者による財産の処分（贈与）の自由が重視されるのに対し、イギリスでは、財産を受け取った受益者による処分の自由が重視される[1]。

　こうしたアプローチの違いを象徴的に示すのが、受益者全員の合意で信託を終了できるか否かに対する対応である。イギリスの伝統的な信託法理によれば、受益者は、全員が行為能力を有し、互いに合意すれば、受託者に対し、信託財産を自分たちに引き渡すよう指示できる。そして受益者は、信託設定に付された拘束、目的、注意または条件に服さない形で、当該財産を取得できる。この法理を示した *Saunders v Vautier* 判決（1841年）[2]は、今日でもイギリスの重要判例とされる。

　これに対してアメリカの裁判所は、マサチューセッツ州最高裁の Claflin v. Claflin 判決（1889年）[3]以来、イギリスと異なる立場をとってきた。

---

1)　Robert H. Sitkoff, *Trust and Estates: Implementing Freedom of Disposition*, 58 Sᴛ. Lᴏᴜɪs L. Rᴇᴠ. 643 (2014); Joshua Getzler, 'Transplantation and Mutation in Anglo-American Trust Law' (2009) 10 Theoretical Inquiries in Law 355; Lawrence M. Friedman, *The Dynastic Trust*, 73 Yᴀʟᴇ L. J. 547 (1964); Austin Wakeman Scott, *Fifty Years of Trusts*, 50 Hᴀʀᴠ. L. Rᴇᴠ. 60, 71 (1937); 樋口範雄『アメリカ信託法ノートII』（弘文堂・2003年）319-32頁、神作裕之「信託の基礎的変更」大塚正民・樋口範雄編著『現代アメリカ信託法』（有信堂高文社・2002年）186頁、189-91頁。

2)　4 Beav. 115 (1841).

3)　20 N.E. 454 (Mass. 1889).

受益者が信託財産についてすべての絶対的権原を有するに至っても、委託者の定めた受益権の分配時期が到来していなければ、分配を受けることはできない。マサチューセッツ州最高裁は、委託者が自らの財産を処分する自由を有することを強調し、委託者は、自ら適切と思うような制限や制約を付すことができ、そうした意図は、法や公序良俗に反しない限り実現されるべきだと判示した。こうした態度は、その後のアメリカの裁判所でも維持され、第3次リステイトメントにも引き継がれている。

　委託者による財産処分の自由を強調するアメリカと、受益者による処分の自由を重視するイギリスとの違いは、リステイトメントのカバーする幅広い論点を貫いている。アプローチの違いは、信託の終了に留まらず、変更にも及び、さらに受託者による費用・報酬請求にも影響を及ぼしている。さらに、こうした違いは、アメリカの浪費者信託とイギリスの保護信託の違い、リステイトメントの構造を大きく変えたとされる撤回可能信託の位置づけ、さらには近年世界的に論争を呼んでいる資産防衛信託の発展のしかたにも関わってくる。

　本章では、信託の終了・変更の場面から始めて、以上の諸論点につき、アメリカのリステイトメントや統一信託法典とイギリスの判例法とで比較してゆく。歴史的な視点や信託起案実務にも目を配り、これらの論点間の相互連関に留意しつつ、英米の信託イメージの違いを浮き彫りにする。ただし、英米を比べるにあたって、理念上の対比が過度に強調されてもならない。イギリスの財産所有者も、信託設定に際し、自らの財産の行方をコントロールしたいと思うのが自然である。リステイトメントの規定とイギリスの立法や判例法理を詳細に比べると、実際に結論が異なる場面が限られていたり、信託の起案によって実質的に同じ帰結が導かれたりすることも多い。こうした微妙な異同にも気を配りつつ、比較を進める。

　英米で異なるアプローチがとられる契機となったのは、19世紀後半のアメリカにおける信託の社会的役割の変化だということができる。以降、イギリスにおいても、アメリカにおいても、信託を取り巻く環境や信託財産の性格の変化に伴い、信託法理や信託起案実務の想定する委託者像や受託者像も変化を続けている。こうした変化は、信託法制の伝播や信託実務

の国際的な競争とともに、英米、コモンウェルス、さらにはアジアへと及んできている。Ⅶでは、信託法理のグローバルな変化と相互作用に触れつつ、本章の英米比較の日本法にとっての示唆を導くことにする。

II　信託の終了・変更

1　信託法第3次リステイトメントの定め

　アメリカの判例法では、信託の終了または変更が信託の重要な目的と相容れない場合には、受益者は委託者の同意なしには、信託の終了または変更を強制できないとされてきた。これを規定したのがリステイトメント65条である。

第65条　受益者の同意による信託の終了または変更

(1)　第(2)項に定められた場合は別として、撤回不能信託のすべての受益者が同意すれば、信託を終了または変更することができる。

(2)　第(1)項による信託の終了または変更が信託の重要な目的と矛盾する場合には、受益者は信託を終了または変更することができない。ただし、委託者の同意を得るか、または委託者の死亡後であれば、裁判所が終了や変更の理由が信託の重要な目的を凌駕するほどのものであると判断し許可した場合を除く。

---

　(1)項が、全受益者が合意すれば信託の終了または変更できるとの原則を示し、(2)項がその例外を示す規定となっている。この(2)項が、イギリスとは異なるアメリカの立場を規定したものである。

　リーディング・ケースの Claflin v. Claflin 事件（1889年）[4]では、委託者が遺言信託を設定し、受託者に対し、遺産を処分し、その収益を妻の Mary と子の Clarence と Albert に3分の1ずつ分配するよう指示した。その際に Albert については、21歳の時に1万ドル、25歳に達したらまた1万ドル、そして30歳に達したら残金をすべて支払うよう指示していた。しかし Albert は25歳に達する前に訴えを提起、受託者に対して信託財産

4）　149 Mass. 19, 23; 20 N.E. 454, 456 (1889).

の全額を自分に支払うよう求めた。マサチューセッツ州最高裁は、イギリスの判例によればこの請求が認められることを認めつつ、結論としてはAlbert の請求を退けた下級審の判断を支持する判決を下した。判決は、委託者が自らの財産を処分する自由を有することを強調し、委託者は、自ら適切と思うような制限や制約を付すことができるとしている。そして、こうした委託者の意図は、法や公序良俗に反しない限り実現されるべきだと判示したのである。

　その後のアメリカの判例は、委託者による信託のコントロールを認めることをよしとする立場を強調してきた。リステイトメントは、そうした自己認識を明確に示す判例を引用している。たとえば、ニュージャージ州の大法官部裁判所は、Speth v. Speth 事件（1950 年）[5]において、

> 　「アメリカの判例は、法の許容する範囲内で、贈り手が贈り物に条件を付ける特権に重きを置く。……イギリスの裁判所は、信託財産の実質的な所有者である受益者が、それを自分たちの判断で、自分たちの望みどおりに処分できるということに、主要な関心を集中させる」

と述べている。アメリカの立場がイギリスの伝統的な立場から外れることも意識されている。このことは、次の Mesce v. Gradone 事件（1948 年）[6]でも明確である。

> 　「イングランドの判例は、信託財産に対する委託者と受益者の権限について、我々と根本的に異なる見方を取るゆえに、この州では拘束力を有しない。イングランドでは、信託受益者が一致して行為すれば、委託者の意図を無に帰することになる場合でも、信託を終了できる。……わが州で結論を決めるのは、委託者の意図であって、受益者の望みではないのだ。」

　なお、第3次リステイトメントは、第2次と比べ、受益者全員の合意による信託の終了・変更を容易にしている。それが(2)項の中段で、委託者の死後であれば、信託の終了・変更の理由が信託の重要な目的と相容れない場合でも、当該重要な目的を上回る場合には、裁判所が許可すれば信託の終了・変更が許される。しかし、これには異論も強く、統一州法典 411 条

---

5 ）　8 N.J. Super. 587, 592 (1950).
6 ）　1 N.J. 159, 165 (1948).

はこの立場をとっていない[7]。

　さらに近年はアメリカでも、信託デカントと呼ばれる、柔軟な信託変更の手法が広がってきた。これは、古いワインをデカンターに移すように、古い信託の財産を新しい信託に移転し、新しい信託条項の下での財産の運用を認めるものである。すでに全米の半分の州が信託デカント立法を有し、2015 年には統一州法も公表されている[8]。これらの立法では、Claflin 法理と異なり、裁判所の関与なしに、受託者が受益者に通知するだけで実質的に信託を変更できる。しかし、信託デカントは、信託の柔軟な変更といっても受託者の有する裁量権の範囲内に限られ、委託者の意図から離れて信託財産の処分方法を変更するものではない。あくまで、委託者の重要な意図を、状況に応じて最も効果的に実現することが、デカントの目的として強調される[9]。

2　イギリスとの比較

　アメリカと対照的な立場をとるイギリスのリーディング・ケースが、*Saunders v Vautier* 事件（1841 年）[10]である。この事件で示された準則が、今日でも Saunders 法理として知られる。すなわち、受益者は、全員が行為能力を有し、互いに合意するのであれば、受託者に対して信託財産を自分たちに引き渡すよう指示することができ、信託設定に付された拘束、目的、注意または条件に服さない形で、当該財産を取得できる。

　さらにイギリスでは、1958 年信託変更法[11]により、裁判官に対し、信託に利益を有する未成年や無能力者、将来または将来の条件成就を条件に信託に利益を有する者、まだ生まれない者、また保護信託（後述 III 2）により受託者の裁量により権利を認められ得る者のために、信託を変更または終了、または受託者の信託財産の管理運用権限を拡充する裁量権を与え

7）　Uniform Trust Code § 411, comment.
8）　Uniform Trust Decanting Act of 2015. 溜箭将之「2015 年統一信託デカント州法 Uniform Trust Decanting Act」信託法研究 42 号（2017 年）155 頁参照。
9）　Uniform Trust Decanting Act, Prefatory Note, at 1.
10）　4 Beav. 115（1841）.
11）　Variation of Trusts Act 1958, c 53.

ている。

　イギリスの裁判所は、この立法の下で、受益者の中にまだ生まれていない者がいる場合であっても、その利益に反しない限り信託を変更することができ、またそれが委託者の意図に反する場合でも認められるとしている。具体的な判例として、*Goulding v James* 事件（1997 年）[12]における控訴院判決がある。この事件では、委託者が生前信託を設定し、娘 Jane に生涯権、Jane の息子（委託者の孫）Marcus に 40 歳に達した時点で残余権を与える旨定めた。Marcus が 40 歳に達する前に亡くなった場合には、その時点で存在する Marcus の子に残余権を与えると定められた。委託者が亡くなってしばらくして、Jane と Marcus は共同で裁判所に申立てを行い、信託の変更を求めた。Marcus にはまだ子が生まれていなかったので、1958 年信託変更法に基づき、裁判所の裁量権行使を求めた。そして Jane と Marcus は、資産の 45％ずつを直ちに受け取り、Marcus の子はまだ生まれていないが、資産の残る 10％をその子を受益者とする信託を新たに設定することを提案した。第一審裁判所はこの提案を退けたが、控訴院はこれを覆し、信託の変更を認めるべきだと判示した。委託者は、Jane とその夫に不信感をもっており、Jane に生涯権以上の利益を与えないために本信託を設定したので、提案された変更は委託者の意図に明らかに反する。しかし、Jane と Marcus はそれぞれ行為能力のある成人であり、委託者の意図に反してでも自らの受益権を処分する権利を有する。他方で委託者にとって、まだ生まれていない Marcus の子への配慮はそれほど重要でなく、信託財産の 10％について新たに Marcus の子を受益者とする信託をすることで、Marcus の子の利益は十分に守られる。第一審裁判所が委託者の意図を参酌したのは、裁量権の逸脱だと判示したのである。

　こうしてイギリスは、サンダース法理を制定法に基づく信託の変更にも拡張し、委託者の意図に反していても、信託の変更を認める立場を明確にしてきた[13]。ここでは、信託を設定し枠組を作るのは委託者であっても、

---

12)　[1997] 2 All ER 239（CA）.

13)　Peter Luxton, 'Variation of Trusts: Settlor's Intentions and the Consent Principle in Saunders v Vautier' (1997) 60 MLR 719.

これを法的にエンフォースするのは受益者であるという信託像が維持されている。こうした前提に立つイギリスの法律家にとっては、受益者によるコントロールを奪うアメリカのクラフリン法理は、伝統的な信託法理からの逸脱にほかならない[14]。

3 違いはそこまで大きいか？

イギリスでもアメリカでも、イギリスのサンダース法理とアメリカのクラフリン法理は、英米間でみられる対照的な信託理念を体現するものとして理解されている。端的にいえば、アメリカの信託では委託者の意図によるコントロールが貫徹するのに対し、イギリスでは、信託財産は受益者のものとされ、受益者は委託者の意図に反する形でも受益権を処分できる。

しかし、この理念的な対照性が、実際の信託の運用にどの程度の影響を与えるかは、慎重に見極める必要がある[15]。イギリスのサンダース法理は、1958年信託変更法で拡張されたといえ、受益者1人が、または全受益者が合意して、信託財産について絶対的な物権的権利を処分できる状況が成立することは稀である。こうした場面は、受託者に財産分配上の裁量権を与えることが一般的になっている近年、さらに成立しにくくなっている。

第3次リステイトメント65条も、委託者の同意を要する場合を「信託の重要な目的」に適合しない場合に限定しており、また委託者の死亡した場合でも、「信託の重要な目的」に適合しなくても、これを上回る理由があれば裁判所の許可により信託の終了・変更を可能にしている。すなわち「信託の重要な目的」解釈や裁判所の判断次第では、信託の終了・変更が認められる余地がある。

実際、アメリカのクラフリン法理とイギリスのサンダース法理の中間に落ちるような事例が、第3次リステイトメントにも引用されている。その1つが、Ambrose v. First Nat'l Bank 事件（1971年）である[16]。

---

14) Getzler (n 1), at 375.

15) 加毛明「信託の変更・終了 Claflin v. Claflin; *In re* Estate of Brown」アメリカ法判例百選（有斐閣・2012年）第109事件。

16) 87 Nev. 114, 119-20 (Nev. 1971). *See* Restatement (Third) of Trusts § 65, Reporter's Note to cmt. d.

　「本裁判所は、アメリカのリーディング・ケースである Claflin v. Claflin 判決が、本件信託に適用になるという議論には説得力を認めない。……同判決は、委託者の本来の目的全体を考慮せずに機械的に適用されると、恣意的な結論を示すことになる、というのが本裁判所の考えである。本件では、委託者の本来の目的は、自らの浅はかな行為から資産を守ることにあった。これは、信託文書の書き出し部分から説得力をもって読み取ることができる。委託者の死亡後、娘が資産の恩恵を享受するのを遅らせる理由は、信託文書に一切示されていない。娘が 21 歳から 28 歳の間の扶養についての用意もなされていない。娘がこの間に死亡したら、資産の元本の恩恵を享受することができなくなってしまう。こうした諸々の要素と、人が他に利害関係者のない財産を利用・処分しようとするのを制約すべきではないという公的な政策を合わせ考慮した結果、信託の終了を宣言し、受益者が信託の運用を継続することに伴う費用を負担せずに済むようにすべきだ、と結論づける。」

　このように裁判所は、クラフリン法理は機械的に適用すべきでないとして、委託者の意図の貫徹とバランスされるべき考慮として、すでに絶対的な物権的権利を得た受益者が死者の手によって拘束されることの弊害を指摘したのである。

III　浪費者信託

　浪費者信託は、受益者による受益権の移転（任意譲渡）と、受益者の債権者による受益権の差押え（非任意・強制的譲渡）をともに禁ずる定めを有する信託のことをいう。委託者が受益者による受益権の処分を封ずる点で、委託者の財産処分の自由と、受益者による受益権処分の自由との間に緊張関係が生ずる。ここでも、信託の終了・変更と同様に、委託者の自由を強調するアメリカと、受益者の自由を保持するイギリスとで、判例法は対照的なアプローチをとってきた。

　歴史的にみると、アメリカで浪費者信託を肯定した判例法理の展開は、受益者による信託の終了・変更を封じた Claflin 判決に先行していた。Claflin 判決では、結論を正当化するにあたって、浪費者信託を認めた判例を引用し、委託者の財産権処分の自由を強調したのである。

　以下では、まずリステイトメントの定めを確認し、これと対応するイギリスの判例と比較したうえで、判例法理の展開した歴史的経緯にさかのぼる。

1　リステイトメントの定め

　リステイトメントは、次のように定め、浪費者信託の効果を一般的に認めている。

第 58 条　浪費者信託：有効性および一般的効果

(1)　第(2)項に定める場合は別として、かつコメント b のルール（所有権等価性）および第 59 条による例外はあるものの、信託条項において、受益権が受益者によって譲渡できないことまたは受益者の債権者によって差し押さえられないことが定められている場合、受益権の任意譲渡および強制譲渡に対する当該制限は有効である。

(2)　信託の委託者が自らに受益権を留保した場合、受益権に関する任意譲渡または強制譲渡に対する制限は無効である。

　ここでは、浪費者信託を一般的に認めたうえで、いくつかの例外を示している。(2)項は、委託者が、自らの受益権について譲渡制限を加えた場合には、これは無効としている。さらに、委託者が生涯権を有するとともに一般的な権利取得者指名権を有する場合には、委託者が信託財産に対し所有権相当の権利・権原を有しているとして、委託者の債権者は、委託者の受益権だけでなく、信託財産にかかっていくことができる[17]。

　続く 59 条は、これに加え、(a)子ども、配偶者もしくは元配偶者の扶養請求権、(b)受益者の必需品もしくは必要的サービス、または受益権の保護のために提供されたサービスもしくは商品に関する請求権について、浪費者信託による受益権の保護の例外としている。ここには、浪費者信託の保護を受ける受益者とその扶養義務を負う相手とのバランス、また浪費者信託で受益者による信託財産の費消を防ぐ便益と信託受益権の維持に必要な費用を確保する便益とのバランス、といった政策的な考慮が働く。

---
17)　Restatement (Third) of Trusts § 58, cmt. b. この点は、後述（V）の撤回可能信託の委託者債権者の立場と関わってくる。

　不法行為債権者が浪費者信託による受益権の保護の例外となるかについて、リステイトメントの立場は明確でない。ミシシッピ州最高裁は Sligh v. First National Bank 事件（1997 年）[18] において、不法行為法に基づく請求権については、浪費者信託によっても受益権を隔離できないとの判断を下し注目された。しかし、同州の立法府は、この判決を否定する立法を成立させた。また、ニューハンプシャー州最高裁は、Scheffel v. Krueger 事件（2001 年）[19] において、Sligh 判決と反対の立場をとった。統一信託法典も、浪費者信託の例外に不法行為債権者は含めていない[20]。

　浪費者信託と信託の終了・変更との関係が問題となる場面として、浪費者信託の定めがある場合に、受益者が全員成人しておりかつ全員同意すれば、信託を終了・変更できるかという論点がある。この点につき、第 2 次リステイトメントでは、浪費者信託の定めは、直ちに信託の重要な目的にあたるとして、変更ができないとしていた。しかし今日、浪費者信託の定めは定型文言として信託文書に取り込まれ、委託者自身が大して重視していない場合も多い。このため、第 3 次リステイトメントは、浪費者信託の定めは、信託の重要な目的だとは推定されないとして、第 2 次から立場を変更している[21]。

　しかしこの立場に対しては、批判も強い。統一州法典は、当初は第 3 次リステイトメントと同様の立場をとり、浪費者信託の定めは信託の重要な目的と推定しないとしていた。しかし、州によっては従来の判例法との齟齬が問題とされるなど批判が強まり、統一州法典は 2004 年に改正され、これを定めた 411 条(c)は各州の選択に委ねられ、統一は断念された[22]。

2　イギリスの保護信託との比較

　イギリスは浪費者信託を認めていない。しかし、実質的に受益者を債権者から保護する手段として、伝統的に保護信託（protective trust）が認め

---

18)　704 So.2d 1020（Miss. 1997）.
19)　146 N.H. 669, 782 A.2d 410（2001）.
20)　Uniform Trust Code § 503.
21)　Restatement（Third）of Trusts § 65, cmt. e.
22)　Uniform Trust Code § 411(c).

られてきた。これは次のようなものである。受益者の生前は収益を支払う
が、元本については手を付けられないような信託を設定し、当該受益者の
破産または不当な受益権の譲渡が行われようとした場合には、信託が終了
し、信託財産は、委託者または新しい信託の受託者に移転される。この新
しい信託の下で、場合によっては受託者の裁量権によって、破産した受益
者またはその家族への扶養のための支払もできる。

　この保護信託を認めたイギリスのリーディング・ケースが、*Brandon v
Robinson* 事件（1811 年)である[23]。この中でのエルドン卿による次の判示
は、アメリカでもしばしば引用される。

　　「財産を贈与するにあたって、譲受人が破産するまでという制限を付ける
　　ことは、疑いなく認められる。財産を処分するにあたって、譲受人が破産す
　　るまでと、破産が終了して以降に受益権を享受できるとするのは、譲受人に
　　生涯権を与えつつ当該財産を売却または譲渡してはならないと但し書きを付
　　すのとは、全く異なるのである。」

　エルドン卿は、破産とともに贈与が終了することと、破産の影響を避け
る形で贈与された財産の譲渡の禁止を区別したうえで、前者の保護信託は
肯定したが、後者、すなわち今日のアメリカの浪費者信託にあたる受益権
の譲渡禁止は否定したのである。

　保護信託は 19 世紀後半から 20 世紀初頭のイギリスで非常に好評だった
とされる。このため、1925 年受託者法では、保護信託の定型書式を規定
した条文が設けられることになった。同法 33 条によれば、保護信託を設
定したい委託者は、信託文書に「保護信託」と記載すれば、この定型書式
が適用になることになる[24]。

　イギリスでは、保護信託であってもサンダース法理が適用になる。すな
わち、保護信託の定めがあっても、受益者全員が成人しており、互いに合
意すれば、保護信託の制約なしに、全信託財産の引き渡しを求めることが
できる。この組み合わせは、イギリスにおいてはアメリカと対照的に、委
託者としては、浪費癖のある受益者を保護する意思を貫徹することが難し

---

23)　(1811) 18 Ves. Jr. 429, 433–34, 34 Eng. Rep. 379, 381 (Ch).
24)　Trustees Act 1925, ch 19, s 33.

いことを意味する。したがって浪費者保護の場面でも、イギリスはアメリカと比べ、受益者に相対的に強いコントロールを与え、また受益者の債権者がかかっていきやすくしており、総じて財産の譲渡を促進する傾向が強いことを見て取ることができる[25]。

　しかし、イギリスの保護信託をアメリカの浪費者信託と比べた時に、帰結においてどれほど差があるかといえば、それは限られている。イギリスの保護信託とアメリカの浪費者信託で違いが出るのは、受益者が受託者に対して分配を求める現在的な権利を有している局面に留まる。アメリカ判例法の特徴は、受益権が現在的権利であっても、その移転を禁じ、債権者による差押えを封ずることができる点にある[26]。イギリスではこれは認められず、それがサンダース法理の帰結なのではあるが、現在的権利でなければ保護信託で保護されるし、他方で受益権の分配を受託者の裁量に委ねてしまえば、現在的な権利という形を経ずに、実際の信託財産の分配が行える。

　実際、今日のイギリスでは、保護信託の重要性は縮小している。アレンジが複雑で受託者が管理するのに手間がかかるため、また正当な理由があっても受益権を換価できず不都合が生ずるためともいわれる[27]。むしろ近年、イギリスでの受益者保護は、裁量信託の形式をとるのが一般的になっている。裁量信託はアメリカでも多用されるようになっており、この点の英米の異同については、後に VI 1 で取り上げる。

3　英米における法理の交錯と発展

　浪費者信託と信託の終了・変更の場面において、英米の立場が徐々に分岐してきたのは、19世紀アメリカにおける判例の発展による[28]。

---

25)　Getzler (n 1), at 373.

26)　Sitkoff, *supra* note 1, at 661.

27)　Getzler (n 1), at 360 (citing Graham Moffat with Gerry Bean & John Dewar, *Trusts*, 258-80 (4th ed. 2005)); James Kessler QC and Leon Sartin, *Drafting Trusts and Will Trusts* (10th edn, Sweet & Maxwell 2010), at 5.3.

28)　以下の記述については、Lawrence Friedman, Dead Hands: A Social History of Wills, Trusts, and Inheritance Law, 101-07, 115-23 (2009)に依るところが大きい。

　18世紀までのアメリカでは、イギリスのエクイティ裁判所に対する警戒が強く、裁判所にコモン・ロー上の管轄権しか与えないことが多かった。エクイティ法理は認められないか、その管轄権が立法府に割り当てられ、民主主義的なコントロールに服すとされることもあった。実際にニューヨーク州やペンシルベニア州などでは、早い時期から浪費者信託が認められたが、これは立法を通じてなされている。マサチューセッツ州でも、裁判所にエクイティ上の管轄権が与えられたのは1817年のことで、これも当初はごく限られた分野であったのが、徐々に拡張されていった。

　しかし、19世紀を通じアメリカの産業が発展するとともに、アメリカでも資産家層が形成され、彼らの財産を安定的に維持管理する信託業が広がっていった。とりわけマサチューセッツ州では、信託業の発展したボストンを中心に、ボストン・トラスティと呼ばれる専門家受託者集団が形成された。これに対応して、マサチューセッツ州の裁判所は、彼らの実務に即した信託判例法理を集積させていった[29]。ボストンに接するケンブリッジにはハーバード大学があり、アメリカを代表する信託法研究者を出しているが、彼らがマサチューセッツ州裁判所の判例に厳しい批判を加えることもあった。

　19世紀初頭のアメリカの裁判所は、イギリスの判例法に従うことが多かった。アメリカの裁判所も、受益者を債権者から保護する手段として、イギリスの保護信託法理を採用している。マサチューセッツ州裁判所もBraman v. Stiles事件（1824年）[30]において、3人の息子がいる委託者が遺言で信託を設定し、1人の息子について、その財産を残る2人に託し、「彼の安楽と有利のために、2人の最善の判断と裁量により」これを管理するものとした事案で、この受益者の債権者は、受益権にかかっていくことはできない、と判示した。

　アメリカの判例法理がイギリスから離れるきっかけとなったのが、アメ

---

29) THOMAS E. BATOR & HEIDI A. SEELY, THE BOSTON TRUSTEE: THE LIVES, LAWS & LEGACY OF A VITAL INSTITUTION 70-82(2015).

30) 19 Mass. 460 (1824).

リカ連邦最高裁の Nichols v. Eaton 判決（1875 年）[31]である。この判決は、結論としては Brandon 事件に代表されるイギリスの判例に従い、保護信託を有効と認めた。しかし、Miller 裁判官は判決の中で、保護信託を肯定した前述のエルドン卿の判示からさらに踏み込み、信託受益権の譲渡制限を正当化する長大な傍論を書いた。しばしば引用される判示を 2 か所引用しておこう。

　　「財産所有者は、当該財産を処分するにあたり自らの自由意思を行使するが、彼から対価なしに贈与を受けた者は、その財産を債権者への負債に服する形で保有しなければならず、愛情または雅量にあふれた遺言で与えられた恩恵も、債権者によってじき奪われざるを得ない。そのような法理を宣明する用意は、本裁判所にはない。」[32]

　　「親であれ、誰かを愛する人であれ、自分の財産を使って、自分が愛情を注ぐ対象の人を、人生の病であれ、運不運の波であれ、さらにはその人自身の不用意であれ、あるいは自らの利益を守れないといった事情であれ、そうした状況から守ってあげたいと思う、これが認められない理由はなかなか考えがたい。」

　財産所有者は、自分の財産を自由に処分でき、その帰趨も自由に制限できるのだとする、個人主義を前面に出した議論である。

　『財産権の譲渡に対する制限』（1883 年）[33]という書籍を出版し、信託の受益権の譲渡制限を認める傾向に断固反対したのが、当時ハーバード大学で物権法を講じていた John Chipman Gray である。グレイは、近視眼的な法の変更は危険だとして、任意の財産譲渡の制限と強制的な財産譲渡の制限に関する判例を総合的に検討しようと試みた。しかしグレイの努力にもかかわらず、この連邦最高裁の傍論の影響力は大きかった。足元のマサチューセッツ州最高裁は、初版の完成間近の 1882 年、Broadway National Bank v. Adams 事件（1882 年）[34]において、明確に浪費者信託を肯定する判決を下した。グレイが第 2 版を出した 1895 年までに、アメリカ諸州の

---

31)　91 U.S. 716 (1875).
32)　*Id.* at 725.
33)　JOHN CHIPMAN GRAY, RESTRAINTS ON THE ALIENATION OF PROPERTY (Boston Books 2d ed. 1895; 1st ed. 1883).
34)　133 Mass. 170 (1882).

裁判所は次々に浪費者信託を認めていった。

　グレイは第2版の序文で、アメリカ社会が浪費者信託を許容する要因を考察している。その中でグレイは、Miller 裁判官の判示が、アメリカ社会で強い説得力をもった可能性を認めつつ、より社会的な考察をしている。特権階級が、家族内の意思薄弱者や愚か者の行為によって権力や財産が失われることを防ごうとしたのだろうか。グレイはこれを否定している。借金棒引きを求めるポピュリズムも、アメリカ合衆国の成立に寄与したシェイズの反乱以来、マサチューセッツでは強くないという。最終的にグレイが浪費者信託が容認される重要な要素と考えたのが、当時の自由放任主義 (*laissez faire*) 契約の神聖性・個人の自由、といったものに対する反動である。そうした風潮は、初版から第2版の間に急速に強まってきた、という[35]。

　Claflin 判決（1889 年）もグレイの初版と2版の中間に下された。判決はイギリスの判例法と異なる結論を導くにあたり、本裁判所の判断は、遺言者は自らの財産を自らの望む通りの制約と制限とともに処分できてしかるべきだとする、Broadway National Bank 判決と一貫した考慮によるものだと明言した[36]。受益者が財産を自らのものとして保持した場合と、当該財産が受託者の手にある場合とで、それが費消されてしまう危険性は異なる以上、受益者による財産処分の制限は、無意味とはいえない、というのである。

　グレイは Claflin 判決についても、従前の法からこれほどあからさまに逸脱する判決はない、と強く批判する[37]。成人した受益者による信託終了の制限は、私的なアレンジによって法的責任能力の開始時を遅らせるもので、その意義は明らかでない。こうした形でのパターナリズムは、実に腹立たしく、倫理性を損なうものである、というのである。

　グレイから半世紀余り、ハーバード大学ロースクールの Erwin Nathaniel Griswold が、今日この分野の古典とされる『浪費者信託』（1936 年）

---

35)　JOHN CHIPMAN GRAY, RESTRAINTS ON THE ALIENATION OF PROPERTY (2d ed. 1895), at vii-viii.

36)　*Claflin*, 249 Mass., at 23; 20 N.E., at 456.

37)　GRAY, *supra* note 35, at § 1241.

を出版した[38]。グリスウォルドはグレイと対照的に、浪費者信託がアメリ
カで広がった理由を、Nichols v. Eaton 判決における傍論の個人主義に求
めている[39]。グレイがパターナリズムないし社会主義精神の顕れと憤った
ところを、グリスウォルドは逆に個人主義の行き過ぎで説明する。しかし
両者を比べると、こうした対照的な解釈は、コインの表裏を異なる個人の
主観で表現したに過ぎない。委託者が自由に譲渡禁止を付して贈与できれ
ば個人主義の強調であり、受益者による財産の費消を防ぐ観点からはパタ
ーナリズムである。19世紀後半のハーバードの教授が嫌ったのはレッセ
フェールに対する抵抗勢力だったし、20世紀前半のハーバードであれば
法の形式主義とこれと結びついた個人主義は過去の遺物だっただろう。

　Nichols 判決の Miller 裁判官による傍論を契機に、イギリスと異なる理
念系を打ち出したアメリカ判例法理の流れは、浪費者信託とクラフリン法
理へとつながっていった。こうした変化は、19世紀後半のアメリカ社会
の変容、とりわけ当時アメリカの富が集積し、信託業の発展したボストン
の状況と、そこでの受託者集団の利害から説明したほうが、説得的である
ように思われる[40]。クラフリン法理と浪費者信託は、資産家がバブルと不
況の繰り返す景気の波に左右されずに長期にわたって家産を管理・維持す
ることを可能にした。ボストン・トラスティたちにも、クラフリン法理と
浪費者信託には、受益者に妨害されずに、柔軟な財産管理を継続できるメ
リットがあった[41]。

　リステイトメントが述べているように、アメリカの判例法はイギリスの
判例法と一線を画し、コモン・ロー上の権利の譲渡制限を限定的に捉える

---

38)　ERWIN NATHANIEL GRISWOLD, SPENDTHRIFT TRUSTS: RESTRAINTS ON THE ALIENATION OF EQUITABLE
　　INTERESTS IMPOSED BY THE TERMS OF THE TRUST OR BY STATUTE (1st ed. 1936; 2d ed. 1947).

39)　*Id.* § 26 (1), at 22; § 29 (3), at 25. ただしグリスウォルドは、Nicholas v. Eaton の法廷意見を、
　　本来は Miller 裁判官であるところを、Thayer 裁判官と誤っている。Friedman, *supra* note 1,
　　at 573, n. 95.

40)　Friedman, *supra* note 1, at 582.

41)　BATOR, *supra* note 29, at 70-95. 永久拘束禁止則、浪費者信託、受託者報酬、クラフリン・ル
　　ール、プルーデント・マン・ルールといった諸論点について19世紀のマサチューセッツ州最
　　高裁の判例形成を俯瞰し、これらの諸法理が相互に作用して、資産家による信託の設定と受託
　　者による安定した財産管理をしやすい環境を醸成したと論じている。

一方で、信託受益者のエクイティ上の権利の譲渡禁止および差押制限について寛容な態度をとってきた[42]。これは、19世紀のアメリカ社会における富の蓄積の変化と、これに伴う裁判所の態度の変化を反映するものだった。

IV　英米の対照性の広がり

イギリスの保護信託を受け入れつつ大胆な傍論を展開した Nichols 判決から、Broadway National Bank 判決による浪費者信託の肯定、それからクラフリン法理の採用へ、という19世紀の判例の流れは、イギリスとは異なるアメリカ信託法アプローチを形成している。こうしたアプローチは、アメリカ信託法のさまざまな局面に現れる。

1　受託者の解任

委託者の選任した受託者や、信託の定めですでに選任された受託者を、受益者が解任したり、交代させたりできるか。この場面でも、委託者の信託設定の趣旨と受益者の希望とが衝突し得る。一般に英米とも、受託者の選任、解任、交代については、裁判所に裁量が与えられるが、その中でもアメリカ法は、委託者が信託を設定した目的の実現を重視する姿勢をとっている[43]。

リステイトメント37条は、受託者の解任について、信託の定めによる場合のほか、裁判所が一定の理由により解任することを認めている。具体的な解任事由としては、行為能力の喪失、受託者としての適格性の喪失（破産、体力減退、精神面での減退、薬物中毒、能力不足、信認義務や行為水準についての無理解などを含む）、相次ぐ情報提供の懈怠や遅延、詐欺などの不誠実さを示す罪を犯したこと、投資に関わる能力不足など、重大な事由が掲げられている[44]。これらの解任事由は、かなり重大なものが想定され

---

42)　Restatement (Third) of Trusts, Introductory Note to Chapter 12.
43)　Sitkoff, *supra* note 1, at 663.
44)　Restatement (Third) of Trusts § 37, cmt. d.

ており、受託者と受益者との間で対立があっても、信託の運用を妨げるほ
ど深刻なものでない限りは解任事由にならない[45]。

　受益者は、こうした理由なく受託者を解任することは、原則としてでき
ない。ただし、受益者全員が一致して信託を終了・変更できる限りにおい
て受託者を解任することができ、この場合にはクラフリン法理に沿って、
信託の重要な目的に反しない限り信託を変更して受託者を変更することに
なる[46]。その場合でも、リステイトメントは、受託者の変更が続いたりす
ると受託者の資質や独立性を損なったり、信託が当初想定した受益者保護
的な信託運用目的や重要な信託目的に反したりすることに対し、注意を促
している[47]。なお、受託者の解任を求める申立てを受けた裁判所は、委託
者による受託者の選任は尊重するものとされ、委託者の選任した受託者の
解任には、裁判所の選任した受託者の解任よりも慎重な態度をとるべきだ
とされ、こうしたところにも委託者の意向を重視する立場が表れている[48]。

　統一信託法典は、リステイトメントほど詳細な解任事由を掲げることな
く、受益者の利益と委託者の目的に沿った解任を認める立場をとっている。
同法典706条(b)項は、受託者の解任事由として、重大な信託違反、受託者
間の協力の欠如、受託者が信託の効果的な運用にとり不適格、意欲不足ま
たは一貫した懈怠があることなど、リステイトメントより軽い事由で解任
を認めている[49]。さらにこれに加え、受益者全員の一致により受託者解任
が請求された場合には、解任が全受益者の利益に最もよく資することと、
信託の重要な目的と齟齬しないこと、また適切な後任受託者がみつかるこ
とを条件として、受託者を交代させる裁量権を裁判所に与えている[50]。こ
のように、統一信託法典では、リステイトメントと比べても、クラフリン
法理の「信託の重要な目的」が直接的に考慮されている[51]。

---

45)　Restatement (Third) of Trusts § 37, cmt. e (1).

46)　Restatement (Third) of Trusts § 37, cmt. b ; § 65, cmt. f.

47)　*Id.*

48)　Restatement (Third) of Trusts § 37, cmt. f.

49)　Uniform Trust Code § 706 (b) (1)-(3).

50)　Uniform Trust Code § 706 (b) (4). なお、リステイトメントと異なり、信託変更の形式をと
　　って受託者を変更することはできない。Uniform Trust Code § 411, cmt.

51)　Sitkoff, *supra* note 1, at 663.

　これに対してイギリスでは、裁判所に広範な裁量権を与える伝統的な立場が維持されている。イギリスにおいて、受託者の解任は、伝統的に裁判所の固有権限（inherent jurisdiction）として認められてきた。解任権限は、受益者の福祉および受益者のための適切な信託運用を理念として行使される[52]。受益者と受託者の間の摩擦や敵対関係、共同受託者間の摩擦や敵対関係それ自体は、受託者解任の理由とはならないとされる。しかし、そうした摩擦や対立関係の原因が、信託財産の毀損が原因であったり、受託者としての権限行使の妨げになったりする場合には、裁判所は、受益者の利益のため、受託者を解任すべきとの判断を行うであろうとされる[53]。

　なお、イギリスでは、信託文書で特定の者に与えられた解任権は信認義務に服するとされる。すなわち、信託の定めにおいて、委託者に受託者解任権を与えることはできるが、委託者が受託者に対して信託財産を自分に引き渡すように求め、受託者がこれに応じなかったからといって、それだけの理由で受託者を解任し、自らの意向に従う受託者を選任することは、解任権の行使として無効だとされる[54]。ここにも、イギリス信託法において、信託ないし信託財産は受益者のものであるという基本原則が妥当していることをうかがうことができる。この点については、Vの撤回可能信託で扱う。

2　費用補償請求権

　今ひとつ、委託者のコントロールするアメリカと、受益者のコントロールするイギリスとで、理念系の対比が現れる論点が、費用補償請求権である。

　第3次リステイトメントは、受託者の報酬と費用補償請求権について、信託財産から報酬と費用補償を受ける権利があると定めるが、受益者からそうした報酬や費用補償を受けられるか否かについては定めを置いていない。

---

52)　Lynton Tucker, Nicholas Le Poidevin, and James Brightwell, *Lewin on Trusts* (19th edn, 2015), at 13-064.
53)　*Id.*, at 13-065.
54)　*Id.*, at 13-054-13-055; Kessler (n 27), at 7.30.

第38条　受託者の報酬および費用補償

(1)　受託者は、受託者としての職務について、信託財産から合理的な額の報酬を得る権利がある。ただし、信託条項に別段の定めがある場合、または受託者が報酬を受けないことに同意している場合は、この限りでない。

(2)　受託者は、信託の管理から適切に生ずる費用について、信託財産から補償を受ける権利がある。

　また第3次リステイトメントでは、受益者は原則として信託に対して個人的に責任を負わないとされるが、一定の場合に例外が認められる。しかし、受益者が受託者に対して何らかの責任を負うか否かについて、規定は置かれていない。

第104条　受益者の信託に対する責任

(1)　受益者は信託に対し個人的な責任を負うことはない。ただし、以下の場合を除く。

(a)　受益者が信託から借り受けをし、または前借りをした場合。

(b)　受益者が委託者に債務を負い、その債権が信託財産とされている場合で、委託者が反対の意図を表明していない場合。

(c)　受益者の加わった信託違反によって信託に損害が生じた場合。または、

(d)　他の法、たとえば契約法、不法行為法、もしくは不当利得法によって義務づけられる場合。

(2)　受益者が信託に対し個人的な責任を負う場合、信託は、受益者の賠償責任を確保するために、受益者の信託に対する権利に対し、一定の負担を課すことができる。

　これらの立場は、第2次リステイトメントから大きく離れるものではない。しかし、このアメリカの立場がイギリスの立場とは異なることは、従来から指摘されていた[55]。イギリスでは、*Hardoon v Belilios* 事件（1901年）[56]がリーディング・ケースだとされる。この事件では、完全な行為能力者である受益者が信託の利益のすべてを享受する絶対的な権利を有する

---

55)　日本法と英米、コモンウェルス諸国の立場を詳細に検討したものとして、沖野眞已「公有地信託における受託者の受益者に対する費用補償請求の可否—最一小判平23.11.17をめぐって」金融法務事情1940号（2012年）60頁、67-69頁・注7-18。

56)　[1901] AC 118 (HL).

ときは、受託者は信託事務処理により、または信託財産に関して負担した
責任につき信託財産から補償を受け得ることはもとより、受益者に対して
補償請求権を有するとされた。ここで、「完全な行為能力者である受益者
が信託の利益のすべてを享受する絶対的な権利を有するとき」という前提
が置かれていることからも、判示がサンダース法理を下敷きにしているこ
とがうかがえる。

　しかし、受益者の費用補償義務が、サンダース法理の適用場面に限られ
るかについては、イギリスやコモンウェルス諸国で論争が存在する。一方
では、受益者が信託財産の処分について一定のコントロールを有している
のであれば、費用補償請求を肯定してよいとする立場があり、これに対し
て受託者が一定程度、独立した権限と責任を有するなら、費用補償請求権
は否定されるという論者もあった[57]。論争の詳細には立ち入らないが、イ
ギリスやコモンウェルス諸国では、受益者が信託処分を実質的にコントロ
ールする場合には、費用補償請求権が肯定される点でコンセンサスがある
こと、またその根底にサンダース法理があることは確認できる。ただ個々
の事案おいて、受益者のコントロールの程度により結論が異なり得る[58]。

V　撤回可能信託

　ここまで、19世紀のクラフリン・ルールを中心とする判例展開から、
その論理的帰結として位置づけられるアメリカ信託法の諸ルールをみてき
た。アメリカ信託法の独自の発展は20世紀に入っても続いている。さら
に政策的に踏み込んで委託者支配を強化するのが、ここで扱う撤回可能信
託であり、続けて扱う資産防衛信託である。

---

57)　費用補償請求を肯定する立場として、Robert Flannigan, 'Trust or agency: beneficiary
　　liability and the wise old birds' in Stephen R. Goldstein ed, *Equity and contemporary legal
　　developments* (Hebrew University 1992), at 276. 否定する立場として、Maurice C. Cullity,
　　'Liability of Beneficiaries: A Further Rejoinder to Mr. Flannigan' (1986) 8 Estate & Trust
　　Quarterly 130.
58)　Flannigan (n 57), at 289-93 は、信託をビジネスの手段として活用しやすくする政策的観点
　　も交えて、費用補償請求権を正当化している。

1　リステイトメントのアプローチ

　第 3 次リステイトメントは、撤回可能信託の扱いを、以前のリステイトメントと比べて大きく変更した[59]。

第 25 条　撤回可能な生前信託の有効性と効果

(1)　委託者の信託宣言、他者に対する生前の財産譲渡……によって設定された信託は、(生前信託として有効であり) たとえ以下の場合であったとしても遺言信託とみなされない。

①委託者が生涯にわたる受益権を有すること。

②委託者が信託を撤回し変更する権限、および受託者として信託事務を提供する権利、または受託者を監督する権利といった広範囲にわたる権利を保持していること。

③委託者の死亡時またはその後に全部もしくは一部の資金が信託に拠出され、または発生すること。

④信託が遺言に代わるものとして機能することが意図されていること。

(2)　遺言によらない信託は、第 17 条〔遺言信託の設定〕の定める形式的要件、または死亡した者の遺産管理のための手続に服しない。ただし、このような信託は、通常は、遺贈についての実体法的な制約や解釈に係る規定、および遺言による処分に対して適用されるその他の規定の適用を受け、その他の点においては、このような信託の財産は、通常は、あたかも委託者によって所有されているかのように扱われる。

　ルールを大づかみに捉えれば、(1)項により、委託者が信託に広範なコントロールを及ぼせることのみをもって、信託が遺言として扱われないことが明らかにされ、(2)項により、そうした信託が、遺言の実体法上の制限に服し、信託財産は委託者の所有物として扱われることが明らかにされる。この点、(1)項と(2)項前段については、判例と立法によるコンセンサスがあるが、(2)項後段については判例や立法の立場が分かれている[60]。

　第 3 次リステイトメントは、受託者の権限との関係でも、撤回可能信託

---

59)　Restatement (Third) of Trusts § 25, Reporter's Notes.

60)　Restatement (Third) of Trusts § 25, Reporter's Notes, citing Edward C. Halbach, Jr., *Revocable Living Trusts in the United States: Papers of the International Academy of Estate and Trust Law—2001*, 283 (R.F. Atherton Ed., 2002).

についての定めを設けている。

第 74 条　撤回権限の効果

(1)　信託が委託者による撤回が可能であり、委託者に能力があるときには、

　(a)　受託者は、

　　(1)　たとえ委託者の指示が信託条項または受託者の通常の信認義務に反するものであったとしても、当該委託者が信託を適切に変更または撤回することが可能である方法によりその指示を書面で受託者に通知する場合、その指示に従う義務を負い、

　　(2)　たとえその指示または授権が、委託者が信託を適切に変更または撤回することが可能な方法で表明されていない場合であっても、その指示または授権が信託条項または受託者の通常の信認義務に反するものであるとしても、その指示に従うこと、または委託者の授権に依拠して行為することができる。

　(b)　受益者の権利は、委託者の支配の下において行使可能であり、その支配に服する。

(2)　信託が、現在行使可能な一般的指名権限または取消権限に服しており、当該権限を与えられた者が能力を有している場合、その権原保有者は、撤回可能信託の委託者が第(1)項に基づき有するものと同様の権限を有する。

　委託者が信託を変更・撤回できるのであれば、受託者は委託者による変更・撤回を待つまでもなく、委託者の指示に従うことを肯定するものである。指示が変更・撤回の形式を満たすならば、受託者は委託者の指示に従う義務を負い、形式が満たなくてもそうした指示に従うことが許される。

　統一信託法典は、撤回可能信託についてより踏み込んだ扱いをしている。601 条〜604 条の 4 か条からなる第 6 編では、特に撤回可能信託をまとめて扱い、撤回可能信託が機能的に遺言代替手段であることを正面から肯定し、信託は別段の定めのない限り撤回可能信託だと推定する定めを置いている（602 条(a)項）。撤回可能信託において、受託者が義務を負う相手方は、受益者ではなく、委託者だとされる（603 条）。

　撤回可能信託の推定は、すでにカリフォルニア、アイオワ、モンタナ、オクラホマ、テキサスといった先進的ながら少数の州の立法で実現し、統

一信託法典はこれを採用した[61]。しかし第3次リステイトメントは、これより慎重な立場を維持し、委託者は信託を撤回または変更する権限を有しないとの推定を原則としている[62]。委託者自身が信託財産に一定の利益を留保した場合に、撤回または変更の権限が黙示で認められるに留まる。

　委託者が受益権の一部を保持しない場合に、撤回可能信託の推定を取らないことについて、リステイトメントは、そうした単純な信託は、端的に贈与をするのと変わらないとの認識を示し、またそれが一般的な信託に伴う節税目的にも沿うものだとしている。他方で、委託者が受益権の一部を保持する場合には、委託者の意図や理解が混乱していたり疑われたりした場合のリスクを回避できるとしている。しかし、委託者が、こうした信託により公益信託と組み合わせた租税減免をねらったり、税法上の考慮から委託者が自らの遺産から特定の財産を排除したりといった事情があれば、撤回可能信託の推定を覆す要素となり得ることが、コメントで解説されている[63]。

2　アメリカにおける法の発展

　撤回可能信託は、20世紀半ば以降、実質的な遺言代替手段として急速に人気を博すようになった。撤回可能信託を使えば、裁判所における遺産管理手続の手間と費用を省き、遺言や遺産管理の内容が公開されるのを避けられるからである[64]。

　ニューヨーク州では、すでに19世紀末には、撤回可能信託が形式要件を満たさない遺言として効力が否定されないことが判例によって確立していた[65]。ただしマサチューセッツ州は1909年の判決において、委託者が信託を設定しつつ、生前に撤回可能権限を留保し、これにより遺言代替を意図していることを隠さなかった事案で、これは形式要件を満たさない遺

---

61)　Uniform Trust Code § 602, cmt.
62)　Restatement (Third) of Trusts § 63, cmt. c.
63)　Restatement (Third) of Trusts § 63, cmt. c (1).
64)　Frederick R. Keydel, *Funding the Revocable Trust - Pros, Cons, and Caveats*, 14 PROB. NOTES. 98 (1988).
65)　Van Cott v. Prentice, 104 N.Y. 45, 10 N.E. 257 (1887).

言だとして無効とする保守的な判断を下していた[66]。しかし、この判決を微妙な事実関係の違いで区別する判決が1920年代半ばに現れ[67]、ついに撤回可能信託の有効性の疑念を解消する判決が1944年に下された[68]。

このように、撤回可能信託を遺言代替手段として効力を認めることについては、早い段階からコンセンサスがあった。第2次リステイトメントも、すでに撤回可能信託を有効としていた[69]。しかし、問題はその先にあった。第3次リステイトメントは、25条のコメントにおいて、同条(2)項が第2次リステイトメントに大きく変更を加えたところであり、その違いも根本的な立場の変更というべきだとしている[70]。

根本的違いとは、配偶者の保護と債権者保護に対する態度である。第2次リステイトメントが撤回可能信託を有効としたことは、大きな帰結を伴っていた。第2次リステイトメントは、既婚男性が生前に自らの財産を信託に移転して死んだ場合、未亡人はその財産の遺留分に対応する割合を受け取ることはできず、それは委託者が生涯権受益者で、信託の撤回または変更権を有していても変わらない、としていた。ただし、当該財産移転が無償で、それが妻の遺産分配を受ける権限を奪うものだったときには、当該信託設定もその限りで無効とされた[71]。委託者の債権者との関係でも、第2次リステイトメントは、立法に別段の定めのない限り、委託者の留保する撤回可能権に対し、委託者の債権者はかかっていけない、としていた[72]。言葉を換えると、第2次リステイトメントの撤回可能信託は、遺留分回避と債権者回避をともに可能にする手段だった。

これに対しては、特に相続・遺留分との関係で、判例と立法を中心とした修正が進められた。財産権（贈与的移転）第2次リステイトメントは、

---

66) McEvoy v. Boston Five Cents Savings Bank, 201 Mass. 50, 87 N.E. 465 (1909).

67) Jones v. Old Colony Trust Co., 251 Mass. 309, 146 N.E. 716 (1925); Roche v. Brickley, 254 Mass. 584, 150 N.E. 866 (1926).

68) National Shawmut Bank v. Joy, 315 Mass. 457, 53 N.E.2d 113 (1944). 以上は、Restatement (Third) of Trusts § 25, Reporter's Note to cmt. a, at 393-96 による。

69) Restatement (Second) of Trusts § 57, cmt. c.

70) Restatement (Third) of Trusts § 25, Reporter's Note to cmt. a, at 393-96, and to cmt. d and e, at 403.

71) Restatement (Second) of Trusts § 57, cmt. c.

72) Restatement (Second) of Trusts § 330, cmt. o.

遺言代替的な生前の財産権の贈与があった場合に、贈与者の配偶者や債権者は、当該贈与が遺贈であった場合と同等の権利を有するとした[73]。これは、財産権（贈与的移転）第2次リステイトメントが起草された当時に、州レベルで制定されつつあった立法の傾向に沿うものだった[74]。統一遺産管理法典も、信託のほかにもさまざまな遺産管理回避手段が発達してきた現状を踏まえ、回避手段で移転された財産を加算する形で遺産を算定することで（augmented estate）、配偶者の実質的な保護を図っている[75]。第3次リステイトメント25条のレポーターズ・ノートには、この間に各州で展開した立法と判例の試行錯誤が収録されている。撤回可能信託の財産が配偶者や債権者の請求の対象となり、また信託財産を委託者が所有したものとみなすアプローチは、第3次リステイトメントとして以上の立法と判例の到達点を定式化したものだった。

　撤回可能信託の普及は、受託者の信託管理権限の規律に変容をもたらしている。信託起案の実務が先行する一方で、法律審レベルの判例が徐々に出てきたところだという[76]。撤回可能信託においては、委託者が所有権に相当する権限を有するが、第2次リステイトメントは、委託者が受託者の信託違反に同意した場合、受益者は受託者の信託違反の責任を問うことができない、などと定めるに留まっていた。しかし、委託者がどのような権限を有し、それが受託者の権限にどのような影響を与え、残余権受益者がいかなる権限を有するのか、1950年代末から2000年までの判例は、振幅を示し、理由づけもやや無理のあるものも目立った。第3次リステイトメント74条のレポーターズ・ノートにも、そうした判例が収録されている[77]。

---

73) Restatement (Second) of Property (Donative Transfers) § 34.1 (3) (spousal rights); 34.3 (3) (creditor's rights).

74) Restatement (Third) of Trusts § 25, Reporter's Note to cmt. d and e, at 404.

75) Uniform Probate Code §§ 2-203 (composition of the augmented estate); 2-205 (decedent's nonprobate transfers to others).

76) Restatement (Third) of Trusts, Introductory Note to Chapter 14; Reporter's Notes to § 74.

77) 結論はリステイトメントの方向性と一致するが、傍論での理由づけに難のある判例として、Investors Stock Fund, Inc. v. Roberts, 179 F. Supp. 185 (D. Mont. 1959), aff'd, 286 F.2d 647 (9th Cir. 1961)、委託者の合理的な期待に合致する現代のアプローチにあった判例として、Breeze v. Breeze, 428 N.E.2d 286 (Ind. App. 1981); In re Trust of Malasky, 290 App. Div. 2d 631, 736 N.Y.S. 2d 151 (2002).

統一信託法典自体も、撤回可能信託の委託者が複数である場合、受託者が
どのような形で情報提供義務などの信認義務を負うかにつき、規定の変更
などを余儀なくされた[78]。

　こうした展開は、委託者の期待と信託の実務が先行し、これになるべく
沿う形で信託法理が発展する経緯をよく示している。理論的正当化は後か
らつけられる。リステイトメントのレポーターズ・ノートも、撤回可能信
託を信託として認めることに違和感があり得ることを認めている。

　　「〔撤回可能信託であって、委託者が受託者も兼ねるようなもの〕を信託で
　あると認めることは、率直にいえば、分析的な根拠があってのことではない。
　政策上の選択として、この国において広く受け入れられて、制定法や判決に
　も反映されているからである（第25条参照）。この政策とは、他の関係する
　諸政策を度外視することなく、能力のある弁護士の手により委託者の目的を
　貫徹することを許容するものである（他の関係する諸政策として、たとえば、
　……税制上の扱いだけでなく、委託者の債権者や配偶者の権利の問題があり、また
　したがって、このような信託を『法の潜脱（sham）』ではないかとする正当な懸念
　に対応することなどがある）。」[79]

　なお、撤回可能信託は、撤回不能信託と比べて必ずしも税制上有利とは
いえない[80]。委託者が信託等で財産権を移転したが、その享受が、委託者
単独または委託者と他者との共同による、改変、変更、撤回または終了の
権限の行使によって、委託者の死亡時に何らかの変更を被り得る場合には、
相続税算出にあたって総遺産に算入される[81]。そうすると、生前贈与に伴
う節税効果は失われてしまう。具体的には、毎年一定額の贈与税基礎控除、
生涯100万ドルの贈与税免除、さらに贈与税の税率が相続税よりも有利で
あることなどの利点が失われてしまう[82]。リステイトメントが撤回可能信

---

78)　Restatement (Third) of Trusts § 74, Reporter's Note to cmt. f and g (1), at 50. Uniform
　　Trust Code 603 条 (c) の改正の経緯に触れている。

79)　Restatement (Third) of Trusts § 74, Reporter's Note to cmt. a (1), at 40.

80)　Keydel, *supra* note 64, at 117-19. 遺産管理手続との関係で 2 点ほど税制面での有利を指摘す
　　るが、逆に 10 点の不利があることを指摘する。ただし適切な税務プランニングによりこうした
　　不利を回避し得るという。

81)　26 U.S.C. § 2038 (a) (revocable transfers).

82)　Dukeminier, 949-50; 964-65.

託の意思を当然には推定しないのも、こうした背景から理解できる。なお、信託の撤回・変更権が委託者ではなく第三者に与えられていれば、以上のような取扱いはされない。このため、委託者ではない受託者に広範な裁量権を与えることが、アメリカでも広く行われる。ただし、委託者がこうした受託者を解任し自らを受託者として任命する権利を有している場合には、上のような取扱いがされる[83]。このように、委託者による信託コントロールは、アメリカでも税法との関係で問題となり得る。

3　イギリスのリアクション

　リステイトメントのレポーターズ・ノートが「法の潜脱」という表現を使っていたが、これは、イギリスならびにその判例法理に従うコモンウェルス諸国における「みせかけの信託（sham trust）」法理を想定しているように思われる[84]。みせかけの信託とは、必ずしも厳密な用語ではないが、信託の設定にあたりその目的や利益を受けるべき対象者が明示されているが、これが信託設定の実際の意図とは齟齬している場合を指す。委託者が実際は自らの財産をコントロールしつつ、当該財産を処分しているようにみせかけ、租税回避や債権者回避を企てるのが典型例である。イギリスやコモンウェルス諸国の裁判所はこうしたみせかけ信託を無効とする判例法理を展開させてきた[85]。

　実際、アメリカの撤回可能信託は、イギリスの委託者にとって税務当局との関係でリスクとなり得るとのアドバイスもなされている[86]。一般に、委託者による支配が大きければ大きいほど、敵対する第三者の主張により

---

83)　Treas. Reg. § 202038-1(a)(3).

84)　Restatement (Third) of Trusts § 74, Reporter's Note to cmt. a(1), at 39-40; Restatement § 25, Reporter's Note to cmt. b, at 390-99. 委託者支配の強い信託を「illusory trust」という概念で捉えようとする論者もいるが、必ずしも定着していない。Mark Bennett, 'Competing Views on Illusory Trusts: the *Clayton v Clayton* litigation in its wider context' (2017) 11 Journal of Equity 48.

85)　*Lewin on Trusts* (n 52), at 4-020-4-034.

86)　Ian Watson, 'UK Tax Treatment of US Revocable Trusts' (STEP Cross-Border Estates Special Interest Group, 9 November 2011), available at < http://clients.squareeye.net/uploads/3sb/events/20111109_watson.pdf > .

信託が無効とされるリスクが増大する[87]。換言すれば、イギリスにおいて
は、信託はあくまで撤回不可能である、という原理原則が強調される。そ
してその原則が、みせかけ信託だけでなく、信託設定にあたっての宣言の
拘束性や遺言との区別といったさまざまな論点で繰り返し現れてくる[88]。

　実際にイギリスの信託の体系書は、撤回可能信託の受託者が、委託者に
対して信認義務を負い、受益者に対しては負わないとするアメリカの立場
は受け入れられないとするのが一般的である[89]。受託者はあくまで受益者
に対して信認義務を負うのであり、受益者は情報提供を求め、信認義務違
反で訴えることができる。アメリカの視点からは、問題の本質は、信認義
務の相手方が誰かよりも実体法上の政策問題だが、イギリスでは受託者は
あくまで受益者に対して信認義務を負うことになる[90]。すなわち、アメリ
カでは、委託者を実質的に所有権者として、受益者には全くコントロール
の権限なしとしても、債権者詐害や遺留分潜脱さえ政策的に防げば、撤回
可能信託を認めて差し支えない。しかしイギリスでは、委託者を実質的に
所有権者として、受益者のコントロールを奪うと、これは信託ではないと
いうサンダース法理が法律家を縛ることになる。

　イギリスで信託を起案するにあたって、委託者を信託から実質的に受益
する立場からどう排除するかは重要な問題である。イギリスでしばしば参
照されるある起案実務マニュアルでは、委託者排除に１章を割いている[91]。
そして配偶者や同性婚配偶者（Civil Partner）を厳密に排除する信託規定
が示されている。

　　「本承継的財産設定（settlement）における他のいかなる記載にもかかわら
　　ず、いかなる状況においても、本承継的財産設定によって与えられたいかな
　　る権限の行使も、またいかなる規定の適用も、信託財産またはその収益を委
　　託者または委託者の配偶者または同性婚配偶者に支払われ得るかまたはその

---

87)　リチャード・モイス（新井誠・岸本雄二郎共訳）「連合王国における私益信託の利用」信託
　　237 号（2009 年）65 頁、70 頁。
88)　*See*, Donovan W.M. Waters, et al, eds, *Waters' Law of Trusts in Canada* (3d edn, 2005), at
　　145-49, 194-99, 207-12.
89)　*Lewin on Trusts* (n 52), at 30-088.
90)　Restatement (Third) of Trusts, § 25, cmt. b, at 390.
91)　Kessler (n 27), at ch 13 (Settlor Exclusion and Default Clauses).

利益になるように、なされてはならない。」[92]

税法上の考慮によっては、現存するかまたは将来できるであろう被扶養者や、他に信託に財産を出捐した者などを想定して、これらの者を合わせて排除すべきか否かも検討される。

ただし、委託者が信託を法的に支配できないことは、現実に委託者が信託をコントロールしていることと矛盾しない。裁量信託が主流の今日、受益者は全く信託財産をコントロールなどできない。裁量信託には、委託者が受託者に自らの希望を伝える、要望書（letter of wishes）が伴うのが一般的である。この要望書では、当然、この要望に法的拘束力がないことが強調される[93]。しかし市場の現実として、受託者はこうした要望書を必ず守る。この点を、香港大学の Lusina Ho 教授が明快に説明している。

> 「〔問題は〕受託者に幅広い裁量を与え、かつ要望書が拘束力のないものだとすると、受託者が裁量を濫用しないための予防措置として何があるのか、ということです。権限濫用の予防という意味で最大の保障となるのは、営業上の評判だといえます。なぜなら、信託業界は、ニッチでとても小さい業界であり、銀行は大富豪の顧客——各国におけるごく少数の人の集まりですが、大きな力を持っていて非常にお金持ちである人々——を相手にしているため、こうした人たちは彼らの間でいろいろと情報を共有しています。そのため、たとえば私の友人が HSBC を利用するのならば、私も HSBC を利用するでしょう。HSBC が顧客の要望に従わなければ、この大富豪たちはその事実をすぐに知り、HSBC はビジネスを失うでしょう。こうしたことから、これまで特に受託者の権限濫用に関する問題は生じておりません。」[94]

---

92)　*Id.* at 13.10.
93)　次のような文言が起案実務では推奨される。
　「Joan Smith 遺言信託：要望書
　本メモは、私の遺言信託にあたっての要望を記したものである。これらの要望は、受託者の指針となるようにという目的のみのために叙述したものである。受託者を法的に拘束することは意図されない。受託者は、自らの裁量権を行使しなければならない。受託者は、私の家族の置かれた状況の変化、それに、当然ながら、私が将来において指針として記録する要望についても、考慮すべきである。……」
　あるいは、もっと強い文言を使うのであれば、次のような文言もあり得るという。
　「私の強い要望として（ただし受託者を法的に拘束しない）、受託者は、非常に大きな特段の事由のない限り、私の息子アダムが25歳に達した時点で、彼に『信託財産』の絶対的権原を譲渡すべきである、と述べておく。」Kessler (n 27), at 123.
94)　「国際シンポジウム『アジアにおける信託法制の現状と課題及びその展望』質疑応答」信託法研究40号（2015年）91-92頁〔ルシーナ・ホー発言〕。

　イギリスにおいても、撤回可能信託を有効として認める見解がないわけではない。David Hayton は、1992 年の論文の冒頭で、「特定された財産が、委託者Ｓの生前はＳを受益者として、そして残余受益権者を特定の受益者Ｂまたは、Ｓによって生前の署名付きの書面または遺言によって受託者に伝えられた者とする信託によって保持された場合に、有効な生前信託が存在するのは明らかである」と述べている[95]。しかし、ヘイトン論文の本体では、この原則に対するさまざまな制約や区別を列挙し、この命題がどこまであてはまるか疑義を生じさせてしまった。7 年後に同じ雑誌に掲載されたある論文は、ヘイトン論文が「委託者が信託の本質的な権限を留保し、受託者に最小限の裁量しか与えず、委託者の言う通りの行為をする義務を与えた場合には、信託の存在が認められな」いと述べたため、「その意図以上に、信託業界を苦しめることになったかもしれない」、とコメントしている[96]。

　この後者の論文が、バハマの受託者法の紹介であることから想像がつくように、バハマを含むオフショア諸国にとっては、イギリス本国の信託実務家が抱える悩み、すなわち委託者の自由にコントロールできる信託に対する疑義、を解消することが大きな商機となっている。そのオフショアでの展開は、次の資産防衛信託の項で扱うことにする。

VI　資産防衛信託

　アメリカでは、受益者の債権者から信託財産を護る手段として、依然浪費者信託が使われるものの、近年は併せて受託者に広い裁量を与え、受益権を債権者が差し押えられるような確定した権利にするのを避ける手法が用いられることが多い。裁量信託と受益者の債権者との関係について、リステイトメントは次のように定める。

---

95)　David Hayton, 'When is a Trust Not a Trust?' 1 J. of Int'l Trust & Corporate Planning 3 (1992). なお Hayton の近年の論稿として、Justice David Hayton, 'Thoughts on future trust law developments' (2016) 22 Trusts and Trustees 1002.

96)　Cash, 'The Bahamas: Trustee Act 1998' 7 J. of Int'l Trust & Corporate Planning 34 (1999), as quoted in Reporter's Notes on § 25, at 391.

1 裁量信託とリステイトメント

> **第60条　裁量的受益権の譲渡または差押え**
>
> 　第58条および第59条〔浪費者信託〕の規定に服する場合は別として、受益者が受託者の裁量によって分配を受けることが信託条項に定められているときには、受益権の譲受人または受益者の債権者は、受託者が受益権の譲渡または受益権に対する差押えを知った後に裁量権を行使しまたは行使する義務に基づいてなされた分配について、それを受領しまたは差し押さえることができる。債権者が差し押さえ得る金額は、受益者の最低必需品を満たすために一方で制限されることがあるが、他方で、受益者が委託者である場合または受益者が自らへの支払を決定する裁量権を有する場合には増額される場合もある。

　この規定によれば、受託者に広範な財産分配上の裁量権を与えても、受益者は信託の定める裁量権の行使基準が守られていない場合や、受託者が裁量権を濫用した場合など、一定のエンフォースメントの権利を有する。そうした権利行使により受託者が義務を負う限りにおいて、譲受人が受益権の譲渡を受け、受益者債権者が差押えをすることができる。

　しかし、こうした債権者の権利を認める定めには批判も強い[97]。一部の州では、立法により、裁判所はこの点について第3次リステイトメントに従うべきでないと規定している[98]。統一信託法典も、裁量権の行使基準が信託で定められた場合や、裁量権の濫用があった場合でも、受益者の債権者は受託者の裁量権行使を強制することはできないと定めている[99]。

　イギリスでも、資産防衛の手段として保護信託を使うことは、近年では少なく、裁量信託を使うことが一般的になってきている[100]。裁量信託に関する初期の判例、*McPhail v Doulton*（1971年）では[101]、裁量信託にお

---

97)　Robert H. Sitkoff & Jesse Dukeminier, Wills, Trusts, and Estates, 696-98 (10th ed. 2017).

98)　*E.g.*, Ariz. Rev. Stat. § 14-10106 (B); Del. Code Ann. tit. 12, § 3315 (a); S.D. Codified Laws § 55-1-25.

99)　Uniform Trust Code § 504 (2).

100)　ただし、イギリスでは裁量信託への課税が強化され、その利用は減ってきている。Paul Matthews, 'Will-Substitutes from the Perspective of (International) Investors' in Alexandra Braun (ed) *Passing Wealth on Death: Will-Substitutes in Comparative Perspective*, 227 (2016), at 241.

ける潜在的受益者がリストアップできる程度まで確定されている必要があるとされた。換言すれば、受託者はリストアップされた中から誰に信託財産を分配するかについては裁量を有するが、依然として財産を分配する義務を負うとされたのである。この最低限の義務によって、受益者の候補者が全員集まれば受託者に対して受託者の義務をエンフォースできる、よって信託が観念できる、とされたのである。議論の根底には、サンダース法理が控えている。

　しかし、その後の信託の起案技術の発展により、受託者が実質的に信託財産を分配するか否かについても裁量を有する信託が用いられるようになってきた。たとえば、*Tasarruf Mevduati Sigorta Fonu v Merrill Lynch Bank and Trust Company (Cayman)* 事件（2011 年）[102]で争われたのは、ケイマン諸島で設定された信託財産 2400 万ドル相当の信託だった。委託者 Demirel は 1999 年 6 月に設定した 2 つの裁量信託で、受益者は、受託者の裁量で Demirel 自身と現在妻である Ayse Nur Esenler、その子、その子孫の中から指名できるとされている。現時点で Demirel 夫妻に子はなく、残余財産受取人は公益団体とされているが、特定されていない。さらに Demirel 氏は信託の撤回権を留保していた。

　これでは、受益者は、受託者に対して財産の分配を請求する権利を有するかも怪しい[103]。受益者は、完全な財産処分権限を有する受託者に対し、財産の分配を受ける希望しか有しない、権限行使の対象（object of power）に過ぎない。こうした信託に対しては、信託には受託者の義務をエンフォースする受益者が存在する必要があるとする受益者原則（beneficiary principle）に反するとして批判もある。しかしこうした信託の起案実務は、かなり広まっている。

　裁量信託は 20 世紀後半に拡大した。これに伴ってイギリスの学界では、信託の中核的内容をどこまで縮減できるか、という議論が展開してい

101）　[1971] AC 424.
102）　[2011] UKPC 17, [2012] 1 WLR 1721.
103）　Lionel Smith, 'Massively Discretionary Trusts' Current Legal Problems' (2017) 70 CLP 17, 18-19.

る[104]。そこでは、受益者が信託に関する情報を求める権利の制限、受託者の責任や義務の軽減、受託者の義務違反に対する責任免除といった信託の定めにより、従来は信託の中核的内容だとされた、受託者の責任、受益者による責任追及という要素を希釈化することの是非が争われている[105]。信託の中核的内容という用語は、1990 年代には判決でも用いられるようになった。その代表例が、免責条項の有効性が問題となった *Armitage v Nurse*（1998 年）事件[106]における Millett 卿の判決である。その中で Millett 卿は、「受託者が受益者に対し負う義務には、これ以上縮減できない中核的内容というものがあって、その義務が受益者によってエンフォースでき、それが信託の概念にとって根本的であるという主張を、私は認める。受益者が受託者に対してエンフォースできる権利が一切なければ、信託は存在しないのである」[107]と述べた。しかし判決は、結論として、受託者は「現実の詐欺（actual fraud）」のない限りいかなる損害賠償責任も負わない、とした重過失免責条項を有効として、受託者の免責を認めた[108]。

　翻ってアメリカでこれに対応する議論がみられるのは、信託法のどこまでが信託文書で改変可能で、どこまでがそうでない強行法規か、という論点であろう。この論点は、リステイトメントや判例法、信託体系書では系統だって扱われてこなかったが、統一信託法典 105 条がこの区別を明記している[109]。強行法規とされているものの中には、信託設定の要件、裁判所による信託の変更・終了の権限、浪費者信託と信託関係者の債権者や譲受人の権利、裁判所による受託者報酬を増減する権限、など本章で扱った論点が含まれている。また、撤回不能信託の受託者の、受益者に対する信

---

104)　David J. Hayton, 'The Irreducible Core Content of Trusteeship' in AJ Oakley ed, *Trends in Contemporary Trust Law* (Oxford UP 1996) ch 3. 日本での紹介として金子敬明「"irreducible core content of trusteeship" の概念について―受益者への情報提供の問題を中心に」新井誠ほか編『信託法制の展望』（日本評論社・2011 年）第 6 章。

105)　David J. Hayton, 'Developing the obligation characteristic of the trust' (2001) 117 LQR 96, 96.

106)　[1998] Ch 241 (CA).

107)　*Id.*, at 253.

108)　免責条項の有効性は、Trustee Act 2000, Sch 1, para 7 にて立法上も確認された。

109)　Uniform Trust Code § 105 (b).

託の存在を含めた情報提供義務も、当初の統一信託法典では信託文書で免除できない強行法規とされた[110]。しかし情報提供義務については異論が強く、2005年改正によって、州の選択に委ねられることになった[111]。イギリスにおける議論と同様の論点がアメリカでも論争を呼んでいるところに、委託者による信託支配のもつ問題への関心の広がりをうかがうことができる。同時に、この論点に関するアメリカの議論は、撤回不能信託に関するもので、撤回可能信託には及ばないことには注意しておきたい。

2 アメリカの資産保全信託

アメリカでは、近年いくつかの州において、いわゆる資産保全信託（Asset Protection Trust）が立法によって認められるに至っている[112]。そうした立法によれば、典型的には委託者が自らを受益者とする信託を設定しても、委託者の債権者はその信託財産にも受益者にもかかっていくことができない。

資産保全信託は、従来の浪費者信託よりも踏み込んで、信託財産の保全を強化するものである。従来の浪費者信託でも、委託者が受益権を保有している場合には、受益権の譲渡に対する制約は無効とされ、委託者の債権者は、信託財産のうち委託者に分配され得る最大限の部分に対し、差押えや強制執行をすることができた。これが第3次リステイトメントの立場でもある[113]。しかし、資産保全信託は、委託者が自ら設定した信託について自ら有する受益権について、自らの債権者による差押えや強制執行を跳ね返すことができる。資産保全信託を使えば、自らの財産を自らの債権者から隔離できることになり、これは実質的に債権者逃れにほかならない。

---

110)　*Id.* § 105 (b)(8), (9) (before 2005 amendment).

111)　*Id.* Comment to § 105.

112)　John E. Sullivan, III, *Gutting the Rule Against Self-Settled Trusts: How the Delaware Trust Law Competes with Offshore Trusts*, 23 DEL. J. CORP. L. 423 (1998); Jeffrey A. Schoenblum, 'Reaching for the Sky—Or Pie in the Sky: Is US Onshore Trust Reform an Illusion?', in David Hayton (ed) *Extending the Boundaries of Trusts and Similar Ring-Fenced Funds* (2002) 291, at 302; SITKOFF, *supra* note 97, at 712-14; 矢向孝子「Asset Protection Trust」樋口範雄編『外から見た信託法（トラスト叢書64）』（2010年）35頁。

113)　Restatement (Third) of Trusts, § 58 (2), cmt. e; Uniform Trust Code § 505 (a)(2).

こうした批判にもかかわらず、1997年のアラスカ[114)]、翌年のデラウェア[115)]を皮切りに、資産保全信託を認める州は着実に増え、2008年の時点で17州に達している[116)]。1990年代には、大恐慌時代生まれの世代から戦後のベビーブーム世代へと資金が移動し、好況も手伝って幅広い人口の間で大量の資産が移動した[117)]。資産保全信託は、こうしたマネーの受け皿として広がり、このニーズはその後のエンロン・ワールドコム、リーマン・ショックといった市場の上下動を通じて、膨らむことこそあれ、減ずることはなかった。

3　オフショア諸国の目的信託

　アメリカの資産保全信託に対し、イギリスの法律家は冷ややかな視線を向ける。資産保全信託は、過大な訴訟から逃避するニーズのある北米特有の事情によるとして、イギリスではさほど関心が高くない[118)]。

　しかし、イギリスの財産保有者が資産防衛的な信託を利用できないわけではない。1970年代から、いわゆるオフショア諸国での立法を通じて認められるようになった目的信託である[119)]。これらオフショア諸国の立法には、イギリスやコモンウェルスの法律家も関与している。たとえばバージン諸島の会社法制や信託法制には、Harneys という法律事務所が深く

---

114)　Alaska Stat. § 34.40.110 (2011).
115)　Del. Code Ann. Tit. 12, §§ 3570-3576 (2011).
116)　アラスカ、デラウェアに加え、アーカンソー、ハワイ、ミシガン、ミシシッピ、ミズーリ、ニューハンプシャー、ネバダ、オハイオ、オクラホマ、ロードアイランド、サウスダコタ、テネシー、ユタ、ヴァージニア、ウェストヴァージニア、ワイオミングの各州である。SITKOFF, *supra* note 97, at 626.
117)　Joel C. Dobris, *Changes in the Role and the Form of the Trust at the New Millennium, or, We Don't Have To Think of England Anymore*, 62 ALB. L. REV. 543, 572 (1998).
118)　Geraint Thomas, 'Asset Protection Trusts', in John Glasson and Geraint Thomas (eds), *The International Trust* (2nd edn 2006), para 6.1, at 347.
119)　Geraint Thomas, 'Purpose Trusts' in Glasson and Thomas (eds) (n 118), ch 5; Paul Matthews, 'The New Trust: Obligations without Rights?' in AJ Oakley ed, *Trends in Contemporary Trust Law* (Oxford UP 1996) ch 1; Paul Matthews, 'From Obligation to Property, and Back Again? The Future of the Non-Charitable Purpose Trust', in David Hayton ed, *Extending the Boundaries of Trusts and Similar Ring-Fenced Funds* (Kluwer Law International 2002); 溜箭将之「イギリス信託法を支えるもの—国内の改革と国際的変革と」立教法学84号（2012年）344頁。

関わった。またケイマン諸島では、James MacDonald という弁護士が法制度構築の立役者として知られており、また William Walker は、ケイマン諸島の銀行・信託会社規制立法と信託実体法を起草した。MacDonald の設立した法律事務所 MacDonald and Maples（今日では Maples and Calder と改称）と Walker の設立した法律事務所 Walkers が、今日ケイマン最大の法律事務所である[120]。オフショア諸国は、税制優遇を通じて競って海外資産を誘致し、オフショア信託は、1970 年代から資産や現金の国際的な流れが加速する中で、会社のオフ・バランス取引や資産流動化に、富裕層の資産運用に利用されていった。国際的な資産や関連ビジネスの誘致を通じ、旧植民地や王室属領が経済的に自立することは、イギリス本国の意向にも沿っていた[121]。

　目的信託の正統性を理論面で支えたのが、イギリスの高等法院大法官部が下した *Re Denley's Trust Deed* 判決（1969 年）[122]だとされる[123]。従来の支配的な理解によれば、受益者は最終的に法的に確定できて、確定された受益者がサンダース法理により信託を終了できる程度まで、具体的に定められる必要があった。しかし、判決を下した Goff 裁判官は、受益者がいないとして信託が無効とされるのは、「目的信託が抽象的あるいは特定の人に関わらない（abstract or impersonal）場合に限られる」としたうえで、「信託が目的として表現されていても、直接的または間接的に一人または複数の個人の利益のためのものであれば、一般には、受益者原則で無効にされないと思われる」、と述べた[124]。しかしオフショア目的信託は、Goff 裁判官が同事件で認めたよりも目的を抽象化させ、あわせて受益者の役割をはるかに希薄化させている。具体的には、典型的なオフショアの立法では、受益者の指定を全く要せず、受益者が指定されても、信託をエンフォースする訴訟適格がない。受益者が存在しない信託をだれがエンフォース

---

120)　Tony Freyer and Andrew P. Morriss. *Creating Cayman as an Offshore Financial Center: Structure & Strategy since 1960*, 45 Ariz. St. L.J. 1297（2013）.

121)　Matthews（n 119), at 234.

122)　[1969] 1 Ch 373（Goff, J).

123)　Matthews（n 119), at 13-15.

124)　*Re Denley's Trust*（n 122), at 382-83.

するかについて、オフショア諸国の立法は、エンフォーサーという者を信
託行為で指定でき、それがない場合には裁判所によって指定されるとして
いる。しかし委託者は事実上、自らの意に沿わないエンフォーサーを解任
できる以上、エンフォーサーが実際にエンフォースの役目を果すかは疑わ
しい。また仮にエンフォーサーが意欲を示したとしても、次に述べる信託
目的のあいまいさに照らすと、彼が何をすべきなのかは決して明らかでな
い[125]。

　オフショア目的信託の特徴は、委託者が財産を自由にコントロールでき
るところにあり、これは、富裕層の資産隠し、とりわけ脱税、債権者詐害、
家族の遺留分逃れ、犯罪による利益の隠匿（マネー・ロンダリング）、とい
った悪用にも適する。この点は、2016 年のいわゆるパナマ・ペーパーに
よる国際的なオフショア信託の利用実態の暴露や、これを受けた国際的な
議論でも 1 つの焦点となった[126]。イギリスやコモンウェルス諸国におい
ては、公益信託以外の目的信託を少なくとも国内法上は認める必要はない
というのが一般的な見解であるように見受けられる[127]。オフショアの目
的信託をイギリスなどオンショア諸国で承認執行できるかについても疑義
が強い[128]。信託法上の義務のエンフォースができないこと、また裁判所
によるコントロールもないことが、大きな障害となっている。承認執行の
是非をめぐって論争も展開されたが、肯定側の論稿はオフショアの実務家
によるものが多い[129]。

---

125)　Thomas（n 119）, paras 5.210-5.215, at 303-05.
126)　Andres Knobel, *Trusts: Weapons of Mass Injustice?*（Tax Justice Network, 2017）, 36-37;
　　Bastian Obermayer & Frederik Obermaier, *The Panama Papers: Breaking the Story of How the
　　Rich and Powerful Hide Their Money*（2016）.
127)　Patrick Parkinson, 'Reconceptualising the express trust'（2002）61 CLJ 657, 680-81;
　　Donovan Waters, 'The Future of the Trust from a Worldwide Perspective' in John Glasson and
　　Geraint Thomas eds, *The International Trust*（2nd edn, Jordans 2006）, paras 17.31, 17.121;
　　Kelvin FK Low, Non-Charitable Purpose Trusts: The Missing Right to Forego Enforcement, in
　　Trusts and Wealth Management in the Twenty-First Century（Cambridge UP, forthcoming in
　　2018）.
128)　Matthews（n 119）, 227-28; Matthews（n 119）29-30.
129)　Antony Duckworth, 'STAR WARS: The Colony Strikes Back'（1998）12 TLI 16; Paul
　　Matthews, 'STAR: Big Bang or Red Dwarf?'（1998）12 TLI 98; Antony Duckworth, 'STAR
　　WARS: Smiting the Bull'（1999）13 TLI 158; Jonathan Hillard 'The flexibility of fiduciary

　オフショア諸国で次々に目的信託立法がなされ、イギリスでその是非を
めぐる議論が交わされる一方で、アメリカでは目的信託へ関心は盛り上が
りを欠いている[130]。2000 年の統一州法典は、ペットを飼育するための信
託とともに、特定の受益者のない目的信託を裁判所でエンフォースできる
とした[131]。しかし、これはオフショア目的信託の上陸を意図したもので
はなく、これにより目的信託の設定がアメリカ国内で活発化する見込みは
ない[132]。リステイトメントは統一州法典より慎重な態度をとり、公益信
託以外の目的信託は、受託者が信託の定めに基づき財産を分配する権限を
有する徳義信託（honorary trust）として認めるが、裁判所はエンフォース
できないとする伝統的立場を維持した[133]。

VII　信託法のダイナミズム

　以上の論点ごとの英米比較から、いかなる洞察が得られるだろうか。こ
れらの論点を横断的に検討し、そこから見出せる英米それぞれの信託法像
を抽出し、日本法との比較の可能性を探ってみたい。

1　英米信託の理念と現実

　ハーバード大学の Sitkoff 教授は、本章で取り上げた諸論点を含めてア
メリカ信託法を横断的に検討し、そこに財産処分の自由の実現を強調する
理念を見出している[134]。法制史・法社会学者の Friedman 教授も、委託
者の設定した信託の構造を維持するアメリカ信託法を、資産家王朝的信託

---

doctrine in trust law: how far does it stretch in practice?' (2009) TLI 119, 129; Thomas (n 119),
para 5.243, at 318-39.

130)　Adam J. Hirsch, *Trusts for Purposes: Policy, Ambiguity, and Anomaly in the Uniform
Laws*, 26 Fla. St. U. L. Rev. 913 (1999).

131)　Uniform Trust Code (2000) §§ 408, 409.

132)　Alexander A. Bove Jr., *The Purpose of Purpose Trusts*, 18 ABA Probate & Property 34, 36
(2004).

133)　Restatement (Third) of Trusts § 47; *see* Reporter's Notes.

134)　Robert H. Sitkoff, *Trust and Estates: Implementing Freedom of Disposition*, 58 St. Louis L.
Rev. 643 (2014).

（Dynastic Trust）と表現している[135]。これは、アメリカの浪費者信託の発展を、個人主義の重視する 1840～50 年代の時代思潮に求めるグリスウォルドの著作に遡ることもできる[136]。そしてグリスウォルドは、これをNichols v. Eaton 事件の Miller 裁判官の傍論に求めている。

　これと比較すると、イギリスの信託は、信託設定とともに受益者に財産が移転され、委託者が信託から離脱する理念系となっている。現に存在し信託から便益を受ける受益者が信託財産を自由に処分でき、すでに死亡したか、少なくとも財産を手放した委託者の支配は排除される[137]。死者による支配（dead hand）を認めない、債権者有利のイギリス信託法などとも表現されてきた[138]。

　しかし、あまり理念にとらわれてはならない。実際にイギリスの信託法学者 Getzler は、次のように述べる。

　　「イギリスの富裕層ないし彼らに法的助言を与える者たちがサンダース法理に執着するのは、受益者が信託を破壊する力を有することを望ましいと考えているからではない。むしろ、このルールが、財産の管理と納税義務の最小化を図るうえで、非常に役立つからなのである。」[139]

　イギリスやコモンウェルス諸国、さらにはオフショアの信託をみても、信託を設定しつつ信託財産の処分についてコントロールを維持したいという信託利用者（委託者）のニーズは強い。委託者が実質的に財産をコントロールしつつ、債権者の回避や節税をはかるのも、信託設定の重要な動機である。こうしたニーズは、信託財産が土地から動産・金銭など流動性の高いものへ移行するにつれさらに強まる。イギリスは、理論上は受益者の支配としつつも、現実の起案実務でこれを骨抜きにし、アメリカに劣らないほどの委託者の財産処分の自由を実現しているようにも見受けられる。

---

135)　Lawrence M. Friedman, *The Dynastic Trust*, 73 Yale L. J. 547 (1964).

136)　Erwin Griswold, Spendthrift Trusts (2d ed. 1947) s 29; 樋口範雄『アメリカ信託法ノートI』（弘文堂・2000 年）243-44 頁。

137)　William F. Fratcher, *Fiduciary Administration in England*, 40 N.Y.U. L. Rev. 12, 38 (1965).

138)　アメリカ信託法もこのような方向性へ回帰すべきだと論ずるものとして、Thomas P. Gallanis, *The New Direction of American Trust Law*, 97 Iowa L. Rev. 215, 237 (2011).

139)　Getzler (n 1), at 386.

　サンダース法理に執着するのが富裕層である、という先のゲッツラーの指摘は、意外に重要かもしれない。アメリカにおける撤回可能信託の広がりは、所有する財産の規模が相対的に小さく、相続税やキャピタルゲインの税率も低い層で大きな意味をもっていた。逆に、アメリカの富裕層の設定する信託は、統一信託法典がデフォルトとして推定する撤回可能信託ではなく、リステイトメントがとりあえずはデフォルトとする撤回不能信託が多いと想定できる。また、信託の終了・変更や信託の強行法規性など、本章で扱った論点の中にも、撤回可能信託と撤回不能信託とでルールの適用範囲が異なる点があったことには注意を要する[140]。

　このようにみてみると、英米信託の比較は意外に複雑である。理念系としては、委託者による信託支配を正面から認めるアメリカと、委託者支配に否定的なイギリスは対照的なアプローチをとる。実証研究でも、アメリカで設定される信託では、委託者によるコントロールを認めることが多いことが明らかにされている[141]。しかし、アメリカでも、撤回可能信託が伝統的な信託から逸脱するものであることは明確に意識されており、撤回可能か撤回不能かで適用ルールが区別されることも少なくない。むしろアメリカでは、信託が遺言代替として利用される現実を踏まえ、政策論的に信託ルールを組み替えたのに対し、イギリスではサンダース法理を堅持し、その理念系によって逸脱的な信託を掣肘しようとしている。信託を設定しつつ委託者が信託財産へのコントロールを維持するニーズは、英米・コモンウェルス諸国いずれにおいても強く存在している。このニーズを満たすのが、アメリカでは撤回可能信託、イギリスやコモンウェルス諸国ではオフショア信託立法だともいい得る。そうした中で、委託者支配を強化し債権者や租税庁を回避するような信託をどこまで容認し、逸脱的・濫用的な信託をいかに抑止するか。アメリカの政策論が有効なのか、イギリスの伝

140）　撤回可能信託や信託の終了・変更など、リステイトメントと統一信託法典で微妙なずれがある論点では、統一信託法典の方が、委託者支配を容認する立場、すなわちクラフリン法理を強調する、アメリカ的態度が強い。リステイトメントの方が、州議会を通じた採択を要しないからか、より伝統的なイングランド的な傾向が強いように見受けられる。

141）　Adam S. Hofri-Winogradow, *The Demand for Fiduciary Services: Evidence from the Market in Private Donative Trusts*, 63 HASTINGS L. J. 931, 990–94 (2017).

統的理念をもとにした議論が有効なのかは、パナマ・ペーパーの時代にあって、いまだ解は出ていない。

2　日本法の位置づけ

　本章は日本と英米の信託法比較を目的としないが、以上の英米比較を踏まえて、そうした比較の暫定的な見通しを示してみたい。日本の信託法を歴史的にみると、イギリス・アメリカの信託法理が混合し、さらに大陸法の影響が加わっている。1922年に成立した旧信託法は、アメリカのカリフォルニア民法典と、イギリス流のインド民法典の影響を受けている。日本の信託法の下で、信託が契約として捉えられてきた経緯もあり、契約当事者たる委託者が信託に関与することに、違和感が小さかったようにも見受けられる。新信託法は、委託者の権限が比較的強いアメリカ的アプローチを強めているようにも見受けられる。

　ただし、シットコフはアメリカ信託法について、財産処分の自由（freedom of disposition）により貫徹されていると述べているが、このことが日本にもあてはまるかについては、慎重な分析を要する。というのも、シットコフは、ロースクールで教えるような信託法にあてはまる財産処分の自由と、商事信託（business trust）にあてはまる契約の自由（freedom of contract）とは異なるとしているからである[142]。アメリカにおける委託者支配の観念と、日本でのそれとの相違が浮き彫りになる局面として、少なくとも4点を挙げることができる。

　第1に、アメリカでは、信託の終了・変更と浪費者信託の2つの論点は、歴史的にも論理的にも連続したものと考えられている。これが日本では切断されている。具体的には、旧信託法58条が、やむを得ない場合に受益者または利害関係人（債権者）の請求により信託の解除を認めていたところを、新信託法164条は、委託者および受益者は合意により信託を終了できるとした。一見するとアメリカのクラフリン法理に近づいたようではあるが、しかしこのことと受益権の譲渡制限、とりわけ受益権の差押えの可

---

142)　Sitkoff, *supra* note 134, at 653.

否は、論理的に接続して考えられていない。新信託法93条によれば、委託者は信託の定めにより受益権の譲渡を制限できるが、善意の第三者には対抗できない。これは、受益権譲渡が旧信託法以来、民法の指名債権との類推で理解されことを反映している。譲渡制限のかかる受益権の差押えについても、債権譲渡禁止特約に関する判例法理に沿って、受益者の債権者は、その善意・悪意を問わず差押えができると解されている[143]。

第2に、アメリカにおける財産処分の自由が、信託を設定する者の自由をいうのに対し、日本の場合には受託者の契約上の権利ないし利益も念頭に置いた規律がなされている。委託者は、新信託法164条によりいつでも信託を終了できるが、終了が受託者の不利な時期になされた場合には、受託者の損害を賠償しなければならない[144]。信託関係者の合意による信託の変更について定めた新信託法149条の規律も、変更が受託者の利益に適合するか否かを1つの基準としている。以上の2点は、大陸法由来の民法の規律がコモン・ローの信託法理と交錯した局面ということもできる。

第3が、新信託法90条における遺言代用信託の定めである。同条は、信託行為の定めのない限り、委託者が受益者を変更する権利を有するとしており、ここにはアメリカの統一信託法典の撤回可能信託の推定と同様の考え方がうかがえる。しかし、この遺言代用信託が、それ以外の生前信託との比較で、受託者の信認義務や信託の終了に関する規律にどのように影響を与えるのか、また遺留分との関係で撤回可能と不能とで違いを認めるか否かなど、アメリカであれば意識される委託者支配の側面について、必ずしも明確な規律はなされていない。

第4が、受益者の定めのない信託の規律である。新信託法260条は、通常の受益者の定めのある信託であれば受益者の有する権利を、委託者が行使できるものとしており、これは強行法規とされている。受益者の定めがなければ受益者による信託のエンフォースがあり得ないので、これを補う

---

143) 四宮和夫『信託法〔新版〕』（有斐閣・1989年）330-34頁。ただし、信託目的との関係で、受益権の性質が譲渡を許さないものと解する余地を広くとる93条解釈も示されている。道垣内弘人『信託法』（有斐閣・2017年）322-26頁。
144) この規定は、委託者と受益者が同一の場合に、民法651条を適用した旧信託法57条の規定を引き継いでいる。

ものである。しかしこれは、目的信託における委託者による信託支配を懸
念するイギリスやコモンウェルス諸国の目からすると、異例と映るだろう。
また委託者支配が残ると、委託者破産の場合の倒産隔離についての懸念も
拭い切れない[145]。資産流動化への利用が期待されながら、その利用がみ
られないことと合わせて、今後の検討課題かもしれない。

3　グローバルな広がり

　日本の信託法が、コモン・ロー諸国と理念系を異にすることは、それ自
体で否定的に評価されるものではない。むしろ、日本信託法の理念を明ら
かにすることは、日本国内の問題に留まらず、世界的な信託の展開をどう
捉えるかという大きな問題と関わる。20 世紀初頭、日本の信託法は、イ
ギリス流の信託法理とアメリカ流の信託法理に影響を受けて立法されたが、
これと同じ現象は、20 世紀後半の東アジアにも広がっている[146]。

　韓国と台湾は、日本による過去の植民地支配や、戦後に日本と同様に大
陸法系の民法を基礎とした法制度に信託法が導入された経緯から、日本法
と構造の似た信託法を有する。1961 年に制定され 2011 年に改正された韓
国信託法や[147]、1996 年に制定された台湾信託法は[148]、委託者に比較的強
い権限を与えている。たとえば委託者、受託者および受益者の合意による
変更[149]、信託の終了[150]、委託者の地位の移転[151]などの定めに、そうした
特徴が表れている。

---

145)　田中和明「受益者の定めのない信託を利用した日本版チャリタブル・トラスト」新井ほか
　　編・前掲注 104）第 13 章、375 頁。
146)　Masayuki Tamaruya, *Japanese Law and the Global Diffusion of Trust and Fiduciary Law*,
　　102 Iowa L. Rev. 2229 (2018).
147)　韓国では、日本の旧信託法の内容をほぼ受け継いだ 1961 年信託法が、2011 年に改正され、
　　翌年から施行されている。林采雄・結城大輔「韓国信託法改正の概要」金融法務事情 1942 号
　　（2012 年）54 頁、金祥洙「信託法改正案について(1)～(7・完)」国際商事法務 38 巻 5 号 724
　　頁～11 号（2010 年）1603 頁。
148)　台湾の 1996 年信託法は、日本の信託法の制度を主体とし、アメリカの信託法第 2 次リス
　　テイトメントを立法理念として堅持し、台湾の法制度および発展のニーズを勘案して定められ
　　た。王志誠（新井誠監訳）『台湾信託法の理論と展開』（日本加除出版・2014 年）19 頁。
149)　韓国信託法 88 条、台湾信託法 15 条。
150)　韓国信託法 99 条、台湾信託法 63・64 条。
151)　韓国信託法 10 条。

中国は 2001 年に信託法を導入したが、委託者にさらに強い権限を与えている。中国信託法は、信託の設定を、財産権の処分ではなく受託者への委託として位置づけており、これに対応して、信託のコントロールは、第一に委託者が想定される。すなわち、同法第 4 章第 1 節の委託者に関する規定では、委託者適格（19 条）、信託財産の管理、運用、処分および収支状況に対する調査権（20 条）、信託財産の管理方法の変更権（21 条）、信託財産の処分行為の取消請求権、信託財産の復旧・損失塡補の請求権（22条）、委託者の解任請求権（23 条）を定めている。受益者は、これら 20 条〜23 条を準用する 49 条で、これらの権利を行使できるものとして規定されている。受益者と委託者とで意見が一致しない場合には、人民法院に対して裁定を請求することで、見解の相違の解消が図られる（49 条）。

　このように委託者の権限の強い東アジアの信託立法に対し、香港やシンガポールは、コモンウェルス加盟国として、イギリス由来の判例法理を堅持しつつ、コモンウェルス諸国やオフショア諸国と深い関係を維持している[152]。1990 年代以降アジアの国際金融ハブとして存在感を強めた両国を通じ、オフショア信託も中国の富裕層に提供されつつある[153]。ごく最近まで、中国での資産管理を目的とした信託利用は、もっぱらこうしたオフショア信託だったが、2013 年には一部の銀行がオンショアの家族信託サービスを開始した[154]。2014 年には中国政府が、信託会社のリスクについての規制・監督に関する指導意見の中で、中国の富裕層に対する家族信託のサービス提供能力を高めることなどを求めている[155]。こうして今日の中国は、日本、韓国、台湾などの信託立法の影響を受ける一方で、香港・シンガポールを経由してイギリス・コモンウェルス諸国のオフショア流の信託サービスも流入しており、20 世紀初頭の日本と同様、信託の伝播ル

152）　ルシーナ・ホー「香港における信託法」信託法研究 40 巻（2015 年）3 頁、タン・ハンウー「シンガポール信託法の過去・現在・未来について」信託法研究 40 巻（2015 年）31 頁。

153）　J. C. Sharman, 'Chinese capital flows and offshore financial centers' (2012) 25 (3) The Pacific Rev. 317.

154）　Lusina Ho, 'Family trusts for Chinese clients' (2014) 20 Trusts & Trustees 93.

155）　銀行監督委員会「信託会社のリスク管理・監督に関する指導意見」（指導意見 99 号 2014年 4 月 8 日）。なお楼建波「中華人民共和国における信託法および信託業についての概観」信託法研究 40 巻（2015 年）17 頁参照。

ートが複数交わる潮目となっている。

　こうした状況の中で、香港大学のルシーナ・ホー教授は、アジア信託法を総括する論稿で、日本や中国の信託における委託者の役割について次のように述べている。

　　「中国信託法と日本の新信託法は、信託財産の所有権が委託者によって保持されることを許容している。前者は、受託者に受託者責任を負わせないことさえ認め、後者については、受託者が単独で委託者、受託者および受益者を兼ねる場合においてこれを認める。こうした事情は、信託財産の健全性にとって、かなりのリスクとなる。こうしたアプローチが、信託概念の核心となるものと齟齬するかどうかの判断は、これらの立法が、双方の国における委託者による濫用を防ぐために設けた防護措置をどう評価するかにかかっている。」[156]

　ここでは、アジアの信託立法における委託者のコントロールの強さが、信託財産の健全性（integrity）にとってのリスクとして捉えられている。同時に、ホー教授の分析には、イギリス的な信託観が反映されている。こうした指摘に対して、日本の信託関係者としては、どのような応答が可能であろうか。

　信託を規律する法規範は、立法だけでなく、実務や判例によっても発展していく。国際的な信託サービスや信託法制間の競争の進む今日、国境を超えた法理の相互作用は、広くみられるようになっている。このことは、本章のテーマである委託者の信託支配という個別の法理をみても、東アジアの信託という地域レベルで見てもあてはまる。本章は、主に英米の信託比較を行ったが、これは、より広い国と地域の信託法・信託実務、そして翻って日本における信託のあり方について、検討するきっかけともなり得る。

---

156)　Lusina Ho and Rebecca Lee, 'Reception of the trust in Asia: an historical perspective', in Lusina Ho and Rebecca Lee (eds), *Trust Law in Asian Civil Law Jurisdictions* (Cambridge UP, 2013), at 22.

第2章

受益権の譲渡性・差押可能性の制限

——浪費者信託との比較において　　　　　　　加毛　明

I　はじめに

1　検討の対象

　ある者が信託を設定する場合に受益権の法的性質をいかなる範囲で決定することができるか。この問題については、とりわけ、受益者による受益権の譲渡を禁じることができるか否か、また受益者の債権者による受益権に対する権利行使（差押えなど）を禁じることができるか否かが、従前から議論の対象とされてきた。本章は、継続的給付を内容とする受益権（収益受益権など）を念頭に置いて、受益権の譲渡性[1]および受益権に対する権利行使の可能性——本章では両者を合わせて受益権の「処分可能性」と呼ぶことにする——の制限について、日本法とアメリカ法を比較し、両者の差異について検討する[2]。

　受益権の処分可能性の制限に関し、日米間に重要な違いが存在することは、これまでも繰り返し指摘されてきた。アメリカ法では、浪費者信託[3]（spendthrift trust）の有効性が一般的に承認され、委託者が受益権の処分

---

1)　受益者による受益権の処分については、譲渡のほか、担保権の設定も問題となるが、本章では受益権の譲渡を主たる検討対象とする。

2)　比較法研究の目的について、加毛明「主観的事情と認識帰属の法理」樋口範雄=佐久間毅編『現代の代理法——アメリカと日本』（弘文堂・2014年）139-140頁注2。

3)　アメリカ法の浪費者信託に関する代表的な先行研究として、入江真太郎「浪費者信託」法学新報17巻1号（1939年）61頁、佐藤仁「浪費者信託の有効性について——わが国に浪費者信託を導入する手懸かりとして」信託124号（1980年）89頁、井上彰「浪費者信託誕生史の素描」信託法研究14号（1990年）29頁、樋口範雄『アメリカ信託法ノートI』（弘文堂・2000年）第5章・第7章。

可能性を否定できるのに対して、日本法のもとで同様の法的帰結を実現するには困難が伴うと説明されるのである。それにもかかわらず、上記のような検討対象を設定する理由が問題となる。この点を明らかにするため、まず、アメリカ信託法に関する代表的な概説書である樋口範雄『アメリカ信託法ノートＩ』（以下、「樋口・ノート」とする）の説明に即して、従前の議論状況を確認することから始めよう。

2 従前の議論状況

（1）**アメリカ法**　樋口・ノートはアメリカ法の状況を次のように説明する。まず、受益者は原則として受益権を自由に譲渡することができ[4]、また——手続上の制約は存在するものの——受益者の債権者は受益権に執行をかけることができる[5]。これに対して、受益権の処分可能性を否定するために委託者が採り得る手段として、まず、信託条項の中に、受益権の譲渡・債権者の権利行使・受益者の破産などを理由として受益権が消滅する旨を規定するという方法がある。このような条項の有効性は、アメリカ法のみならず、イギリス法においても、一般に承認されている[6]。これに加えて、アメリカの多くの州では、受益権の譲渡および受益権に対する権利行使を禁止する旨を信託条項に定めること——浪費者信託の設定——により、受益権の処分可能性を否定することができる[7]。浪費者信託は、その名称にかかわらず、受益者が法的能力・財産管理能力を欠く場合に限定されることなく、設定可能である[8]。浪費者信託の有効性が広く肯定されることは、イギリス法と比較した場合におけるアメリカ法の特徴とされる[9]。

4）　樋口・前掲注3）154-156頁。
5）　樋口・前掲注3）160-161頁。
6）　樋口・前掲注3）162-163頁、214頁。
7）　樋口・前掲注3）163頁、214-215頁。もっとも、浪費者信託の効力が認められる範囲は州ごとに異なる（樋口・前掲注3）164頁）。
8）　樋口・前掲注3）163頁、216-217頁。井上・前掲注3）29頁も参照。
9）　樋口・前掲注3）165頁。もっとも、イギリス法においても、受益権の譲渡や受益権に対する権利行使が企図された場合に受益権が消滅し、裁量信託に移行するという保護信託（protective trust）が認められるので、英米の違いは「見かけほどではない」とも指摘される。樋

(2)　**日本法**　　次に日本法の状況について、樋口・ノートは、大正 11
年制定の信託法（以下、「旧信託法」とする）に受益権の譲渡性およびその
制限に関する規定が存在せず、学説の議論も盛んでなかったことを指摘す
る[10]。その中にあって、1985 年公表の「信託法改正試案」[11]は、「民法第
466 条から第 468 条までの規定は、受益権の譲渡に準用する」という規定
（33 条の 2）の新設を提案した[12]。樋口・ノートは、この立法提案を、ア
メリカ法の浪費者信託との対比において、次のように評価する。

　　「それによれば、受益権は民法上の指名債権譲渡と同様にして譲渡可能で
　　あり、譲渡禁止と定めても善意の第三者に対抗できないとされる。わが国に
　　おいて、善意の第三者に一般債権者は含まれるので、受益権の譲渡禁止は、
　　債権者の差押えを阻む効力をもたない。」[13]

　債権の譲渡禁止特約に関する判例法理を前提とすれば、受益権の譲渡禁
止特約は、善意（かつ無重過失）で受益権を譲り受けた者および受益権を
差し押さえた債権者に対抗できないものとされるのである。

　他方、樋口・ノートは、旧信託法の代表的な体系書である四宮和夫『信
託法』[14]において、無償で設定された信託について受益権の譲渡禁止の定
めがある場合には、差押禁止の効果を認めるべきと主張されていることを
紹介する。しかし、それは学説上の主張にとどまり、判例に受け入れられ
るか否かに疑問を呈するのである[15]。

　樋口・ノートは、以上の日本法の状況が多様な信託の利用を妨げる原因
となるおそれを示唆する[16]。そして、日本法において受益権に対する債権
者の差押えを排除できないとされていることに関し、アメリカ法の議論が

　　口・前掲注 3）219-221 頁は、浪費者信託と保護信託（裁量信託）の相違点について詳細に検
　　討する（佐藤・前掲注 3）92 頁、井上・前掲注 3）52 頁も参照）。
　　　さらに、溜箭将之「委託者による信託支配―英米比較」本書第 1 章は、ヨリ広範な制度比較
　　のもとに、アメリカ法とイギリス法の異同とその背景について検討する。
10)　樋口・前掲注 3）174 頁、215-216 頁。
11)　信託法研究会「信託法改正試案（第 4 試案）」信託法研究 10 号（1986 年）128 頁。
12)　改正提案の趣旨について、前田庸「受益権」信託法研究 10 号（1986 年）58 頁。
13)　樋口・前掲注 3）174 頁。
14)　四宮和夫『信託法〔新版〕』（有斐閣・1989 年）。
15)　樋口・前掲注 3）248 頁。
16)　樋口・前掲注 3）174-175 頁。

再考を促す契機となり得ることを指摘するのである[17]。

3　検討の理由

　樋口・ノートは、アメリカ法との比較を通じて、日本法の特徴および問題点を浮かび上がらせるものといえる。しかし、その内容については、さらなる検討を要するいくつかの点を指摘できる。

　まず、アメリカ法について、浪費者信託の有効性には様々な限定が付される。委託者は、何らの制約なしに、受益権の処分可能性を否定できるわけではない。この点は、樋口・ノートも指摘するところであるが、浪費者信託の有効性の限界という観点から、アメリカ法を再検討することは、日本法との比較をする前提として重要であると考えられる。

　次に、日本法については、意思表示による譲渡制限（譲渡禁止特約）のみを取り上げることが――受益権の法的性質に関する日米の理解の違いを措くとしても[18]――妥当であるかが問題となる。民法は、債権について、意思表示による譲渡制限（民法466条2項）のほか、性質による譲渡制限（民法466条1項ただし書）を認める。平成18年制定の現行信託法も、受益権の譲渡性の制限について同様の規定を設ける（信託法93条1項ただし書、2項）。債権の譲渡禁止特約は、一般に債務者の利益保護を目的とするものと理解されているが[19]、信託行為における受益権の譲渡禁止の定めも、受託者（とりわけ信託銀行）の利益保護を目的とする場合が多いと考えられる。これに対して、浪費者信託との比較において論ずべきは、自らが財産を出捐して受益権の処分可能性がない信託を設定するという委託者の利益について、いかなる限度で法的保護を認めるべきかである。さらに

---

17)　樋口・前掲注3）176頁注118。

18)　日本法において受益権が受益者の受託者に対する債権であると一般に理解されているのに対し、アメリカ法では、受益権は財産権（property）の一種とされる。そのうえで、アメリカ法が、コモン・ロー上の財産権の譲渡制限について厳格な態度を採ることと、浪費者信託の有効性の承認により、エクイティ上の受益権の譲渡制限について寛容な立場を採用することが対比される（Restatement (Third) of Trusts ch.12, intro. note)。

19)　債務者の利益として、債権譲渡に伴う事務手続の煩雑化、過誤払いのリスクの回避、債務者による相殺期待の保護、債務者が取引関係を望まない第三者への債権移転の防止などが挙げられる（中田裕康『債権総論〔第3版〕』（岩波書店・2013年）524頁）。

——樋口・ノートも指摘する通り——譲渡制限の意思表示の効果に制限が
あることを考え合わせれば、性質による譲渡制限を検討対象に加えるべき
ものと考えられる[20]。このほか、受益権に対する差押えの可否については、
債権の被差押適格や差押禁止債権など、執行手続における規律も問題とな
る。このように、アメリカ法との比較をする前提として、日本法に関する
ヨリ広範な検討を行う必要があると考えられるのである。

4　行　　論

　以下では、まず、アメリカ法における受益権の処分可能性とその制限に
ついて、信託法第3次リステイトメント（以下、「リステイトメント」とす
る）の内容を紹介する（Ⅱ）。ここでは、浪費者信託について、その有効性
の限界に着目して、リステイトメントの内容を検討する。検討対象がリス
テイトメントに限定されるため、規範的拘束力を有する法準則を明らかに
することはできないが、アメリカ法における浪費者信託の議論状況を理解
するうえでは有用と考えられる。

　次に、日本法における受益権の処分可能性の制限について検討する
（Ⅲ）。この問題に関する議論は必ずしも盛んではないため、日本法の状況
を明確に描き出すことには困難を伴う。そこで、まず債権の譲渡および差
押えの禁止に関する法状況について検討し（Ⅲ1）、それに基づいて、受
益権の処分可能性の制限に関する学説の状況を分析する（Ⅲ2）。そのよ
うな検討を通じて、樋口・ノートが言及していた四宮和夫の見解の学説上
の位置づけを明らかにすることも可能になる。そしてそれらの議論を踏ま
えたうえで、受益権の処分可能性の制限を基礎づける法律構成と考慮要素、
および受益権の処分可能性の制限の法的効果について、解釈論を提示する
こととしたい（Ⅲ3）。

　最後に、以上の検討を踏まえて、樋口・ノートが提示する日本法とアメ
リカ法の差異に関する理解を相対化する（Ⅳ1）。また、それと異なる観

---

20)　受益権の差押禁止という効果を導くために、受益権の性質上の譲渡制限について検討する
　ものとして、商事信託法研究会「信託受益権を巡る民事執行法・破産法上の諸問題」信託260
　号（2014年）4頁。

点から、アメリカ法との比較を通じて明らかになる日本法の特徴を指摘することとしたい（IV 2）。

II　信託法第 3 次リステイトメントにおける浪費者信託

1　受益権の処分可能性

（1）**通常の信託**　（a）**受益権の譲渡**　浪費者信託について検討する前提として、まず、通常の信託における受益権の処分可能性についてみておこう。リステイトメントは、コモン・ロー上の権利と同様の条件のもとで、受益者が受益権を譲渡することを認める（リステイトメント 51 条）[21]。受益者が現に有する受益権のほか、将来取得する受益権（残余受益権など）にも譲渡性が認められる[22]。

　受益者は、受益権を現時点で譲渡する意図（an intention to make a present transfer）を表明することによって、受益権を譲渡できる（リステイトメント 52 条 1 項）。この場合、受託者の同意が必要とされないのみならず[23]、譲受人の承諾や譲受人への通知も要件とされない[24]。また原則として書面によることを要しない（リステイトメント 53 条 1 項）。他方、受益者が第三者に受益権を将来譲渡するという約束をした場合には、契約としての強制可能性が認められる場合に限って、裁判上の実現が可能となる（リステイトメント 52 条 2 項）。

　受益権を譲り受けた者は受益者としての地位に立つ[25]。受託者は、受益権譲渡の通知を受けた場合に、譲受人を受益者として扱う義務を負う[26]。

　（b）**受益権に対する権利行使**　次に、リステイトメントは、受益者

21）　担保目的での受益権の譲渡も可能である（Restatement（Third）of Trusts § 52 cmt. c（2003））。なお、受益権が受益者の死亡によって終了しない場合には、受益権は受益者の相続財産を構成する（リステイトメント 55 条 1 項）。

22）　Restatement（Third）of Trusts § 51 cmt. b（2003）.

23）　Restatement（Third）of Trusts § 51 cmt. d（2003）.

24）　Restatement（Third）of Trusts § 51 cmt. e（2003）. ただし、譲受人に対する通知すらなかったことは、受益者が受益権を譲渡する意図を有していなかったことの証拠となり得る。

25）　Restatement（Third）of Trusts § 48 cmt. a（2003）.

26）　Restatement（Third）of Trusts § 51 cmt. d（2003）.

の債権者が、自らの債権の満足に充てるため、受益権に対して権利行使することを認める（リステイトメント 56 条）[27]。ただし、伝統的に、エクイティ上の権利に対する権利行使は補充的なものと位置づけられてきた。債権者は、受益者の有するコモン・ロー上の権利への強制執行によって満足を得られなかった場合に限り、エクイティ上の権利である受益権に権利行使できるものとされたのである。もっとも近時は、制定法により、債権者が受益権に対してコモン・ロー上の強制執行をすることを許容する州も増えている[28]。

　受益権に対する権利行使手続において、裁判所は「当該状況のもとで公平かつ合理的な救済（relief that is fair and reasonable under the circumstances)」[29]を債権者に与えるものとされる。受益権が受益者への定期的な配当の支払を内容とする場合、裁判所は、通常、受託者に対して、債権者の債権が満足を受けるまで、債権者に支払をするよう命じる。受益権の帰属自体は受益者に残したままで、個別に発生する配当が債権者に支払われるのである。もっとも、その場合でも、裁判所は、受益者や家族の扶養・生計維持のために配当の一部を留保し、残額についてのみ債権者への支払を命じることができる[30]。受益者の扶養・生活維持という利益が、執行手続上の考慮要素とされるのである。

　これに対して、裁判所が受益権の売却を命じ、その売却益から債権者への弁済を行うこと（強制執行売却；execution sale）を命じるのは、そのような扱いに合理性がある場合に限られる。たとえば、信託財産からの配当を弁済に充てるだけでは合理的な期間内に債権者への弁済をすることが困難場合である[31]。このように、受益権の帰属を変更する形での権利の実現は、一定の場合に限定されるのである。

---

27)　受益権が相続される場合には（前掲注 21）参照）、相続財産の債権者による権利行使が認められる。

28)　Restatement (Third) of Trusts § 56 cmt. e (2003). 樋口・前掲注 3 ）160-161 頁。

29)　Restatement (Third) of Trusts § 56 cmt. e (2003).

30)　Restatement (Third) of Trusts § 56 cmt. e (2003).

31)　Restatement (Third) of Trusts § 56 cmt. e (2003). 債権者による権利行使の対象が残余受益権など将来の受益権である場合が具体例とされる。

(2)　裁量信託　(a)　意義　次に、受益者に対する支払の内容が受託者の裁量的判断に基づいて決定される場合（裁量信託；discretionary trust）についてみておこう。信託法第 2 次リステイトメントは、裁量信託と区別する形で、扶養信託（trust for support）——受益者の教育や扶養に必要な限度で信託財産からの支払がなされる信託——や人的信託（personal trust）——受益権の内容が受益者の一身専属性を有する信託——に関する規定を設けていた（信託法第 2 次リステイトメント 154 条、160 条）。これに対してリステイトメントは、明確な区別が困難であることを理由として、裁量信託に関する規定のみを設けた。扶養信託や人的信託は、受託者の裁量権行使に関する特定の基準を伴う裁量信託として位置づけられるのである[32]。

　(b)　受益権の譲渡　裁量信託の受益者も、受益権を譲渡することができ、譲受人は、受託者が受益権の譲渡を知った後に行う支払を受領できる（リステイトメント 60 条）。もっとも、譲受人が取得するのは元の受益者が有していた権利であるので、受託者による裁量権行使の基準となるのは元の受益者である。それゆえ、元の受益者を基準として信託財産からの支払を拒絶できる場合、受託者は譲受人に対しても支払を拒絶できる[33]。

　(c)　受益権に対する権利行使　次に裁量信託の受益権に対する債権者の権利行使も許容される（リステイトメント 60 条）。この場合、債権者は、受託者が権利行使を知った後に行う支払から、債権の満足を受けることができる。その際、受益者の扶養・生活維持という利益が考慮されるのは、通常の信託の場合と同様である[34]。これに対して、裁判所が受益権の強制執行売却を命じることはできないものと説明される[35]。受益権の帰属の変更という形での権利行使が認められない点で、通常の信託の場合より、執行方法に制限が加えられるのである。

　他方、受益者が有する法的地位を根拠として、債権者に対する信託財産

---

32)　Restatement (Third) of Trusts § 60 reporter's notes, cmt. a (2003).

33)　Restatement (Third) of Trusts § 60 cmt. a (2003).

34)　Restatement (Third) of Trusts § 60 cmt. c (2003).

35)　Restatement (Third) of Trusts § 60 cmt. c (2003).

からの支払が増額される場合がある（リステイトメント60条）。第1に、受益者が委託者である場合、債権者は、受託者が裁量権の行使として受益者（＝委託者）に支払うことができる最大限の金額を受領できる[36]。委託者が裁量信託を利用することで、債権者の権利行使が妨げられるのを防ぐためである。第2に、受益者の1人が受託者であり、自己への支払額を決定する権限を有する場合、債権者は、受益者（＝受託者）が取得できる最大限の金額について権利行使できる[37]。受益者が自らの受益権の内容を決定できるのであれば、その限りにおいて、債権者の権利行使を認めるべきだからである。以上のルールは裁量信託に特有のものであるが、前提となる考え方は、浪費者信託にも共通するところである（前者について 2(2)(c)、後者について 2(2)(b)(i)参照）。

　　(d)　裁量権行使の強制可能性　　受益権の譲受人や受益者の債権者が信託財産からの支払を受けるのは、受託者が裁量権の行使により支払を決定した場合である。そして受益者が受託者に裁量権行使を強制できない場合、譲受人・債権者は裁量権行使を強制することができない[38]。受託者による支払拒絶が裁量権の濫用に該当するとして裁判上争うことは可能である。しかし、受託者が受益者に支払を拒絶することが裁量権の濫用に該当する場合であっても、譲受人や債権者への支払拒絶が裁量権の濫用に該当しないことがある。受託者の裁量権行使の適否を判断する際に――譲受人や債権者でなく――受益者が現実に受ける利益の程度が考慮されるからである[39]。

　　こうして裁量信託においては、通常の信託と比較して、譲受人や債権者の法的地位が制約を受ける。その結果、受益権の処分可能性が間接的に制限されることになる。

---

36)　Restatement (Third) of Trusts § 60 cmt. f (2003).
37)　Restatement (Third) of Trusts § 60 cmt. g (2003).
38)　Restatement (Third) of Trusts § 60 cmt. e (2003).
39)　Restatement (Third) of Trusts § 60 cmt. e (2003).

2　浪費者信託

　(1)　根拠　　(a)　判例　　続いて、浪費者信託についてみていこう。リステイトメントは、ある財産の所有者が当該財産を他人に贈与（bestow）するか否かを決定する自由を有するので、信託という手段を用いて、適法な条件および制限のもとで財産を贈与できるという基本原理を承認する[40]。この原理に基づいて、受益権の処分可能性を否定する浪費者信託の有効性が一般的に承認されることになる。浪費者信託の正当化根拠については様々な議論が存在するが[41]、ここではリステイトメントの起草者解説（reporter's note）[42]に即して議論状況を概観することにしたい。

　アメリカ法において浪費者信託が発展する契機となったのが、1875年の連邦最高裁判所判決（Nichols v. Eaton）[43]である。この事件で問題となったのは、浪費者信託ではなく、受益権の譲渡や受益者の破産を原因として受益権が消滅し、以後、信託は裁量信託となるという内容の保護信託（protective trust）[44]であった。しかし、この判決の中で、ミラー裁判官は、保護信託の有効性の承認を超えて、浪費者信託の有効性を肯定する説示を行った。しばしば引用されるのが、次の一節である。

　　「親――あるいは他者を愛する者――が、自己の財産を用いて、その愛情の対象となる者を、人生の不幸や有為転変、あるいはその者自身の無思慮や自己を守る力の欠如から、可能な限り保護しようとする場合に、何故それが許されないのか理解しがたいのである。」[45]

　リステイトメントの起草者は、この判示部分が財産所有者の財産処分の

---

40)　Restatement (Third) of Trusts ch. 12, intro. note (2003).
41)　浪費者信託の正当化根拠をめぐる議論については、樋口・前掲注3）228-234頁に詳細な検討が存在する。また、浪費者信託が登場した社会的背景事情については、19世紀アメリカにおける信用の不安定さを理由として、市場の圧力から財産を保護する手段が求められたことが指摘される（Joshua Getzler, *Transplantation and Mutation in Anglo-American Trust Law*, 10 THEORETICAL INQUIRIES IN LAW 355, 378-381 (2009)）。さらに、溜箭・前掲注29）本書第1章13頁は、ボストンにおける信託業の発展に着目する。
42)　Restatement (Third) of Trusts § 58 reporter's notes, cmt. a (2003).
43)　Nichols v. Eaton, 91 U.S. 716 (1875). 同判決の内容および判例法上の位置づけについては、井上・前掲注3）48-53頁が詳細な検討を加える。樋口・前掲注3）166頁、243頁も参照。
44)　保護信託については、前掲注9）参照。
45)　91 U.S. 727 (1875).

自由を重視するものであるとし[46]）、所有者による財産処分の条件・制限付けが許容される結果として、財産取得者の保護が実現されるものと説明する。つまり、浪費者信託の有効性承認の根拠は、委託者の財産処分の自由の尊重に求められ、受益者保護の要請は直接の根拠とされないのである[47]）。

　次に、浪費者信託の効力を明らかにし、その後の判例法の展開に影響を及ぼした判決として紹介されるのが、1882 年のマサチューセッツ州最高裁判所判決（Broadway National Bank v. Adams）[48]）である。この判決において、モートン裁判官は、浪費者信託を設定した委託者の意図を、次のように説明する。

　　「遺言に示される彼〔委託者〕の意図は、自らの弟〔受益者〕に対して、信託財産に生じる収益について無条件の権利（absolute right）を与え、当該収益を支払期限前に譲渡する権限を認めるというのではなく、信託収益を年 2 回受領する権限を付与するというにとどまる。収益の支払の時点で初めて、彼の弟〔受益者〕は収益に関する無条件の権利を有するのである。」[49]）

　そして、期限前における収益の譲渡制限は、受益権の性質上、許されない制約ではないとする。

　次に、受益者の債権者との関係については、次のように述べられる。

　　「債務者の財産が債務の引当てになるという公序の準則に基づいて、贈与者（donor）の財産を受益者の債務の引当てとすることはできない。また、贈与者が、財産処分権の行使により、自らの財産を〔受益者の〕債権者の権利行使の対象外に置いた場合に、この公序の準則に基づいて、債権者が異議を申し立てることもできない。」[50]）

　所有者の財産処分の自由を根拠として、予め債権者の債権の引当てとな

---

46) ERWIN N. GRISWOLD, SPENDTHRIFT TRUSTS (2d ed. 1947) 25-26 は、所有者の財産処分の自由を重視するミラー裁判官の説示が、1840-50 年代における時代思潮——財を成した者のための個人主義——を背景として、同時代の法律家に広く浸透することになったとする。樋口・前掲注 3）243-244 頁も参照。

47) そのような理解を明示するものとして、起草者解説は、Estate of Morgan, 223 Pa. 228, 229, 72 A. 498, 499 (1909) を挙げる。

48) Broadway National Bank v. Adams, 133 Mass. 170, 43 Am. Rep. 504 (1882). 同判決に関する詳細な紹介として、井上・前掲注 3）53-57 頁、樋口・前掲注 3）225-227 頁。

49) 133 Mass. 173.

50) *Id.* at 174.

らない形で、受益者に権利を付与することが許容される。受益者が無償で
与えられた以上の権利を、受益者の債権者が自らの債権の引当てとして期
待することはできないとするのである[51]。

　　(b)　学説　　以上の判例の展開に対して、学説上は、1883 年のグレ
イの著作[52]をはじめとして、古くから、浪費者信託の有効性を否定または
限定すべきことが主張されてきた。起草者解説は、グリズウォルドの著作
に依拠しつつ、批判学説の内容を次のように説明する。

　まず、所有者の財産処分の自由が無制約であるという前提が誤りであり、
いかなる範囲で財産処分の自由が認められるかは政策判断の問題と解すべ
きである[53]。そして、財産処分の自由を制約する要因として挙げられるの
が、受益者の債権者の利益である。信託は通常、登録を伴わないので、受
益者の債権者は受益権を引当てとできるか判断がつかない。遺言信託など
登録がある場合でも、受益権の内容を調査できない債権者（不法行為債権
者など）も存在するし、それ以外の債権者についても調査義務を課すこと
は現実的でない[54]。さらに、浪費者信託が富裕層の子女の利益のために設
定される場合には、受益者が債務の支払を怠る一方で、信託からの多額の
利益を享受できることになってしまう[55]。

　そこで、ある者に帰属する全ての財産はその者の債務の引当てとなるこ
とを原則としつつ、例外的に債権者による権利行使を免れる財産の範囲は、
制定法によって規律されるべきことが指摘される[56]。さらに、学説上は、
浪費者信託の有効性を肯定するとしても、受益者の範囲や信託財産の金額
に上限額を設けるなどして、浪費者信託の有効性が認められる範囲を限定
すべきことが主張されるのである[57]。

---

51)　同様の見解を採用するものとして、Scott v. Bank One Trust Co., 62 Ohio St.3d 39, 577
　　N.E.2d 1077 (1991) が存在する。同判決によるオハイオ州の判例変更については、樋口・前掲
　　注 3）221-225 頁。

52)　JOHN CHIPMAN GRAY, RESTRAINTS ON THE ALIENATION OF PROPERTY (1st ed. 1883, 2nd ed. 1895).

53)　GRISWOLD, *supra* note 46 at 464.

54)　GRISWOLD, *supra* note 46 at 470.

55)　GRISWOLD, *supra* note 46 at 470. グレイによる浪費者信託に対する批判の主眼は、この点に
　　あったとされる。樋口・前掲注 3）232 頁も参照。

56)　GRISWOLD, *supra* note 46 at 471.

　以上の学説は、受益者の債権者による権利行使が否定される範囲を、受益者保護の要請が社会的に承認される限度に制限すべきことを主張するものといえる。この点で、前述した諸判決が、浪費者信託の正当化根拠を、受益者保護の必要性ではなく、委託者の財産処分の自由に求めるのと異なるのである。

　（c）　小括　　ここまでの検討から明らかなように、判例法理において浪費者信託の有効性承認の根拠とされるのは、委託者の財産処分の自由を尊重すべきという要請である。ただそれと同時に、浪費者信託の設定という形での財産処分の自由には、いくつかの制約が存在することがわかる。まず、1882年のマサチューセッツ州最高裁判決において、浪費者信託の設定が贈与として説明されていたことに現れる通り、財産処分の無償性が前提とされる。また、浪費者信託において受益者が制約を受けるのは受益権の期限前処分であり、信託収益の支払があれば、受益者は受領した財産を自由に処分できるものとされる。これらの制限に留意しつつ、以下では、リステイトメントの規定の内容についてみていくことにしたい。

　⑵　**内容**　　（a）　**任意的移転および強制的移転の双方の禁止**　　浪費者信託の要件および効果について規定するのが、リステイトメント58条である。

　第58条　浪費者信託；有効性および一般的効果
　⑴　第⑵項に定める場合を除き、かつコメントb（所有権相当性（owner-ship equivalence））および第59条のルールによる制約のもとで、信託条項において、受益権が受益者によって譲渡されないことまたは受益者の債権者の債権の引当てにされないことが定められている場合、受益権の任意的移転および強制的移転（voluntary and involuntary alienation）に関する制限は有効である。
　⑵　信託の委託者が留保した受益権に関する任意的移転および強制的移転に対する制限は無効である。

---

57)　その代表例として起草者解説が言及するのが、Richard R. Powell, *The Rule Against Perpetuities and Spendthrift Trusts in New York: Comments and Suggestions*, 71 COLUMBIA L. REV. 688, 704-706 (1971)；Anne S. Emanuel, *Spendthrift Trusts: It's Time to Codify the Compromise*, 72 NEBRASKA L. REV. 179, 206-209 (1993) である。

　まず、浪費者信託は、受益者による受益権の譲渡[58]（任意的移転）および受益者の債権者による権利行使（強制的移転）の双方を禁止するものである。任意的移転を許容しつつ、強制的移転のみを禁止する信託を設定することはできない[59]。また任意的移転のみを制限することも、受益権の譲渡自由の原則からの逸脱を正当化できないものとされる[60]。

　もっとも、信託条項に任意的移転の禁止のみが定められていた場合には、強制的移転をも禁止するという委託者の黙示的意図を認定することにより、浪費者信託の有効性を認めることができる。他方、信託条項に強制的移転のみを禁止する委託者の意図が表明されている場合には、任意的移転を制限する意図が推定されるものと説明される[61]。それゆえ、信託条項において、任意的移転または強制的移転のどちらか一方が明示的に禁止されていれば、浪費者信託の効力が生じることになる。

　(b)　受託者との関係における受益権行使の制限　　(i)　所有権相当性の準則　　次に、浪費者信託の効力が生じるのは、受益者が受託者との関係で受益権行使に制限を受ける場合に限られる。リステイトメント58条1項は、浪費者信託が「所有権相当性（ownership equivalence）の準則」の制約に服することを定める。これは、受益者がある財産について所有権に相当する権限を有し、当該財産の即時の分配（immediate distribution）を請求できる場合には、当該財産に関する浪費者信託の設定が無効とされる、という準則である[62]。たとえば、収益受益者が、現時点で行使可能な一般的権利帰属者指名権限（general power of appointment）を有するのであれば、受託者に対して信託財産の分配を強制できる。この場合、当該受益者は信託財産を譲渡することができ、また受益者の債権者は当該信託財産に対して権利行使することができる[63]。

---

58)　受益権に対する担保権の設定も含まれる（Restatement (Third) of Trusts § 58 cmt. c (2003)）。

59)　Restatement (Third) of Trusts § 58 cmt. b (2) (2003).

60)　Restatement (Third) of Trusts § 58 cmt. b (2) (2003). なお、統一信託法典（Uniform Trust Code）502条の制定過程における議論の変遷については、樋口・前掲注3）238-239頁。

61)　Restatement (Third) of Trusts § 58 cmt. b (3) (2003).

62)　Restatement (Third) of Trusts § 58 cmt. b (1) (2003).

63)　リステイトメントは次のような事例を挙げる（Restatement (Third) of Trusts § 58 cmt. b

　この準則は――受益権ではなく――信託財産自体の処分を許すものであるが、受益権の譲受人や受益者の債権者が受託者に対して信託財産の配分を強制できるという意味で、浪費者信託の効力を否定するものといえる。浪費者信託の効力が認められるのは、受益者が、受託者に対して、信託財産の分配を請求できない場合に限られるのである。

　　(ⅱ)　期限の到来した配当請求権の処分可能性　　次に、浪費者信託の効力が及ぶのは、受益権に基づく個別の支払が期限未到来の場合に限られる。たとえば、収益受益者は一定の期日に受託者から一定の金額の支払を受ける権利（配当請求権）を有するが、浪費者信託において、収益受益者は、期限未到来の配当請求権を譲渡することができず[64]、また受益者の債権者は未だ期限の到来していない配当請求権に対して権利行使することができない。しかし、配当請求権の弁済期が到来し、受益者が配当を受領したのであれば、それを譲渡できるし、受益者の債権者も当該財産に対して権利行使をすることができる[65]。受託者から受益者への配当の支払が銀行口座への振込みによってなされるのであれば、受益者の債権者は預金を差し押さえることができる[66]。さらに支払期限が到来したにもかかわらず、受託者が配当の支払を留保する場合には、受益者の債権者は配当請求権に

---

　(1), illus. 2 (2003))。
　　　Ｓは財産をＴに譲渡し、Ｂの生存中は信託の収益をＢに配当し、Ｂの死亡時にＲまたはＲの子孫に元本を交付することを内容とする信託を設定した。信託条項において、受益者は受益権を譲渡できないこと、および受益者の債権者は受益権に権利行使できないことが定められていた。また、Ｂは30歳に達した後、いつでも元本の全部または一部の引渡しを受け、信託の全部または一部を終了させる権限を付与されていた。この場合、Ｂが30歳に達した時点で信託財産の所有権に相当する権利を有することになるので、浪費者信託条項は効力を失う。Ｂ以外の受益者との関係で浪費者信託が無効となるわけではないが、Ｂが30歳に達すると、残余受益権はほとんどその実質を失うことになる。

64)　受益者が期限到来前の配当請求権を第三者に譲渡しようとした場合、そのことは、受託者に対して当該第三者への支払を許可したことを意味する。ただし、この許可はいつでも撤回可能であり、許可が撤回されれば、受託者は当該第三者への支払を行ってはならないことになる（Restatement (Third) of Trusts § 58 cmt. d (1) (2003))。

65)　もっとも、井上・前掲注3）32頁注3は、配当の支払ごとに法的手続をとることは煩雑であり、またその間に受益者が配当を消費するおそれもあるとして、「受託者に対して直接に弁済を強制できないということは、実質的には浪費者信託の受益者に対する債権は回収できないことを意味する」とする。

66)　Restatement (Second) of Trusts § 152 cmt. j, illus. 11 (1959) 参照。

権利行使することができる[67]。このように浪費者信託は、受益権の処分を全面的に否定するものではなく、受益権の期限前処分（anticipation）を禁止するに過ぎない[68]。その意味で、浪費者信託は、特定の受益者に対して一定の時期に一定の財産が給付されることを保障するにとどまるのである。

　（c）　受益権取得の無償性　　さらに、浪費者信託の効力が生じるには、受益者が対価・約因の提供なしに受益権を取得したこと（受益権取得の無償性）が必要とされる。まずリステイトメント58条2項は「委託者が留保した受益権」について任意的移転および強制的移転を禁止できないものとする[69]。いわゆる自益信託について浪費者信託を設定することはできないのである[70]。

　この規定は、委託者が現実に債権者を詐害する意図を有していたか否かにかかわりなく適用される[71]。委託者が、自己の財産を出捐して浪費者信託を設定し、それによって、当該財産に対する債権者の権利行使を妨げることはできないのである[72]。

　こうして、浪費者信託の設定は、委託者が第三者のために信託を設定する場合にのみ認められる。しかし、その場合でも、受益者が受益権の取得について対価・約因を提供していたのであれば、リステイトメント58条2項を根拠として、当該受益者との関係で浪費者信託の効力が否定される[73]。具体的には、受益者が信託財産の負担を弁済によって消滅させた場

---

67)　Restatement (Third) of Trusts § 58 cmt. d (2) (2003).

68)　Restatement (Third) of Trusts § 58 cmt. d (2003). GEORGE T. BOGERT, TRUSTS (6th ed. 1987) 149 も、浪費者信託が「単に受益者が将来において信託から支払を受ける権利について制限をするに過ぎない」とする。

69)　委託者のほかにも受益者が存在する場合には、他の受益者との関係では、浪費者信託は効力を有する（Restatement (Third) of Trusts § 58 cmt. e (2003)）。

70)　樋口・前掲注3）215頁。

71)　Restatement (Third) of Trusts § 58 cmt. e (2003).

72)　同様の規律は、信託条項に任意的移転または強制的移転によって受益権が消滅する旨が定められていた場合にも妥当する。リステイトメント57条は「受益者が受益権を譲渡しようとしたときもしくは受益者の債権者が受益権を差押えようとしたとき、または受益者が破産したとき、受益権が消滅し、または裁量的な性格のものとなることを、信託条項において、有効に規定することができる」としつつ、「委託者が留保した受益権」を除外する。

73)　Restatement (Third) of Trusts § 58 cmt. f (2003).

合や、受益者が委託者に対価を支払って受益権を取得した場合である。さ
らに、2人が相互に浪費者信託を設定した場合や、相続をめぐる紛争を解
決するための和解に基づいて浪費者信託が設定された場合など、受益者が
浪費者信託の設定に約因を提供していたときにも、やはり当該受益者との
関係で浪費者信託の効力は否定される。

　このように、浪費者信託が効力を有するのは、無償で受益権を取得した
受益者との関係に限られる。委託者の財産処分の自由の対象は、第三者に
対する無償での受益権付与に限定されるのである。

　(d)　受益権に対する権利行使の許容　　浪費者信託が有効に設定され
ると、受益者の債権者は受益権を自らの債権の引当てにできなくなるが、
一定の債権者については例外的に権利行使が許容される。そのことを明ら
かにするのが、リステイトメント59条である[74]。

第59条　浪費者信託；特定の種類の債権に関する例外

　　有効な浪費者信託における受益者の権利は、当該受益者に対して裁判上
　実現できる次の債権の満足のために、権利行使の対象となる。

　　(a)　子、配偶者もしくは元配偶者の扶養債権、または

　　(b)　当該受益者の生活の必要もしくは受益権の保護のために提供された
　　　　役務もしくは商品に関する債権。

　　(ⅰ)　扶養債権　　まず、扶養債権（リステイトメント59条(a)）に基
づいて受益権に対する権利行使が認められるのは、受益者が被扶養者に対
する扶養を怠りつつ、浪費者信託から利益を享受することが許されないか
らである。扶養債権者は、一般に、債務者の他の債権者に優越する地位を
有するものとされる[75]。

---

74)　リステイトメント59条は、浪費者信託の受益権に対する権利行使が認められる債権を限
　　定列挙するものではない（租税債権など政府が有する債権に基づく権利行使も認められる。
　　Restatement (Third) of Trusts § 59 cmt. a (1) (2003)）。この点で重要なのが不法行為債権であ
　　る。リステイトメントは、受益者が故意または重大な過失によって他人に深刻な被害を生ぜし
　　めた場合には、不法行為債権に基づく受益権に対する権利行使が認められ得るとする。不法行
　　為債務を賠償しない受益者が浪費者信託から利益を享受すべきでないと評価できるか否かが問
　　題とされるのである（Restatement (Third) of Trusts § 59 cmt. a (2) (2003)）。不法行為債権に
　　基づく浪費者信託の受益権の差押えに関する議論状況については、樋口・前掲注3）245頁。
75)　Restatement (Third) of Trusts § 59 cmt. b (2003).

　もっとも執行の方法として、浪費者信託の受益権に対する強制執行売却
は認められない。扶養債権者は、浪費者信託の受託者から支払を受ける形
で、債権の満足を受けるにとどまる。そして、その場合でも、裁判所は、
受益者が扶養債権者に支払うべき金額のほか、受益者自身の扶養・生活維
持の必要性を考慮に入れて、扶養債権者への支払額を決定する[76]。裁量信
託の場合と同様の執行手続上の制約が、ここでも妥当するのである[77]。
　　(ii)　受益者の生活の必要または受益権保護のために提供された役務
または商品に関する債権　　次に受益者の生活に必要な役務・商品——食
料品や衣類、医療サービスなど——を提供した債権者も、浪費者信託の受
益権に対して権利行使できる（リステイトメント 59 条(b)）。これにより、受
益者は生活に必要な役務や商品を取得しやすくなる。生活上の必要性が基
準となるため、債権額が過大である場合には受益権に対する権利行使は認
められない[78]。
　同様に、受益権を保護する目的で役務・商品を提供した債権者も、受益
権に対する権利行使が認められる（リステイトメント 59 条(b)）[79]。浪費者信
託の有効性を争う訴訟にかかった弁護士費用に基づく債権が、その具体例
である。債権者による権利行使を認めることで、浪費者信託の受益者が受
益権保護に必要な役務・商品の提供を受けやすくすることが、その理由と
される[80]。
　(3)　**小括**　　浪費者信託に関するリステイトメントの内容をまとめてお
こう。まず、浪費者信託の有効性を承認する根拠は、委託者の財産処分の
自由の尊重に求められる。これに対して、受益者の保護（扶養・生活維持）
の必要性は——通常の信託や裁量信託についても受益権に対する執行手続

---

76)　Restatement (Third) of Trusts § 59 cmt. b (2003).
77)　Restatement (Third) of Trusts § 59 cmt. a (2003).
78)　Restatement (Third) of Trusts § 59 cmt. c (2003).
79)　Restatement (Third) of Trusts § 59 cmt. d (2003). 受益権の価値を増加させる役務・商品
　　に関する債権についても、価値が増加した限度で、受益権に対する権利行使が認められる。
80)　Restatement (Third) of Trusts § 59 cmt. d (2003). さらに、役務・商品の提供が受益権の
　　保護に役立った以上、債権者による権利行使を認めなければ、受益者が不当に利得すること
　　になるという理由も指摘される。

の中で考慮されるのであり（1(1)(b)、(2)(c)）——浪費者信託の有効性の承認とは区別された形で、執行手続上の考慮要素とされる。たとえば、扶養債権に基づいて浪費者信託の受益権に対する権利行使が可能である場合にも、裁判所は、扶養債権者が受託者から受領する金額を、受益者の状況を考慮して決定する裁量権を有する。このように、受益者保護の必要性とは異なる次元で、受益権の処分可能性の制限が許容される点に、浪費者信託の有効性を承認する意義があるということができる。

　次に、浪費者信託の設定は、委託者が第三者に対して無償で受益権を付与する場合にのみ認められる。委託者の財産処分の自由が問題とされるのは、無償の財産処分に限られる。債権者による権利行使を否定する理由について、モートン裁判官が述べていたところも（(1)(a)）、債権者は、受益者に無償で与えられた受益権を自らの債権の引当てとして期待すべきでないことを意味するものと理解できる。

　また、浪費者信託の有効性が認められるのは、受益者による受益権行使が制限を受ける場合に限られる。期限の到来により、受益者が受託者に対して配当の支払を請求できるようになった場合には、もはや浪費者信託の効力は及ばない。また受益者が所有権に相当する権限を有する場合には、浪費者信託の効力は認められない。委託者が第三者に無償で付与する受益権の処分可能性を制限する自由を有するといっても、受益者による権利行使の制約を伴う場合に限られるのである。

　リステイトメントにおける浪費者信託の内容が以上のようなものであることを前提として、次に、日本法における受益権の処分可能性の制限に関する議論状況についてみていくことにしよう。

III　日本法における受益権の処分可能性の制限

1　債権の処分可能性の制限

（1）　**現行民法の起草過程**　　(a)　旧民法　　(i)　規定の内容　　わが国では、受益権の処分可能性の制限について、債権の譲渡・差押えの可否との対比のもとで議論が展開されてきた。そこで、債権の処分可能性の制限

に関する議論状況を確認することから始めよう。検討の出発点は旧民法に
求められる。これまで検討してきたアメリカ法との比較において興味深い
規定が、旧民法には存在していたからである。

　旧民法は債権の自由譲渡性を前提としていた。このことを明示する規定
は存在しないものの[81]、「債権ノ引渡ハ証書ノ交付ヲ以テ之ヲ為ス」と定
める財産編 333 条 5 項は、債権の譲渡性を前提としつつ、債権譲渡の公示
（証書の交付）について規定したものと理解される[82]。

　その一方で、旧民法は、無償の終身年金権について、その処分可能性を
否定することを認める[83]。まず、財産取得編 169 条 1 項は「無償ノ終身年
金権ハ設定者ニ於テ之ヲ譲渡スコトヲ得ス且差押フルコトヲ得サルモノト
定ムルコトヲ得」と規定する。終身年金権の設定は有償でも無償でもあり
得るところ（財産取得編 164 条 1 項、2 項）、無償の終身年金権については、
設定者が譲渡および差押えの禁止を定めることができるのである。設定者
が譲渡または差押えの一方のみを禁止する旨を定めた場合でも、両者を禁
止したものとされる（財産取得編 170 条）。そして譲渡・差押禁止の定めを
第三者に対抗するには、終身年金権の設定証書への記入が必要とされる
（財産取得編 169 条 2 項）。

　次に、財産取得編 169 条 3 項は「養料トシテ無償ニテ設定シタル終身年
金権ハ当然譲渡スコトヲ得ス且差押フルコトヲ得サルモノナリ」と規定す
る。無償の終身年金権のうち扶養目的で（「養料」として）設定されたもの
については——設定証書に譲渡・差押禁止を定めるまでもなく——当然に
終身年金権の処分可能性が否定されるのである。

　その一方で、財産取得編 169 条 4 項は「本条ノ規定ハ贈与者ノ利益ノ為
メ贈与財産ノ上ニ留存シタル終身年金権及ヒ支払時期ノ至リタル年金ニ之
ヲ適用セス」と規定する。ここでは、2 つの事柄が明らかにされている。

---

81)　債権の自由譲渡性は当然のこととして規定されなかったものと説明される（広中俊雄編著
　　『民法修正案（前三編）の理由書』（有斐閣・1987 年）447 頁）。
82)　我妻栄「譲渡禁止特約ある債権の差押」同『民法研究 V 債権総論』（有斐閣・1968 年）
　　〔初出 1932 年〕186 頁。奥田昌道『債権総論〔増補版〕』（悠々社・1992 年）428 頁参照。
83)　旧民法財産編 29 条 2 項も、差押禁止財産の具体例として「無償ニテ設定シタル終身年金
　　権」を挙げる。

第1に、贈与に際して贈与者が目的物を対象とする終身年金権を留保した場合には、贈与者（設定者）が有する終身年金権について処分禁止効は認められない。その結果、設定者の債権者は終身年金権を差し押さえることができる。第2に、終身年金権から各期の年金債権が発生することを前提として、支払時期の到来した年金債権については、譲渡・差押えが許される。基本権としての終身年金権の処分可能性が否定されるとしても、支分権としての年金債権の処分可能性が一律に否定されるわけではないのである。

　　　(ii)　趣旨　　以上の規定の趣旨は、その前身であるボアソナード民法草案に関する解説に即して[84]、次のように説明される。

　まず、終身年金権は扶養定期金（pension alimentaire）としての性格を有するところ、権利者が終身年金権を譲渡したり、当該権利に対する差押えの原因となる債務を負担したりすることによって生計を立てる手段を放棄

---

84)　旧民法財産取得編169条および170条は、ボアソナード草案819条および820条に由来する（邦語訳については、ボワソナード民法典研究会編『ボワソナード氏起稿 再閲修正民法草案註釈第三編』（雄松堂・2000年）（以下、「草案註釈」として引用する）681-685頁を参照した。対応する規定は1320条および1321条である）。
　　819条　無償で（à titre gratuit）設定される終身定期金について、設定者は、〔終身定期金を〕譲渡できず、かつ差押えできない（incessible et insaisissable）ものとする意思を表明することができる。
　　設定証書に〔譲渡禁止・差押禁止に関する〕条項の定めがない限り、当該条項を第三者に対抗することができない。
　　終身定期金が扶養定期金（pension alimentaire）として無償で設定されたときは、贈与契約書または遺言書（la donation ou le testament）において意思の表明がない場合であっても、当然に終身定期金を譲渡し、または差し押さえることができない。
　　本条は、贈与物について贈与者の利益のために留保された終身定期金には適用されない。
　　820条　〔設定証書において〕終身定期金の譲渡または差押えの一方のみを禁止する旨を定めた場合であっても、譲渡禁止および差押禁止の双方の効力が生じる。
　　譲渡禁止および差押禁止は、弁済期の到来した定期金（arrérages échus）には適用されない。
　　このうち819条1項および3項については、参照規定として、フランス民法1981条およびフランス民事訴訟法（1806年制定）581条・582条が挙げられる（Gustave Boissonade, *Projet de code civil pour l'Empire du Japon, accompagné d'un commentaire,* t III: *Des moyens d'acquérir les biens,* 1888, p 631）。フランス民法1981条は、無償の終身定期金について差押禁止を定めることを認める。フランス民事訴訟法は、遺言書または贈与証書に反対の定めがない限り、扶養目的の定期金（les sommes et pensions pour alimens）の差押えを禁止する（581条）。もっとも贈与・遺贈後に取得された債権に基づく差押えが許容されるほか、裁判所が差押えを許可することができるものとされる（582条）。

できるとしてしまうと、終身年金権を設定した目的・設定者の意図に反することになる[85]。そこで、終身年金権の譲渡性および差押可能性について——たとえ設定証書に規定されるのが一方のみであっても——その双方を否定する必要が生じる[86]（財産取得編169条1項、170条）。終身年金権の処分可能性の否定の根拠は、終身年金権が設定された目的（権利者の扶養）に求められるのである。

　しかし、終身年金権の処分可能性を否定すると、権利者から終身年金権を譲り受けようとした者や、終身年金権を差し押さえようとした債権者が不利益を被るおそれが生じる。この問題について、旧民法は2つの方法で対処を試みる。第1に、終身年金権の処分禁止効の存在が第三者にわかるようにすることである。まず、設定証書から終身定期金の設定が扶養目的であることが判明するのであれば、第三者は処分禁止効の存在を推測できる（財産取得編169条3項）。これに対して、設定証書から扶養目的であることが直ちにわからない場合について、財産取得編169条2項は、処分禁止効を第三者に対抗するために設定証書（贈与契約書または遺言書）への記載を求める[87]。旧民法は、「債権ノ引渡」を「証書ノ交付」によって行うものとしており（財産編333条5項）、第三者が設定証書を通じて終身年金権の処分禁止効を認識・推認できるという前提に立っていたものと考えられる。

　以上の説明は、終身年金権の譲受人との関係にはよくあてはまる。これに対して、終身年金権を差し押さえようとする債権者については、別個の考慮が必要になる。そこで旧民法は、処分禁止効を無償で設定された終身年金権に限定する（財産取得編169条1項、3項）。ある者が無償で終身年金権を取得する場合には、当該権利の差押えが禁止されるとしても、既存の債権者が引当てとしていた責任財産が減少するわけではなく、債権者を害することにならないと考えられたのである[88]。

---

85)　Boissonade, *op. cit.*, n°525, p. 641, 草案註釈・前掲注84）682頁。

86)　Boissonade, *op. cit.*, n°527, p. 643, 草案註釈・前掲注84）685頁。

87)　Boissonade, *op. cit.*, n°526, p. 641, 草案註釈・前掲注84）683頁。

88)　Boissonade, *op. cit.*, n°526, p. 642, 草案註釈・前掲注84）683-684頁。富井政章『民法論綱財産取得編中』（岡島宝文堂・1893年）186頁は、この説明がポチエに由来することを指摘す

　これに対して、有償の終身年金権について処分禁止効を認めると、ある者が他者に財産を譲渡する代わりとして、処分の禁止された終身年金権を取得するものとすることにより、債権者を詐害できてしまう。同様の理解に基づいて[89]、設定者（贈与者）が贈与財産について留保した終身年金権についても処分禁止効が認められないことになる[90]（財産取得編169条4項）。このように、旧民法は、終身年金権の差押えが否定される根拠として、終身年金権の無償性を挙げるのである。

　最後に、処分禁止効の対象は終身年金権（基本権）に限られる。それゆえ、各期の支払時期が到来した後に、年金債権（支分権）について譲渡や差押えをすることは妨げられない（財産取得編169条4項）。もっとも、支払時期が到来する前に、年金債権の譲渡や差押えが認められるとすると、終身年金権を設定した目的を達成できなくなる。そこで、譲渡や差押えが認められるのは、支払時期の到来後に限られるとされる[91]。

　このように、旧民法は、基本権である終身年金権と、支分権である各期の年金債権を区別していた。そして基本権である終身年金権に関する処分禁止効が、弁済期未到来（あるいは未発生）の年金債権の処分可能性の否定を導くに過ぎないことを前提としていた。弁済期の到来によって年金債権の行使が可能になった段階において、権利者による処分を否定することは、終身定期金を設定した目的に反するという理解が、前提にあるものと考えられる[92]。

る。なお、本文の説明は、終身年金権の設定前から権利者に債権を有していた債権者を念頭に置くものであり、終身年金権の設定後に債権を取得した債権者との関係では、直ちに妥当するわけではないものと考えられる（当時のフランス民事訴訟法の規定について、前掲注84）参照）。

89)　富井・前掲注88）187頁は、設定者が終身年金権を留保した場合は、終身年金権の設定を有償と評価すべきことを指摘する。

90)　Boissonade, *op. cit.*, n°526, pp. 641-642, 草案註釈・前掲注84）684頁。なお、遺言者がある財産を遺贈するとともに、当該財産に関する終身年金権を嫡出相続人（héritier légitime）のために留保し、譲渡禁止・差押禁止を定めることは可能とされる。遺贈は——財産の元本にせよ終身年金権にせよ——遺贈債権者が他の財産から弁済を受けない限り、その効力を生じないので、遺言者の債権者を害することがないためであると説明される。

91)　Boissonade, *op. cit.*, n°527, p. 643, 草案註釈・前掲注84）685頁。

92)　富井・前掲注88）187頁は「終身債権者ハ必スシモ日常即金ヲ以テ其衣食住ノ費用ヲ支弁スルモノニ非サルヘシ」として、旧民法の規律に疑問を提起するが、その前提には本文に述べ

　　（iii）　小括　　以上の旧民法の規定内容については、すでに検討した
アメリカ法の浪費者信託との類似性を指摘できる。終身年金権の設定者が
譲渡・差押えを禁止できること（両者がともに禁止されること）、ただしそ
れは終身年金権が無償で設定された場合に限られること、基本権としての
終身年金権と支分権としての年金債権が区別され、支払時期の到来した年
金債権には譲渡・差押禁止の効果が認められないことなどである。

　　もっとも、終身年金権の処分可能性の否定の根拠を、無償の終身年金権
が権利者の扶養を目的とするものであることに求める点には、権利者保護
の要請を重視する態度が現れている[93]。この点で、アメリカ法の浪費者信
託の有効性が委託者の財産処分の自由を根拠として正当化されるのとは異
なるといえるのである。

　　以上のように、旧民法には、無償の終身年金権の処分を禁止することを
認める規定が存在していた。しかし、それは現行民法に採用されなかった。
その理由を含め、次に、現行民法の検討に移ることにしよう。

　　（b）　現行民法　　（i）　規定の内容と起草趣旨　　現行民法は「債権は、
譲り渡すことができる」（民法466条1項本文）として、債権の自由譲渡性
を明文化する。そのうえで、債権の譲渡性が債権の性質（民法466条1項
ただし書）または当事者の意思表示（民法466条2項本文）に基づいて制限
されることを定める[94]。

　　現行民法の起草者は、債権の譲渡性を制限する2つの根拠について、異
なる説明を与えていた。まず、性質上の譲渡制限に関する民法466条1項
ただし書は、当然のことを規定したものに過ぎない説明とされる[95]。性質

た理解があるものと考えられる。
93)　旧民法が参考としたフランス法は、無償の終身年金権についても、裁判所が権利者の扶養
　　の必要性を考慮して差押えを許可することを認めていた（前掲注84）参照）。旧民法も同様の
　　理解を前提としていたとすれば、そのことは、差押禁止の根拠として、権利者保護の要請を重
　　視することの現われといえる。
94)　譲渡性のない債権については、質権の設定が禁止される（民法362条2項・343条）。
95)　梅謙次郎『民法要義巻之三〔訂正増補第33版〕』（有斐閣・1912年）207頁は、債権の性
　　質を根拠とする譲渡性の制限は「殆ト言フヲ俟タサル所」であるとしつつ、民法466条1項
　　本文において債権の譲渡性の原則を規定したことから、解釈上の疑義を避けるために1項ただ
　　し書を設けたと説明する。

上の譲渡制限は、債権者が誰であるかという「人ニ着眼シタルモノ」であるとされ、その具体例として、債務者が特定の債権者に教授をする債務を負担する場合のほか、債務者が（法律上の扶養義務がないにもかかわらず）特定の債権者を扶養する債務を負う場合が挙げられる[96]。

これに対して、当事者の意思表示に基づく譲渡制限を認めることは、比較法的にみて自明でない立場の選択であると認識されていた。そのような立場を採用した理由は、特定の債権者にのみ債務を負担するという債務者の期待が保護に値することに加えて、当時のわが国において債権の譲渡性を否定する慣習が存在していたことに求められる[97]。いわゆる法典論争では、旧民法が債権の自由譲渡性を承認することが、日本の旧慣に反するという批判が向けられた[98]。そこで現行民法は、債権の譲渡性を原則的に承認しつつ、例外的に当事者の意思表示による譲渡性の制限を認めるという形で、折衷的な規律を採用したのである[99]。

こうして設けられた民法466条2項について、民法起草過程では、債権者・債務者の通謀によって第三者が詐害されるという問題が認識されていた。この問題について、『民法修正案理由書』は、意思表示による譲渡制限のある債権（「不譲与物」）に対しても差押えが可能であり、また明文の規定（民法466条2項ただし書）により、譲渡制限の合意によって善意の第三者を害することができないと説明していたのである[100]。

(ii) 旧民法の規定削除の理由　次に現行民法が旧民法財産取得編169条および170条に相当する規定を設けなかった理由は、次のように説明される[101]。まず、当事者が合意によって債権の譲渡を禁止できること

96)　梅・前掲注95）206-207頁。
97)　梅・前掲注95）204-205頁。
98)　米倉明『債権譲渡―禁止特約の第三者効』（学陽書房・1976年）25-27頁。さらに明治9年太政官布告99号（「金穀等借用證書ヲ其貸主ヨリ他人ニ譲渡ス時ハ其借主ニ證書ヲ書換ヘシムヘシ若シ之ヲ書換ヘシメサルニ於テハ貸主ノ譲渡證書有之トモ仍ホ譲渡ノ効ナキモノトス此旨布告候事」「但相續人ヘ譲渡候ハ此限ニアラス」）が、貸金債権等について自由譲渡性を否定していたという事情も存在する（梅・前掲注95）204頁）。
99)　平井宜雄『債権総論〔第2版〕』（弘文堂・1994年）128頁、奥田・前掲注82）428-429頁、中田・前掲注19）521頁。
100)　広中編著・前掲注81）448頁。
101)　広中編著・前掲注81）649頁。

は、民法 466 条 2 項本文の規定するところであり、終身定期金契約について特に規定を設ける必要がないものとされる。また差押禁止の可否は民事訴訟法に規定すべき事柄であり、民法に規定を設けるべきでないとされるのである。

　ここでは、まず、旧民法における終身年金権の譲渡禁止が、当事者の意思表示に基づくものと理解されている。もっとも、旧民法は、扶養目的で設定された無償の終身年金権について、設定証書の記載がなくとも、当然に譲渡禁止の効果が生じるものとしていた（財産取得編 169 条 3 項）。この規律を採用しなかった理由に関する明示的な説明はないが、前述のように、民法起草者の 1 人が、性質上の譲渡制限の具体例として、契約に基づく扶養債権を挙げていたことからすれば、扶養目的での終身定期金債権は、性質上譲渡が禁止されるものと考えられていたものと推測される。

　他方、旧民法は、処分可能性の否定を、無償の終身年金権に限って認めていた。これに対して、現行民法は、債権の処分可能性の否定について、権利付与の無償性を要件としなかった。この点に、旧民法と現行民法の違いがあるといえる。

　次に、終身定期金債権（終身年金権）の差押禁止の可否については、手続法に委ねられるものとされた。もっとも、前述のように、現行民法の起草者は、意思表示による譲渡制限が差押えを排除しないという考え方に立っていた。この点でも、現行民法は、旧民法とは異なる立場を採用したものということができる。

　他方、現行民法に先立つ明治 23 年に制定された民事訴訟法（以下、「旧民事訴訟法」と呼ぶ）には、債権の差押えの制限に関連する規定が存在していた。そこで、次に、旧民事執行法の規定とその解釈についてみていくことにしたい。

(2)　**旧民事訴訟法における差押えの禁止**　　(a)　差押えの対象となる権利の範囲　　旧民事訴訟法 594 条は、債権執行の対象を「金銭ノ支払又ハ他ノ有体物若クハ有価証券ノ引渡若クハ給付ヲ目的トスル」債権と規定する。同条の解釈として、学説上は古くから、譲渡可能性のある債権のみが強制執行の対象であり、債権者の一身に専属する債権については強制執行

が許されないと解されていた[102]。帰属上の一身専属性と行使上の一身専属性が区別されるようになると、両者を備える場合にのみ差押可能性が否定されるという見解が有力化したが[103]、その後、帰属上の一身専属性または行使上の一身専属性があれば、当該債権には執行換価可能性がないことを理由として、被差押適格が否定されるという考え方が一般になった[104]。その結果、性質上の譲渡制限がある債権については、差押可能性が否定されるものと理解されることになったのである。

　(b)　差押禁止債権　次に、旧民事訴訟法は差押禁止債権について規定を設ける。旧民事訴訟法 618 条 1 項は、「法律上ノ養料」（1 号）および「債務者カ義捐建設所ヨリ又ハ第三者ノ慈恵ニ因リ受クル継続ノ収入」（2 号）を差押禁止債権として規定していた[105]。このうち 1 号の法律の規定に基づく扶養料債権は、収入が年間 300 円を超える場合に超過額の半額に限って差押えが許容される（旧民事訴訟法 618 条 2 項）[106]。ここには、契約

<hr>

102)　高木豊三『民事訴訟法論綱下』（講法会・1896 年）1102-1103 頁。その後の学説では、ドイツ法の影響のもとで、性質上の譲渡制限のある債権でも、給付対象の差押えが可能である場合には、当該債権に対する差押えが可能であり、ただ転付命令のみが否定されるという見解が有力化した（松岡義正『強制執行要論中巻〔増補版〕』（清水書店・1925 年）1053-1054 頁）。

103)　加藤正治『強制執行法要論』（有斐閣・1935 年）218 頁。

104)　兼子一『増補強制執行法』（酒井書店・1955 年）192 頁、鈴木忠一ほか編『注解強制執行法(2)』（第一法規・1976 年）253 頁〔稲葉威雄〕。

105)　旧民事訴訟法 618 条 1 項 1 号および 2 号は、それぞれ、1877 年制定のドイツ民事訴訟法（Zivilprozeßordnung）749 条 1 項 2 号（「法律の規定に基づく扶養請求権（Alimentenforderungen）」）および 3 号（「債務者が財団（Stiftungen）から受領し、又は第三者の扶助及び寛容の精神（Fürsorge und Freigebigkeit eines Dritten）に基づいて受領する継続的収入。ただし、債務者、その配偶者および未だその扶養のもとにある子にとって必要最低限の生活費を賄うために（zur Bestreitung des notdürftigen Unterhalts）当該収入を必要とする限度に限る」）に由来する。旧民事訴訟法 618 条 1 項 2 号の「義捐建設所」は Stiftungen の訳語である（宮脇幸彦『強制執行法各論』（有斐閣・1978 年）101 頁）。

106)　旧民事訴訟法 618 条 2 項の原始規定は、差押禁止の基準を定額（300 円）としていたため、時代が下るにつれ、インフレーションを理由とする規定の有名無実化が問題となった。そこで昭和 23 年改正において、差押えが許容される範囲が、原則として、年間に受領する総額の 4 分の 3 を超過する部分に改められるとともに（618 条 2 項の改正）、債務者が「生活上窮迫ノ状態ニ陥ルノ恐ナキ」場合には、総額の 2 分の 1 に達するまで差押えを許容することとされた（618 条 2 項ただし書の新設）。他方で、債務者が「生活上回復スルコト能ハサル窮迫ノ状態ニ陥ルノ恐アル場合」には、一定の条件のもとで、裁判所が差押禁止の範囲を拡張できるものとした（570 条ノ 2 を準用する 618 条ノ 2 の新設）。その後、昭和 24 年改正により、差押えの許容される原則的範囲が「支払期ニ受クヘキ金額ノ四分ノ一」と改められた。差押えを実施する場合の計算の明確化を図るための改正とされる（改正の経緯・理由については、鈴木忠一＝三

や遺言に基づく扶養料債権は含まれないものと解されていた[107]。

　これに対して、契約や遺言に基づく扶養料債権が該当し得るのが2号である[108]。2号は、継続的に給付（収入）を受ける権利が「義捐建設所」から与えられたか、あるいは「第三者ノ慈恵」によって生じたものであることを必要とする。いずれも無償で──義捐の目的または慈恵の意思に基づいて──与えられる収入であり、権利者に反対給付義務の負担がない場合である[109]。そして、そのような無償の継続的収入が「債務者及ヒ其家族ノ生活ノ為メ必要ナルモノ」[110]である場合に差押えが禁止される。差押禁止の範囲は、裁判所の裁量的判断に委ねられるのである。

　旧民事訴訟法618条1項2号について、学説上は「此は生活の為め必要なる範囲に制限するから弊害なく且つ他人の慈恵心を空しうせしめざらむが為めである」[111]と説明される。他人に無償で継続的収入を与えようとした者の意思を尊重することに加え[112]、差押禁止の範囲が裁判所の判断に委ねられるために、債権者を詐害するおそれが乏しいことが、差押禁止の根拠として指摘されるのである。

　なお、旧民事訴訟法618条1項は、債権者が個別の収入債権を差し押さえることを前提とする。この点に関連して、継続的収入債権の差押えに関する旧民事訴訟法604条（「俸給又ハ此ニ類スル継続収入ノ債権ノ差押ハ債権額ヲ限トシ差押後ニ収入ス可キ金額ニ及フモノトス」）は、旧民事訴訟法618条1項1号や2号に基づく継続的収入にも適用されるので、差押えの効力が将来発生する収入にも及び[113]、収入ごとに差押禁止の制限がかかるこ

ヶ月章編『注解民事執行法(4)』（第一法規・1985年）492-493頁〔五十部豊久〕、香川保一監修『注釈民事執行法第6巻』（金融財政事情研究会・1995年）328-329頁〔宇佐見隆男〕）。

107)　高木・前掲注102）1104-1105頁、加藤・前掲注103）219頁、鈴木ほか編・前掲注104）428頁〔戸根住夫〕。

108)　高木・前掲注102）1105頁。

109)　松岡・前掲注102）1143頁、鈴木ほか編・前掲注104）428頁〔戸根住夫〕。

110)　昭和23年改正により「其家族」が「其同居ノ親族」に改められた。

111)　加藤・前掲注103）220頁。

112)　松岡・前掲注102）1143頁も「慈恵者ノ慈恵ノ目的」の尊重を差押禁止の根拠とする。

113)　この場合の差押えの対象は必ずしも明確ではないが、学説上は、当初、基本権としての収入債権とする考え方が有力であった（松岡・前掲注102）1109頁、加藤・前掲注103）193頁）。しかし、その後、単一の法律関係から発生する個別の債権に対する差押えの効力が他の

とになる[114]。

　(c)　小括　　以上の内容をまとめておこう。まず、債権の被差押適格
の解釈として、学説上、性質上の譲渡制限のある債権は、執行換価可能性
がないため、被差押適格も否定されると理解されていた。債権が帰属上の
一身専属性を有する場合には、当該債権に対する差押えも禁止されるので
ある。

　次に、旧民事執行法 618 条 1 項 2 号は、無償の継続的収入債権を差押禁
止債権としていた。第三者は、債務者に無償で収入債権を付与することに
より、当該債権を差押禁止の対象とすることができるのである。もっとも、
差押えが禁止される範囲は、債務者と家族の生活の必要を基準として、裁
判所が裁量に基づいて判断することになる。差押禁止の目的は債務者の生
活の保障であり、権利付与の無償性は、差押禁止という効果を導く要件の
1 つとして位置づけられるに過ぎないのである。

　以上の執行手続の規律を前提として、民法制定後の判例・学説は、債権
の譲渡制限に関する議論を展開することになる。次にこの点の検討に移る
ことにしよう。

(3)　現行民法制定後の議論の展開　　(a)　性質による譲渡制限　　(i)
学説　　まず、性質上の譲渡制限の意義に関する議論の展開からみていこ
う。初期の学説は「特定ノ干係ニ基キ発生セル債権又ハ権利者ノ特別ノ行
為ヲ要スル債権ハ性質上他ニ譲渡スコトヲ得ヘカラス」とし、その理由を
「他ニ譲渡ストキハ債権存在ノ基本ヲ失ヒ又ハ履行ノ方法ナキニ至ル」こ
とに求める。具体例としては、画家に肖像画を描かせる債権などの行為請
求権のほか、扶養請求権が挙げられる[115]。扶養義務の履行方法には、身
上的扶養（扶養権利者の引取りなど）のほか[116]、経済的扶養（金銭などの給

　　債権にも及ぶ——法律関係の表示により、特定性に欠けるところがない——と説明されること
　　になった（鈴木ほか編・前掲注 104) 378 頁〔稲葉威雄〕）。
114)　高木・前掲注 102) 1112 頁、松岡・前掲注 102) 1109 頁。
115)　岡松参太郎『注釈民法理由下巻』（有斐閣・1897 年）222 頁。もっとも「特別ノ干係」が
　　「債務者ノ意思ノ原因トナリテ発生セル債権」は性質上譲渡が制限されるわけではないとして、
　　ある者が恩人に対して債務を負担した場合を具体例として挙げる。
116)　民法の原始規定は身上的扶養を強制する余地を認めていた（961 条）。昭和 22 年改正の結
　　果、現行法下では、身上的扶養の強制可能性は否定されるが、関係者の合意などがある場合に、

付）があるが、金銭給付を内容とする債権についても、性質上の譲渡制限
を認めるのである。

　その後、民法の代表的な体系書では──ドイツ民法[117]にならって──
「給付ノ性質上原債権者ノミニ給付スベキモノト認ムベキ」[118]場合に、性
質上の譲渡制限が認められると説明されるようになる。そこでもやはり、
性質上の譲渡制限の具体例として、契約上の扶養請求権や終身年金権が挙
げられていた[119]。

　　　(ⅱ)　判例　　㋐　株金払込請求権　　次に、判例の立場をみておこ
う。債権の性質上の譲渡制限の意義に関する一般論を述べた判決として知
られるのが、大判明治39年4月10日民録12輯524頁である。同判決は
「債権ノ性質カ譲渡ヲ許スト否トハ特別ノ関係カ債権発生ノ原因タルト否
ト若クハ債権者ノ特別ノ行為ヲ要スルトキナルト否トニ繋ルモノニシテ債
権ノ目的カ金銭支払ナルト否トノ如キハ毫モ之ニ影響スルモノニアラス」
と判示し、金銭債権であっても譲渡制限が認められる場合があるとす
る[120]。そして「債権ノ性質カ譲渡ヲ許ササルトキハ仮令裁判所ノ命令ヲ
以テ其債権ヲ転付スルモ転付ノ効力ヲ生セサルコト勿論ナ〔リ〕」として、
性質上譲渡が制限される債権に対する転付命令の効力を否定したのである。

　もっとも、この事件で問題とされたのは、株式会社が株主に対して有す

──────────

経済的扶養に代えて身上的扶養を行うことは認められている（我妻栄『親族法』（有斐閣・
　1961年）410頁、於保不二雄＝中川淳編『新版注釈民法㉕〔改訂版〕』（有斐閣・2004年）791
　頁〔松尾知子〕）。
117)　ドイツ民法399条は、「給付内容の変更なしに原債権者（ursprünglicher Gläubiger）以外
　の者に対して給付をすることができないとき、又は譲渡が債務者との合意によって排除される
　とき、債権は譲渡することができない」と規定する。
118)　鳩山秀夫『増訂改版日本債権法（総論）』（岩波書店・1925年）342頁。
119)　鳩山・前掲注118）343頁。
　　その後、我妻栄『債権総論（民法講義Ⅳ）』（岩波書店・1940年）は、「債権者を異にするこ
　とによつてその給付内容の全然変更するもの」については譲渡性が否定されるのに対して、
　「特定の債権者に給付することに重要な意義を有する債権」については債務者の承諾があれば
　譲渡が可能であるという区別を設ける。このほか、性質上の譲渡制限が認められる類型として、
　「特定の債権者に対して弁済させるか、又は少くもこの者との間に決済されることを必要とす
　る特殊の理由ある債権」を挙げ、株式会社の出資請求権のほか、交互計算に組み入れられた債
　権を、その具体例とする（249-250頁。我妻栄『新訂債権総論（民法講義Ⅳ）』（岩波書店・
　1964年）522-523頁も同様である）。
120)　岡松の学説（前掲注115）および対応する本文参照）の影響がみられる。

る株金払込請求権であった。大審院は、株金払込請求権が株式会社（社団）と株主（社員）の法律関係に基づくものであることに、発生原因の特殊性を求めたのである。しかし、このような理解は、後の判例で否定されることになる。大連判大正 14 年 5 月 20 日民集 4 巻 277 頁は、会社が株主に対する催告後に取得する株金払込請求権は、会社が社員関係に基づいて株主に有する出資請求権（「原権」）から派生した権利に過ぎず、「会社ト株主トノ特別関係ニ基因スルコト」を理由として譲渡性を否定できないと判示して、先例を改めた。ただし、同判決は、資本充実の原則に基づく制約が存在することを認め、会社が株主から払込みを受けるべき金額以上の金額で株金払込請求権を譲渡した場合にのみ、債権譲渡の効力が認められるとした。

　その後、昭和 23 年の商法改正によって全額出資原則が採用されたことから、株金払込請求権の処分可能性という問題自体が消滅することになった。しかし、出資請求権（基本権）と個別の株金払込請求権（支分権）を区別したうえで、基本権について性質上の譲渡制限が認められる場合でも、そこから発生した個々の支分権には性質上の譲渡制限が及ばないという判例の立場は、性質上の譲渡制限の理解に、重要な視点を提供するものと考えられる。

　　　④　終身定期金債権　　同様の考え方は終身定期金債権の譲渡性の制限に関する判例にも示されている。大判昭和 15 年 11 月 12 日民集 19 巻 2057 頁は、被告 Y_1 が、終身にわたって原告 X から月額 25 円を養老年金の支払を受ける権利（年金権）を有していたところ、すでに弁済期の到来した個別の給付債権を Y_2 に譲渡したので、X が債権譲渡の無効の確認を求めたという事案に関するものである。大審院は、契約に基づいて発生する基本権としての年金権は「債権者其ノ人ノ地位個性等ヲ重視セル所謂一身ニ専属セル権利」であることから譲渡性が否定されるが、基本権に基づいて発生する個別の給付債権のうち弁済期が到来したものについては、債権者が自由に処分できるとする。そうしないと「債権者ハ既ニ弁済期ノ到来セル養老金債権ヲ保有シ乍ラ之カ利用ノ途ヲ杜絶セラレ却テ日常生活上困窮ニ陥ルカ如キ結果ヲ招来スル」おそれがあるからである。弁済期が

到来した給付債権について譲渡性を肯定することが、養老年金契約を締結
した目的である、債権者の生活維持の利益に資する、という理解が、その
前提にあるものと考えられる。

　もっとも本件では、弁済期が到来した給付債権の譲渡可能性が問題とさ
れたに過ぎない。それゆえ、弁済期未到来（あるいは未発生）の給付債権
の譲渡可能性について、本判決は判示していない。また、年金権（基本
権）の譲渡が性質上の制限を受けるのは、当該年金権が無償契約に基づく
ものである場合に限られるのか、有償契約によって発生する場合も含むの
かという問題も、本判決の射程外というべきである。

　そこで、本判決の評釈類の中では、基本権としての年金権に性質上の譲
渡制限がある場合には、未発生の給付債権の譲渡性も否定されることを指
摘する見解が登場する[121]。また、基本権としての年金権の譲渡性が制限
されるのは「無償的原因、特に恩恵的原因」に基づく場合に限られると解
すべきことも主張されるのである[122]。

　　（b）　意思表示による譲渡制限　　（i）　初期の判例　　次に、意思表
示に基づく債権の譲渡制限に関する判例・学説の展開をみていこう。現行民
法の起草過程では、意思表示による譲渡制限のある債権に対しても差押え
が可能であるという考え方が示されていたが（(1)(b)(i)）、大審院は異なる
態度を採用することになる。

　大判大正 4 年 4 月 1 日民録 21 輯 422 頁は、譲渡禁止特約のある請負代
金債権に対する差押えおよび転付命令の効力が問題となった事案について、
債権者が特約について悪意である場合には、差押え・転付命令の効力が生
じないとした。その理由として、大審院は「苟クモ第三者ニシテ悪意ナル
以上ハ債権ノ譲渡カ任意ナル場合ト転付命令ニ因ルカ如キ強制的ナル場合
トニヨリ区別ヲ為スコトナク当事者ノ意思ハ常ニ保護セラルルコトヲ要ス
レハナリ」としたのである。

---

121)　戒能通孝「判批」法協 59 巻 5 号（1941 年）825-826 頁。
122)　戒能・前掲注 121）826 頁。そこでは、イギリス法を参考として、約因（consideration）
　　のない年金権には流通性を否定すべきことが主張される。なお、給付債権の譲渡対価の相当性
　　も譲渡の有効性の可否の判断において考慮すべきことも指摘される。

　さらに本章の検討対象との関係で重要な判決として、大判昭和6年8月7日民集10巻783頁が存在する。この事件では、訴外Aが被告Yに対して有する寄託金返還債権を、Aの債権者Xが差し押さえ、転付命令を取得したところ、当該債権に譲渡禁止特約が存在していたことが問題となった。この事件の背景事情は、次のようなものであった。Aはかつて裕福であった頃に、鉄道院に対して鉄道用地を献納していた。その後、窮乏に陥ったAを救済するため、鉄道院は3000円を寄贈することとしたが、Aによる浪費や債権者による差押えを恐れて、Aが当該金銭をYに寄託させることとした。そしてAとYの間で、寄託金返還請求権の弁済期を10年後とし、それまでの間はYがAに利息のみを支払う旨の合意がなされた。

　大審院は、「当事者カ譲渡禁止ノ特約ヲナスハ債権者以外ノ者ヲシテ債権者タル地位ヲ承継セシメサラントスルコトヲ目的トスルモノナルヲ以テ譲渡禁止ト云フモ実ハ広ク債権ノ移転禁止ノ特約ニ外ナラサルモノニシテ民法第四百六十六条第二項ノ規定ハ斯ル特約ノ効力ヲ認メタルモノト解スルヲ相当トス〔ル〕」として、債権譲渡禁止特約の効力は差押債権者にも及ぶとした。そして、大正4年判決と同様の理由づけに基づいて、悪意の債権者は、譲渡禁止特約のある債権を差し押さえ、転付命令を取得できないとしたのである。

　　(ii)　学説の批判　　しかし、この昭和6年判決を契機として、学説上は、判例に批判的な見解が通説としての地位を確立するに至る。その嚆矢となったのが、1932年に公表された我妻栄「譲渡禁止特約ある債権の差押」[123]（以下、「我妻論文」とする）である。我妻論文は、債権譲渡禁止特約について、債権の譲受人との関係で債権譲渡を無効とする効力（物権的効力）を認めるべきとしつつ[124]、そのような考え方が「債務者の特殊の

---

123)　我妻・前掲注82) 171頁。
124)　我妻の近代法理解を前提とすれば、債権の流通性を高めるために、譲渡禁止特約の効力を否定することが自然であるともいえる。しかし我妻は、債権の流通性は債権の証券化などを通じて次第に定型化・画一化するものであり、全ての種類の債権について物権と同様の流通性を認めることは、少なくとも論文執筆当時の社会状況の要請するところではないとして、譲渡禁止特約の物権的効力を肯定したのである（我妻・前掲注82) 188-189頁）。

立場」[125)]を承認するものであるとする。これに対して、譲渡禁止特約のある債権に対する差押えを禁止することは、主として「特約のある債権の債権者」を保護することを意味するのであり、「一般債権者にとって、その債務者の財産中に包含せられる債権が譲渡禁止の特約あるために一般担保たる作用をなさずという不利益は極めて重大である」[126)]とする。それゆえ、差押債権者の主観的態様を問わずに、差押えの効力を認めるべきと結論づけるのである[127)]。

　他方、我妻論文は、債権に対する差押えを禁止すべき場合があることを認める。まず、昭和6年判決の事案の特殊性を取り上げて「鉄道院の意思を無視して債権者に差押を許すことは不当ではないかとの情実論が考えられる」[128)]とする。この点について我妻論文は、旧民事訴訟法618条1項2号に言及し、無償で設定された継続的給付債権は権利者と家族の生活に必要な限度で差押えが禁じられるので問題はないとするのである[129)]。

　次に、我妻論文は、性質上の譲渡制限を根拠として、差押えが禁止される場合があることを指摘する。すなわち「債権者を変更することによってその債務の給付の内容にいささかなりとも変更を生ずるものなるときは、その債権は性質上譲渡しえざるものであり、したがってまた差押ええざることはいうまでもない」[130)]としつつ、性質上譲渡し得る債権について「債務者の個人的立場を保護して前述の如き一般債権者の利益を無視することは到底許されざる所ではあるまいか」[131)]とする。我妻論文は、意思表示による譲渡制限が問題となるのは、債権の性質による譲渡制限が認められない場合であることを前提としたうえで、差押禁止の要請は債権の性質上の譲渡制限を認めることで実現できるものと説明していたのである。

---

125)　我妻・前掲注82) 190頁。
126)　我妻・前掲注82) 191頁。
127)　我妻・前掲注82) 191-192頁。ドイツ法のように（前掲注102）参照）、転付命令を否定しつつ、取立てによる執行を認めるのでは、執行債権者の保護に十分でないとする。
128)　我妻・前掲注82) 192頁。
129)　我妻・前掲注82) 192頁。そのうえで、昭和6年判決における鉄道院による贈与の趣旨は、差押禁止債権の該当性を基礎づけるものではなかったとする。
130)　我妻・前掲注82) 193頁。
131)　我妻・前掲注82) 193頁。

　(iii)　判例の展開　　以上の我妻論文の主張は戦後の最高裁判決に採用されることになる。最判昭和 45 年 4 月 10 日民集 24 巻 4 号 240 頁は、預金債権（預金契約に定型的に譲渡禁止特約が挿入されている）に対する差押え・転付命令の有効性が争われた事案について、「譲渡禁止の特約のある債権であつても、差押債権者の善意・悪意を問わず、これを差し押え、かつ、転付命令によつて移転することができるものであつて、これにつき、同法四六六条二項の適用ないし類推適用をなすべきではないと解するのが相当である」とした。その理由として、民法 466 条 2 項の文理に加え、私人である債権者・債務者の合意によって差押禁止財産を生み出すことになり、差押禁止財産の範囲を明確に定める民事執行法の趣旨が没却されることが挙げられる。こうして、意思表示による譲渡制限のある債権に対して差押えが可能であるという通説的理解が、判例上も承認されることになった。

　その後、最判昭和 48 年 7 月 19 日民集 27 巻 7 号 823 頁は、譲渡禁止特約のある債権が譲渡された場合について、譲受人が悪意または重過失である場合に限って、譲渡禁止特約を対抗できるものとした。これらの判決の登場により、意思表示による譲渡制限は、善意かつ無重過失の譲受人との関係で効力を有さず、差押債権者との関係では、主観的態様を問題とすることなく効力を生じない、という判例法理が確立されたのである。

　(iv)　債権の本質としての譲渡性に関する学説　　以上の判例の展開を前提として、学説の中には、債権譲渡禁止特約の効力を、いかに論理構成するかに関心を向けるものが登場することになる。その中で、後の信託法の議論に影響を与えたのが、奥田昌道の見解[132]であった。奥田は、譲渡禁止特約の効力を考える前提として、「有償契約に基づき発生する金銭債権においては、その財貨性は濃厚であり、その譲渡性は債権にとり本質的なものとみるべきではないだろうか」[133]とする。その一方で、「無償契約に基づく債権においては、債務者の意思は当該債権者に対してのみ給付

---

132)　奥田昌道『債権総論（下）』（筑摩書房・1987 年）。本文で紹介する内容については、増補版（奥田・前掲注 82)）の記述も同一である。
133)　奥田・前掲注 132) 433 頁注 8。

利益を取得させようとするものであり、譲渡禁止は合理性を有する。性質上の譲渡制限としてもとらえうるものである」[134]と指摘する。これは、無償契約に基づく債権について譲渡禁止特約が付されていた場合には、当事者が一身専属的な権利を発生させる意思であったと推認されることを根拠として、性質上の譲渡制限と構成する可能性を認めるものと解される。譲渡制限の意思表示に加えて、契約の無償性が、性質上の譲渡制限を基礎づける要素として挙げられるのである。

（4）　民事執行法の制定　　（a）　性質上の譲渡制限と被差押適格の否定

　債権の処分可能性の制限に関する検討の最後として、昭和54年制定の民事執行法の内容をみておこう。

　まず、前述（（2）（a））のように、旧民事訴訟法下の学説では、性質上の譲渡制限のある債権について被差押適格を否定するという理解が有力であった。民事執行法の制定過程では、「その性質により譲渡することが禁止されている債権」を差押禁止債権として明文化することが検討された[135]。結局、規定の新設は見送られたが、民事執行法のもとでも、従前と同様の解釈が妥当するものと解されている[136]。

　　（b）　差押禁止債権　　次に、無償の継続的収入債権を差押禁止債権とする旧民事訴訟法618条1項2号は、民事執行法にも引き継がれたが、その過程で規定の内容に変化が生じることになった。民事執行法152条1項1号は、「債務者が国及び地方公共団体以外の者から生計を維持するために支給を受ける継続的給付に係る債権」について、「支払期に受けるべき給付の四分の三に相当する部分（その額が標準的な世帯の必要生計費を勘案して政令で定める額を超えるときは、政令で定める額に相当する部分）」について差押えを禁止する。同号は、旧民事訴訟法618条1項1号および2号

---

134)　奥田・前掲注132）433頁注8。

135)　法務省民事局参事官室『強制執行法案要綱案（第一次試案）』（1971年）第140・1(1)、法務省民事局参事官室『強制執行法案要綱案（第二次試案）』（1973年）第217・1。

136)　鈴木=三ヶ月編・前掲注106）369-370頁〔稲葉威雄〕、香川監修・前掲注106）335頁、385-387頁〔宇佐見隆男〕、中野貞一郎=下村正明『民事執行法』（青林書院・2016年）673頁。もっとも、香川監修・前掲注106）387頁〔宇佐見隆男〕は、実体法上の学説の影響のもとで（前掲注119）参照）、性質上の譲渡制限が認められる債権の中にも、債務者の承諾がある場合に差押可能性を認めるべきものが存在することを指摘する。

に相当する規定であり、「公的扶養を受ける権利（……）を除くそれ以外
の私的扶養を受ける権利（法令によるか契約によるかを問わない）につき一
定の範囲で差押禁止としたもの」[137]と説明される。旧民事訴訟法は、618
条1項1号と2号で差押禁止の範囲を異にしていたところ、「両者とも生
活維持のための継続的給付という実質を有することでは共通しており、両
者において差押禁止の範囲を区別する理由に乏しい」[138]と考えられたこと
から、民事執行法は、両者を統合し、支払期に受けるべき給付の4分の3
を原則的な差押禁止の範囲としたのである。

　その結果、旧民事訴訟法618条1項2号が、収入の無償性を差押禁止債
権の要件としていたことは、民事執行法に引き継がれないことになった。
民事執行法の立案担当者の解説の中には、民事執行法152条1項1号につ
いて「債務者が国および地方公共団体以外の者（教会その他の慈善団体等）
から生活を維持するために支給を受ける慈恵的な継続的給付に係る債
権」[139]を意味するとし、無償での権利取得の必要性を主張するものも存在
する。しかし、多くの学説は、契約の有償・無償を問わないものとし、生
命保険会社や信託銀行などとの私的年金契約に基づく継続的収入も民事執
行法152条1項1号に該当し得るとする[140]。そのうえで、当該契約の目
的を勘案して差押えが禁止されるか否かを判断すべきとする見解が有力で
ある[141]。こうして、民事執行法のもとで、債権の差押禁止の要件として
の権利取得の無償性は、姿を消すことになったのである。

---

137)　香川監修・前掲注106) 341頁〔宇佐見隆男〕。

138)　香川監修・前掲注106) 341-342頁〔宇佐見隆男〕。

139)　浦野雄幸『逐条解説民事執行法〔全訂版〕』（商事法務研究会・1981年）503頁。浦野雄幸『条解民事執行法』（商事法務研究会・1985年）652頁も同様である。

140)　鈴木=三ヶ月編・前掲注106) 518-519頁〔五十部豊久〕。

141)　香川監修・前掲注106) 342頁〔宇佐見隆男〕は、私的年金契約や終身定期金契約が直ちに民事執行法152条1項1号に該当するものと解することに疑問を提起する。
　また、大阪高決平成13年6月22日判時1763号203頁は、個人年金保険契約に基づく解約返戻金請求権に対する差押えが問題となった事案について、「民事執行法152条1項に定める継続的給付に係る債権には、生命保険会社等との私的年金契約による継続的収入も含まれるが、生計維持に必要な限度で、現に年金として支給が開始されているものに限られると解するのが相当である」とし、問題となった保険契約が貯蓄目的の保険契約であることなどを根拠として、解約返戻金請求権に対する差押えを肯定した。本判決は、学説上も支持を得ている（倉部真由美「判批」ジュリ1276号160頁、中野=下村・前掲注136) 677頁）。

(c) 差押禁止債権の範囲の変更 　他方で、民事執行法は、旧民事訴訟法よりも[142]、差押禁止債権の範囲を変更する要件を弾力化した[143]。民事執行法153条1項は、当事者の申立てに基づいて、執行裁判所が、債務者の生活保障のために、債権に対する差押命令の全部または一部を取り消すことで差押禁止の範囲を拡張することを認める一方で、債権者の権利保護のために、民事執行法152条に基づく差押禁止債権について差押命令を発することにより、差押債権の範囲を縮減することを許容する。さらに民事執行法153条2項は、事情の変更があった場合に、当事者の申立てに基づいて、執行裁判所が差押禁止債権の範囲を変更することを認める。民事執行法のもとで、債権に関する差押禁止の範囲は、個別の事情のもとにおける債務者・債権者の利害調整によって決定されることになったのである。

2　受益権の処分可能性の制限

（1）**旧信託法下での議論**　(a) 初期の学説 　続いて、受益権の処分可能性の制限に関する信託法上の議論の展開についてみていこう。旧信託法には受益権の譲渡に関する規定が存在しなかったため、学説の議論は、これまでみてきた民法上の債権譲渡に関する議論に即して展開されることになった。

初期の学説は、委託者が第三者のために信託を設定する場合には、委託者が信託を設定した目的に基づいて、受益権の性質上、譲渡が制限される場合があることを認める[144]。また性質上の譲渡制限がない場合にも、信託行為において受益権の譲渡を禁止する旨が定められた場合には、悪意の譲受人や差押債権者にも、その効力が及ぶとする[145]。さらに、信託証書

---

142)　昭和23年改正および昭和24年改正による、債権に関する差押禁止の範囲の縮減（旧民事訴訟法618条2項の改正）および拡張（旧民事訴訟法618条ノ2の新設）については、前掲注106）参照。

143)　民事執行法153条の立法経緯については、鈴木＝三ケ月編・前掲注106）536-537頁〔五十部豊久〕、香川監修・前掲注106）393-395頁〔宇佐見隆男〕。

144)　青木徹二『信託法論』（財政経済時報社・1926年）306頁、入江真太郎『全訂信託法原論』（巌松堂・大同書院・1933年）363頁。

145)　青木・前掲注144）308-309頁、入江・前掲注3）74頁、76頁。入江・前掲注144）365頁は、給付対象に対する強制執行が可能でない場合に、受益権に対する執行可能性も否定され

に受益権の譲渡禁止に関する記載がある場合には、第三者の悪意が推定されるとの指摘も存在したところである[146]。

以上の学説が、受益権の譲渡禁止特約を悪意の差押債権者にも対抗できるとするのは、当時の大審院判例に依拠したものである（**1**(3)(b)(i)参照）。このような理解によれば、日本法のもとでも——善意の譲受人・差押債権者に対する関係を除いて——アメリカ法の浪費者信託と同様の法的効果が実現されることになる。

　(b)　四宮旧説　　しかしながら、我妻論文を契機として、債権譲渡禁止特約に差押えを排除する効力を否定する見解が通説としての地位を確立すると（**1**(3)(b)(ii)）、受益権の譲渡禁止についても、同様の考え方が支配的になる。それを示すのが1958年公刊の四宮和夫『信託法』の次の一節である。

　　「信託行為で委託者が受益権の譲渡性を奪うのは、永久譲渡禁止（……）でなければ有効であり、譲渡が一般的に禁止されると、質入も当然に禁止される（民三四三条）。しかし、譲渡が禁止されても、相続や差押は可能と解すべきである。けだし、非譲渡性はかならずしも一身専属性を意味せず、また、財産の差押可能性を奪うことは、第三者（債権者）を害し、公序良俗に反する行為（民九〇条）といわねばならないからである。」[147]

信託行為で受益権の譲渡禁止を定めても差押えを排除することはできないものと説明される。そのような理解を前提として、四宮は、日本法のもとで浪費者信託（および保護信託）が一部無効になるとしたのである[148]。

　(c)　四宮新説　　(i)　受益権の譲渡に関する本質的制限　　㋐　受益権の譲渡性の制限　　ところが、その約30年後に公刊された体系書の新版において、四宮は、一転して、浪費者信託が有効となる可能性を肯定するに至る。その際に、立論の手掛かりとされたのが、前述した奥田昌道の見解であった（**1**(3)(b)(iv)）。

るとする。ここには、当時の訴訟法学の影響がみられる（前掲注102）参照）。
146)　青木・前掲注144) 309頁。
147)　四宮和夫『信託法』（有斐閣・1958年）155頁（1979年公刊の増補版の記述も同様である）。
148)　四宮・前掲注147) 155頁。

　四宮は、まず、信託行為における譲渡禁止の定めの効力について、上記に引用した旧版の説明に続けて、次のように述べる。

　　「譲渡が禁止されるといっても、譲渡禁止には、単なる債権的制限と本質的制限とがあり（奥田昌道・債権総論下巻四三二 - 四三三頁参照）、そして、後者は差押排除に結びつくものである（奥田・同上参照）。」[149]

　四宮は、奥田の見解を参考としつつ、信託行為における譲渡禁止の定めが債権的制限に過ぎない場合と本質的制限となる場合があるとし、譲渡禁止が本質的制限となる場合には、受益権に対する差押えが否定されるとする。この場合、受益権の譲渡も、譲受人の善意・悪意を問わず、無効とされるものと解される。

　そこで、いかなる場合に譲渡禁止が本質的制限となるのかが問題となる。四宮は、その一例として、「無償行為に基づく権利であって、しかも、権利付与者により移転が禁止される場合」[150]を挙げる。前述のように、奥田は、無償契約に基づく債権に譲渡禁止特約がある場合について、性質上の譲渡制限として理解する可能性を示唆していた。四宮は、この点を敷衍して——譲渡禁止の債権的制限と本質的制限という区別は四宮の独創にかかるものというべきである——、無償行為として信託（他益信託）が設定された場合には、信託行為における譲渡禁止の定めが、受益権の譲渡に関する本質的制限になるとする。このような説明によれば、譲渡が制限される根拠は——譲渡禁止の意思表示というより——受益権の性質に求められるものといえる。

　さらに四宮は、受益権が「譲渡禁止以外の理由で本質的譲渡性を欠く場合」として、「受益権の内容が人的性格のもので、主体の変更と相容れないものである場合」や「受益が受益者の扶養に必要な給付に限定された信託」を挙げる[151]。それぞれ、英米法の「人的信託（personal trust）」と「扶養信託（trust for support）」を念頭に置くものであるが、いずれも、受

---

149)　四宮・前掲注 14) 330 頁。
150)　四宮・前掲注 14) 330 頁。
151)　四宮・前掲注 14) 331 頁。このほか、実質的に譲渡性が排除される場合として、裁量信託の受益権が挙げられる。

益権の性質上、譲渡が制限される場合ということができる。

　　㋑　受益権の差押可能性の制限　　次に、受益権の差押可能性の
排除についてみていこう。四宮は、受益権の差押可能性が否定されるのは、
「結局、『権利の移転が権利の存立と相容れない』場合（菊井維大・強制執
行法総論（法律学全集）一七七頁）、換言すれば、『債権にとり本質的な』譲
渡性の禁止される場合（奥田・前出）でなければならない」[152]とする。本
質的譲渡性の欠如が差押禁止を基礎づけるものとされる。

　その具体例は、第1に、前述の「無償行為に基づく権利で、しかも、権
利付与者により移転が禁止されている受益権」である。「無償行為に基づ
く債権では、債務者の意思は当該債権者に対してのみ給付利益を取得させ
ようとするもので、譲渡禁止は合理性をもち、性質上の譲渡制限としても
捉えうるものだから」[153]という奥田の説明に依拠する。その結果、他益信
託の場合、無償性が肯定される限りは、譲渡禁止の特約により、受益権の
差押可能性が排除されることになる[154]。

　第2に、「無償行為によって与えられた権利で、しかも、その権利の内
容が権利主体の変更と相容れないものである受益権」が挙げられる。前述
した人的信託の受益権や扶養信託の受益権について、信託設定が無償行為
である場合が、その具体例とされる[155]。

　以上の理解を前提として、四宮は、アメリカ法の浪費者信託が日本法の
もとでも有効となり得ることを指摘するのである[156]。

　　㋒　評価　　前述のように、性質上の譲渡制限がある債権に差押
可能性が否定されるという考え方は、広く受け入れられている（1(2)(a)、
(4)(a)）。問題はいかなる場合に性質上の譲渡制限が認められるかであるが、
四宮は、無償性を重要な要素として、受益権の性質上の譲渡制限を判断す

---

152)　四宮・前掲注14) 332頁。
153)　四宮・前掲注14) 332-333頁。前掲注134) および対応する本文参照。
154)　他益信託の場合に受益権の差押禁止を広く認めることから、アメリカ法と同様に（Ⅱ 2(2)
　　(d)参照）、一定の債権に基づく受益権の差押えを例外的に許容すべきと主張されることになる
　　（四宮・前掲注14) 334頁）。
155)　四宮・前掲注14) 333頁。さらに、実質的に差押可能性が排除される場合として、裁量
　　信託の受益権が挙げられる。
156)　四宮・前掲注14) 331頁、334頁。

べきとする。

　このような考え方は、無償の終身年金権の処分可能性を否定していた旧民法の立場（1(1)(a)）に類似する。しかし、現行民法下での学説に広く受け入れられているわけではない。奥田の体系書も、無償の債権について譲渡禁止特約をすることが、性質上の譲渡制限となり得るという可能性を指摘するにとどまり、立ち入った考察を展開するわけではない。四宮の学説に対する評価としては、受益権取得の無償性を浪費者信託の要件とするアメリカ法を参照しつつ、それと同様の帰結を導くために、奥田の体系書の叙述を手掛かりとして、独自の見解を主張したものというべきように思われる。それゆえ、受益権の性質上の譲渡制限に関する四宮の議論は、債権の性質上の譲渡制限に関する議論状況と対比して、突出した印象を与えるのである[157]。

　　　(ii)　受益権の差押禁止と民事執行法上の差押禁止債権の関係　　さらに、四宮の学説について、もう1つ問題となるのが、受益権に差押禁止効が認められる場合における、民事執行法上の差押禁止債権との関係である。四宮は「民執一五二条一項一号は、一般的な生計のための継続的給付債権（自益信託による年金信託の受益権など）であり、無償行為に基づく生計のための継続的給付に関する信託受益権は、それに対して『特別関係』[158]（……）に立ち、規範排除関係[159]（……）が成立するはずである」[160]ことを理由として、本質的譲渡性を欠く信託受益権には、民事執行法152条1項1号が適用されないとするのである。

　しかし、民事執行法152条1項は個別の収入債権を対象とする規定であるので（旧民事訴訟法618条1項について1(2)(b)参照）、その適用の有無が問

---

157)　商事信託法研究会・前掲注20)　9頁も「受益権付与につき贈与的性格が入っても」差押えは排除されないとして、四宮の見解を批判する。

158)　「特別関係」とは、複数の法規範が衝突する場合（法条競合）において、「或る規範（特別法）の構成要件に規定された要素が他の法律（一般法）の構成要件に規定された要素を含みつつさらに別の要素を加えるものであるときに生じ〔る〕」関係である（四宮和夫『請求権競合論』（一粒社・1978年）63頁）。

159)　「規範排除関係」とは、法条競合の場合に「一方の規範（群）が他方の規範（群）を駆逐してしまう場合」を意味する（四宮・前掲注158) 63-64頁）。

160)　四宮・前掲注14) 333頁。

題になるのは、受益権に基づく個別の給付請求権であると考えられる。それゆえ、受益権に性質上の譲渡制限が認められ、差押えが禁止されるとしても、当該受益権から発生した個別の給付請求権についても、全面的に差押禁止となるのか、それとも民事執行法152条が許容する範囲での差押えが認められるのか、という問題は残ることになる。

　このように四宮の説明においては、受益権そのものと受益権に基づく給付請求権の区別が明確に意識されていないということができる。しかし、受益権の処分可能性の制限の法的帰結を理解するうえでは、両者の区別が重要な意義を有するものと考えられる。そしてこの問題は、現行信託法のもとで、受益権と受益債権が明示的に区別して規定されたことにより、顕在化することになるのである。

(2)　現行信託法下での議論　　(a)　規定の内容　　(i)　受益権と受益債権の区別　　現行信託法は、受益権と受益債権とを区別する。信託法2条7項は、受益債権を「信託行為に基づいて受託者が受益者に対し負う債務であって信託財産に属する財産の引渡しその他の信託財産に係る給付をすべきものに係る債権」、受益権を「〔受益債権〕及びこれを確保するためにこの法律の規定に基づいて受託者その他の者に対し一定の行為を求めることができる権利」と定義する。受益債権が、受益者が受託者に対して信託財産に係る給付を求める権利（給付請求権）であるのに対して、受益権は、受託者に対する監督的権限を含む「各種権利の総体であり、受益者の地位そのもの」[161]と説明される。受益者の法的地位である受益権に基づいて、受益債権が発生するということもできる。

　　(ii)　受益権と受益債権の処分可能性　　このような受益権と受益債権の区別を前提として、現行信託法は、受益権の譲渡性に関する規定を設ける。信託法93条1項本文は、受益者が、受託者の承諾を要することなく、受益権を譲渡することを認める[162]。ただし、民法上の債権譲渡と同

---

161)　村松秀樹ほか『概説 新信託法』（金融財政事情研究会・2008年）224頁。

162)　現行信託法のもとでは――旧信託法36条2項と異なり――受益者が原則として費用等の償還または費用の前払いをする義務を負わないことが（信託法48条5項参照）、1つの根拠とされる（寺本昌広『逐条解説 新しい信託法〔補訂版〕』（商事法務・2008年）267-268頁）。

様に、性質上の譲渡制限（信託法 93 条 1 項ただし書）および信託行為の定
め（意思表示）による譲渡制限（信託法 93 条 2 項）が認められる[163]。また、
明文の規定は存在しないものの、受益権に対する差押えは原則として可能
であると解される[164]。

　次に、受益債権の譲渡性に関する規定は信託法に存在しないものの、給
付請求権である受益債権は民法 466 条に基づいて譲渡可能である。また受
益債権に対する差押えも原則として可能と解される[165]。受益者は、受益
権とは別個に、受益債権のみを譲渡することができる。もっとも、受益者
が、受益権を留保しつつ、将来発生するものを含め、受益債権の全部を譲
渡することは、受益権の質的一部譲渡というべきであり、その有効性に疑
問が提起されている[166]。

　　(iii)　民法（債権関係）改正に伴う信託法改正　　なお、「民法の一部
を改正する法律（平成 29 年法律第 44 号）」は民法 466 条 2 項を改正対象
とし、それに伴って「民法の一部を改正する法律の施行に伴う関係法律の
整備等に関する法律（平成 29 年法律第 45 号）」により、信託法 93 条 2 項
も改正されることになった。

　改正民法は、意思表示による譲渡制限のある債権も原則として――譲受
人の主観的態様にかかわらず――有効に譲渡できるとしつつ（改正民法
466 条 2 項）、例外的に、預貯金債権（預金口座または貯金口座に係る預金ま
たは貯金に係る債権）について、譲渡制限の意思表示に従前と同様の効力
を認めた（改正民法 466 条の 5 第 1 項）[167]。このことを前提として、改正信

---

163)　受益権に対する質権設定についても、原則としてこれを肯定しつつ（信託法 96 条 1 項本
　　文）、受益権の性質に反する場合（信託法 96 条 1 項ただし書）および信託行為に別段の定め
　　がある場合（信託法 96 条 2 項）の例外が規定される。
164)　村松ほか・前掲注 161) 226 頁、道垣内弘人編著『条解信託法』（弘文堂・2017 年）488
　　頁〔山下純司〕。
165)　道垣内弘人『信託法』（有斐閣・2017 年）346 頁。
166)　村松ほか・前掲注 161) 225 頁。道垣内編著・前掲注 164) 487-488 頁〔山下純司〕も受
　　益債権と監督権能を分割して譲渡することが信託法の予定するところではないとする。これに
　　対して道垣内・前掲注 165) 347 頁は、受益権の質的一部譲渡が一概に否定されないとしつつ、
　　信託目的との関係での限界を考えるべきことを指摘する。
167)　意思表示による債権の譲渡制限に関する改正の概要については、加毛明「債権の譲渡等」
　　大村敦志＝道垣内弘人編『解説 民法（債権法）改正のポイント』（有斐閣・2017 年）279-285

託法93条2項は「前項の規定にかかわらず、受益権の譲渡を禁止し、又は制限する旨の信託行為の定め（……）は、その譲渡制限の定めがされたことを知り、又は重大な過失によって知らなかった譲受人その他の第三者に対抗することができる」と規定する。受益権の譲渡制限の定めについては——譲受人の主観的態様およびその証明責任が明確化されたほかは——従前と同様の規律が維持されたのである[168]。

　他方、受益債権については改正信託法93条2項の適用がないので、受益債権に意思表示による譲渡制限がある場合にも、受益債権の譲渡は有効である。ただし、受託者は悪意または重過失の譲受人に対して履行拒絶権等を有することになる（改正民法466条3項）。

　(b)　学説の状況　　次に、受益権の処分可能性の制限に関する議論状況をみておこう。

　信託法の立案担当者は、受益権の譲渡制限の効力を、債権の譲渡制限と同様に理解する立場から、意思表示による譲渡制限があっても受益権に対する差押えが可能である一方、性質上の譲渡制限がある場合には差押えも禁止されると説明する。そして、性質上の譲渡制限の具体例として浪費者信託を挙げつつ、差押えの禁止を伴う性質上の譲渡制限を「安易に認めるべきではない」とする[169]。また、それと併せて、受益者が受託者から信託財産に係る給付を受けた場合には、受領した財産は差押えの対象になることを指摘する[170]。

　他方、学説上は、受益権が——給付請求権である受益債権と異なり——受益者の権利の総体として、契約上の地位に類似することが指摘される[171]。そのような理解に基づき、意思表示による譲渡制限のある受益権について「善意の第三者だからと言って譲渡が有効になる扱いをすべきではない」[172]という解釈の可能性が指摘される。また、譲渡禁止特約のある

<hr />

頁。
168)　受益権の質入れに関する信託法96条2項についても同様の改正がなされた。
169)　村松ほか・前掲注161）226頁注5。
170)　村松ほか・前掲注161）226頁注5。
171)　能見善久＝道垣内弘人編『信託法セミナー3』（有斐閣・2015年）104頁〔道垣内弘人〕。
172)　能見＝道垣内編・前掲注171）120頁〔能見善久〕。

受益権に対する差押えが肯定されることにも疑問が提起される[173]。

　さらに、受益者の権利の総体としての受益権の特色に鑑み、性質上の譲渡制限について、債権の場合と異なる解釈をすべきことも主張されている。近時の代表的な体系書である道垣内弘人『信託法』は——特別障害者扶養信託などを念頭に置きつつ[174]——受益権の譲渡により信託目的に反する事態が生じる場合には性質上の譲渡制限があるとし、善意かつ無重過失の譲受人との関係でも受益権の譲渡の効力が否定され、また受益権に対する差押えも許されないとする。そして金銭債権と比較して、受益権については、性質上の譲渡制限が認められる場合を広く認めるべきとするのである[175]。

　　(c)　小括　　このように、現行信託法下での学説においても、性質上の譲渡制限を柔軟に解することで、受益権の処分可能性の制限を認める見解が有力である。もっとも、そこでは、前述した四宮の見解のように、信託設定の無償性が重視されるわけではない。受益権が受益者の法的地位として性格を有することから、そのような法的地位を基礎づける信託目的に着目すべきことが指摘されるのである。そうだとすると、いかなる信託目的であれば、性質上の譲渡制限が基礎づけられるのかが問題となる[176]。また、受益権に性質上の譲渡制限が認められる場合に、当該受益権に基づく受益債権にも性質上の譲渡制限が及ぶのかも問題となる。日本法の検討の最後として、これらの問題に関する解釈論を提示することにしたい。

3　受益権の性質上の譲渡制限

(1)　信託目的に基づく受益権の性質上の譲渡制限　　(a)　考慮要素

債権の譲渡制限に関する従前の議論においては、契約に基づく扶養債権や

---

173)　能見=道垣内編・前掲注171) 122 頁〔道垣内弘人〕。なお、受益権の質入れを禁止する信託行為の定めの効力については、能見=道垣内編・前掲注171) 130–131 頁〔道垣内弘人、沖野眞已〕参照。
174)　新井誠監修『コンメンタール信託法』(ぎょうせい・2008 年) 300 頁〔及川富美子〕も、特別障害者扶養信託を、受益権の性質上の譲渡制限の例として挙げる。
175)　道垣内・前掲注165) 324 頁。
176)　商事信託法研究会・前掲注20) 13 頁も、受益権に対する差押禁止の可否は、信託行為の定め方およびその解釈の問題であるとする。

終身定期金債権が性質上の譲渡制限の例として挙げられていた（1(1)(b)(i)、(3)(a)(i)）。そのことを前提とすれば、特定の受益者のみに対して給付を行うことに、信託を設定した当事者——とりわけ委託者——の目的があったといえる場合には、受益権に性質上の譲渡制限を認めることができると解される。しかし、性質上の譲渡制限が受益権の譲渡および差押えを禁止する効力を有することに鑑みれば、それを基礎づける信託目的の認定には慎重な判断を要する。信託目的の判断に際して考慮すべき要素としては、次のものが考えられる。

　まず、信託行為に受益権の譲渡制限の定めがある場合には、特定の受益者に対する給付が意図されていたことを推認させるという意味で、受益権の性質上の譲渡制限を基礎づける要素となる。もっとも、受益権の譲渡制限の定めは、受託者の利益を考慮して設けられることが多いため[177]、直ちに上記の信託目的の存在を基礎づけるわけではない。

　これに対して、信託目的を判断する際の主たる考慮要素となるのが、受益権の内容である。まず、給付の内容が、特定の受益者の属性や事情に基づいて決定される場合には、当該受益者への給付を目的として信託が設定されたことを認めやすい。とくに、受託者が給付内容の決定について一定の裁量を有し、受益者の現実の必要性に応じて給付を行う場合には、受益権の性質上の譲渡制限を肯定しやすいといえる。このことは、受益者の要保護性の有無にかかわりなく妥当するが、受益者が保護を要する存在（特定障害者など）である場合には、受託者の裁量権行使の基準が当該受益者の置かれた状況であることが明確になるので、性質上の譲渡制限を基礎づけやすくなるだろう。その意味で、受益者の保護の必要性は、性質上の譲渡制限を判断する際の考慮要素になるものと考えられる。

　他方、受益権に基づく給付内容が特定の受益者を基準とする場合でも、当該受益者が受益権に基づく給付を覆す権限を有する場合には、性質上の譲渡制限を認めることは難しい。たとえば、受益者が信託を終了させる権限を有し、かつ残余財産受益者（信託法182条1項1号）または帰属権利

---

177)　前掲注19）および対応する本文参照。

者（信託法 182 条 1 項 2 号）として指定されている場合である[178]。この場合、当該受益者は信託財産自体を処分し得る地位にあるので、受益権の処分可能性を否定する意味に乏しい。それゆえ、受益権の性質上の譲渡制限を基礎づけるような信託目的を認定し難いのである。

　さらに、信託の設定が無償であるという事情も、信託目的の判断において考慮されるべき要素であると考えられる。無償で信託を設定した委託者は、財産の出捐について、対価の取得以外の目的を有していたと考えられ、そのような目的として、特定の受益者への財産の給付を措定できるからである。

　(b)　譲受人・債権者との関係　　以上に挙げた考慮要素は、第三者との関係においても、一定の意義を有する。まず、受益権を譲り受けようとする者や、受益権を差し押さえようとする債権者は、譲渡や差押えの対象である受益権の内容を調査するのが通常であると考えられる。それゆえ、特定の受益者の属性や事情を基準として給付を決定することを内容とする受益権については、帰属上の一身専属性を理由として譲渡や差押えが効力を有しないことを予想しやすく、不測の不利益を回避する余地があるといいやすいのである。

　また、信託設定の無償性も、受益者の既存の債権者との関係では一定の意義を持ち得る。受益権の取得に受益者の責任財産からの出捐がない以上、受益権の差押可能性が否定されることによって不利益が生じるわけではないと考えられるからである。

　(2)　**性質上の譲渡制限の効果**　　次に、受益権に性質上の譲渡制限が認められた場合の効果についてみておこう。

　まず、受益権の処分可能性が否定される。受益者が受益権を譲渡しようとしても、譲渡の効果が生じない。受益権を譲り受けようとする者が、性質上の譲渡制限について善意・無重過失であるとしても、受益権の譲渡が有効となることはない。また、受益者の債権者は受益権を差し押さえることができない。

---

178)　道垣内・前掲注 165) 324-325 頁参照。

　次に、受益権に基づいて将来発生する受益債権についても、処分可能性が否定される。受益権の処分可能性を否定することの実質的意義は、将来の受益債権の処分可能性の否定にあると考えられるからである[179]。

　これに対して、受益権に基づいてすでに発生した受益債権については、受益者による譲渡および債権者による差押えが認められる。特定の受益者に対する財産給付が信託の目的である以上、受益者が受領した財産について処分可能性を否定することはできない[180]。同様に、受益者が受託者に給付を請求できる段階になれば、やはり受益債権の処分可能性を否定する理由はないものと考えられる。このような考え方は、旧民法財産編が採用していただけでなく（1(1)(a)(ii)）、現行民法下での判例にも見出されるところである（1(3)(a)(ii)）。

　もっとも、既発生の受益債権に対して差押えがなされた場合、当該差押えの効力は、将来の受益債権には及ばないものと解される。将来の受益債権には被差押適格が否定される以上、継続的給付債権に対する差押えの効力が差押後の給付にも及ぶことを定める民事執行法151条——旧民事訴訟法604条（1(2)(b)参照）を引き継ぐ規定である[181]——の適用はないと考えられるからである。

　他方、既発生の受益債権に対する差押えが可能であるとしても、民事執行法152条1項1号の適用可能性は別途問題となる。旧信託法下の学説には、受益権に本質的譲渡制限が認められる場合に、民事執行法152条1項1号の適用が排除されるとするものが存在していた（2(1)(c)(ii)）。しかし、性質上の譲渡制限のある受益権に基づいて、受益債権が発生した場合には、当該受益債権は通常の債権として、差押禁止債権の該当性が判断されるものと解すべきである。

　以上に対して、受益権に性質上の譲渡制限が認められない場合には——意思表示による譲渡制限の効力の問題を別にすれば——、受益者は受益権

---

179)　なお旧民法財産取得編169条4項の趣旨について、前掲注91）および対応する本文参照。

180)　現行信託法の立案担当者の見解について、前掲注170）および対応する本文参照。

181)　鈴木＝三ヶ月編・前掲注106）480頁〔稲葉威雄〕、香川監修・前掲注106）302頁〔田中康久〕。

のみならず、既発生の受益債権および将来の受益債権を譲渡できる。また受益者の債権者は、受益権を差し押さえることができ、その差押えの効力は、当該受益権から生じる受益債権に及ぶ[182]。さらに、債権者は受益債権を差し押さえることもでき、その場合、差押えの効力は将来発生する受益債権にも及ぶことになる（民事執行法 151 条）。いずれの場合も、個々の受益債権について民事執行法 152 条 1 項 1 号該当性が別途問題となる。

IV　比較と検討

1　浪費者信託と受益権の性質上の譲渡制限

最後に、これまでの検討を踏まえて、アメリカ法と日本法の相違点について検討することにしよう。

冒頭で紹介した樋口・ノートによる日米法の対比——アメリカ法では、浪費者信託の有効性の承認によって委託者が受益権の処分可能性を否定できるのに対して、日本法では、当事者（委託者）が信託行為に受益権の譲渡禁止を定めても善意・無重過失の譲受人や差押債権者との関係で効力を有しない——については、本章での検討を通じて、その主張内容を相対化することができる。

アメリカ法における浪費者信託は、信託条項の定めに基づいて、受益権の譲渡および受益権に関する権利行使を禁止するものであるが、その効力には限定が付される。まず、浪費者信託の効力が生じるのは、受益者が無償で（約因の提供なしに）取得した受益権に限られる（II 2 (2)(c)）。また、受益者が信託財産について所有権に相当する権限を有する場合には浪費者信託の効力は生じない（II 2 (2)(b)(i)）。さらに、浪費者信託が効力を生じる場合にも、禁止されるのは受益権の期限前処分であり、受益者が受託者から受領した財産や受託者に対して有する既発生の配当請求権には、浪費者信託の効力は及ばない（II 2 (2)(b)(ii)）。

他方、日本法においては——前述の解釈論（III 3）を前提とすれば——

---

182)　商事信託法研究会・前掲注20)　6-7頁。

当事者が設定した信託目的を根拠として、受益権に性質上の譲渡制限を認めることができる。信託目的の判断に際しては、受益権の内容を中心としつつ、信託行為における譲渡制限の定めの存在や、信託設定の無償性などを考慮し得る。受益権に性質上の譲渡制限が認められる場合には、受益権自体の譲渡・差押えの効力が否定されるほか、当該受益権に基づいて発生する将来の受益債権の譲渡・差押えも禁止される。その一方で、既発生の受益債権の譲渡・差押えを禁止することはできない。

　このように、日本法のもとでも受益権の性質上の譲渡制限という法律構成によって、リステイトメントの浪費者信託に類似した法的効果を実現することは可能である。そのことを前提としたうえで、両者の違いについて考えてみると、まず、リステイトメントの浪費者信託の方が、受益権の処分可能性の否定を広く肯定するものであることは確かだろう。浪費者信託では——上述した要件が充たされる場合には——信託条項に浪費者条項を定めるだけで、受益権の処分可能性が否定されるのに対して、日本法のもとでは多様な要素を考慮したうえで受益権の性質上の譲渡制限の存否が判断されるからである。しかし、そのことを日本法にとっての問題点と理解する必要はない。アメリカ法において浪費者信託に対する学説上の批判が有力であることについては前述の通りである（II2(1)(b)）。それゆえ、日本法において、受益権の性質上の譲渡制限の判断に際して多様な要素が考慮されることは、委託者の意図のみで受益権の処分可能性の否定を認めるアメリカ法よりも、合理性があるということもできる。また、日本法のもとで、受益権に性質上の譲渡制限が否定される場合であっても、受益権や受益債権に対する執行手続において、裁判所は、差押禁止債権の範囲を判断する際に、受益者（債務者）の保護の必要性を考慮することができる。受益権の差押可能性の制限について受益者保護の要請が重要な意味を有するとすれば、性質上の譲渡制限とは別に、受益者保護を実現するための手続上の規律が存在するのである[183]。

　もっとも、以上の日本法の立場については、アメリカ法（リステイトメ

---

[183]　アメリカ法においても、受益者保護の必要性は、浪費者信託の有効性の承認と区別された形で、受益権に対する執行手続上の考慮要素とされていた（II2(2)(d)(i)、(3)）。

ント）との比較において、予見可能性が低く、法的安定性に乏しいという
問題が存在する。受益権の性質上の譲渡制限の存否は事後的な司法審査に
よって明らかになることが多いと考えられるので、浪費者信託のように、
信託設定の時点で受益権の処分可能性の否定を確実にすることはできない
からである[184]。予測可能性・法的安定性の確保のためには――立法によ
る対処を措くとすれば――実務・学説における議論の蓄積が必要になる。
この点で、受益権の処分可能性の制限に関する議論の乏しさを、日本法の
問題点として指摘できるだろう。

2 財産処分の無償性の法的意義

　最後に、本章の検討を通じて、以上とは異なる観点から、アメリカ法と
対比される日本法の特徴を指摘することができる。それは、財産処分の無
償性に、いかなる法的意義を与えるかという問題にかかわる。

　アメリカ法では、浪費者信託の要件として受益権取得の無償性が必要と
されていた。委託者の財産処分の自由を根拠として浪費者信託の有効性が
承認されるのは、無償の財産処分の場合に限られるのである。これに対し
て、日本法においては、債権・受益権の処分可能性の制限を判断するうえ
で、財産処分の無償性は必ずしも重視されていないということができる。
旧民法は――フランス法の影響のもとで――無償で設定された終身年金権
について、その処分可能性を否定することを認めていた（III 1 (1)(a)）。し
かし現行民法は、この規律を採用しなかった（III 1 (1)(b)(ii)）。旧民事訴訟
法は――ドイツ法の影響のもとで――継続的収入債権の無償性を差押禁止
の要件と位置づけていた（III 1 (2)(b)）。しかし民事執行法は、差押禁止債
権について権利取得の無償性を要件としなかった（III 1 (4)(b)）。

　このことは、日本法のもとで、債権・受益権の処分可能性の制限の判断
に際して、権利取得の無償性が考慮されないことを意味するわけではな
く[185]、それ自体が問題であるわけではない。しかし、債権・受益権の処

---

184)　もっとも浪費者信託においても、例外的に受益権の差押えが許容される場合について解釈
　の余地があるので（前掲注 74) および注 79) 参照）、受益権の処分可能性の制限の範囲が一
　義的に明確であるわけではない。

分可能性の制限との関係で権利付与・取得の無償性が議論されるのが少な
いことは、比較法的にみた場合に、日本法の1つの特徴であるように思わ
れる。そして、そのような特徴が生じた原因として、まず挙げられるのが、
権利付与・取得の無償性を論じる場となる法律の規定の不存在である。旧
民法財産取得編 169 条・170 条のような規定が現行民法に存在していたの
であれば、その解釈論を通じて、債権の譲渡・差押禁止にとって財産処分
の無償性が有する意味について、実務・学説上の議論が蓄積された可能性
はあるだろう。もっとも、その一方で——民事執行法制定時における差押
禁止債権に関する議論が示唆するように——法律の規定の有無にかかわら
ず、日本法では、権利の処分可能性の制限に関して、権利付与・取得の無
償性が重視されてこなかったという評価もあり得るように思われる。仮に
そうだとすれば、それがいかなる事情に由来するのかが問題となる。この
点は、他者の扶養を目的とする無償の財産処分が、わが国において——公
的年金制度や社会保障制度などとの関係を含め——どの程度の重要性を有
してきたのかという問題にかかわる。さらに、そもそも無償の財産処分が
いかなる役割を果たしているか（果たすものとして期待されているのか）
というヨリ一般的な問題にも関連し得る。

　わが国では、従前から、有償契約との比較を通じて、無償契約の法的性
質の特色を明らかにすることが試みられてきた[186]。これに対し、本章で
検討した債権・受益権の処分可能性の制限に関する法的議論は、異なる角
度から、無償の財産処分の法的意義に光を当てるものと考えられる。その
ような視座に基づく比較法研究の深化を、今後の課題としたい。

---

185)　債権の発生原因の無償性を性質上の譲渡制限と結び付けて理解する学説が存在し（III 1
　　(3)(b)(iv)）、それを手掛かりとして他益信託における受益権の処分可能性の制限を広く肯定する
　　学説が主張されていた（III 2 (1)(c)）。そのような理解を採用しないとしても、受益権の性質上
　　の譲渡制限の判断において、信託設定の無償性を考慮要素とする余地はある（III 3 (1)）。また、
　　差押禁止債権の該当性の判断において権利取得の無償性を考慮に入れ、たとえば、有償の年金
　　契約・終身定期金契約に基づく収入債権について差押禁止を否定し、あるいは差押禁止の範囲
　　を限定する可能性もある（III 1 (4)(b)）。
186)　末弘厳太郎「無償契約雑考」『民法雑記帳下巻〔第 2 版〕』（日本評論社・1980 年）55 頁
　　〔初出 1939 年〕を嚆矢とする一連の議論が存在する。
【追記】　校正段階で、受益権の差押可能性の制限について論じる、福井修「信託受益権に対する
　　差押え」富大経済論集 63 巻 3 号（2018 年）277 頁に接した。

第3章

撤回可能信託における撤回権の行使権者　　石川優佳

Ⅰ　はじめに──問題の所在

1　「撤回可能信託における撤回権の行使権者」について検討する意義

　生前信託を設定した人がいたとする。その委託者は、自分の生存中はいつでも信託の内容を変更できるよう撤回可能信託の形にして、信託財産に関する撤回権を有することで実質的なコントロール権を留保していたとしよう。ところが、その委託者が高齢になって認知症を発症し、能力を喪失してしまった場合には、どうなるのであろうか。

　能力を喪失した委託者は、もはや撤回権を行使できなくなる。それでは、その委託者について選任された後見人は、委託者に代わって撤回権を行使したり、場合によっては受託者を解任したりすることはできるのであろうか。このように、重度の認知症患者のような能力を喪失した者の財産管理をめぐっては、法定の後見人制度とともに複数の私的な財産管理の仕組みが併存するため、財産管理者の権限の範囲、および、いずれの管理者の権限が優先するのかが深刻な問題として生じ得る。現にアメリカにおいては、「撤回可能信託における撤回権の行使権者は誰か」、また、「後見人や持続的代理人はいかなる要件および手続の下で撤回可能信託の撤回権を行使し得るか」という形で問題が生じている。

　このような複数の財産管理者間の権限の調整という問題は、アメリカ固有の話にとどまらない可能性がある。超高齢社会が到来しているわが国においても、さまざまな財産管理の手段があるため、近い将来、財産管理者間の権限の優劣が問題となり得ることは想像に難くない。そこで、本章で

は、「撤回可能信託における撤回権の行使権者」に関する議論の展開を、アメリカ信託法の流れの中で紹介したい。

　なお、具体的な検討に入る前に、撤回可能信託が果たしている役割・機能について、以下に簡単に触れておきたい。

2　アメリカにおける撤回可能信託の機能的意義

　「撤回可能信託における撤回権の行使権者」に関する議論の意義を理解するためには、その前提として、撤回可能信託が果たしている役割・機能について理解しておく必要がある。

　アメリカで生前の撤回可能信託の利用が激増している背景には、いくつかの理由が指摘されているが、主たる理由はその2つの大きな機能にあると考えられている[1]。

　1つ目は、遺言代替手段としての機能である。委託者が、撤回権を留保することで実質的コントロール権を保持しつつ、自己の生存中は自分自身を受益者とし、死亡時に受益者を他者とするのであれば、それは形式的には自分と他者を受益者とする信託であるものの、機能的にみれば遺言によって他者に財産移転するのと変わらないことになる。とりわけ、受託者が、委託者の死亡時までは受動的な役割しか果たさないような場合には、実質的には遺言と同様のものになる。

　アメリカでは、遺言により、あるいは無遺言相続として財産移転が行われる場合には、検認という裁判手続を経なければならない。それは、時間と費用のかかる煩雑な手続を意味するため、このような検認回避のための遺言代替手段として、撤回可能信託、生命保険、死亡時受取人指定の預金口座（Pay-on-Death（POD）bank accounts）、死亡時承継人指定の証券口座

1）　Robert H. Sitkoff & Jesse Dukeminier, Wills, Trusts, and Estates, 444, 499 (Wolters Kluwer 10th ed. 2017). 以下、Sitkoff & Dukeminier, Wills, Trusts, and Estates で引用。また邦語文献では、沖野眞已「撤回可能信託」大塚正民・樋口範雄編『現代アメリカ信託法』（有信堂・2002年）82 頁以下が、撤回可能信託の利用方法として「遺言に代わる処分」と「能力喪失時の管理」という 2 つの方向性を紹介している。
　　なお、アメリカにおいて生前信託（その多くは撤回可能信託の形をとる）が多用されるに至った背景、および生前信託の多様な目的については、樋口範雄「100 歳時代の信託」能見善久＝樋口範雄＝神田秀樹編『信託法制の新時代』（弘文堂・2017 年）302 頁以下が詳しい。

（Transfer-on-Death（TOD）securities accounts）、退職年金など多様な手段が利用されている[2]。その中でも、撤回可能信託は、その対象とする財産も幅広く、非常に柔軟な制度として活用されているのである。

　２つ目の機能は、能力喪失時の財産管理という機能である。委託者が、自分の信頼する者を受託者にして信託を設定し、撤回権を留保しておくのであれば、委託者自身が能力者である間は実質的なコントロールをなすことで変化に対応し得るとともに、能力を喪失した時には、そのまま私的な財産管理手続に移行できることになる。

　高齢化が進んでいる現代社会においては、肉体的・精神的能力が徐々に低下してから死を迎える場面が多くなっているため、能力喪失時の財産管理という問題は、近時、格段に重要性を増している。そして、この財産管理について、アメリカでは、後見人制度、持続的代理権の制度、撤回可能信託など、複数の制度が存在している。各制度にはそれぞれに長所と短所があるが、同じ目的を有する制度として併存し得るものである。以下にそれぞれの制度の特徴のみ指摘しておきたい[3]。

　まず、後見人制度（guardianship, conservatorship）は、裁判手続を通じて本人を保護するための法定の制度である[4]。後見人制度を利用する場合は、必要性が生じたときに、利害関係人の申立てにより裁判所が後見人を選任し、財産管理等にあたらせることになる[5]。裁判所による公開手続であることから手続が煩雑で費用がかかるうえにプライバシーも公開されて

2）　Sitkoff & Dukeminier, Wills, Trusts, and Estates, 440. John H. Langbein, Major Reforms of the Property Restatement and the Uniform Probate Code: Reformation, Harmless Error, and Nonprobate Transfers, 38 ACTEC L.J. 1 (2012).

3）　Sitkoff & Dukeminier, Wills, Trusts, and Estates, 498–504; David J. Feder & Robert H. Sitkoff, Revocable Trusts and Incapacity Planning: More than Just a Will Substitute, 24 Elder L.J. 1 (2016). なお、能力喪失者の財産管理の諸制度のメリットとデメリットについては、沖野・前掲注 1）82 頁以下を参照。

4）　Sitkoff & Dukeminier, Wills, Trusts, and Estates, 498. 沖野・前掲注 1）84 頁以下。なお、アメリカにおける後見人制度の改革の経緯、および後見人の選任手続について紹介する文献として、橋本聡「アメリカにおけるガーディアンシップ手続の特徴—ニューヨーク州精神衛生法第 81 編の下での手続きをその一例として」新井誠＝赤沼康弘＝大貫正男編『成年後見法制の展望』（日本評論社・2011 年）127 頁がある。

5）　後見人（conservator）の選任手続については、統一検認法典第 5 章（§ 5-401 以下）において詳細な規定が置かれている。

しまうこと、裁判所が後見人を選任する時点では本人の能力が喪失してい
るため本人の意思確認ができず望み通りの帰結にはならない可能性がある
こと、などがデメリットとして挙げられる。

　一方、持続的代理権（durable power of attorney）は、持続的代理権法の
下で認められ得る約定の制度である[6]。持続的代理権の制度を利用しよう
とする者は、委任状によりあらかじめ代理人を選任しておき、委任状にお
ける明文をもって本人の能力喪失後も代理関係が存続することを定めてお
くことになる。裁判所により選任される後見人の場合と異なり、本人が代
理人を選任することから本人の意思がより反映されやすい点が、後見人制
度と比べた場合の長所とされる。ただし、代理人の権限は委任状で付与さ
れた範囲に限定されるため、一人の能力喪失者につき、委任状に基づく持
続的代理権を有する代理人と法定の広範な権限を有する後見人との双方が
存在することもあり得る。

　持続的代理権の制度を利用する場合は、本人の意思が反映されやすい一
方で、本人の死亡時には代理関係が終了してしまうという問題がある。こ
れに対し、撤回可能信託を設定した場合には、委託者に能力があるうちは
自分自身で実質的コントロールを行い、能力を喪失した後も委託者の意思
を尊重した形での財産管理がなされ、さらには、委託者の死亡後も財産管
理は継続され得ることになる。その意味において、撤回可能信託は、委託
者の意思を最も尊重した制度であるとともに、代理以上に柔軟な制度であ
るといえる。

　ただし、信託財産として委託者の全財産を対象とすることはできず、ま
た、信託設定のコストは意外と高いと指摘されることもある[7]。そこで、
本人が持続的代理権の制度と撤回可能信託の両方を利用し、代理人と受託
者に役割分担をさせることもあり得る[8]。そのうえで、さらに後見人が選
任されることもあり、一人の能力喪失者の財産管理にあたる複数の者の間

6）　Sitkoff & Dukeminier, Wills, Trusts, and Estates, 502. 沖野・前掲注1）85頁。

7）　沖野・前掲注1）90頁。

8）　Sitkoff & Dukeminier, Wills, Trusts, and Estates, 500. なお、たとえば *In re* Guardianship of Lee, 982 P.2d 539（Okla. Civ. App. 1999）では、本人である親が、一人の子を撤回可能信託の受託者にしたうえで、もう一人の子を持続的代理人に選任するといったことが行われている。

での権限の調整が問題となり得るわけである。

II　「撤回可能信託の撤回権の行使権者」に関するアメリカの状況

　それでは、一人の能力喪失者の財産管理にあたる複数の者の間での権限
の調整は、どのようにして行われているのだろうか。この問題は、アメリ
カでは、「裁判所は、能力を喪失した委託者が信託の下で留保していた権
利の行使を、その後見人（あるいは持続的代理人）に認めることができる
か」という形で顕在化している。

1　Bogert 原則

　アメリカ信託法の権威である George T. Bogert は、その著書の中で、
撤回可能信託における撤回権を委託者以外の者が行使し得るかについて、
次のように述べている[9]。

　　「明示された反対の指示がない限り、委託者に留保された撤回権は委託者
　　の個人的（personal）なものであり、委託者の死亡時に利益の承継人に譲渡
　　されるものではなく、委託者が譲渡し得るものでもない。」[10]

　この考え方は、後に Bogert 原則と呼ばれる考え方であり、多くの裁判
所において、この原則が引用あるいは適用されることとなる[11]。Bogert
原則は、一見すると、撤回権が委託者に固有の権利であることを述べてい
る原則であるかのように思われるが、事はそれほど単純ではない。「撤回
権が委託者の個人的な権利」であるということは、委託者が能力を喪失し
た場合には誰も撤回権を行使できなくなる（したがって、撤回不能信託にな

9）　George T. Bogert, The Law of Trusts and Trustees § 1000 at 322 (2d ed. 1962).
10）　原文は以下の通りである。
　　"in the absence of expressed direction to the contrary, the power to revoke is personal to the
　　settlor, when reserved to him, and does not pass to his successors in interest on his death, nor is
　　it transferable by him."
11）　Cynthia J. Wooden,"Casenote: The Supreme Court of Nebraska determines a Court's Power
　　to authorize a Conservator to exercise an Incompetent Settlor's reserved Rights to amend or
　　revoke her Trust in In re Guardianship and Conservatorship of Garcia", 36 Creighton L. Rev. 47
　　（2002）において、Bogert 原則および関連する裁判例が詳細に論じられている。

る）ということを意味するのか、それとも、個人的な権利であるがゆえに、撤回権が当然に承継されるのではなく、裁判所による手続を経て権利行使を認められた者のみが行使できる権利だということを意味するのか、Bogert による記述のみからは判断することができない。そして、現に裁判所は、Bogert 原則を適用・解釈することによって、以下に述べるような、さまざまな異なる結論を導いているのである。

2　判例法

当初、撤回権の行使権者という問題は、複数の財産管理人間の権限の優劣の問題としてはあまり意識されていなかったようである。むしろこの論点は、広範な権限を有する後見人が、いかなる行為について裁判所の許可なく単独で行い得るかという問題の中で紹介されていた[12]。

後見人は、能力を喪失した被後見人の財産の管理について広範な権限を有しているものの、いくつかの制約があると一般的には考えられていた。その制約とは、被後見人の法的権利を放棄したり侵害したりできないこと、被後見人に法的負担を掛けてはいけないこと、被後見人の純粋に個人的な権利については行使できないことなどであるとされていた[13]。撤回可能信託の撤回権は純粋に個人的な権利であると考えられていたことから、原則として、委託者自身以外の者は撤回権を自由に行使することはできず、後見人が撤回権を行使するためには裁判所の許可が必要とされたのである。しかし、ニューヨーク州の一部の裁判例[14]が、例外的に、被後見人である委託者の福祉と援助のために必要な場合には、後見人が裁判所の許可を得ずに撤回権を行使し得ることを認めたことから、裁判所の許可という手続を不要とする例外的場合の取扱いが問題とされていた。ただし、裁判所の許可を不要とする例外的な場合においても、委託者の福祉と援助のために必要であることの証明は後見人のリスクの下で行わなければならず、あく

---

12)　John D. Hodson, Guardian's authority, without seeking court approval, to exercise ward's right to revoke trust, 53 A.L.R. 4th 1297 (1987).

13)　*Id.*

14)　Del Bello v. Westchester County Bar Association, 19 N.Y.2d 466, 280 N.Y.S.2d 651, 227 N.E.2d 579 (1967).

までも原則的には後見人は裁判所の許可を得たうえで撤回権を行使することが望ましいとされていた。

　以下では、撤回可能信託の撤回権の行使権者に関するいくつかの裁判例を紹介し、問題の現れ方やそこで考慮されている諸要素につき若干の検討をしてみたい。

　(1)　Weatherly 判決[15]　　最初に紹介するのは、後見人と撤回可能信託の受託者との間の財産管理権限をめぐる争いとなった、テキサス州の裁判例である。

　委託者である Aileen Mitchell（以下、Aileen）は、信託の改訂権と撤回権を自己に留保する撤回可能信託（受益者は Aileen 自身）を作成した後、能力を喪失した。後見人には、Aileen の兄弟の孫娘（great niece）である Jacqueline Byrd（以下、Jacqueline）が選任され、その後、Jacqueline は、Tarrant 郡の検認裁判所に Aileen の信託を撤回する許可を求めるとともに、会計の管理を受託者から自分に移すよう申立てを行ったのである。

　Aileen の信託の受託者である John Weatherly（以下、Weatherly）は、検認裁判所ではなく地方裁判所（district court）が信託の撤回に関する審理について管轄を有すると主張して、検認裁判所に答弁を提出した。しかし、検認裁判所は Weatherly の答弁を却下し、Aileen の信託の撤回を Jacqueline に認める命令を出した。そこで Weatherly は上訴したが、控訴審裁判所は検認裁判所の命令を是認し、裁判所が Jacqueline を Aileen の後見人に指名したときに撤回権を Jacqueline に与えたのだから、Jacqueline は裁判所の許可を得ることなく Aileen の信託を撤回し得るのだと判示した。

　これに対し、Weatherly はテキサス州最高裁に上告し、州最高裁は次のように述べて、Jacqueline の撤回権行使については裁判所の許可が必要である旨判示した[16]。

　まず、本件の争点は、能力を喪失した委託者の後見人が、裁判所の許可を得ずに、生前の撤回可能信託を撤回する委託者の権利を行使し得るかと

---

15)　Weatherly v. Byrd, 566 S.W.2d 292 (Tex. 1978).
16)　*Id.*, at 292-293.

いう問題であるとする[17]。そして、Bogert の教科書の記述を引用しつつ、信託の下での撤回権は「個人的な裁量の行使を含む個人的な権利」であり、一般的に、後見人は被後見人の個人的な権利を行使することはできないとする。しかしながら、その意味するところは、生前の撤回可能信託は委託者が能力の喪失を宣言された後は撤回不能になるということではなく、後見人は、信託の撤回権限について、適格な管轄を有する裁判所に許可を求めなければならないということである、と判示する。したがって、能力を喪失した委託者の後見人は、委託者の留保した撤回権を行使する権限については、適格な管轄を有する裁判所に許可を求めなければならないとするのである。

(2) **Kline 判決**[18]　　次に、持続的代理人による信託の撤回権や変更権の行使可能性が問題となったユタ州の事案をみてみたい。ただし、本件は、財産管理権限をめぐる争いではなく、福祉補助制度の利用に関する資産制限との関係が問題とされたものである。

Mitchell Kline（以下、Mitchell）は、「Mitchell H. Kline 家族信託」という信託（以下、信託）を設定し、委託者である Mitchell のみについて能力喪失または死亡する前に修正または撤回ができることを規定していた。一方で Mitchell は、妻を代理人とする一般的な持続的代理権の委任状にも署名しており、その後の能力喪失はそこでの権限付与には影響しないとしていた。

その後 Mitchell がアルツハイマー病により能力を喪失したとき、Mitchell の妻は、Mitchell のナーシングホームの費用の一部を支払うため、ユタ州保健局（以下、当局）にメディケイド[19]による補助の申請を行った。しかし、当局は、次のような理由で彼女の申請を否認した。まず、Mitch-

---

17)　本件では、もう1つの争点として、検認裁判所と地方裁判所のいずれが管轄権を有するのかという問題が存在している。したがって、判示部分で「適格な管轄を有する裁判所の許可」という文言になっているのは、この管轄権に関する争点との関係による。

18)　Kline v. Utah Dep't of Health, 776 P.2d 57 (Utah Ct. App. 1989).

19)　アメリカでは、メディケイドと呼ばれる福祉補助制度があるが、メディケイドを利用してナーシングホームに入居するためには資産制限がある。この資産制限の回避および生活水準の維持のために障害者のための特別信託という特殊な信託制度が用いられていることにつき、樋口・前掲注1）311頁以下参照。

ell の委任状は信託の変更として機能するものであり、本件の信託は、信託を改訂するために留保された権利を Mitchell の妻が行使することを、委任状による修正として認めるものである。そして、それにより Mitchell の妻は、Mitchell のケアの支払のために信託財産に手を付けることが認められると判断されたのである。この当局の決定が Salt Lake 郡裁判所の判決で是認されたため、Mitchell の妻が控訴審裁判所に上訴したのが本件である。

　控訴審裁判所は、委託者の能力喪失後も信託撤回権が存続するかという法律問題につき、一般論としては、撤回権および変更権は持続的代理権の付与によって委任し得ることを認めた。そして、本件の Mitchell の場合も、留保した権利を行使する権限を代理人に委任することを意図していたと推定した。しかしながら、本件の信託では、自己に留保した権限は死亡または能力を喪失するまでの間だけ存続することが明示的に規定されているため、Mitchell が能力を喪失したときに留保した権利は消滅する。委任状の持続可能文言は、Mitchell の信託において留保された権限の持続性および性質を変更したり覆したりするものではないので、本件の信託において Mitchell が留保した権利は消滅したことから、Mitchell の代理人はこれらの権利を行使することはできない。したがって、Mitchell の持続的代理権の委任状が信託を変更し Mitchell のために信託財産を侵害する権限を代理人である妻に与えたと認定した点で当局は誤っている、と判示したのである[20]。

　結局、控訴審裁判所は、一般論としては、持続的代理人による信託撤回権の行使可能性を認めたものの、本件の信託における本人の意思を重視して、能力喪失時には留保した権利を消滅させるとした。

　(3)　**Lee 判決**[21]　　3 つ目の裁判例は、持続的代理人と後見人を兼任する者と撤回可能信託の受託者との間での財産管理権限をめぐる争いとなった、オクラホマ州の事案である。

　委託者である Dorris T. Lee（以下、Dorris）は、息子である John Robert

---

20)　Kline v. Utah Dep't. of Health, 776 P.2d 57, at 61, 63.
21)　*In re* Guardianship of Lee, 1999 OK CIV APP 50, 982 P.2d 539 (Okla. Civ. App. 1999).

Lee（以下、John）を受益者および承継受託者とする撤回可能信託を設定した。他方で Dorris は、一般的な持続的代理権の委任状を作成し、もう一人の息子である Charles E. Lee（以下、Charles）を代理人に選任した。持続的代理権の委任状は Charles に広範な権限を与えるものであったが、これらの権限はいずれも信託に明示的に関係するものではなかった。

　1997 年、第一審裁判所は Dorris が能力を喪失したと判断し、Charles を後見人に選任した。その後すぐに、Charles は、Dorris の必要を満たすには信託に干渉しなければならないこと、また、当該信託は John の不当威圧の下で設定されたことを主張し、Dorris の信託を無効にするよう第一審裁判所に請求した。これに対し第一審裁判所は、持続的代理権の委任状の下で Charles に与えられた権限は、信託を撤回して Dorris のために信託財産を使うことを認めるのに十分なほど広範であると認定した。そこで John が、Charles による信託の撤回を認めた裁判所命令の再審理を求めて、オクラホマ州の控訴審裁判所に上訴したのである。

　控訴審裁判所は、本件の争点の１つが、後見人は、委託者が信託条項において特別に留保した信託撤回権を含めるために持続的代理権の委任状を変更する権限を有するか、という点にあるとしたうえで、最終的に Charles について撤回権の行使を認めた第一審裁判所の判断は誤りである旨判示した。しかし、そこへ至る理由は、やや込み入ったものとなっている[22]。

　まず、本件の持続的代理権の委任状自体は、代理人である Charles に信託変更権を与えるものではないとしたうえで、制定法[23]により、後見人（conservator, guardian）には、本人が能力を喪失する前に有していたものと同等の、持続的代理権の委任状の変更権または撤回権が与えられているとする。しかし、かかる権限は、委託者に明示的に留保された信託撤回権を代理人に与えるために、後見人が持続的代理権の委任状を改訂することを許容するまでに拡張されるものではないとする。そして、前述の Kline 判決を引用し、委託者に撤回権が留保された信託は、持続的代理権の委任

---

22) *Id.*, at 541-542.
23) Oklahoma Statutes Title 58 1074(A) (1991).

状を作成している場合であっても、委託者がそれらの権限を個人的なものにすると意図していたことを信託証書および持続的代理権の委任状の双方の文書が明らかに示していたときは、委託者の能力喪失時に撤回不能になるとする。

本件では、双方の文書を検討するに、持続的代理権の委任状が当該信託について全く言及していないことから、Dorris が意図的に撤回権を自己のみに留保していたことは明らかなので、信託は Dorris の能力喪失時に撤回不能となった。そして、Dorris の能力喪失により信託は撤回不能となったため、その後見人は、代理人に信託撤回権を与えるべく持続的代理権の委任状を改訂することはできず、第一審裁判所が Dorris の信託撤回権を Charles に認めたのは誤りである。したがって、本件は、もう1つの争点である Dorris に対する不当威圧の問題を審理するため、第一審裁判所に差し戻す、とされたのである。

要するに、一般論としては、後見人は持続的代理権の委任状の変更権や撤回権を有するものであり、委任状を変更することにより信託撤回権を行使することも可能なはずであるが、本件の具体的事案においては、信託撤回権を委託者のみの個人的な権利にする意図が明らかであるため、委託者の能力喪失により本件信託は撤回不能信託になり、撤回権の行使の余地がなくなる、と判断したのである。

(4) **若干の検討**　上記3つの裁判例からは、以下の3点が指摘できる。

1点目は、信託撤回権の行使権者という論点が、幅広い問題に影響し得る論点だということである。上記3つの裁判例は、いずれも家族が後見人や持続的代理人に選任された場合の撤回可能信託における撤回権の行使の可否が問題となった事案であるが、利害関係の対立状況はさまざまである。Weatherly 判決では、後見人に選任された家族が、外部者である受託者に対して撤回権を行使しようとする場面で裁判所の許可の要否が問題とされたのに対し、Lee 判決では家族間における複数の根拠を有する財産管理権限をめぐる争いが繰り広げられている。ここでは、後見人は、被後見人の財産に対する広範な権限を背景に、委託者が留保した信託撤回権を積極的に行使して自己の財産管理権限を広げようとしている。これに対し、

Kline 判決では、もっぱら福祉補助制度の利用との関係で信託財産への介入の可否が論じられており、持続的代理人である家族はむしろ信託撤回権の行使を望んではいない。また、代理人による信託の撤回権や変更権の行使を認めない方が、むしろ委託者の利益にかなう（信託財産に手を付けることなく、ナーシングホームへの支払にあてるメディケイドの申請が認められる）点にも注意しなければならない。

　２点目は、このように利害関係の対立状況がさまざまな３つの事例においても、判決の理由付けの出発点はいずれもが Bogert 原則にあるということである。しかしながら、同じ Bogert 原則から導き出される最終的な結論は分かれている。財産管理権限をめぐる争いでは、委託者の信託撤回権が個人的（personal）なものであることを理由に、一方では撤回権行使につき裁判所の手続を要するとし（Weatherly 判決）、他方では委託者の能力喪失時に撤回不能となるとする（Lee 判決）。これに対し、福祉補助制度の利用の可否が問題となった Kline 判決では、一般論としては、委託者が留保した信託上の権限を持続的代理人に委任することを認めつつ、留保した権限の存続期間に関する委託者の意思を重視して具体的な権限行使は認めなかった。

　このように Bogert 原則から導き出される具体的結論が異なっているとしても、それでも３つの判決には重要な共通点がみられる。すなわち、３点目として、信託撤回権の行使権者を決するにあたって、裁判所は、委託者である本人の意思と利益を最大限尊重する形で結論を導き出している、ということがいえよう。Weatherly 判決では、あえて撤回権を留保した委託者の意思を尊重し、裁判所の許可の下で後見人の撤回権行使の余地を認めた。Kline 判決では、撤回権の存続期間を能力喪失時までとする委託者の意思を根拠に、信託を撤回しないことによる福祉制度の利用という本人の利益を保護している。そして Lee 判決では、財産管理権限をめぐる家族間の争いにつき、撤回権の存続に関する委託者の意思を理由に撤回権行使を否定しつつ、問題の焦点を信託設定時の不当威圧の有無に絞り、委託者の真意について裁判所で実質的な審理を行うこととしている。このように３つの判決は、いずれも委託者の意思を重視しているとともに、その審

理にあたっては裁判所の手続を要求し、慎重な態度をとる傾向にあると指摘することができる。

3　制定法とその影響

　上記の3判決は、いずれも関連する制定法上の規定が存在しない州の事案であったが、信託撤回権の行使の手続に関して制定法が存在する州もある。これらの制定法はいかなるものであり、また信託撤回権の行使権者という問題に対していかなるアプローチをとっているのであろうか。

　(1)　**州制定法について**　　まず、制定法の一例として、ネブラスカ州法の条文をみておきたい。

　ネブラスカ州の制定法は、後見人の権限についての裁判所命令に関する30-2637条において、次のように規定している[24]。

> 「裁判所は、保護を要する者の財産管理および身上監護（estate and affairs）に関して、直接にまたは後見人（conservator）を通じて行使され得る以下の権限を有する。
> ……
> (3)　未成年であるという以外の人的理由に関して存在する、指名（appointment）その他の保護的な命令を根拠とする、審理後の明白かつ確信にいたる証拠により、裁判所は、保護を要する者自身またはその家族の利益のために、能力があれば本人が現在行使し得たはずの財産管理および身上監護（estate and affairs）に関するすべての権限（ただし、遺言を作成する権限を除く）を有する。」[25]

---

24)　Nebraska Revised Statutes § 30-2637.
25)　原文は以下の通り：

　Nebraska Revised Statutes Section 30-2637 (Permissible Court Orders)

　The court has the following powers which may be exercised directly or through a conservator with respect to the estate and affairs of protected persons:

　…

　(3)　After hearing and upon determining by clear and convincing evidence that a basis for an appointment or other protective order exists with respect to a person for reasons other than minority, the court has, for the benefit of the person and members of his or her household, all the powers over his or her estate and affairs which he or she could exercise if present and not under disability except the power to make a will. …

　本条によれば、後見人は、裁判所の介入の下で被後見人に関する広範な権限（遺言作成権限以外のもの）を行使し得ることになるが、権限行使の目的は限定され、また裁判所における手続は厳格なものとされる。

　このような規定は、統一検認法典（Uniform Probate Code, UPC）§ 5-401以下をモデルとするものであり[26]、制定法を有する他州においても同様の規定が置かれている[27]。

　それでは、かかる制定法の存在は、信託撤回権の行使権者に関する裁判所の判断にどのような影響を与えているのであろうか。以下に制定法が存在する州の裁判例をみていきたい。

　(2)　Elsie 判決[28]　　制定法を有する州の裁判例としては、撤回可能信託の共同受託者（家族と弁護士）間における財産管理権限をめぐる争いとなった、ニューヨーク州の事案をまず紹介する。なお、ニューヨーク州では、制定法上、裁判所が能力喪失者の後見人に与え得る権利が例示列挙されており、撤回可能信託の設定権限の付与も明示的に認められている[29]。

　本件では、委託者である Elsie B.（以下、Elsie）は、生前の撤回可能信託の信託合意において、撤回または変更の権利を明示的に留保していた。また、共同受託者に、Elsie 本人、弟の Lawrence B.（以下、Lawrence）、および弁護士の Philip Lerner（以下、Lerner）を選任していた。

　この信託が作成された 3 年後、裁判所は、Elsie が能力を喪失したとして弟の Lawrence を後見人に選任した。翌年、Lawrence は、後見人としての能力において、Elsie の留保していた信託変更権を行使し、自分の 2 人の息子である Joel B.（以下、Joel）と Jonathan B.（以下、Jonathan）を共同受託者に加えることを内容とする通知を発した。これについて Lerner は反対し、Lawrence には受託者を加える権限はないと主張して、かかる

26)　統一検認法典（UPC）の本体は、1969 年 8 月に統一州法委員会全国会議（National Conference of Commissioners on Uniform State Laws, NCCUSL）で承認されているが、後見人に関する第 5 章は、それまで Uniform Guardianship and Protective Proceedings Act（1997/1998）（UGPPA）として存在していたものが法律（Act）ごと後に挿入されたものである。

27)　Wooden, *supra* note 11 at 56.

28)　*In re* Elsie B., 265 A.D.2d 146, 707 N.Y.S.2d 695（N.Y. App. Div. 2000）.

29)　New York Mental Hygiene Law § 81.21.

通知を撤回するよう要求した。数か月後、Lawrence は後見職を辞任し、その直後に死亡した。そして、Joel が Elsie の後見人となった。

　Joel は Albany 郡の裁判所に訴訟を提起し、Elsie が留保した権限を Lawrence が行使すること、および Joel 自身と兄弟である Jonathan を追加の共同受託者として選任することを認める旨の命令を求めた。Albany 郡の裁判所は、当該信託において Elsie が留保した権限を Lawrence が行使することは、後見人としての「広範な権限の範囲内」であると判示して、Joel の申立てを認めた。そこで Lerner が、裁判所には後見人による信託の変更を許可する権限はないと主張し、本件の信託条項の下では Lawrence 死亡後は Lerner が単独の受託者になるとして上訴した。

　中間上訴裁判所は、裁判所が、後見人に対して、被後見人が能力を喪失する前に行使し得た実質的にすべての権利（遺言作成権限は除く）を行使することを許可（authorize）する制定法上の権限を有するとしたうえで、その権限には信託の変更のために委託者が留保した権利も含まれるとする[30]。そして、本件において、共同受託者を追加するよう変更することは Elsie が留保した権利であり、当裁判所は Elsie の後見人がかかる権利を Elsie のために行使することを許可するとして、下級審裁判所の判断を是認する。また、このような判断が同時に、委託者の推定的意思とも一致するものであると判示している[31]。

　（3）**Chandler 判決**[32]　　次に、能力を喪失した委託者の後見人（公的後見人）と受託者である銀行との間の財産管理権限をめぐる争いである、ニュージャージー州の裁判例を紹介する。なお、ニュージャージー州では、裁判所が、被後見人の利益のために、被後見人が能力を喪失していなければ現在行使し得たはずの被後見人の財産管理および身上監護に関するすべての権限（遺言作成の権限を除く）を有すること、また、裁判所がこれらの権限を後見人に与え得ることを規定する制定法が存在している[33]。

---

30)　*Elsie,* 265 A.D.2d 146, at 148-149, 707 N.Y.S.2d 695, at 697.

31)　*Id.*

32)　*In re* Chandler, 337 N.J.Super. 600, 767 A.2d 1036（N.J. Super. Ct. App. Div. 2001），cert. denied, 782 A.2d 423（N.J. 2001）.

33)　New Jersey Statutes Annotated 3B:12-49（Powers conferred upon the court）.

　受託者である Summit 銀行は、共同受託者である Charles Menagh（以
下、Menagh）とともに、Menagh が死亡する 1999 年までの間、Ruth
Chandler（以下、Ruth）の信託を運用していた。同年 2 月、裁判所は
Ruth が能力を喪失したとして、Ruth の後見人として「公的後見人」（高
齢者の公的後見のための機関）を選任し、その数日後、Essex 郡裁判所検認
部は、制定法に基づくすべての権利義務を公的後見人に与える旨の命令を
発した。

　Summit 銀行は、Ruth の後見人は裁判所の明示の許可なしに信託撤回
権限を有するべきでないと主張し、Essex 郡裁判所に再審理を申し立てた。
これに対し裁判所は、制定法に基づく裁判所の権限を裁判所が付与できる
からといって、公的後見人が自動的に Ruth の信託を撤回できるわけでは
ないと判断し、公的後見人が信託を撤回するには裁判所の許可が必要であ
るとした。しかしながら、裁判所は、Ruth の財産（estate）の経済状態の
みを理由として、公的後見人が Ruth の信託を撤回することを、審理（hear-
ing）を行わずに認めた。裁判所命令に続いて、公的後見人は Summit 銀
行と Menagh に信託の撤回を通知したが、Summit 銀行が控訴審裁判所に
上訴したため、裁判所命令の猶予が与えられた。

　上訴における争点は、制定法上認められた、公的後見人にすべての権限
を与えるとの裁判所命令に従ったうえで、裁判所の特別な許可を得ること
なく、能力を喪失した被後見人の信託を公的後見人が撤回できるかどうか
である。

　控訴審裁判所は、以下のように判示して、審理（hearing）および裁判所
の許可（approval）がなければ、能力を喪失した被後見人の信託を撤回す
る権利を後見人は有しないとした[34]。

　まず、公的後見人は裁判所の許可がなければ Ruth の信託の撤回権を有
しないと判示した原審の判断は、他の法域の法準則とも調和的であり、こ
れは撤回権が被後見人の個人的（personal）なものであるという考え方に
基づいているとする。しかし、原審は関係する制定法を考慮せず、また明

---

34)　*Chandler*, 767 A.2d 1036, at 1039-1041.

白かつ確信を抱くに足る証拠に基づいた事実認定を行っていないので、Ruth の信託の撤回権を公的後見人に与えて Summit 銀行を受託者から解任したことについては、その裁量を濫用したものと考える。したがって、原審の判断を覆すとする。

　つまり、裁判所の許可の下で後見人に信託撤回権の行使を認め得ることを前提に、その許可の手続については厳格な手続きの下での高度な証明を要求するとしたのである。

　(4)　Garcia 判決[35]　　3つ目に、家族間の財産管理権限をめぐる争いである、ネブラスカ州の裁判例を紹介する。先にみたように、ネブラスカ州では、裁判所が被後見人の財産管理および身上監護に関して広範な権限を有し、その権限を後見人に付与することを認める制定法を有している。ただし、権限行使の目的および裁判手続については厳格なものとなっている。

　本件では、委託者である Ida Garcia（以下、Garcia）が生前の撤回可能信託を設定しており、その信託条項の内容は、義理の兄弟 Simon とその妻 Betty を受益者をも兼ねた共同受託者とし、Alfred Garcia と Norwest 銀行を承継受託者とするものであった。6年後、Garcia はアルツハイマー病になり、裁判所は Garcia が知的能力を喪失したとして、甥の Arthur Gonzales（以下、Gonzales）を後見人（guardian）として選任した。数か月後、Gonzales は財産管理後見人（coservator）としても選任された。

　その1年半後、Gonzales は後見人および財産管理後見人（guardian and coservator）として、信託条項の下で Garcia が留保していた信託の変更権・撤回権の行使を認める命令をなすよう、裁判所に申立てをした。Gonzales が求める変更内容は次の2点であった。① Norwest 銀行を受託者から解任し、その代わりに Platte Valley National 銀行が信託を運用すること。その理由は、もっぱら後見人および財産管理後見人（guardian and coservator）である Gonzales の利便性ゆえであり、Norwest 銀行が不適切な投資を行ったというわけではない。② Simon と Betty を受益者から除

---

35)　*In re* Guardianship and Conservatorship of Garcia, 262 Neb. 205, 631 N.W.2d 464 (2001).

外すること。

　Garcia の訴訟のための後見人（guardian ad litem）が提出した報告書によれば、Gonzales がこのような申立てをした背後には Garcia の財産をめぐる家族間の争いがあり、Simon と Betty、およびその他の家族との間での対立が存在していた。そこで Gonzales は、委託者である Garcia の希望に即した変更を行うのだと主張したのである。

　Gonzales の申立ては、Garcia が信託条項の中で留保していた変更権・撤回権の行使を認める裁判所命令を求めるものであったが、Gonzales はその根拠をあくまでも州の制定法に求めていた。すなわち、Gonzales は、信託条項に列挙された権利を行使するのではなく、あくまでもネブラスカ州の制定法が、信託条項の下での Garcia の権利を Gonzales が行使することについて許可する権限を裁判所が有する旨規定しているのだと主張したのである。

　Scotts Bluff 郡裁判所は、変更権・撤回権を含む信託条項の下での Garcia のすべての権利を、後見人および財産管理後見人（guardian and coservator）としての Gonzales は行使し得ると判断したが、その理由については示さなかった。Simon と Betty がこの裁判所命令を不服として控訴裁判所に上訴し、本件はさらに州最高裁に移送された。

　ネブラスカ州最高裁はまず、前掲 Lee 判決を参照して、制定法のない他の州の先例は一般的に Bogert 原則を参照していることを指摘しつつ、本件では制定法の条文が適用されるため Bogert 原則の問題にはならないと判示する[36]。そして、信託条項に別段の定めがない限り、本件で問題とされる 30-2637 条(3)号[37]の明白な文言は、裁判所に、直接または後見人を通じて、委託者が能力を喪失する前に行使し得た権限をその最善の利益にかなうよう行使する権限を与えているとする。かかる権限には委託者の変更権または撤回権が含まれるが、遺言をなす権限は含まれない。また、裁判所は、求められた変更または撤回が能力を喪失した委託者の最善の利益にかなうということを、明白かつ確信を抱くに足る証拠に基づいて、審理

---

36)　*Id.,* at 469-470.
37)　前掲注 24)、25) 参照。

（hearing）および事実認定（finding）がなされた後でのみ、30-2637 条(3)号
の権限を行使し得る。

　制定法の条文を以上のように理解したうえで、本件における後見人の
Gonzales は、信託の変更が Garcia の最善の利益にかなうとの明白かつ確
信を抱くに足る証拠に基づく証明をしていないことから、Scotts Bluff 郡
裁判所が Gonzales の信託条項の変更または撤回の請求を認めたのは誤り
であると判示した[38]。

　(5)　若干の検討　　以上のような、裁判所による後見人への権限付与を
認める制定法を有する州の裁判例を概観し、制定法のない州の裁判例と比
較すると、2つのことが指摘できる。

　第1に、制定法のない州の裁判例が、後見人の撤回権行使の際の裁判所
の許可の要否自体を問題としていたのに対し、制定法のある州の条文は、
いずれも能力喪失者についての裁判所の権限を定めており、その裁判所の
広範な権限を後見人に付与するという建前をとっていることから、後見人
が撤回権を行使するうえで裁判所の手続を介することは当然の前提とされ
ている、ということである。ただし、制定法のない州で後見人の権限自体
が問題になっているからといって、裁判所の許可をとらずに撤回権を行使
することが容易に認められるかといえばそのようなことはなく、裁判例で
は、Bogert 原則を出発点として、委託者本人の尊重から撤回権自体の消
滅を認定したり、裁判所の許可を得たうえでの行使のみを認めたりしてお
り、後見人の撤回権行使については慎重な立場がとられている。

　また第2に、制定法の有無にかかわらず、後見人の信託撤回権行使にあ
たっては委託者の意思が極めて重視されているという点が指摘できる。

　まず、議論の出発点として、制定法のない州のみならず、制定法の存在
する州においても、信託撤回権が個人的な権利であるという Bogert 原則
に対しては一定の敬意が払われている（その中で、Garcia 判決だけは、制定
法がある場合は Bogert 原則よりも制定法が優先すると述べているが、これにつ
いては批判がなされているところである[39]）。そして、Elsie 判決と Chandler

---

38)　*Garcia,* 262 Neb. 205, at 214, 631 N.W.2d 464, at 470-471.

39)　Wooden, *supra* note 11, at 82-89. Wooden は、Garcia 判決は Bogert 原則の効果に関する判

判決では、この Bogert 原則を強調して、委託者の意思を重視しようとしている。さらに Garcia 判決においても、制定法以上に優先されるのが委託者本人の意思であり、裁判所が介入（後見人に権限付与）する前提として「信託条項に別段の定めがない限り」と述べられている。つまり、委託者が信託条項を定める際に、能力喪失時に撤回不能とする条項を入れたか否かという事実から、委託者の意思の推定が行われているのである。

　この委託者意思の重視という考え方は、委託者の利益にかなうということを厳格な裁判手続の下で判断していこうとする Chandler 判決および Garcia 判決の方向性とも一致するものであるが、これは逆にいえば、委託者本人の意思の重視と裁判に基づく厳格な手続が、裁判所の介入を認める制定法の規定を正当化していることにもなる。

4　統一信託法典（Uniform Trust Code, UTC）の規律

　ここまでは、信託撤回権の行使権者の問題について、主として後見人の権限の範囲という視点から裁判例の検討を行ってきた。

　それでは、撤回可能信託に関する規律の観点からは、この問題はどのように扱われているのであろうか。以下に、まず統一信託法典の規律を概観し、次いで、項目を改めて第3次信託法リステイトメントにおける撤回権の行使権者に関する規律について検討していきたい。

　統一信託法典は、その第6編に撤回可能信託に関する条文を4条ほど置く。この第6編は非常に短い編ではあるものの、遺言代替手段としての撤回可能信託の急激普及に伴い、統一信託法典の中でも特に重要性を増しているものとして認識されている[40]。

　統一信託法典 601 条は、撤回可能信託の設定・変更・撤回において要求

　例法理の理解を誤っており、仮に制定法がなかったとしても同様の結論になると主張する。

40)　Uniform Trust Code, General comment to Art. 6. David M. English, The Uniform Trust Code (2000): Significant Provisions and Policy Issues, 67 Mo. L. Rev. 143, at 186-193 (2002). なお、邦語文献として、統一信託法典における撤回可能信託のルールにつき、沖野・前掲注1）81 頁を参照。また、本書の第 10 章（田中和明「米国統一信託法典とわが国の信託法との比較」）においても、撤回可能信託のさまざまな問題に関して検討がなされている。

される委託者の能力水準について、遺言作成能力と同等とする[41]。しかし、委託者が能力を喪失した場合でも、撤回権が消滅するというわけではない。撤回権の行使に関する602条が、撤回・変更・信託財産の分配に関する委託者の権限を、一定の要件の下で、持続的代理権を有する代理人および後見人が行使し得ると規定しているのである。すなわち、持続的代理権を有する代理人については信託条項または委任状によって明示的に権限が与えられたとき（同条(e)項）、後見人または財産管理後見人については財産管理もしくは後見を監督する裁判所の許可を得たとき（同条(f)項）、撤回・変更・信託財産の分配に関する委託者の権限を行使できるとしている。

　このように、持続的代理権を有する代理人および後見人が撤回権を行使し得ること、また、そのための要件が規定されていることの理由については、統一信託法典の Official comment において次のような説明が加えられている。

　まず、持続的代理権（委任状による代理権）と撤回可能信託とが併存するときには、それぞれについて異なる役割が与えられていることが考えられる。その場合の委託者の通常の意図は、撤回可能信託を財産の管理機構として用い、持続的代理権に関する委任状は、撤回可能信託に移転していない財産の処理や、税金の還付請求・公的給付の申請など通常は受託者の職務とはしない個別の事項への対処のために用いる、というものである。したがって、持続的代理権を有する代理人に撤回可能信託の撤回権行使を認めると、このような委託者の意図を阻害する帰結をもたらすおそれがあるため、信託条項または委任状による明示の権限付与を要求したのである[42]。

　他方、後見人の撤回権については、多くの州での制定法の扱いを統一信

---

[41]　多くの州において、贈与的財産移転をするために必要とされる能力水準は、死亡時の財産移転の場合よりも生前の財産移転の方が高いとされている。その理由は、貧困の防止という意味において、州は、生前の贈与者を保護することに関しては利害関係を有するが、死亡した者については保護する必要がないからである。そこで、撤回可能信託の設定が、生前の財産移転に類似するものか、それとも死亡時の財産移転に類似するものかが問題とされたが、統一信託法典601条は、遺言代替手段としての撤回可能信託の機能に鑑みて、その能力水準につき遺言作成能力と同等としたのである。Sitkoff & Dukeminier, Wills, Trusts, and Estates, 465.

[42]　Uniform Trust Code, Official comment to § 602(e).

託法典が承認したものであるとの説明が加えられている。財産管理に関する制定法においては、裁判所の許可の下で財産管理後見人に撤回権の行使を認める州が多くあるため、統一信託法典においても同様の取扱いを認めることとしたのである。ただし、撤回可能信託は、財産管理後見人による管理を避けるために用いられ得るものであるため、このような委託者の意図を阻害しないように、財産管理後見人による撤回については裁判所の慎重な配慮が要求される。その一方で、たとえ委託者が信託条項において財産管理後見人の撤回権を否定したとしても、裁判所は、正義の観点から必要と認めるときには、その制限を排除することができるとされている[43]。なお、統一信託法典は、財産管理後見人による撤回の範囲については定めていないが、学説上は、委託者およびその被扶養者の現在の必要を満たすのに必要な限られた範囲でのみ、委託者の撤回権を行使し得るものと解されていた[44]。

5 信託法第3次リステイトメント

(1) 信託法第3次リステイトメントにおける本論点の位置づけ　次に、リステイトメントにおける「撤回可能信託における撤回権の行使権者」に関するルールを紹介するに先立ち、信託法第3次リステイトメントにおける本論点の位置づけについて簡単に示しておきたい。

　信託法第3次リステイトメントは、信託の管理（Trust Administration）について、まず第14章（70条〜75条）で一般的な原則を示したうえで、第15章（76条〜84条）で受託者の義務、第16章（85条〜89条）で受託者の権限、第17章（90条〜92条）では信託投資に関するプルーデント・インベスター・ルールを詳細に論じている。撤回可能信託の問題は、受託者の権限および義務の一般原則に関する第14章の中で紹介されている。

　受託者の権限および義務に関する信託法第3次リステイトメントの特徴は、受託者に包括的な権限を与えて信認義務を課す一方で、その権限行使

---

43)　Uniform Trust Code, Official comment to § 602(f).

44)　Edward C. Halbach, Jr., Uniform Acts, Restatements, and Trends in American Trust Law at Century's End, 88 Cal. L. Rev. 1877, at 1899 (2000).

の際には、一般的な信認義務よりも、具体的な委託者の目的および受益者
の利益の保護を優先させるという点にある（70条[45]）。さらに、信託法第
3次リステイトメントは、裁判所の命令（Instructions）という制度を、受
託者の権限および義務の章である第14章に取り込み（71条）、受託者が有
している広範な権限または義務に関して合理的な疑いが存するときには、
裁判所を通じてその内容を明らかにし得ることを明記している。つまり、
受託者は常に信認義務のみで強い縛りを掛けられるというのではなく、第
一義的には委託者の目的に従うべきであり、判断に迷うときには裁判所の
サポートを受けられるという仕組みが成り立っているのである。

　さらに、第14章では、撤回可能信託のような受託者が他者からのコン
トロールに服する場面についての規定が置かれている（74条、75条）。他
者によるコントロールが受託者の権限および義務に影響を与え得るからで
ある。そして、これらの規定については、生前の撤回可能信託の利用の激
増に伴い、第2次リステイトメントのとき以上に重要性が高まっているこ
とが、第14章の序文（Introductory Note）において述べられている。

　「撤回可能信託における撤回権の行使権者」という論点はここに位置づ
けられることになるが、本論点における近時の傾向は、信託管理において
委託者の意思（信託の目的）の保護を重視しようとする信託法第3次リス
テイトメントの基本的特徴を反映するものとなっている。また、アメリカ
法全体が、能力喪失者とその家族の利益になるように、受託者が状況の変
化に適合させるよう信託を変えていくことを、裁判所の許可といった監視
と対策（safegaurd）の下で認める傾向にあることも指摘されている[46]。

45）　信託法第3次リステイトメントの第14章（信託管理の一般原則）の冒頭の条文である70
　条（受託者の権限および義務）の特徴としては、信託条項または制定法の制限なしに包括的な
　権限を与えることの望ましさ、および、受託者の権限行使の際に信認義務よりも委託者の目的
　および受益者の利益を保護すること、の2点であることが、第14章の序文（Introductory
　Note）において述べられている。また、規定を簡明にし、包括的な権限を与えることの利点
　として、①家族の資産の効率的利用を容易にすること、②今日の多様な信託目的および状況に
　適した柔軟性を提供できること、③時間を超えて変化する経済情勢や資産管理実務に適応させ
　るため必要とされる順応性を提供できること、④信託につき裁判所命令（71条）を求める必
　要性を減らせること、などが考えられていることが、70条 comment c において指摘されてい
　る。

46）　Halbach, *supra* note 44, at 1888.

(2)　**撤回権の行使権者に関するリステイトメントの規律**　　以上のよう
な位置づけを前提としたうえで、撤回可能信託における撤回権限について
のリステイトメントの規律をみてみよう。

　信託法第3次リステイトメント74条(1)(a)は、委託者による撤回が可能
であり委託者に能力（capacity to act）があるときに、委託者の指示または
授権が、信託の受託者の義務にどのような影響を与えるかについて規定し
ている[47]。そして、委託者が精神的能力の要件を欠くときには、本条のル
ールや権能は適用されないとする[48]。また、委託者の撤回能力に関する独
立した規定はないものの[49]、撤回権限の行使、および、権限行使やコント
ロールを含む当該事項についての適切な判断をなすための精神能力が必要
とされている[50]。

　しかし、委託者が能力を欠くときであっても、委託者の権限が行使され
得る場合が2つあるとされる[51]。1つ目は、財産管理後見人（conserva-
tor）または後見人（guardian）その他の法的代表者が、適切な裁判所の許
可の下、その範囲において権限を行使する場合である。また2つ目は、持
続的代理権に関する委任状または信託条項が、撤回権、指名権、取消権の
行使を明示的に認めているとき、持続的代理権を有する代理人が、その範
囲において権限を行使する場合である。

---

47)　信託法第3次リステイトメント74条(1)(a)は、以下のように規定している。
　　「第74条　撤回権限の効果
　　(1)　信託が委託者による撤回が可能であり、委託者に能力（capacity to act）があるとき
　　　には、
　　　(a)　受託者は、
　　　　(1)　たとえ委託者の指示が信託条項または受託者の通常の信認義務に反するものであ
　　　　　ったとしても、当該委託者が信託を適切に変更または撤回することが可能である方
　　　　　法によりその指示を書面で受託者に通知する場合、その指示に従う義務を負い、
　　　　(2)　たとえその指示または授権が、委託者が信託を適切に変更または撤回することが
　　　　　可能な方法で表明されていない場合であっても、その指示または授権が信託条項ま
　　　　　たは受託者の通常の信認義務に反するものであるとしても、その指示に従うこと、
　　　　　または委託者の授権に依拠して行為することができる。」
48)　信託法第3次リステイトメント74条 comment a(2)。
49)　委託者の撤回可能信託の設定能力については11条に規定が置かれており、そこでは遺言
　　能力と同じ水準の能力が必要であるとされている。
50)　信託法第3次リステイトメント74条 comment a(2)。
51)　同上。

　このように後見人や持続的代理権を有する代理人が本条の権限を行使し
ようとする場合でも、権限行使が無制限に認められるわけではない。信託
法第3次リステイトメントでは、その権限が行使可能か否かを判断するに
あたって、以下の3点を考慮すべきとしている。第1に、本条で意図され
た特定の行為の性質と目的である。とりわけ、当該行為が被後見人または
本人の必要または経済的利益にかない、保護するか否かを考慮しなければ
ならないとする。第2に、委託者のためのある行為が、信託の設定におけ
る委託者の目的を促進するのに必要か否か、である。そして第3に、既存
の信託が不適切とする、予期されぬ状況から生ずる信託管理の必要性が存
するか否か、を考慮すべきであるとする。

　また、持続的代理人または後見人その他の法的代表者が、本条の下で権
限を行使する場合には、委託者の個人的な権限としてではなく、信認者の
資格において行為することになる。さらに、裁判所命令に従って行動する
後見人は、代行判断（substituted judgment）の原則に従い行動すること
になるが、持続的代理人の行為は、後の判決の審査に服することになる。要
するに、委託者の撤回権限を行使する後見人の行為または持続的代理人の
行為は、能力喪失者である委託者が行使し得ない判断の代用としては適切
なものとなり得るが、通常、受託者に期待または適切に与えられた判断の
代用としては適切ではないものと考えられているのである[52]。したがって、
たとえば、当該信託のプランニングの欠点の埋め合わせや、当該信託から
必要なまたは望ましい贈与をするため必要なときなどには、後見人または
持続的代理人は撤回権を行使し得ることになるが、信託への干渉を直接の
目的とする撤回権行使は、通常は不適切なものと考えられることになる。

(3)　リステイトメントの規律の特徴——統一信託法典との比較から　　撤
回権の行使権者に関する信託法第3次リステイトメントの規律は、統一信
託法典の規律と比べると、より明確かつ詳細なものとなっている。

　統一信託法典では、持続的代理権を有する代理人については、明示的な
権限付与の場合のみ撤回権行使を認めており、その根拠を委託者の意思に

---

52)　信託法第3次リステイトメント74条 comment a(2)。

求めていた。また、後見人については、既存の州制定法を見倣い、裁判所の許可により撤回権行使を認め得るものとした。裁判所の許可の判断基準については明記されていないものの、委託者とその被扶養者の現在の必要を重視すべきことが解釈論では主張されていた。

　信託法第3次リステイトメントは、基本的には、この統一信託法典の立場を踏襲するものの、権限行使についての判断基準を拡張させ、詳細に明記している点に特徴がある。すなわち、判断基準としては、委託者の現在の必要のみならず、委託者の経済的利益や保護にあたるか否か、委託者の意思（信託の目的）、事情の変更等も含めて考慮すべきことが述べられている。また、授権の範囲についても一定の指針を示しているうえ、後見人または持続的代理人の権限行使の際には信認義務が課せられる（後見人や持続的代理人は、委託者の個人的権限を承継するわけではない）こと、代行判断の原則に従うことなどが示されている。つまり、委託者の意思を重視し、裁判所による慎重な配慮の下での撤回権の行使のみ認めようとする統一信託法典の考え方を基本的に維持しつつ、委託者の利益の保護を前面に打ち出し、厳格な裁判手続を用いつつも判断基準の明確化により予測可能性を持たせようとする態度がみてとれると言えよう。

III　おわりに──日本法への示唆

　これまで、能力喪失者に複数の財産管理者がいた場合の権限の調整の問題について、「後見人や持続的代理人はいかなる要件および手続の下で撤回可能信託の撤回権を行使し得るか」という形で、アメリカにおける裁判例や各種規律について検討してきた。

　そこで明らかにされたのは、撤回権限は個人的（personal）なものであるとのBogert原則のみからは特定の結論は導き出され難いこと、裁判例も制定法も、そして統一信託法典や信託法第3次リステイトメントも、いずれもが委託者の意思を重視することを目指しているものの、委託者の意思の推定にも複数の可能性があり得ること、近時の傾向としては、裁判所の厳格な手続を要求しつつ委託者の利益を図る努力がなされてきているこ

と、その際の撤回権行使の可否の判断基準が次第に明確化してきているこ
と、などであった。

　翻って、わが国の信託法についてみてみると、このような問題自体が未
だ生起していない状況にある。わが国においても撤回権留保の信託を設定
すること自体は可能であるものの[53]、撤回可能信託という名称で信託法に
規定が置かれているわけでもなく、また、撤回可能信託がアメリカのよう
に国民の間で広範に利用されているわけでもない。信託撤回権の行使権者
の問題は、理論的には、委託者の権利の一身専属性に関する問題の一環に
おいて扱われ得るものであるが、わが国では、受託者の権利・義務につい
ては議論の蓄積があるものの、委託者の権利については、そもそもあまり
論じられて来なかった。しかし、委託者に対する保護がなければ信託自体
が行われないという面もあり、委託者にとって信託をしやすい建付けにな
っているかということが実際には重要であることも指摘されている[54]。そ
して、今後増加すると思われる家族信託においては、とりわけ委託者のコ
ントロール権とその帰趨について注意を向ける必要がある[55]。

　委託者の権利の性質に関しては、それが委託者の地位にある者に与えら
れた権利（本来的な委託者の権利）なのか、それとも委託者の地位にある
当該個人に与えられた権利なのか、が問題となり得るが、この点について
は未だ学説上も明確にはされていない[56]。そして、いずれに性質決定され
るかにより、契約上の地位の移転の際にその対象となるのか、また、相続
人に承継され得るのかが異なり得るとの指摘はなされているものの[57]、能
力喪失時における権利の移転の有無については意識されて来なかったよう
である。しかし、超高齢社会となったわが国において、能力喪失時の権利
移転の問題も今後は生じてくるはずであり、理論的な展開を必要とすると
ころである。

---

53)　能見善久『現代信託法』（有斐閣・2004 年）240 頁以下参照。
54)　能見善久・道垣内弘人編『信託法セミナー(3)』（有斐閣・2015 年）260 頁〔沖野眞已発
　　言〕。
55)　能見・道垣内編・前掲注 54) 261 頁〔能見善久発言〕参照。
56)　能見・道垣内編・前掲注 54) 261 頁以下参照。
57)　能見・道垣内編・前掲注 54) 269 頁以下参照。

　他方で、委託者の権限について検討するに際しては、理論的なアプローチのみならず、機能面からのアプローチも必要であると思われる。撤回可能信託の撤回権の問題は、理論的には、信託の変更権の問題と並んで位置づけられるはずであるが、アメリカの学説上は、その機能面に着目し、能力喪失後の財産管理または遺言代替手段の問題として議論されている。そして、同様の機能を果たす複数の制度間での調整を図る努力がなされているのである。撤回可能信託の問題は委託者の権限強化との関係で論じられることが多く、本論点も、この流れの中に位置づけることは可能である。しかし、最も必要とされるのは利害関係者間の複雑な調整であり、単に委託者の権限強化のみに限られた話ではない。結局、撤回可能信託や持続的代理権の制度のような私的な財産管理の仕組みを本人が利用している場合には、基本的には本人がコントロールを行い、例外的に不都合が生じる場合にのみ、裁判所のパターナリスティックな介入の下で厳格な手続を経てから他者の権利行使を認めるという仕組みが、アメリカにおいては採られている。

　わが国では、高齢社会における財産管理の法的枠組みとして成年後見制度の利用の促進が図られたものの、利用者数においても監督体制においても、制度の運用上さまざまな課題を抱えている。成年後見制度に加えて、委任や信託を利用した私的な財産管理がなされ得ることを考えるならば、アメリカにおける議論と権限調整の努力は、わが国においても参考にすべきものと思われる[58]。

---

58)　なお、わが国における多様な財産管理手段の問題点および制度間の調整の際の注意点につき、水野紀子「財産管理と社会的・制度的条件」水野紀子＝窪田充見編『財産管理の理論と実務』（日本加除出版・2015 年）1 頁以下を参照。

第4章

アメリカ信託法第3次リステイトメントにおける受託者の公平義務——元本と収益の区別に関する公平義務を中心に

佐久間　毅

Ⅰ　はじめに

　アメリカの信託または信託法とわが国の信託または信託法とを比較した場合、種々の点において大きな違いがあるが、その1つに財産承継を目的とする信託の伝統の違いと、その違いを反映した法の準則および法的議論の厚みの違いがある。

　Sが、その財産を自己の死亡後にまず配偶者Lの生活保障に充てること、Lの死亡後に残余財産を子Rに取得させること、とする内容の信託を、Tを受託者として設定する場合のように、受益者が時間的に相次いで現われる受益者連続型の信託は、財産承継を目的とする信託の代表例の1つである。この場合、LとRに対する信託財産からの給付（以下、「受益的給付」という）の総額は、いくらであるにせよRへの受益的給付がされた時に確定するが、LとRの取り分は、Lの取り分が多くなるとRの取り分がそれだけ少なくなり、Lの取り分が少なくなると、その分、Rの取り分が多くなるという関係にある。そうすると、Tは、LとRのそれぞれに対して、どのように受益的給付をすべきか（たとえば、Lの生活保障に必要な額をどのように見積もるか）が問題になる。また、上記のような信託は、存続期間が長期に及ぶことがある。その場合、Tが信託財産をどのように運用するかによって、LとRの利害が対立することがある。Lの生活保障に必要な額が一定額に定まったとして、信託財産の現状を維持すればLへのその額の支払は確保されると考えられるが、Rへの受益的給付は低額にとどまる蓋然性が高い場合、信託財産の総額を増やすためにリスクを伴

う運用方法をとることは、Ｒの利益のためにＬの利益を危険にさらすことになり得る。このような場合、Ｔは、信託財産をどのように運用すべきかが問題になる。これらは、公平義務と呼ばれる受託者の義務に関する問題である。

　財産承継を目的とする受益者連続型信託は、アメリカでは、伝統的に、信託の最も主要な利用例の１つである。それに対し、わが国では、この種の信託の設定は、近年ようやくされ始めたばかりである。この違いを主な理由として、受託者の公平義務に関する法の準則と法的議論の厚みに、アメリカとわが国では非常に大きな差がある。わが国でも、受託者の公平義務が問題となる信託の設定例が、受益者連続型信託に限らず増えていることから、この問題に関するアメリカ法の状況を知ることは、わが国において今後生じ得る諸々の問題を考えるために有益であると考えられる。そこで、本章では、アメリカ信託法第３次リステイトメント（以下、「リステイトメント」という）における受託者の公平義務に関する規定と、それに対するコメントについて、概観することとする[1]。

　以下では、主に、リステイトメントの第79条、第109条、第110条、第111条の規定を取り上げる。第79条は「公平義務；収益生産性（income productivity）」について、第109条は（受託者の）「元本と収益の計算をし割り当てる義務」について、第110条は「元本と収益の決定」について、第111条は「公平義務にかなう金額を収益受益者に分配する義務」について、それぞれ定めるものである。なお、これらの規定の内容については、巻末の条文訳を参照されたい。

1）　私は、公平義務に関してすでに論じたことがある（佐久間毅「受託者の公平義務」NBL1100号（2017年）72頁以下、および同「公平義務の広がり」能見善久・樋口範雄・神田秀樹編『信託法制の新時代―信託の現代的展開と将来展望』（弘文堂・2017年）91頁以下）。そしてその際、一部の問題について、リステイトメントの規定およびコメントを簡単に紹介している。本章は、それらと重なる部分を含むが、公平義務に関する問題を全体的に概観する点、および信託財産の元本と収益の区別とそれに関連する信託財産の計算（accounting）に関して比較的詳しく扱う点で、それらと異なる。

II　受託者の公平義務——総論

1　公平義務が問題となる信託

　受託者の公平義務について定めるリステイトメント第79条の適用対象となるのは、信託において、受益者が2人以上ある場合、または信託の目的が2つ以上ある場合である。

　このうち、わが国において一般に説かれるところと比べて特徴があるのは、信託の目的が複数ある場合である。

　受益者を定め、その利益を図る信託（以下、「私益信託」という）については、そこで定められる信託の目的が、たとえば扶養のため、事業承継のためなど何であれ、ある受益者にある利益を与えることが目的であるということができる。そのため、複数の受益者があることは、その信託が複数の目的の実現を図ろうとするものであるとみることができる。この場合、受託者は、その複数の目的がともに実現されるよう信託事務を処理することを求められる。

　信託において複数の目的が定められている場合に、受託者はそれらの目的全部の実現を図らなければならないということは、公益信託において2つの異なる目的（たとえば、地域医療の充実と先端医療研究の支援）が定められているとき、あるいは、わが国においては現状認められていないが、1つの信託の中で私益信託と公益信託のうち一方が先行し、その後に他方に切り替わるときにも妥当する。そこで、こういったときにも、受託者は、公平義務を負うとされている。

　リステイトメントにおいてさらに特徴的であるのが、公益信託において目的は1つしか定められていないものの、その目的が時間の経過により競合する場合には、公平義務の一部とされている収益が適度となるようにする義務（リステイトメント第79条第(2)項。適度の収益を生むように信託財産を管理運用する義務、または収益が適度となるように元本と収益を計算する義務。これについては、後述III参照）に関して、2つ以上の目的があるものとして扱われることである。たとえば、地域医療の充実という1つの目的を定め

ている信託（受益者の定めのない信託）において、一定期間は目的に資する
活動をする団体の中から受給者を選んで信託財産の毎年の収益から助成し、
その期間の経過後は、その目的に最も資する団体を選んで残余財産を与え
ることとされている場合が、これにあたる。この場合、その期間中の配分
額と残余財産の額は、信託財産の運用の方針（たとえば、収益性を重視する
か、元本の成長を重視するか）により影響を受ける。何をもって「1つの目
的」というかが問題になるようにも思われるが、リステイトメントでは、
上記のような場合は、同一目的の中にはあるが、信託財産の収益によって
「現在」実現される利益（すなわち、目的）と、信託財産の元本によって
「将来」実現される利益（すなわち、目的）とが対立することになると捉え
て、受託者は第 79 条第(2)項の定める公平義務を負うとされている[2]。

2　公平義務の対象となる受託者の事務

　受託者が公平義務を負う場合、その義務は、受託者が受託者としてすべ
き事務にかかる義務のすべてにつき問題になる。すなわち、信託財産の管
理運用、信託財産の元本と収益の区別と計算、受益者に対する配分（各受
益者に対する受益的給付）のほか、受益者への情報提供、受益者からの（信
託事務処理のあり方に影響を及ぼし得る）情報の取得、あるいは、受益者間
で信託における権利または受益的利益につき争いが生じた場合の対応[3]な
どについても、受託者は公平義務を負う[4]。

　公平義務は、究極的には、各受益者（または、各信託目的）にその信託
において与えられるべきものが与えられること（分配の公平）を目的とす
るということができる。ただ、そのための不可欠の前提として、受益者へ
の情報提供、受益者からの情報取得といった受託者が受益者との意思疎通
（communication）に関する公平義務の重要性が強調されている点が、興味

---

2)　以上につき、Restatement (Third) of Trusts § 79 cmt. a and h.
3)　この対応につき、受託者は、中立を保ちつつ、自己の知る有意な情報を提供する義務、お
　　よび関係するすべての受益者が適切に代表される（機会を得る）ことを保障するために合理的
　　な努力をする義務を負う（Restatement (Third) of Trusts § 79 cmt. c）。
4)　以上につき、Restatement (Third) of Trusts § 79 cmt. a, c and d.

深い[5]。

3　公平義務の性質と内容

　(1)　**公平義務の性質**　　公平義務は、受益者に対する忠実義務の拡張（extension）であるとされている。この点では、善管注意義務系の義務とされているわが国の理解とは異なる。もっとも、忠実義務系の義務であることに、実質的意味が認められているようにはみえない。リステイトメントにおいて強調されているのは、公平義務は、典型的には、経済的利益が競合する複数の受益者に対する義務が不可避的に衝突する場合、したがって義務の衝突が許容される（permissibly）場合に問題になる、ということである[6]。これによれば、公平義務は、受託者がその状況に身を置き行為をすることが許されている状況において問題となる。この点で、ある状況下においてある行為をすること自体が許されない、ということが特徴である忠実義務と大きく異なる。また、公平義務は、注意義務違反が認められない状況において問題となることがあると認められている[7]。したがって、公平義務は、忠実義務にも注意義務にも包摂されない独自の義務である、ということが適当であるように思われる。

　(2)　**公平義務の内容**（「公平」の意義）　　公平義務にいう「公平」とは、各受益者の取扱いや関心を等しく扱うこと、すなわち、すべての受益者の利益の優先度は同じであり、受託者がその利益のバランスをとる際に同じ

---

5)　これに関しては、佐久間・前掲注1)「公平義務の広がり」96頁以下を参照。

6)　以上につき、Restatement (Third) of Trusts § 79 cmt. b.

7)　たとえば、Dennis v. Rhode Island Hospital Trust National Bank, 744 F.2d 893 (1984).
　　受託者が当初信託財産であった賃貸用ビルを長期にわたり保有し続けた結果、収益受益者に対して多額の受益的給付がされた一方、残余権者への受益的給付が少額にとどまったとして、受託者が残余権者から損害賠償を求められた事案。第1審の地方裁判所は、受託者は公平義務に反して収益受益者を残余権者に対して優遇し、それにより信託財産の価値を減じたとして、請求を認めた。これに対し、受託者は、ロードアイランド州の法律は、受託者に対し、合理的かつ用心深く（prudent and vigilant）あり、健全な判断をすることを求めているが、預言も全知も期待していないのであり、地方裁判所の結論は「後知恵」によるものであるとして控訴した。
　　控訴審において、ブライヤー首席裁判官は、次のように述べた。地方裁判所が、ビルを保有し続けたことは合理的でない（imprudently）行為であったとしたのであれば、受託者の主張は説得的である。しかしながら、地方裁判所は、「受託者は合理性を欠く行為をした、としたのではなく、収益受益者と残余権者との間で不公平に行為した、としたのである」。

重みを求めると考えることではない。受託者は、信託の条項と目的に合致するように各受益者の利益のバランスをとることを求められるのであり、たとえば信託条項からある受益者の利益を他の受益者の利益に優先させるべきことが確認される場合には、これを尊重しなければならない。公平義務にいう「公平」とは、受託者が、受益者の取扱いや信託事務の処理において、不注意や無関心、受益者の好き嫌い、受益者との関係の遠近、受益者の態度の強弱、あるいは公平義務を知らないことなどによって影響を受けてはならないことをいい、公平義務とは、「信託条項により明示または黙示されている受益者の権利または信託の目的の優先度を、合理的かつ先入観に囚われずに、見定め、かつ、実現するよう努める義務をいう」[8]。

III　元本と収益の区別と公平義務

1　序　　論

　公平義務は、先に述べた通り、受託者が処理すべき信託事務の全範囲に及ぶ。もっとも、それは、受益者が複数ある場合は各受益者に、信託の目的が複数ある場合は各目的のために、その信託において与えられるべきであるものが与えられるようにするためである（以下では、複雑になることを避けるため、もっぱら受益者が複数ある場合について述べる）。受益者が複数ある場合、それぞれの受益者に対する信託財産からの分配をどのようにすべきであるかは、信託行為においてその基準が明確に定められているのでなければ、受託者にとって常に難しい問題となる。

　受益的給付が信託財産に属するどの財産からされてもよいのであれば、受託者は、信託財産の管理運用に関しては、善管注意義務に従ってその管理運用をすればよい。

　それに対し、受益者の中に信託財産に属する財産のうち特定のものから

---

8)　以上につき、Restatement (Third) of Trusts § 79 cmt. b. わが国でも、公平義務について、受託者は、同等のものを同等に扱わなければならないというだけであり、信託行為における定めがあればそれに当然に従うべきことになると一般に解されている（たとえば、道垣内弘人『信託法』（有斐閣・2017 年）186 頁以下）。

分配を受けることとされる者がある場合には、その者に対する適切な分配を実現しようとすることにより、信託財産に属する他の財産の状態に影響が及び、したがって他の受益者への分配に影響が及ぶことがある。この場合には、受託者は、信託財産に属する財産の種類や内容等を、公平な分配が可能となるようにしておかなければならないことになる。受託者は、分配の公平を図るために、信託財産の管理運用を公平義務に従ってしなければならないのである。

　受託者がこの意味で信託財産の管理運用を公平義務に従ってしなければならないこととなる典型的で、かつ、数のうえでも最も多いと思われる例が、複数受益者のなかに信託財産の収益から受益的給付を受けることとされている者がある場合である。たとえば、本章の冒頭で挙げたような、Lがまずその生涯にわたり受益者（以下、「生涯権受益者」ということがある）となり、Lの死後にRが残余財産を取得する受益者（以下、「残余権受益者」ということがある）となる場合において、Lへの受益的給付は信託財産の収益（のみ）からおこない、信託財産の元本は（必要がない限り）その給付に充てないこととされているときが、これにあたる。財産の中には、収益を得やすいものと得にくいもの、その価値（元本価値）が時間の経過とともに下落しやすいものとそうでないもの、収益性が高い半面として元本の価値が（急速に）下落するもの（たとえば、鉱山や油井、賃貸用の建物や動産）、収益性の大小に元本価値の減増が連動する可能性のあるもの（たとえば、株式）など、さまざまなものがある。そのため、受託者が信託財産としてどのような財産を保有するか（信託財産の財産構成）は、この例のLとRの受益的給付の内容に大きな影響を及ぼすことになる。そのため、リステイトメントでは、第79条第(2)項において、受託者が信託財産の収益生産性に関して公平義務を負う場合について定めが置かれ、第109条から第111条までにおいて、受託者によるその義務の履行を容易にするための定めが設けられている。

2　受益権の内容が信託財産の収益に基づいて定まる場合

　リステイトメント第79条第(2)項によれば、受託者は、2人以上の連続

受益者があり、かつ、いずれかの受益者の権利が信託の収益を前提にして定められる場合に、「信託財産が信託の目的と受益者の現在および将来の多様な利益からみて合理的に適する収益を生むように信託の投資と管理をする義務、またはそのように元本と収益について計算する（account）義務」（以下、この義務を「収益性に関する義務」という）を負う。

　これによると、受託者が完全に裁量により受益的給付の内容を定めることができる場合には、受託者は、収益性に関する義務を負わない。その場合には、受益的利益の内容を定めるにあたって、収益と元本の区別は意味をもたないからである。たとえば、Lの生存中は、収益と元本のうちから、あるいはその両方から、受託者Tが適切と判断する額をLに支払い、残りはRに支払うこととされている信託が、これにあたる。

　また、生涯権受益者Lに対し、受益的給付として毎年あらかじめ定められた額を支払うものとされる場合（「純粋年金信託」）、あるいは、信託財産の価額にあらかじめ定められた率を乗じて算出される金額を毎年支払うものとされる場合（「純粋ユニトラスト」）にも、受託者は、収益性に関する義務を負わない。いずれの場合も、Lの受益的利益の額が信託財産の収益の額に左右されることはないからである。

　これに対し、生涯権受益者が信託財産の収益の全部または一定割合の支払を受けるものとされている場合には、受託者は、収益性に関する義務を負う。たとえば、生涯権受益者Lに対し、毎年、その年の収益から、Lの生活維持に必要な額を与えるものとされている場合がこれにあたる。受託者が元本を取り崩して生涯権受益者に受益的給付をする権限を認められているときであっても、同じである。受託者が元本取崩権限を有していても、生涯権受益者に対する受益的給付は信託財産の収益からまず行われ、それでは信託目的に適合する給付に足りない場合に元本の取崩しが認められるのであれば、生涯権受益者に対する受益的給付のために信託財産の元本と収益とを区別する必要があることに、変わりはないからである[9]。

9）　以上につき、Restatement (Third) of Trusts § 79 cmt. f, § 109 cmt. b.

3　リステイトメント第79条第(2)項による受託者の義務

　リステイトメント第79条第(2)項の適用がある場合、受託者は、公平義務に適う適切な水準の収益を信託財産から生じさせるか、それができなければ、その水準を充たすように元本と収益の計算（つまり、利益および負担の元本または収益への割当て）をしなければならない。

　信託において、たとえば、受託者が一定期間はある受益者（以下、「収益受益者」という）に対し信託財産の収益から受益的給付をし、その期間の満了後に別の受益者（以下、「元本受益者」という）に対し元本たる信託財産を与えるものとされている場合でいえば、ここでの公平義務は、受託者が、収益受益者に対して合理的な受益的給付を確保すること、元本受益者との関係で元本たる信託財産を合理的に保存することの両方について、合理的な注意を用いることを意味する。

　公平義務は、受託者に対し、各受益者に対し与えられるべき受益的給付を与えることを命ずるものであり、各受益者に対し「与えられるべき」ものが何かは、信託行為によって定まることになる。したがって、信託行為の適切な解釈の結果、元本の維持を犠牲にしてでも高い収益を上げることを目指すこと、反対に、収益性を犠牲にしてでも元本の維持または成長を図ることが、受託者のすべきことになる場合がある。委託者が、配偶者Lの生活保障を第一に考えてLを生涯権受益者とする信託を設定した場合は、通常、前者の例であり、代々受け継がれてきた農場や非公開会社の持分をある者Rに承継させるためにRを残余権受益者とする信託を設定した場合は、通常、後者の例である。

　これらのいずれにもあたらない場合には、一般的傾向として、元本の最大化を目指して信託財産を管理運用することが、第79条第(2)項の義務を充たすことにつながる。元本が大きくなれば、短期的にはともかく長期的にみれば、通常、そこから生ずる利益も大きくなるからである[10]。

　受託者は、第79条第(2)項の義務を充たすために、まずは、信託行為の解釈により、信託財産の収益と元本についての目標を適切に定める必要が

---

10)　この点については、Restatement（Third）of Trusts § 111 at 137, cmt. d も参照。

ある。ついで、受託者は、その目標を達成するために必要な努力をし、合理的に行動しなければならない。この努力および行動は、信託財産に属する個々の財産について問題とされるのではなく、信託財産のポートフォリオ全体から適切な収益を生み出すことに向けられることになる。そこで、たとえば、信託財産全体からの収益率が収益目標の達成にとって不十分である場合には、受託者は、収益性の乏しい財産（以下、「低収益性財産」という）を保有し続けない、あるいは取得しないようにする必要がある。反対に、目標を上回る収益があり、それが元本目標の達成に影響するときは、過剰な利益を生む財産（以下、「高収益性財産」という）を手放し、収益力が適度で元本の維持または増加に資する財産を取得すべきことになり得る。

　もっとも、収益目標と元本目標とは常にトレードオフの関係にあるため、受託者が必要な努力をし、合理的に行動したとしても、適切に設定された目標が達成されるとは限らない。インフレが深刻であるときや相場の下落が続くときには、元本の価値を維持したまま収益目標を達することは、通常、まず不可能である。そうでなくとも、低収益性財産と高収益性財産のいずれについても、容易に処分することができないこと、処分することはできても収益力が適度な財産の取得が容易でないこともあるからである。こういったときには、信託財産の元本価値の適切な状態を保ちつつ適度な収益を現実に生じさせることは、諦めざるを得ない。この場合には、受託者は、この問題に関する法律の規定[11]が適用されない限り、通常、公平義務を充たすために信託財産の元本と収益に関し計算上の適切な調整（appropriate accounting adjustments）をする権限を有し、義務を負う[12]。

IV　元本と収益の計算（accounting）と公平義務

1　序　　論

　たとえば受益者への受益的利益の給付の内容が信託財産の収益に依拠して定められる場合には、受益者が1人であるため受託者が公平義務を負う

---

11)　たとえば、Uniform Principal and Income Act（UPIA）§ 104 参照。
12)　以上につき、Restatement（Third）of Trusts § 79 cmt. e-i.

ことがないときであっても、受託者は、信託財産について元本と収益とを
区別し、計算をしなければならない。したがって、受益者の数に関わりな
く、受託者が信託財産として取得したものと信託財産で負担したものにつ
いて、元本と収益のいずれに割り当てるかに関する準則が必要になる。

　信託行為に元本と収益の区別の基準が明確に定められているときには、
受託者は、その基準に従って元本と収益を区別し、計算すればよい。しか
しながら、信託行為においてその区別の基準が完結的に定められているこ
とは、ほとんどない。そのため、信託財産として取得されたもの、または
信託財産で負担されたものが元本と収益のいずれに割り当てられるべきも
のかが、特に複数受益者の間で数多く争われてきた。受託者に元本と収益
の区別に関して（広い）裁量が認められている場合には、争いの余地は狭
まる。その場合には、裁判所による審査の対象になるのは、受託者の裁量
権の濫用の有無に限られるからである。しかしながら、この場合も、ひと
たび争いとなったならば、信託財産の利益または負担が、本来、元本と収
益のいずれに割り当てられるべきものかを明らかにする必要があることに
変わりはない。

　元本と収益の区別は、一見して明らかな場合とそうでない場合がある。
また、区別が一見して明らかな場合について、その区別をそのまま維持す
ることの当否が問題となることがある。たとえば、信託財産に属する不動
産は元本であり、その賃料は収益である。信託財産に属する鉱山や油井は
元本であり、そこから産出される鉱物資源や原油は収益である。不動産の
固定資産税は元本勘定に、賃貸に要する費用は収益勘定に割り当てられる。
しかしながら、建物、鉱山、油井などは、収益産出力に富むことのいわば
代償として元本価値が減少する一方であるため、複数受益者の中に信託財
産の収益を基準に受益的給付を受ける者と信託財産の元本を取得する者と
がある場合には、元本と収益の上記区別を貫徹することは、複数受益者の
間に受益的給付の著しい不均衡を生ずる原因となる。あるいは、受託者が
信託財産として株式を保有している場合、株式が元本であることは明らか
であるが、株式の配当は、金銭の支払、自社株の割当て、会社が保有する
他社株の交付など、さまざまな形でされ得る。また、金銭の支払や他社株

の交付は、会社の剰余財産の分配であることもあれば、資本の取崩しまたは会社財産の一部清算の実質をもつこともある。そのため、株式に対する配当は信託財産の収益勘定に割り当てられるものであると、単純にいうことはできない。

　こういったことのために、アメリカでは、ある利益または負担が元本と収益のいずれに割り当てられるものであるかが争われた裁判例が膨大といってよいほどあり、元本と収益の区別に関する先例が集積されてきた[13]。また、1962 年には元本と収益に関する統一法（Uniform Principal and Income Act（以下、UPIA と略称する））が制定され、同法はその後何度も改正されている（直近の改正は、2008 年改正）。

　もっとも、元本と収益の計算に関する伝統的な準則は、受託者の投資に関する義務についてプルーデント・インベスター・ルールが採られることになったことで、根本的な変更を迫られることになった[14]。すなわち、プルーデント・インベスター・ルールは、受託者に、最適なトータル・リターン（optimal total return）のために投資をすること（信託の目的、信託とその受益者の状況、とりわけリスク許容度に適合する最も高いトータル・リターンを達成すべく合理的に努力すること）を奨励する。ところが、元本と収益の計算に関する伝統的な準則と公平義務、とりわけその収益生産性の要素との組合せは（受託者に対し、適度の収益を生むよう信託財産を管理運用するこ

----

13)　本文で先に挙げた例に関連するものを若干挙げるならば、鉱山や油井に関しては、鉱山や油井の稼働（またはその決定）が生涯権受益者による受益権の取得の前後いずれであったかにより区別され、その受益権の取得前から稼働していた場合（または、受益権取得後の稼働が決定していた場合）には、稼働による利益は全部収益とされる（資源の枯渇により鉱山等が無価値になっても構わない）のに対し、その受益権の取得後の稼働（決定）であった場合には、稼働による利益は元本に割り当てられる（この考え方は、open mine doctrine と呼ばれる。この考え方を確認するものとして、たとえば、Kimbark Exploration Co. v. Von Lintel, 192 Kan. 791, 391 P.2d 55 (1964)）。建物の減価償却引当金は、その建物が賃貸されている場合であっても元本勘定に割り当てられることが原則であるが（たとえば、Chapin v. Collard, 29 Wash. 2d 788, 189 P.2d 642 (1948)）、委託者が残余権受益者へのその建物の承継を意図していたと認められるときは、収益勘定に割り当てられる（たとえば、*In re* Warner's Trust, 263 Minn. 449, 117 N.W.2d 224(1962)）。株式の配当は、自社株による配当は元本となり、金銭または他社株による配当は、会社資本の取り崩しまたは会社財産の一部清算に相当する場合を除き、収益となる（たとえば、First Wyoming Bank, N.A. v. First Nat. Bank and Trust Co., 628 P.2d 1355 (Wyo. 1981)）。

14)　以下につき、Restatement (Third) of Trusts, Chap. 23 Introductory Note.

とを求めるため）、多くの状況において、受託者の適切なトータル・リターンのために投資する能力を抑圧することになる。そこで、たとえば UPIA では、1997 年の改正において、受託者がプルーデント・インベスター・ルールに基づく投資を実施するための手段を提供するために、元本と利息の計算と合理的な投資（prudent investing）とを調和させるための規定や、受託者に元本と収益の調整権限を認める規定が設けられるに至った。また、多くの州（2011 年の時点で 30 州）において、何らかの方法によりユニトラストへの変更を認める法が設けられている。

　こういった動きを受けて、リステイトメントでは、第 23 章「元本と収益の計算」（第 109 条から第 111 条までの 3 か条から成る）において、概略、次のことが定められている。すなわち、受託者は、第 110 条に基づいて収益の暫定的な金額（tentative amount of income）を定める義務を負う（このようにして定まる収益を、以下、「110 条収益」という）。そして、110 条収益が公平義務の観点から低すぎる、または高すぎる場合には、受託者は、元本と収益の調整をする、またはユニトラストを選択する（ユニトラストに変更する）義務を負う。

　これにより、受託者は、トータル・リターンのために投資を行い、必要な場合には 110 条収益の調整またはユニトラストへの変更をすることにより、第 79 条第(2)項が定める公平義務を充たすことができる。ただし、110 条収益の調整またはユニトラストへの変更を受託者に合理的に期待することができないこともある。その場合には、受託者は、第 79 条第(2)項の要求を充たす適切な金額の 110 条収益を生むことが合理的に期待される投資戦略を追求する義務を負う。

2　元本と収益の計算をする義務

　受託者は、会計期間の収益が受益者の分配を受ける権利または支出の要件に影響し得るときには、元本と収益を第 110 条に従って計算する義務を負う（第 109 条前段）。

　ここにいう第 110 条に従って計算する義務とは、信託条項および関連法規（governing law）を信託の取引および状況に適用して、元本と収益を計

算し、割り当てることをいう。

　信託条項、制定法、先例がある場合には、受託者は、それらを適切に解
釈し、適用すれば、元本と収益の計算をする義務を履行したことになる。
もっとも、それらが明確でないこともある。その場合、受託者は、裁判所
に指示（instruction）を求めることができることがある。特に、その計算
に関する問題が繰り返し生ずるものである場合、計算が受託者に対し重大
な影響を与える場合、受託者のした計算が誤っていたが受益者の権利を調
整することが難しい場合には、裁判所に指示を求めることが理に適ってい
る。しかしながら、そのような場合に、受託者が、裁判所の指示を得ずに、
影響を受ける受益者に対し合理的かつ公平であるようにみえ、信託の条項
と目的、および制定法や先例の任意法規から読み取ることのできる関連す
るすべての政策を反映していると思われる方法で計算をすることは、通常、
適切であるものとされる[15]。

　受託者は、一定の状況において特定の方法により計算することを信託条
項により指示されているときは、その指示が制定法や先例の任意法規に反
するとしても、その指示に従う義務を負う[16]。

　受託者は、信託条項により、元本と収益の計算に関して裁量権を与えら
れることもある。その裁量権は、元本と収益に関する事項について（元本
取崩しや収益の加算の権限なども含めて）幅広く与えられること、その計算
に関して広く（たとえば、元本勘定と信託勘定との間で全体的な調整を行う権
限を）与えられること、計算に関する特定の事項（たとえば、信託財産に属
する財産のキャピタルゲインを元本と収益のいずれに割り当てるか、信託財産
中の減価償却の対象となる財産につき減価償却積立金を積み立てるかどうか）
について与えられることなど、さまざま場合があり得る。これらのいずれ
の場合であっても、受託者は、その与えられた範囲内で、裁量権を行使す
ることができる。そして、この裁量権の行使については、他の場合におけ
る裁量権の行使についてと同様に、受託者は、信認義務に服し、その信認
義務に従って行動しなければならない（第86条参照）。また、受託者は、

---

15)　以上につき、Restatement (Third) of Trusts § 110 cmt. a.

16)　Restatement (Third) of Trusts § 110 cmt. b.

その裁量権の行使について、濫用防止の目的でのみ裁判所の監督に服する（第87条参照）。

　制定法や判例法において明確な答えが用意されていない問題について受託者に裁量権が与えられている場合には、その裁量権は、不明確さを解決するために与えられていると解釈される。それに対し、制定法や先例の準則がある場合には、受託者がその準則と異なる[17]方法で元本と収益の計算をする裁量をどの程度まで認められるかは、難問である。究極的には解釈問題であるが、この場合には、通常、受託者が、制定法や先例の準則を適用すると受益者の一部にとって衡平でない結果となると合理的に判断したときは、裁量権の行使が認められる[18]。

3　元本と収益との間の調整またはユニトラストへの変更をする義務

　(1)　リステイトメント第111条　　110条収益が受託者の公平義務を充たさない場合には、受託者は、原則として、制定法上の調整の権限または制定法上のユニトラストへの変更権のいずれかを選択して行使する義務、またはエクイティ上の調整を行う義務を負う（第111条）[19]。

　(2)　元本と収益との間の調整　　「調整」とは、受託者が、その会計年度における110条収益が適切な額よりも高い、または低いと判断した場合

---

17)　制定法や先例の準則と異なることになるかどうかは、受託者が問題となる裁量権の行使をした時において判断される。たとえば、注13）において元本と収益の間の割当てに関する先例として挙げたもののなかには、その後に UPIA において変更され、あるいは扱いが明示的に定められたものがある。たとえば、鉱物資源開発による利益は、開発の時期に関わりなく、その90％を元本に、10％を収益に配分するものとされている（UPIA § 411 (a)(3)）。減価償却引当金に関しては、受託者は、原則として、減価償却の対象となる財産からの純現金収入額（net cash receipts）のうち合理的な金額を元本に移すことができる（UPIA § 503 (b)本文）。株式に対する現物配当は、元本に割り当てられる（UPIA § 401 (c)(1)。金銭以外の取得財産はすべて元本に配分される）。したがって、注13）において引用した判決において争われたのと同じ問題が生じた場合、裁量権を有しない受託者がとるべき対応も、裁量権を有する受託者による裁量権行使についての濫用の有無の判断も、判決の当時と現在とでは異なることになり得る。

18)　以上につき、Restatement (Third) of Trusts § 110 cmt. c.

19)　第111条による調整またはユニトラストへの変更（すなわち、制定法上または衡平法上の調整権限の行使、制定法上のユニトラストへの変更権の行使）は、あくまで、110条収益が受託者の公平義務を充たさない場合に認められるものである。これは、受託者がその信託における収益生産性の適切なレベルを決定する義務を根本的に変更するものではない。Restatement (Third) of Trusts § 111 at 135, cmt. d.

に、収益を 110 条収益より減らす、または増やすという計算上の操作をすることをいう。

　この調整をする権限は、受託者に対し、制定法により与えられること、または衡平法上認められることがある。

　前者の代表例として、UPIA 第 103 条および第 104 条がある。そこでは、概略、受託者は、関連法規と信託条項に基づいて、調整前の暫定的な収益額を決定すること、および、権限を有するのであれば、適切な（公平な）水準の生産性を達成するために必要があるときはいつでも、その暫定的な金額を調整することを義務づけられている（これは、リステイトメントの立場と同様である）。

　また、受託者は、制定法上の調整権限を有しないときであっても、採用した投資戦略によって適切な水準の収益生産性が達成されない場合には、公平義務を履行するために受益者の権利を調整する義務を負い、そのために衡平法上の調整権限を有する。受託者は、信託の目的と調和し、かつ、矛盾しない方法でのみ、この調整をすることができる（たとえば、課税上不利益となるリスクをもたらし得る調整は、内国歳入庁の書面による回答（private revenue ruling）という保証がなければ、通常、認められない）[20]。

　(3)　**ユニトラストへの変更（conversion）**　　信託財産の元本と収益との間の調整は、受託者が、調整の権限を有しており、その権限を適切に行使したならば、公平義務に適う結果をもたらすことになる。ところが、この調整には難点がいくつかある[21]。調整の基準が必ずしも明らかでないこと、受託者の負担が大きいこと、調整のために複雑な計算を要するなど専門家を雇う必要がありコストが嵩むことなどである。このため、調整は問題の適切な解決策にならないことがある（財産規模が大きくない信託については、特にそうである[22]）。

---

20)　以上につき、Restatement（Third）of Trusts § 111 cmt. b.
21)　これについては、佐久間・前掲注１）「受託者の公平義務」77 頁。
22)　財産規模が大きくない信託の場合、次のユニトラストへの変更も有用でないことがある。そのような信託では、信託財産をどのように運用しようとも、信託行為の解釈から明らかになる収益受益者への受益的給付に必要となる収益を上げることができない場合があるからである。その場合には、受益権の内容の変更を検討せざるを得ないことになる。この点については、

　そのこともあってか、多くの州において、受益者の収益についての権利をユニトラストの権利に変更することを受託者に認める立法がされるに至っている。

　ユニトラストとは、収益受益者に対し、信託財産に生ずる利益と負担が元本と収益のいずれに帰すべきものかに関わりなく、信託財産の総額に対する一定割合を毎年支払うこととするものである。信託財産の総額の算出方法、その総額に対する割合の定め方はさまざまであるが、典型的には、信託財産の過去数年間（通常は3年間）の毎年の総額の平均額に、決まったパーセンテージ（ユニトラスト・レート）を乗じた額をもって、収益受益者に対するその年の受益的給付の額とされる。ユニトラスト・レートについて、ほとんどの州は、受託者に3％から5％の間で選ぶことを認めている。

　受託者に、調整権限を認めず、ユニトラストへの変更権のみを認める州もあるが、多くの州では、調整権限とユニトラストへの変更権をともに認めている。ユニトラストへの変更権しか有しない受託者は、公平義務に従い、合理的な投資を促進するために必要であると考えられるとき、またはそのように考えることができるときに、その裁量権を行使する義務を負う。受託者が調整権限とユニトラストへの変更権の両方を有する場合、ユニトラストへの変更が調整よりも望ましいかどうかは、受認者としての判断（fiduciary judgment）となる。ユニトラストへの変更をした受託者は、制定法により制限されている場合を除き、折に触れてその決定を再検討し、必要に応じて、ユニトラスト・レートの変更、またはユニトラストを終了し、調整権限を用いることにしなければならない[23]。

V　おわりに

　受託者の公平義務は、受託者が複数の受益者に対して負う義務が衝突する場合に問題となるものであるから、これを厳密に解すると、受託者を出

　Restatement（Third）of Trusts § 111 at 136, cmt. d も参照。
23)　以上につき、Restatement（Third）of Trusts § 111 cmt. c.

口のない状況に追いやることになりかねない。そこで、信託行為において
受託者が従うべき基準が明瞭に定められている場合は別として、そうでな
ければ、基本的に受託者に裁量を認め、裁量権の濫用にあたる場合にのみ、
受託者に公平義務違反があるとする必要があると思われる。

　ただ、そうであるとしても、受託者の公平義務は、受託者が受託者とし
てする事務のすべてに及ぶうえに、受託者が裁量権を行使する際に考慮し
なければならない事情は多岐にわたる。そのため、裁量権の行使は、受託
者にとって、濫用とならない限り義務違反の責任を問われないとしても、
相当重い負担になる。また、受託者による裁量権の濫用を防止するだけで
は、受益者の一部または全部にとってよい結果が得られることは、通常、
保障されない。

　こういったことから、アメリカでは、本章における信託法第3次リステ
イトメントの公平義務に関する諸規定の大まかな概観だけからでもわかる
ように、公平義務に関して、膨大な先例の蓄積を踏まえつつ制定法におい
て相当詳細な規定が設けられるに至っている。それでも不明確なところが
残ることは避けられないが、アメリカでは、受託者は裁判所に指示を求め
ることができる場合があり、受託者がその指示に従うことで、一般的にい
えば、受益者にとってはその状況の下で望ましいと考えられる事務処理が
され、受託者にとっては時間と労力が節約され、また、その事務処理によ
って責任を問われる蓋然性が著しく低くなる。

　翻ってわが国では、受益者連続型の信託の設定が増えつつあり、受託者
が収益受益者（生涯権受益者）と元本受益者（残余権受益者）との間の公平
を図ることを求められる事態がいずれ生ずることが確実な状況となってお
り、その事態が多発することにならないとも限らない。ところが、現状で
は、公平義務に関して、判例は当然のこととして、具体的に定める法規定
はなく、学説でもあまり議論されることがない。また、アメリカにおける
裁判所の指示に相当する制度も、わが国にはない。これでは、受託者が公
平義務の問題に現実に直面することになった場合、受託者の負担が極めて
重いものになるだけでなく、受益者の一部または全部の利益が損なわれる
ことになり、ひいては受益者連続型の信託を典型とする、一部の受益者の

受益権の内容が信託財産の収益に基づいて定まる信託の健全な発展を、阻害することにもなりかねない。そうならないように、公平義務についての議論の活発化が望まれる。

第5章

投資に関する義務（プルーデント・インベスター・ルール）の内容と範囲——強行法規性の意味と範囲　　小山田朋子

Ⅰ　はじめに

　信託法第3次リステイトメントで採用されている投資に関するルールは、プルーデント・インベスター・ルールと呼ばれている[1]。受託者に信託財産の運用につき「プルーデントであれ」、すなわち「賢く行動せよ」と命ずるものだが、このルールには「強行法規的性格」があるとの指摘がある[2]。アメリカ信託法のほとんどの条項が任意規定であり、プルーデント・インベスター・ルールも任意規定である。すなわち委託者の異なる意図の表明により除外することのできるものであるが、それでも、本ルールにはその他の任意規定とは異なる「強行法規的性格」と呼べる性質があるとの指摘である。

　本章では、このルールの中の分散投資義務[3]に焦点を当て、その内容、強行法規的性格の程度、対象範囲、正当化根拠などについて検討する。特

---

1)　この内容は、1994 年に採択された統一プルーデント・インベスター法とそれをそのまま取り込んだ 2000 年の統一信託法典ともほぼ同内容である。また、この第 3 次リステイトメントのプルーデント・インベスター・ルールの部分は、「受託者の投資権能と投資に関わる義務の部分につき、急いで現代化を図る必要があった」ために、1990 年夏に、「改訂が特に急がれて最初に採択された」。樋口範雄『アメリカ信託法ノートⅠ』（弘文堂・2000 年）292 頁。

2)　樋口範雄「信託法の任意性の意義—米国のプルーデント・インベスター・ルールの実際的機能」前田重行ほか編『企業法の変遷—前田庸先生喜寿記念』（有斐閣・2009 年）375-397 頁、Langbein, *infra* note 4, 5, 7, Christopher P. Cline, *Esq., The Uniform Prudent Investor And Principal And Income Acts: Changing The Trust Landscape*, 42 Real Prop. Tr. & Est. L.J. 611 (2008).

3)　本章では「分散投資義務」と「分散義務」を同じ意味で用いる。

に、ラングバインの 1996 年[4]、2004 年[5]の論文、ラングバイン論文を批判したクーパーの論文[6]とそれに対するラングバインの 2010 年の論文[7]における再反論、リステイトメントの記述、近年の判例を手がかりにする。それにより、「プルーデントであれ」とは具体的にどのような内容のルールなのか、どのような条件を満たしていれば受託者は安心していられるのか、を明らかにしたい。

　プルーデント・インベスター・ルールへの批判は、大別すると以下の 2 種類がある。ひとつは、「ルール内容が不明瞭だ」[8]、というものであり、いまひとつは、「ルールの内容が不適切だ」[9]というものである。第 1 の批判につき、本章では、本ルールの内容、特に強行法規的側面について、どの程度明瞭なものか一定の理解を目指す。第 2 の批判については、後述するように、クーパーの批判への再反論であるラングバインの 2010 年の論文により、あるべき信託法についての考え方の相違の部分もあるが、ルール内容についての誤解が原因の批判もあるようだ、とわかった。

II　自己執行義務の廃棄とプルーデント・インベスター・ルール

　リステイトメント 80 条では、委任に関する義務が定められる。第 2 次リステイトメントからの変更点として、「自己執行義務の廃棄」、さらには、必要な場合には「委任する義務」が定められたことが挙げられる[10]。リステイトメント 80 条は、以下のように定める。

---

4)　John H. Langbein, *The Uniform Prudent Investor Act and the Future of Trust Investing*, 81 Iowa L. Rev. 641 (1996).

5)　John H. Langbein, *Mandatory Rules in the Law of Trusts*, 98 Nw. U. L. Rev. 1105 (2004).

6)　Jeffrey A. Cooper, *Empty Promises: Settlor's Intent, the Uniform Trust Code, and the Future of Trust Investment Law*, 88 B.U. L. Rev. 1165 (2008).

7)　John H. Langbein, *Burn the Rembrandt? Trust Law's Limits on the Settlor's Power to Direct Investments*, 90 B.U.L. Rev. 375 (2010).

8)　Stewart E. Sterk, *Rethinking Trust Law Reform: How Prudent is Modern Prudent Investor Doctrine?* , 95 Cornell L. Rev. 851 (2010).

9)　Cooper, *supra* note 6.

10)　「自己執行義務の緩和ないし廃止に近い」という傾向は、統一信託法典と同じである。樋口範雄『アメリカ信託法ノート II』（弘文堂・2003 年）112-119 頁。

> **第 80 条　委任に関する義務**[11]
>
> (1)　受託者は、受託者としての義務を自ら遂行する義務を負う。ただし、<u>同等の能力を有する合理的な人がその責任を他者に委任する可能性がある場合を除く</u>[12]。
>
> (2)　信託の管理における信認上の権限を委任するか否か、そして委任する場合には誰にどのような方法で委任するかについて決定し、委任した後に代理人を監督または監視する際に、受託者は、信認にかなった裁量を行使し、同様の状況において同等の能力を有した合理的な人がするように行動する義務を負う。

　条文の文言では、「同等の能力を有する合理的な人がその責任を他者に委任する可能性がある場合を除く」という表現が使われており、受託者が受託者としての義務を自ら執行することが原則であるかのようにも読めるが、そうではなく、むしろ場合によっては「委任する義務がある」ことが定められたといえる。リステイトメントのコメントは、「委任しないことが合理的でない場合もある」[13]と述べる。また、ラングバインの 1996 年の論文も以下のように述べる。

　　「1992 年のリステイトメント〔第 3 次リステイトメントの投資に関するルール〕は委任禁止ルールに対して大きな変更をもたらした。文言上、このリステイトメントは委任禁止という一般ルールを残したが、実質的に言って、プルーデントな運用というルールのサブルールという地位に降格させ、禁止といっても容易に乗り越えられるものとした。……この規範を投資という仕事にあてはめると、この新しいリステイトメントは、受託者に投資運用の権限を委任する権限を与えているのみならず、受託者は『プルーデントな投資家なら当該状況下では委任したであろうという場合のように、時には（投資の）仕事については<u>委任する義務を負うこともある</u>』[14]」[15]。

　この「自己執行義務の廃棄」、そして必要な場合には「委任する義務」

---

11)　Restatement (Third) of Trusts § 80.

12)　本章の下線は、注に説明のないものは、すべて筆者による。

13)　Restatement (Third) of Trusts § 80, Comment on Subsection (1), d (1). *Imprudent failure to delegate.*

14)　Restatement (Third) of Trusts § 171, comment j (1992)（当時の条文番号）.

15)　Langbein, *supra* note 4, at 652.

があるとのルールは、投資に関して採用された新ルールであるプルーデント・インベスター・ルールの一部分とされる。

　投資に関するルール、プルーデント・インベスター・ルールを直接定めたリステイトメントの条文は、下記の 3 つの条文である。

第 90 条　合理的な投資の一般的基準[16]

　受託者は、信託の目的、条項、分配要件その他の状況に照らして、合理的な投資家であれば行うであろう方法で信託資金を投資し管理・運用する義務を、受益者に対して負う。

　(a)　この基準は、合理的な注意、能力および配慮を用いることを要求する。また、基準の運用にあたっては、個々の投資を、当該信託のポートフォリオから切り離すことなく、そのポートフォリオ全体との関係において判断し、かつ、合理的にみて当該信託に適切であるようなリスクと収益の目標を設定した総合的な投資戦略の一部として判断しなければならない。

　(b)　投資の決定および実施にあたっては、受託者は、その状況においてはそうしないことが合理的とされる場合を除いて、信託投資を分散する義務を負う。

　(c)　さらに、受託者は、次の各号に掲げる義務を負う。

　　(1)　受託者としての基本的な義務である忠実義務（第 78 条）および公平義務（第 79 条）、

　　(2)　権限委託の是非および方法について判断するに際して、また代理人を選任し監督する（第 80 条）に際して、合理的に行動する義務、かつ

　　(3)　金額が合理的であり、かつ、受託者の投資責任（第 88 条）にとって妥当である費用のみを支出する義務。

　(d)　本条に定める受託者の義務は、信託条項または制定法に投資に関する別段の定めがある場合について規定する第 91 条の準則に従う。

第 91 条　制定法における投資に関する規定または信託における投資条項[17]

　信託の資産を投資するにあたり、受託者は、

　(a)　受託者による投資を規律する制定法の規定を遵守する義務を負い、か
　　つ、

　(b)　信託条項により明示的または黙示的に与えられた権限を有し、また、
　　第 66 条および第 76 条に定める場合は別として、受託者による投資につ
　　いて指示しまたは制限する信託条項に従う義務を負う。

第 92 条　当初の投資に関する義務[18]

　受託者は、信託設定後の合理的な期間内に、第 90 条および第 91 条の要件
を満たすことを目的として、信託財産の内容を審査し、当初の投資を維持す
るか処分するかを決定しかつその決定を実施する義務を負う。

　プルーデント・インベスター・ルールの内容は、以下のようなものであ
る。「いかなる投資または投資技法もそれ自体として当然にプルーデンス
を欠くものはないという基本的な命題に加えて」[19]、受託者が以下のよう
な 5 つの義務を負うという原則がある。①投資を分散する義務、②信託目
的、分配の要件等に配慮してリスクとリターンを決定する義務、③報酬・
費用が合理的なものとなるようにする義務、④公平性原則に基づき、収益
と元本の保持の 2 つを均衡させる義務、⑤プルーデント・インベスターで
あれば委任を行うような場合には委任する義務、の 5 つである[20]。

　上記のように、リステイトメント 90 条(b)項には、「投資の決定および実
施にあたっては、受託者は、その状況においてはそうしないことが合理的
とされる場合を除いて、信託投資を分散する義務を負う」とプルーデン
ト・インベスター・ルールの内容の 1 つである、「分散投資義務」が定め
られる。この義務の前提となっている経済学の知見である「現代ポートフ
ォリオ理論」は、次の 2 点を明らかにした[21]。ひとつは、投資家が市場の

---

18)　Restatement (Third) of Trusts § 92.
19)　Restatement (Third) of Trusts Chapter17 Introductory Note, *Principle of prudence.* 本章で
　は、リステイトメントの条文以外で翻訳されている部分については以下の書物の翻訳を引用・
　参照した。早川眞一郎訳・アメリカ法律家協会編『トラスト 60 研究叢書 米国信託法上の投
　資ルール―第 3 次信託法リステイトメント：プルーデント・インベスター・ルール』（学陽書
　房・1996 年）4 頁。
20)　Restatement (Third) of Trusts, *id.,* 早川訳・前掲注 19) 4-5 頁。
21)　Langbein, *supra* note 7, at 388, 現代ポートフォリオ理論のより詳しい説明は、Langbein,
　supra note 4, at 646-650, 655-658.

平均を上回る運用成績を上げることの難しさである。第 2 点目は、多くの資産の種別（たとえば株と不動産）にまたがって、かつ同一の資産の種別の中でも多くの異なる種類（たとえば株の銘柄）にまたがって所有する、つまりポートフォリオを分散させることの巨大でかつコストのかからない利益である。

　また、この分散投資の意味は、単にさまざまな種類の投資を行うという意味ではない[22]。投資のリスクには 2 種類あり、ひとつは市場リスクと呼ばれ、市場全体が落ち込むというリスクであり、これは価格一般に反映されている。いまひとつは、個別リスクと呼ばれるもので、たとえば新しい環境法により電気会社の株が下落するというような、個別的なリスクである。この後者のリスクは価格システムに取り込まれておらず、したがって賢い投資家は、これを減ずるために分散投資を行う。分散にとって重要なのはポートフォリオのバランスを整えることであり、たとえば、石油を使用する電力会社の株を持つなら太陽光発電の株も持つという判断となる。このような分散投資がプルーデントな投資の条件とされる。

　ただしリステイトメントのコメントでは、以下のように、この「分散投資義務」も任意規定であることが説明されている。「制定法上に別段の規定がなければ、受託者は、投資の対象および投資の方法に関し、信託条項によって明示または黙示に許された範囲内で、投資することができる。しかし、反対の趣旨を定める信託条項がない場合には、通常存在すると考えられる投資の権限と義務は、本条の準則に従って定められるのである」[23]。

　この点につき、たとえば 2005 年の McGinley 判決[24] が参照されている[25]。この判決では、信託財産の 75％がエンロン株へ集中しており、その後エンロンの破綻で信託財産が深刻な損失を被ったが、当該株式の保持が委託者の意図の表明に従ったものであったとの理由で、受託者に義務違

22)　Roger W. Andersen, Understanding Trusts and Estates 4th ed., 311-312 (Matthew Bender, 2009).

23)　Restatement (Third) of Trusts § 90, General Comment, *a. Scope of the rule*, 早川訳・前掲注 19) 10 頁。

24)　McGinley v. Bank of America, N.A., 279 Kan. 426 (2005).

25)　Restatement (Third) of Trusts, Reporter's notes on § 92, Comments c and d.

反なしとされた（さらに、「本件では、投資の最終的決定権まで委託者が留保
しており、分散投資をしなかった責任が受託者にはないとされた」[26]という事情
もあった。この判例は本章のIXで再び扱う）。

　すなわち、受託者には委託者の明示的指示に従う義務があり、たとえ
「分散投資」にならなくとも、委託者の指示に従う義務の方が優先される
場合があることがわかる（具体的に、裁判所がどのような場合にそのような
判断をしているかについては、本章のIXで検討する）。

III　分散投資義務の強行法規的性格
——ラングバインの1996年の予測とその後の判例

　リステイトメントのコメントが指摘するように、分散投資義務は任意規
定だが、この義務には「強行法規的側面」がある。この「強行法規的側
面」につき、ラングバインは、3つの論文で論じている。本章では、この
「強行法規的側面」の正当化根拠と範囲を理解するために、これらの論文
を手がかりとする。

　まず、以下では、ラングバインの1996年の論文における予測および主
張[27]を要約し、その後の判例で、一定程度、予測通りの方向が示されたこ
とを確認する。ラングバインのこの論文での予測および主張のうち本章に
とって重要な点は、以下の2点である。1点目は、「委託者の経済的合理
性の欠けた指示に対する審査が増えること」であり、委託者が分散投資し
ないことを希望しても『愚かな希望』であるとして裁判所が有効とみなさ
ないだろうとの内容である。2点目は、「紙の足跡（paper trail）の重要性
が減る」との内容である。

　まず1点目については、次のように論じられている[28]。信託法において
は、委託者の「愚かな希望」は信託目的として認められない。委託者が仮
に「分散投資しない」ことを希望したとしても、そのような希望は（正当
な理由なしには）「愚かな希望」である。よって、裁判所はそのような信託

---

26)　樋口・前掲注2）392頁。
27)　Langbein, *supra* note 4, at 662-665.
28)　*Id.* at 663-665.

条項を有効とはみなさないだろう。稀なケースではあるが、委託者が投資に対して意図的に愚かな制約を課している場合、今後は、その希望は叶えられないことが多くなるだろう。統一信託法典1条(b)項に強調されているように、信託法のほとんどの条項は任意規定である。信託法は委託者が信託財産の処分につき制約を設ける時は、受益者の最善の利益のためを思ってそうしていると想定している。たとえば、委託者がアダム湖のほとりにコテージを残し、家族の娯楽のためにそれを残すよう指示したなら、たとえ子どもたちが二度とアダム湖に行かなくともその意思の通りとなる。このように、伝統的なアメリカ信託法の下では、委託者の所有権はほしいままに甘やかされている。

　しかし、これには限界もある。たとえば、委託者が「ラングバイン像を建てよ」と指示したとすると、この指示は無効になるだろう。なぜなら、この指示に従うことは受益者の利益にも公益にもならないからである。

　委託者の指示が意図的に愚かな内容だったわけでなくとも、裁判所の逸脱理論は、信託目的の遂行に必要なら、投資への賢明でない（unwise）制約を変更することができるとする。たとえば、リーディング・ケースとして、ピューリッツアーの信託の事例がある[29]。この信託では、ニューヨークワールド新聞の株を売ることを禁じていたが、後に収益がなくなり、裁判所は売却を認めた。これは受益者の利益のための判断であった。

　しかし、この事例で、「収益がなくなってもこの株を売るな」と委託者の指示が書かれていたらどうであろうか？　それでも裁判所は売却を命じたに違いない。なぜなら、この委託者の指示は、愚かであり、上述の「ラングバイン像を建てよ」との指示に近くなっているからである。私益信託とは、受益者の利益のためのものでなければならないのだ。

　もう少し現実的な例として、IBM社が大好きな委託者がいたとする。この委託者が、IBMのみの株を信託財産として残して死亡し、「売却するな」との指示が付いていたとする。これは、委託者が自らの投資の知恵を

---

29)　*In re* Pulitzer, 249 N.Y.S. 87 (N.Y. Sur. Ct. 1931), aff'd mem., 260 N.Y.S. 975 (N.Y. App. Dov. 1932)。

押しつけているが、客観的に言ってばかげており、プルーデントではない。分散投資の長所は大変大きく、そうしないのは愚かだということを今や、我々は知っている。「コストもほとんどかからずに分散投資することが可能なのにS（委託者）の指示がそれを妨げている場合は、裁判所は『私益信託とは、B（受益者）の利益のためのものでなければならない』という要請と矛盾すると判断するようになると私は確信している」[30]。

　第2点目の予測は「紙の足跡の重要性が減ること」である。この点は次のように論じられる[31]。受託者の組織内部で熟慮した形跡（紙の足跡）があれば、裁判所はこれまで、それらをプルーデンスを推定する証拠とすることがあった。実務家用の書物は次のように述べた。「投資の適切性に関する事例においては、意思決定のプロセスは決定そのものと同じ重要性を持つ。少なくとも、受託者の責任を認定するうえでは」。これはプルーデンスの基準がきわめて不正確だったせいである。実体法が不十分な基準しか提供していない分野において手続偏重主義（proceduralism）が取られるのは、よくあることである。アメリカ行政法はその典型例である。「しかし、将来、とりわけリステイトメントと統一信託法典の下で強調された分散投資義務に関しては、裁判所は紙の足跡の手続偏重主義に頼る必要性を感じることが減るのではないかと、私は予測している。紙の足跡がいくらあろうとも、5社や10社の株から成るポートフォリオ（そのような信託財産は今なお非常に多いのだが）の言い訳にはならない」[32]。

　以上がラングバインの1996年の論文における信託法の将来についての予測および主張であったが、その後の判例[33]をみると、一定程度、ラングバインの予測通りになったといえる[34]。たとえば、2006年のFifth Third

---

30)　*Id*. at 665.
31)　*Id*. at 662, 663.
32)　*Id*. at 662.
33)　樋口・前掲注2）、Restatement (Third) of Trusts, Reporter's notes on §92, Comments c and d.
34)　そのほかの予測として「信託財産による株式への投資増加」という予測もその通りになった。その分析として、参照、Max M. Schanzenbach, Robert H. Sitkoff, *Did Reform of Prudent Trust Investment Laws Change Trust Portfolio Allocation?*, 50 J. L. & Econ. 681 (2007).

Bank 判決[35]では、P&G の株式 200 万ドル相当分だけで信託財産が構成されていた事案で、「当初財産保持を認める条項と、当該財産の価値の下落に対し受託者は責任を負わない旨の条項」、すなわち免責条項があった。その後「信託財産の価値は最初の 1 年で半分に」なり、「裁判所は、特別な状況がない限り、受託者には<u>分散投資義務があると述べて、受託者の責任を認めた</u>」[36]。

　すなわち、受託者には、委託者が分散投資以外の指示をしていてもなお、分散投資義務が免除されない場合があることを示す判決が登場してきた。言い換えれば、「分散投資義務に強行法規的側面がある」とする判決であり、このような判決が複数ある[37]。具体的事案については、本章の IX で分析する。

IV　分散投資義務の強行法規的性格
——ラングバインによるその正当化根拠

　次に、ラングバインの 2004 年の「信託法における強行規定」と題する論文[38]では、さらに、分散投資義務に強行法規的側面があることの正当化根拠が説明される。要約すると、「分散投資義務の妥当性」から「分散投資は受益者の利益である」との命題が導き出され、それと「受益者の利益たれとの原則（benefit-the beneficiaries requirement）」（強行規定）を組み合わせると、「それを阻害するような委託者の指示は（正当な理由がなければ）無効」となる可能性がある、との議論である。以下、この議論をもう少し詳しく要約する[39]。

　まず、リステイトメント 27 条は以下のように定めている。

---

35)　Fifth Third Bank & Reagan v. Firstar Bank, N.A., 2006-Ohio-4506, 2006 Ohio App. LEXIS 4456 (Ohio Ct. App. 2006).
36)　樋口・前掲注 2）391 頁。
37)　樋口・前掲注 2）、Restatement (Third) of Trusts, Reporter's notes on § 92, Comments c and d, Cline, *supra* note 2.
38)　Langbein, *supra* note 5.
39)　*Id.* at 1105-1126.

> **第 27 条　信託を設定することができる目的**[40]
> (1)　第 29 条の規定に服する場合を別として、信託は、公益目的のため（第 28 条参照）、または、私益目的のため、または、公益目的と私益目的の組み合わせのために設定することができる。
> (2)　第 46 条第(2)項および第 47 条の特別な規定に服する場合は別として、<u>私益信託、その条項、およびその管理は、信託受益者の利益のためでなければならない</u>。さらに、その受益者は、第 44 条に定めるように、特定され、または確定することが可能でなければならない（公益信託については、第 28 条参照）。

　この条文は、信託につき「受益者の利益たれとの原則」を示しており、従来からある「気まぐれな・愚かな（capricious）信託目的の禁止原則」の改訂版である。「気まぐれな・愚かな信託目的の禁止原則」法理の下、裁判所はこれまで、「家をすべてレンガでふさぐ」、「委託者の像を建立する」などの委託者の指示を覆してきた[41]。なお、「結婚相手をキリスト教信者に限ることを条件とした信託」については、判例もリステイトメントも立場が統一されていない（divided）。リステイトメントは、ギャレス・ジョンズ論文の立場を踏襲し、その論文は次のように述べる。「特定の人種、宗教の人と結婚しないことを条件とする信託は全く受け入れられない。そのような信託を認めるなら、人生の最も個人的な側面について死者が考えを押しつける正当化され得ない権限を認めることになるからだ」[42]。

　委託者は自分が生きている間には、贈与においても、自らの財産を破壊する行為であっても自由に行える。しかし、信託において、同様のことはできない。「委託者は自己が所有するレンブラントによる絵を破ることができるが、同じことを命じる信託を設定することはできない」[43]。なぜか？　もっとも説得力があり広く受け入れられている根拠は、「『死者による支配の禁止（anti-dead-hand rules）』とは本質的にいって『状況の変化法

---

40)　Restatement (Third) of Trusts § 27.
41)　Langbein, *supra* note 5, at 1107–1108.
42)　*Id.* at 1110 citing Gareth H. Jones, The Dead Hand and the Law of Trusts, in Death, Taxes and Family Property 119, 127 (E. Halbach ed. 1977).
43)　*Id.*

理』だ」というものである[44]。

　しかし、将来においては、「受益者の利益たれとの原則」は上記の範囲を超えて、（すなわち、「家をすべてレンガでふさぐ」、「委託者の像を建立する」などの変人のケースだけでなく）委託者による信託財産を毀損するような投資に関する指示についても、限界を定めるものとなる、とラングバインは明言する。

　信託法の条項はほとんどすべて任意規定である。（違法な目的の禁止を除けば）委託者の意思の実現を制限する唯一の強行規定は、「死者による支配の禁止」原則である。その主な派生ルールが、①「受益者の利益たれとの原則」と②「状況の変化に対応して裁判所が信託を変更できる」という法理である[45]。そして、現代ポートフォリオ理論を前提とする信託投資に関する法により、「受益者の利益」の基準がかつてよりもより客観的に測定可能になった。分散投資による利益は大きく、かつほとんどコストもかからないため、「受益者の利益たれとの原則」により、信託財産の価値を毀損するような委託者による指示は裁判所により無効になる可能性がある。

　以上のように、ラングバインの2004年の論文では、分散投資義務の強行法規的側面につき、「分散投資は受益者の利益である」との前提と、信託法の「受益者の利益たれ」との原則から正当化した。

Ⅴ　分散投資義務の強行法規的性格
——クーパーによる批判とラングバインの再反論

　上記のラングバインの論文に批判を展開したのが、クーパーの2008年の論文[46]であった。クーパーは、委託者の意図を重視し、次のように述べる。「受益者の利益たれとのルールは信託における制限が受益者の財産を最大化するかどうかという純粋に客観的な基準を導入するものとして解されるべきではない。むしろ、それは当該制限が信託設定における委託者の合法的な意図と目的を促進するのか妨げるのかという、より主観的な基準

44）　*Id*. at 1110–1111.
45）　*Id*. at 1126.
46）　Cooper, *supra* note 6.

を導入するものとして解されるべきである」[47]。また次のようにも述べる。「委託者が意図的に考慮の上で受益者の経済的利益を減じた場合には、信託法はその問題に対して何の手立ても与えてはならない」[48]。クーパーの議論に対して、ラングバインは2010年の論文[49]で、主に、「誤解だ」という反論と、プルーデント・インベスター・ルールの前提となっている「現代ポートフォリオ理論は正しい」という反論を展開した。クーパーの批判とラングバインの再反論の内容は以下の5点に整理できる。

　第1点目は、「統一プルーデント・インベスター法は任意規定のはずなのに強行規定化するのはおかしい」との批判である。ラングバインは次のように再反論する。統一プルーデント・インベスター法は統一信託法典の一部となることが想定されており、信託法の内容を改めて繰り返してはいない。たとえば、統一プルーデント・インベスター法に書かれていないが、売春宿や麻薬運搬に投資して良いわけではない。「受益者の利益たれとの原則」は信託法の強行法規であり、これが適用されるのは当然である[50]。

　第2点目は、「訴訟が急増する」との批判である。ラングバインは、訴訟の急増はない、と予測する。なぜなら、受益者の利益を損なうような委託者は稀であり、「気まぐれな・愚かな信託目的の禁止原則」の下でも訴訟数は少数であったからである、と述べる[51]。

　第3点目は、「ファミリービジネスが維持できなくなる」との批判である。これに対して、ラングバインは、以下のように、「誤解だ」と再反論する。ファミリービジネスは、本ルールで例外にしてある。ファミリービジネスの中には、マーケットのニッチであったりして大きな利益を生んでいる例もある。成功している例として、New York Times や Ford 社がある。ただし、ファミリービジネスであっても、その維持がプルーデントではない場合もある。「つぶれそうになっても維持せよ」との委託者の指示

---

47)　*Id.* at 1170.
48)　*Id.* at 1216.
49)　Langbein, *supra* note 7.
50)　*Id.* at 391.
51)　*Id.* at 395.

は、愚かであり、「自分の像を建立せよ」に近くなってくる[52]。

　4 点目は、「このルールでは、生命保険も税金対策も不可能になる」との批判である。ラングバインは、この点についても、次のように、「誤解だ」と述べる。他の要素が分散よりも重要な場合は、例外として列挙してある。たとえば、ラングバインの 2004 年論文では、以下のような場合を例外として列挙している。税金への配慮、受益者にとってたくさんある信託の 1 つに過ぎない場合（生命保険はこれに入る）、受益者にとってほかにも資産があり当該信託がそのほんの一部であるとき、投資が主目的でないとき（典型的には公益信託、たとえば、鳥の保護ないし自然保護のために土地を保全する信託）、自宅や別荘の保持などである。これらの場合には、分散よりも他の要素が優先される[53]。

　5 点目は、最も重要な点であるが、たとえ受益者の経済的利益を減じても委託者の意図が尊重されるべきであるという主張であり、上述の IBM 株のみに投資という仮想事例につき、クーパーは、次のような見解を述べる。「私は 35 年間 IBM に勤めた。そして私は当社が予測されなかった成長の時期に来ていると確信する。市場は当社の将来性を誤認しており当社の株は大幅に過小評価されている」と委託者が指示していたなら「なぜ分散投資が受益者の利益とならないと考えるかについての論理的根拠を述べているのだから」、この指示は遵守されるべきである。これに対し、ラングバインは次のように再反論する。この「根拠」は非論理的である。クーパーはこの根拠を「S の金融市場と投資戦略の理解に基づく」と言うが、むしろ S の過ぎた日への感傷的な思い入れに基づくに過ぎない。愚か者がいかに真剣にその内容を信じていようと愚か者であることに変わりはない[54]。また、分散義務の前提である「現代ポートフォリオ理論」についても、以下のように、「妥当である」と述べる。その基礎となった 6 つの研究はノーベル経済学賞を受賞した。どんなに一流株であっても、当該企業の業績等が急に悪化するリスクはある。たとえば、K マート、エンロン、

---

52)　*Id.* at 394-395.

53)　*Id.* at 393-394.

54)　*Id.* at 392.

ワールドコムの事例がある[55]。

　ここまでのラングバインの3つの論文とクーパー論文との比較から、プルーデント・インベスター・ルールの内容と範囲につき、以下のことが理解できる。第1に、分散投資義務には強行法規的側面があることである。そして、このことは、分散投資が妥当であることと、信託法が従来から「愚かな」信託目的を無効としてきたこと、「受益者の利益たれ」との強行ルールがあることから、正当化されると論じられている。第2に、分散投資義務には、複数の例外があることである。たとえば、生命保険、他の資産もある場合、分散投資にすると税金がかかる場合、自宅および別荘の場合、ファミリービジネスの場合等が挙げられる。

VI　ラングバインへのもうひとつの反論
——「後知恵的責任追及」について

　ラングバインが主張する強行法規性に対するそのほかのあり得る批判として、概説書（ホーンブック）に、「これは受託者を評価する際に『後知恵』の使用が禁じられていることと矛盾しないか」[56]との指摘があった。「このルールでは、投資の結果が悪いときに、後知恵的に受託者の結果責任を問うことになるのではないか」という疑問である。これはラングバインの1996年論文の、以下に要約する部分[57]へ向けられたものである。

　プルーデントな投資に関する新しい基準は客観性と正確性において大幅に優れているため、分散投資義務を課す以上の効果をもたらし得る。たとえば、信託財産はこれまでになく広範囲に分散されたポートフォリオを保有するようになるにつれて、運用成績を測ったりリターンの基準を定めることがより容易になるだろう。多種多様なミューチュアル・ファンドやコモン・トラスト・ファンドを比較することは容易になる。そこで、たとえば、受託者がある中期債ファンドを選んだ場合に、そのファンドが他の中

---

55)　*Id*. at 387-389.

56)　William M. McGovern et al., Trusts and Estates, Including Taxation and Future Interests, 578 (5th ed. 2017).

57)　Langbein, *supra* note 4, at 662.

期債ファンドと比較して一貫して低い成績でかつ大幅に高い費用だったならどうか。受託者の投資を監視する義務の観点から、なぜ受託者が当該ファンドを選択したかにつき説明する責任が受託者の側に生じることになるだろう。

　これに対しては、次のような再反論が考えられる。リステイトメントのコメントは、以下のように、投資結果について、受託者が後知恵的に結果責任を問われることはない、とする。「受託者がこのような信託の基準を守ったか否かの判定は、問題とされる投資を決定した時点を基準にして、すなわち後の時点から振り返って評価するという手法をとらずに、行わなければならない。言い換えれば、その判定にあたっては、投資に関する受託者の決定（ある投資を新たに行う、現在の投資を維持する、現在の投資資産を売却する等の決定）がなされた時点以後、現実が結局どうなったかを考慮に入れてはならない。信託違反があったか否かは、受託者の行為そのものがプルーデントなものであったか否かにかかっているのであって、その投資決定が実際にどのような結果をもたらしたかということによって判断されるのではない。つまり、受託者は、信託投資の成果そのものを保証しなければならないわけではないのである」[58]。

　また同様に、近年の判決も、受託者に「市場を凌駕することは期待していない」と述べている。これは、「市場リスクは排除できない」と同義だろう。また、後知恵的に投資責任を問われないということともほぼ同義だろう。したがって、受託者としては、委託者の指示に従い、分散投資を行い、当該信託に適したポートフォリオにしてあり、かつ定期的に費用等のモニタリングをしていれば、「後知恵的に結果責任を問われる」という法的リスクを負うことはないはずである。この点について、近年の判例を2つ挙げる。

---

58)　Restatement (Third) of Trusts § 90, Comment on Basic Duties of the Prudent Investor: *b. Duty to conform to fiduciary standards*, 早川訳・前掲注19) 12頁。ただし、リステイトメントのレポーターズ・ノートでは、「以上が、常識にも合致し、疑問の余地のない理論であるからといって、個々のケースでこの理論が問題なく支持されているというわけではない」と述べて、「後知恵を不当に使った気味がある」判決が紹介されている。Restatement (Third) of Trusts, Reporter's notes on § 90, Comment b, 早川訳・同上90頁。

1つ目は、2009年の *In re* Duffy判決[59]である。本判決は、市場全体が急落したときにブローカーの意見を聞くなどした受託者について、統一投資家法を十分遵守したといえるとした。事案は以下の通りである。2001年7月19日に妻（以下S）死亡、38歳若い夫（本件原告、以下B）に相続財産が残された。2001年8月6日に遺言が遺言執行者（本件被告、以下T）に届いた。2002年10月7日にBに相続財産である株が移転。S死亡から株移転までの約1年3か月の間に（2001年9月11日＝アメリカ同時多発テロ、以降の株価下落により）約22万ドル下落した（S死亡時の投資ポートフォリオは約62万ドル）。そこで、BはTに損失につきエクイティ上の損害賠償（surcharge）を求めて訴えた。

判旨は以下の通りであった。Tに責任はない。合理的期間内に信託財産の内容を検討することは必要だが、本件は合理的期間内であった。また、株価急落に際しては、ブローカーの意見も聞いた。たしかにBとのコミュニケーション不足等の問題はあったが、今回の株価下落はほぼ株式市場全体が下落したことによる。したがって、損害とTの過失（あったとしても）との間に因果関係がない。市場を凌駕することは非合理的な要求であり、法が期待するところではない。

第2の判例は、2014年のFifth Third Bancorp判決[60]である。これは、自社株購入を選択肢に入れていた年金プラン（確定拠出型退職貯蓄制度）の受認者も、ERISA法上のプルーデンスの義務を負うとした判決である。本判決は、先例であるMoench判決[61]を根拠とした（自社株購入についてはプルーデンスが推定されるとした）、いわゆるMoench推定を否定したことで注目された。

本判決では、自社株を購入する限りはプルーデンスが推定されるということはないが、受認者には自社の状況を調査するために、証券法に違反することまで求められているわけではない、とされた。さらに、下記のように、市場を凌ぐことも求められていないと述べられた。「株式が公開され

59） *In re* Duffy, 885 N.Y.S.2d 401 (2009).
60） Fifth Third Bancorp v. Dudenhoeffer, 134 S.Ct. 2459 (2014).
61） Moench v. Robertson, 626 F.3d 553, 571 (3d Cir. 1995).

ている場合に、受認者は、もっぱら公開情報のみをもとにして、市場が株式を実際よりも高くあるいは低く評価していたことを認識すべきだったという主張は、……一般的には適切ではない。……『公開情報の分析だけでは……市場を凌ぐことはほとんど望めない』ことを同じく合理的に理解できるERISA受認者は、一般的に、市場価格を同様に思慮深く信頼することができるのである」[62]。

以上のように、受託者が、投資結果につき後知恵的に結果責任を問われる可能性は、リステイトメントでも判例でも否定されている。ただし、上述のように、分散投資義務には強行法規的側面があるため、それに反していてかつ投資結果が悪かった場合には「結果責任」を問われる可能性があるだろう[63]。リステイトメントで扱われている設例でも、３つの急成長会社の普通株に投資した場合につき、「信託違反となる」とされ、「この投資の結果がおもわしくないときには、T（受託者）は、この違反から生ずる損失について個人的に責任を負うことになる」とされる[64]。ただし、続く説明で、これが投資運用の結果責任を問うものではないことが、次のように確認される。「この設例……においてT［受託者］が問われる可能性のある責任は、［投資の運用の］結果に基づくという性質のものではない。つまり、プルーデンスという基準は、行動を律する基準なのであって、結果を律する基準ではないのである。このケースで責任が問われるのは、T［受託者］が、配慮義務に違反して、信託投資の適切な分散を怠り、高リターンを求めるあまり過度のリスクを負うような投資をしたと考えられる

62)　内栫博信「最近の判例 Fifth Third Bancorp v. Dudenhoeffer, 134 S. Ct. 2459 (2014)―ERISA上のESOP受認者による自社株式投資における思慮深さの推定が否定された事例」アメリカ法2015-1号（2015年）152-156頁、153頁。本判決については、今後訴訟が増加すると予測する論者と、逆に、市場を凌駕することは法的に期待されないこと等が明示されたことにより、受認者にとっては責任が限定されやすくなったとする論者がいる。前者は、Sara Pikofsky et al., *Fifth Third Bancorp v. Dudenhoeffer: Supreme Court Rejects "Presumption of Prudence" for Stock Drop Cases*, Metropolitan Corporate Counsel, October 2014 Northeast Edition (2014)、後者はJayne E. Zanglein et al., ERISA Litigation 1281 (5th ed. 2014), cited in 内栫・同上注23)。

63)　分散投資義務に反していても運用成績が良ければ訴えられないだろう、との指摘がある。McGovern, *supra* note 56 at 578.

64)　Restatement (Third) of Trusts § 90, Comment on Basic Duties of the Prudent Investor: *e(1). Risk management*, 早川訳・前掲注19) 28-29頁。

からである」[65]。

　そこで、委託者が分散投資を望まない場合には、信託条項にその旨を相当詳細かつ明確に記すべきであるとする弁護士の分析がある[66]。この点については、どのような文言であれば裁判で有効とみなされたかについて、IX で後述する。ただし、信託条項に委託者が分散投資を望まない旨が記載されていたとしてもなお、上述のように、ラングバインの 2010 年論文は、分散投資を拒否した指示は「受益者を害するような指示」として裁判所で正当性を否定される可能性があるとする。もし委託者の希望が裁判所によって無効とされるなら、「分散投資義務の強行法規的性格」は相当に強いことになる。この点も、本章の VIII と IX で、リステイトメントと判例を分析する。

VII　残された疑問点

　以上から、分散投資義務には強行法規的側面があるとの指摘があり、それを裏づける判例もあること、そしてその正当化根拠が理解できたが、強行法規的性格とはどの程度のものか、どのような場合に分散投資義務が免除されるのか、具体的な線引きは明らかにならなかった。ラングバインは次のような具体例を挙げていた。第 1 に、倒産したエンロン株の価値が上がると信じている委託者の指示という例で、これはプルーデントでないから無効であるとした。第 2 の例は、IBM が好きだからという理由で IBM 一社の株の保有を命じた委託者の例であり、これもプルーデントでないから無効であると述べた。第 3 の例は、5 社とか 10 社の株だけのポートフォリオであり、このようなものは正当化されないだろうと述べた。

　以下の IX では、リステイトメントのレポーターズ・ノート部分で挙げ

---

65)　Restatement (Third) of Trusts, *id.*, 早川訳・同上 29 頁。
66)　「『リステイトメントも実際の判例法も、受託者の免責条項（とりわけ、当初の集中投資された信託財産をそのまま保持することを認める条項）や、投資に関する裁量権を認める条項について、その効果を限定的に解している。……弁護士は……当該信託に特有な事情を明確に示して、分散投資をしないでよいとすることを、これまで以上に明確に示す条項を起案することが求められている』」。樋口・前掲注2）394 頁。Cline, *supra* note 2.

られていた判例を簡潔に分析する。また、ここまでは、分散投資義務の強行法規的性格につきラングバインの論文を手がかりに理解を試みたが、以下のVIIIでは、ラングバインの説と第3次リステイトメントは同じ立場なのか、リステイトメントの該当箇所を引用し比較する。

VIII　分散投資義務の強行法規的性格
——リステイトメントの立場

　リステイトメントは、上述のように、分散投資義務は任意規定であるとしている。この義務の例外としては、ラングバインと同様に、ファミリービジネスの場合や税金の考慮や受益者にとって特別の価値を有している財産である場合などを挙げている[67]。そのほか、「分散ポートフォリオという原則から外れた投資が正当化されることもあり得る」場合として、次のような場合が挙げられている。「ある信託について特殊な事情や機会が存在するときや、受益者たる家族が特殊なリスクにさらされているようなとき」、「専門的な投資の能力を受託者自身が持っているときまたは受託者が［第三者の］このような能力を利用できるとき、および委託者が特別の目的を定めているとき（たとえば、信託条項がある特定の資産の保有を求めたり推奨したりしているようなとき）など」である[68]。

　また、上記とも重なり、任意規定であることと同じ意味であるが、一般的な例外として、次の2つの場合が挙げられる。ひとつは「特定のタイプの投資の保持または取得を禁じるか、……特定のタイプのものを保持または取得するよう命じる」ような「受託者に命令を与える条項」があるときである[69]。「このような禁止や命令は、それが何らかの公序に反するのでない限り、法的に許されるものであって、受託者の信託資産管理について

---

67)　Restatement（Third）of Trusts § 91, Comment on Clause（b）: e. *Mandatory provisions*, 早川訳・前掲注19) 139-141頁、Restatement（Third）of Trusts § 92, Comment: *d(2). Diversification*, 早川訳・同上165頁。

68)　Restatement（Third）of Trusts § 90, Comment on Prudent Investing: *f. Background principles for prudent investing*, 早川訳・同上32頁。

69)　Restatement（Third）of Trusts § 91, Comment on Clause（b）: e. *Mandatory provisions*, 早川訳・同上139頁。

拘束力をもち、したがって通常のプルーデンスの義務をその限りで排除する」[70]。

　いまひとつは、「受託者に許可を与える条項」があるときである。「投資条項に明示することによって、たとえば適用される制定法や受託者の通常の忠実義務のゆえに通常は許されないような一定の証券や一定のタイプの財産にも受託者が投資することを、認めることができる。同様に、信託が特定の財産（たとえば受益者の一部または全員に特別の利益をもたらすような財産）を保有し続けたり追加取得したりすることが、たとえ一般的にはプルーデントな投資分散の基準から見て不適当であっても、特別にそのような保有や追加取得を認めるような条項を置くことができる」[71]。リステイトメントのコメントは、「特定の投資を許可する条項によって、……分散……義務が変更を加えられることになるか、変更されるとするとどの程度においてかという点は、解釈の問題であるが、なかなか難しい問題である」[72]とし、次のように述べる。「許可条項はプルーデントに行動するという受託者の義務を免除するものではなく、また、投資分散はプルーデントなリスク・マネジメントにとって不可欠のものであるから、信託条項は、これらの要件をはずすことのないよう厳しく解釈される。しかしながら、このような許可条項がある場合には、信託にとっての特別の機会があることや委託者が特別な目的を有していることのゆえに、投資分散の要求が緩和されることもあり得る」[73]。

　ラングバインは、委託者が分散投資でない投資を希望した場合に、それは受益者を害するとして、裁判所が無効とする可能性があると論じているが、リステイトメントの立場は、委託者の命令は「拘束力をもつ」とし、委託者の許可により「投資分散の要求が緩和されることもあり得る」としている。このように、リステイトメントの立場は、ラングバインと比較すると、委託者の意図をより尊重する方向であるように読める。ただし、上

70)　Restatement (Third) of Trusts, *id.*, 早川訳・同上。
71)　Restatement (Third) of Trusts § 91, Comment on Clause (b): *f. Permissive provisions*, 早川訳・同上 141 頁。
72)　Restatement (Third) of Trusts, *id.*, 早川訳・同上 142 頁。
73)　Restatement (Third) of Trusts, *id.*, 早川訳・同上。

記で引用したように、「信託条項は、（分散投資の）要件をはずすことのないよう厳しく解釈される」とも述べており、信託条項の表現があいまい、ないし十分に明瞭でない場合には、分散投資義務が否定されない方向へ解釈されるべきであるとの立場だといえる。具体的事案で裁判所がどのように判断しているかは IX で扱う。

IX　分散投資義務の強行法規的性格
——近年の判例からみえる線引き

　委託者が、分散投資と異なる意図を表明していた場合に、裁判所は分散投資義務をどのように扱っているだろうか。リステイトメントのレポーターズ・ノートによると、信託財産を過度に集中させた資産運用は頻繁に訴訟の種となり続けている[74]。リステイトメントのレポーターズ・ノートで参照されている判例をみると、裁判所が委託者の意図の表明があっても受託者が分散投資を怠ったことに責任ありとする場合と、委託者の意図の表明を根拠として受託者の分散投資義務が免除されたものとみなす場合とに分かれている[75]。以下では、その中の近年の判例から、前者の例、後者の例の順に列挙し、特に後者について信託条項の文言に注目し、どこに線が引かれているかを探る。

1　受託者の分散投資義務が免除されなかった例

　2005 年の Wood 判決[76]は、オハイオ州の統一プルーデント・インベスター法の下で下されたが、「法人である受託者の株を含むいかなる株の保持も許可する」と権限が授与されていた。裁判所は、この文言は受託者が本来なら自身の株を保有することは忠実義務により禁じられるがその忠実義務を免除するものである、ただし受託者は「それでもなおプルーデントに行為する義務を負っており、分散は一般的に言って必要なことである」ため、この文言は「分散義務には影響を与えない」とした[77]。この判決は、

---

74)　Restatement（Third）of Trusts, Reporter's notes on § 92, Comments c and d.

75)　*Id.*

76)　Wood v. U.S. Bank, N.A., 160 Ohio App.3d 831, 828 N.E.2d 1072（Ohio Ct. App. 2005）.

第 3 次リステイトメント 227 条(b)（現在の 90 条(b)）を引用し、「特別な状況」という例外は本事案には適用されないとし、次のように述べた。「適用される制定法や信託条項において投資財産の保持の一般的な権限を授与していることが、一般的に言って、受託者の分散義務や受託者が投資においてプルーデントに行為する一般的義務を免除することはない」[78]。「分散義務が免除されるには、一般にプルーデントと考えられる割合を超えて特定の投資の形で信託財産を保持する権限を授与するか指示する文言が信託条項に含まれていなければならない」[79]。

　また、これはレポーターズ・ノートでは参照されていない判例だが、上述の Fifth Third Bank 判決は、上記の Wood 判決での基準を引用した後、次のように述べた。「本件では、［信託条項で］『受託者は……当初の財産を、……たとえそれが信託財産の中でバランスを欠いた（disproportionate）割合であろうと、その保持から生ずる損失や価値の低下に責任を問われることなく、保持する権限をもつ』とされていたが、我々は、この文言では分散義務を排除した意図を明白に示唆するものとはいえないと結論づける」[80]。

　1995 年の Robertson 判決[81]では、委託者が明示的に「当該企業の株の全部または一部を一時的にまたは永久に」保持する権限を受託者に与えていたが、分散義務が緩和されることはないと結論づけられた。2000 年の Donato 判決[82]も、単に投資の権限を授与しているだけでは、受託者のプルーデントに行為する義務を免除することはないと述べる。

2　受託者の分散投資義務が免除された例

　2006 年の Americans for the Arts 判決[83]は、上記 Wood 判決を引用し

---

77)　*Id.* at 838-839.
78)　*Id.* at 839-840.
79)　*Id.*
80)　*Fifth Third Bank & Reagan*, 2006-Ohio-4506, at ¶23.
81)　Robertson v. Central Jersey Bank & Trust Co., 47 F.3d 1268 (3d Cir. 1995).
82)　Donato v. Bank-Boston, N.A., 110 F.Supp.2d 42 (D.R.I. 2000).
83)　Americans for the Arts v. Ruth Lilly Char. Rem. Annuity Trust, 855 N.E.2d 592 (Ind. Ct. App. 2006).

て、信託条項の文言が分散義務を取り除くことが可能であると述べ、本件
の信託条項の文言が「明示的に分散義務を弱める文言を正確に」含むもの
であったとした。この判決は、Wood判決の次の部分を引用した。「委託
者が受託者の分散義務を取り除きたいなら、彼は単にそう言うことができ
たのだ。彼はその財産保持の条項においてその義務に言及することができ
た。あるいは、分散義務をはっきりと緩和する別の条項を含めることもで
きた。しかし彼はそうしなかった。我々は、信託条項がはっきりとそうす
る［すなわち受託者の分散義務を変更する］意図を示しているのでなけれ
ば、信託条項の文言は受託者の分散義務に変更を加えるものではないと判示す
る」[84]。そのうえで、本件では以下の文言が「分散義務を明示的に緩和す
る文言」であったとして、受託者の分散義務が免除されるとした。その文
言とは、受託者に当該信託財産を「永久に保持する」権限を授与し、明示
的に「受託者によって誠実になされまたは保持されたいかなる投資も、い
かなるリスクがもたらされようとも、もしくは分散投資でなくとも、適切
とみなされる」[85]というものであった。

　2001年のAtwood判決[86]は、信託条項と受託者が信託財産をそのまま
保持することを認める制定法の文言を根拠として、1社の株への過剰と思
われる割合の投資を認めた。受託者は、40年以上に渡り信託財産の3分
の2を超える割合で1社の株を保持したが、信託条項の権限授与の文言を
有効とみなした裁判所は、受益者に当該投資がプルーデントでなかったこ
とを証明する機会も与えなかった。この信託条項の文言は、以下のような
ものであった。「受託者は、……各信託の適切な管理と分配のために合理
的にいって必要あるいは望ましいいかなる行為も行う権限をもつ。そし
て本信託条項が明示的に別段の指示や要求をしていない限り、そして現在
または将来の制定法、判決、法の適用により受託者に与えられるいかなる
権限、権利、裁量があればそれらも活用して、しかしそれらに限定される

---

84)　*Wood*, 828 N.E.2d 1072, at 1077-1078, cited in Americans for the Arts, 855 N.E.2d 592, 601. 下
　　線部分はAmericans for the Arts判決文中で強調のイタリックになっていた部分である。

85)　*Americans for the Arts*, 855 N.E.2d 592, 601. 下線部分はAmericans for the Arts判決文中で
　　強調のイタリックになっていた部分である。

86)　Atwood v. Atwood, 25 P.3d 936 (Okla. Civ. App. 2001).

わけではなく、受託者は、いかなる裁判所や人物からの許可を得ることなしに、当該信託を構成するいかなる財産や株をも売ったり譲渡したりする権限を付与される」[87]。この文言につき、判決は、「したがって、受託者は明白に広い裁量をもっており、……信託条項は彼が望ましいと思うことに従って彼が下す判断という基準を設けているのである。それにもかかわらず、本件では受益者が他の者が望ましいと思うことを基準に受託者に責任を負わせようとしている」[88]と述べ、受益者の訴えを退けている。

　2006 年の Chase Manhattan Bank 判決[89]における遺言は、「Eastman Kodak の株が複数の受益者の間で分配されることと、遺言執行者も受託者も分散のためにこの株を処分しないこと、その価値が減じたことにより責任を問われないことを希望する」、ただし、「分散投資以外のやむにやまれぬ事情がある場合には」当該株式の一部または全部の売却を妨げない、と述べていた。裁判所は、原告のこの「やむにやまれぬ事情」が 1974 年にはあったとする主張を退け、当該株式のファンダメンタルが 2001 年の少し前の時期に変化するまではその事情が存在しなかったとする受託者である銀行の主張を受け入れた。

　II で少し触れた 2005 年の McGinley 判決[90]では、撤回可能信託の条項が「信託法の一般的ルールでは許容されないような性格の」投資を明示的に許可していた。委託者は当該信託設定後に、受託者にエンロン株（信託財産の 75％の価値を占める）を保持するよう明示的に指示し、受託者がその株を保持し監視を怠ったことで責任を問われないと明示する正式な手紙にサインし受託者へ送付した。後に、信託財産は深刻な損害を被り、委託者は訴訟を起こしたが、裁判所は全員一致で第一審裁判所が受託者の主張を認めるサマリージャッジメントを下したことを支持した。このケースの撤回可能信託の条項には、次のような文言があり、委託者は投資につき指図する権限を留保していた。「委託者が生きている間は、彼女が自分のこ

---

87)　*Id.* at 943.

88)　*Id.*

89)　*In re* Chase Manhattan Bank, 26 App.Div.3d 824 (2006), appeal denied, 7 N.Y.3d 824.

90)　*McGinley*, 279 Kan. 426.

とを自分でする能力を失った場合を除いて……いかなる購入または売却についても彼女に相談しなければならず、受託者は彼女の決定に従わなければならない」[91]。上記の正式な手紙の文言は以下のようなものであった。「私は以下の株式の保持を継続するよう……指示する。エンロン社の株式1541株」[92]。「私はあなたがこれらの株式を監視しないことを理解しており、私は本口座の財産としてこれらの株式を保持し続けることにより生ずるいかなる損失、損害、費用……についてもそのすべてにつき当該銀行［受託者］を免責する。さらに、私はこれらの株式につきいかなる分析や監視を行ういかなる責任からも当該銀行を解放する」[93]。この文言につき、判決は、この手紙は次のように言ったも同然だと述べた。「私のエンロン株を売るな。私がそうせよと書面で述べるか死亡するか無能力になるまでは。それを売却するための許可を私に求めて私を煩わせる必要はなく、したがってそれを監視または分析する必要もない。私があなたに命じるのだから」[94]。判決は、次のように述べて、受託者の責任を否定した。「プルーデント・インベスター・ルールは任意規定である。信託条項により、拡大したり縮小したり取り除いたりすることができる。本件では信託条項が、受託者が原告［委託者］の決定に従わなければならないと定めることにより、本質的にいってプルーデント・インベスター・ルールを取り除いている。原告の決定にはエンロン株を保持することと、当該株式の保持による損失についてのいかなる責任からも被告を免責することが含まれていた」[95]。

　個別の事案が異なるため、正確な線引きはもちろん不可能だが、以上の判例から一定程度みえてくる線引きは、委託者の意図の表明は「特定の財産の保持」のみでは足りず、委託者へのより詳細な権限の付与や明示的な分散義務の免除を含んでいる場合に、裁判所は分散義務の免除を認めているというものである。リステイトメントのレポーターズ・ノートは、以下

---

91)　*Id.* at 429.

92)　*Id.*

93)　*Id.* at 429-430.

94)　*Id.* at 438-439. 下線部は判決文中で強調のイタリックになっていた部分である。

95)　*Id.* at 437.

のように、2006 年の論文[96]を引用している。「筆者は［上述の Wood 判決や
Chase Manhattan Bank 判決などの］『最近の裁判例をみれば、信託条項が受
託者の分散義務を免除しているようにみえるときでさえ受益者は受託者が
分散投資をしないことにつき訴えを起こすことは明らかである』と述べる。
『受託者は、分散義務から自由になるために、自らの会社の株式の保持を
許可する信託条項の文言のみに頼ることがないようアドバイスされている。
受託者を分散義務から解放するには、信託条項にその義務をはっきりと免
じる明解な文言がなければならない』」[97]。

X　おわりに

　プルーデント・インベスター・ルールの一部である分散投資義務には、
強行法規的性格があるとの指摘があるが、本章では、その内容、強行法規
的性格の程度、対象範囲、正当化根拠を探った。この強行法規性は、ラン
グバインにより、分散投資が妥当であることと、信託法が従来から「愚か
な」信託目的を無効としてきたこと、「受益者の利益たれ」との強行ルー
ルがあることから、正当化されると論じられた。リステイトメントおよび
判例によれば、分散義務には、ファミリービジネス等の例外が設けられて
いる他、委託者の意図の表明により免除されることもある。ただし、この
意図の表明を裁判所は厳しく解釈しており、明白に分散義務を免除する文
言なしには、当該義務が免除されない可能性がある。この意味で、（ラン
グバインが主張するほど強いものではないが）判例上も分散投資義務に強行
法規的性格が認められることが明らかになった。これはラングバインが指
摘するように、受益者の利益を重視する近年の信託法の原則と調和するも
のである[98]。ただし、リステイトメント上も判例上も、委託者の明解な意
図の表明により分散義務が緩和または免除されることは可能とされており、

96)　D. Shaiken & B. Taylor, *Trustees Beware: Courts Rule on Duty to Diversify Large Concentrations of Stock*, Connecticut Lawyer 14, 27 (Aug./Sept. 2006).

97)　Restatement (Third) of Trusts, Reporter's notes on § 92, Comments c and d. この指摘は、前掲注 66) に引用した指摘と共通している。

98)　樋口・前掲注 2）377-378 頁でも、受益者保護と任意法規性につき論じられる。

この点は、アメリカ信託法のもうひとつの原則である委託者の自由意思の尊重および任意法規性の重視が反映されているといえる。次のように言い換えることもできる。信託は委託者の意思を実現するものでなければならない。そして同時に、受益者の利益にもならねばならない。両者は時に矛盾することがあり、その一例が分散義務をめぐる場面である。これら 2 つの要請のどこでバランスを取るか、ラングバイン説、リステイトメント、判例がそれぞれに道を探ってきた。

　受託者の立場からは、以下のことがいえる。プルーデント・インベスター・ルールの受託者に対する「プルーデントであれ」との要請は、「現代ポートフォリオ理論」という経済学の知見を前提として分散投資を命ずるものであり、これには強行法規的性格もある。投資を分散させずかつ運用結果が悪かった場合には、受託者はその結果に責任を負うことになる場合もある。委託者が分散投資を望まない意図を表明している際には、受託者には、それが裁判所で有効に扱われるものか慎重に判断することが求められている。

第6章

合理的な投資家の準則とスチュワードシップ活動

神作裕之

I　はじめに

　アメリカ法律家協会が制定した信託法第3次リステイトメントは、第90条において、「合理的な投資家の準則（prudent investor rule）」を提示する[1]。受託者の投資責任に係る法規範であるこの準則については、第5章で詳細な検討がなされるが[2]、本章では、投資した財産が議決権などの権利を有する株式等であった場合、受託者は、合理的な投資家の準則の下で、議決権をはじめとする株主権の行使についてどのような行為規範に基づいて行動すべきであると考えられるかを検討する。

　合理的な投資家の準則は、現代ポートフォリオ理論に整合的な法規範である。ところが、現代ポートフォリオ理論は、分散投資に関する経済理論であって、かつ、効率的資本市場仮説を前提としているため、投資財産が有する議決権をはじめとする共益権の価値や株主権の有効な行使により企業価値自体が増加し得るという点については直截的には対象にしていないように思われる。そして、現代ポートフォリオ理論を下敷きにする合理的な投資家の準則もまた、信託財産である株式等の議決権行使などのスチュワードシップ活動について消極的な態度をとっているものと考えられる。

　また、機関投資家に対するスチュワードシップ行動に係るアメリカの監

1）　American Law Institute, Restatement (Third) of Trusts §90 (2007). 信託法第3次リステイトメントにおける合理的な投資家の準則についての代表的解説として、Edward C. Halbach, Jr., Trust Investment Law in the Third Restatement, 77 Iowa L. Rev. 1151 (1992) 参照。

2）　本書第5章〔小山田朋子〕参照。

督法上の規制に目を向けても、ポートフォリオに組み入れた投資先企業を積極的にコントロールすることまで求めるものではなく、より消極的な投資を前提にするものが多い[3]。合理的な投資家の準則の考え方の基本にある投資の分散およびリスクの低下に鑑みるならば、投資事業以外の事業を営むことを制限するという、むしろ積極的なスチュワードシップ活動を前提としない法規制が監督法上も基本であるといえる。登録投資会社や登録投資顧問業者については、それとはやや方向を異にする業規制が存在するが、例外として位置づけるべきであろう。

　ところが、アメリカにおいても、2018年1月より民間ベースのスチュワードシップ・コードが策定された。アメリカのみならず世界的に有力な機関投資家がエンゲージメントに関わる行為が推奨する同コードにサインアップしている状況である。そのような中、議決権の行使等をはじめとするスチュワードシップ活動について、合理的な投資家の準則の下で、受託者にはどのような行為義務があると解釈されることになるのであろうか。

　本章では、合理的な投資家の準則の概要と理論的背景を検討し（II）、とくに信託法第3次リステイトメントが議決権行使をはじめとする受託者のスチュワードシップ活動についてどのような立場をとっているかを概観する（III）。続いて、合理的な投資家の準則が導入されて以降、アメリカにおける受託者の投資運用にどのような影響が生じたか、また、スチュワードシップ活動に関する最近のアメリカの動向に触れ（IV）、合理的な投資家の準則の今後の展開の可能性について述べて結びとする（V）。

II　合理的な投資家の準則──概要と理論的背景

1　沿　革

　合理的な投資家の準則が始めて定立されたのは、アメリカ法律協会（American Law Institute）の信託法第2次リステイトメントにおいてであ

---

3)　アメリカにおける受認者としての金融機関のスチュワードシップ活動に係る監督法上の規制については、投資会社法と投資顧問業法を中心に概観した拙稿を参照いただくと幸いである（神作裕之「日本版スチュワードシップ・コードの規範性について」黒沼悦郎・藤田友敬編『江頭憲治郎先生古稀記念　企業法の進路』（有斐閣・2017年）1034-1041頁）。

る。すなわち、1959年に制定された第2次リステイトメント第227条は、
「合理的な人が、自己の財産につき、資産の維持ならびにそこから生じる
収入の金額および安定性を考慮して行うであろう投資を、そして、そのよ
うな投資のみを行う義務」をいわゆる「合理的な投資者の準則（prudent
man rule)」として定めた[4]。第2次リステイトメント以前は、合理的な投
資とは、保守的な投資を意味し、受託者が投資し得る対象を法律で規定す
るか、あるいは判例法によって特定の金融商品を投資対象から除外するリ
ーガルリスト・ルールが支配的であったとされる[5]。現在も部分的には残
っているものの、リーガルリスト・ルールはほぼ廃棄されたといって良く、
しかしながら受託者は投機的な投資をすべきではないと解されていた[6]。
第2次リステイトメントは、リーガルリスト・ルールを廃棄し、自己の財
産について行うのと同様に、元本を維持し収益の安定性を尊重した投資を
行う義務を課したのである。

　ところが、そのような第2次リステイトメントにおける合理的な投資家
の準則によって、実務でどのようなことが生じたかというと、元本保証の
ある債券等を中心に投資した結果、高いインフレ率により信託財産の実質
価値が毀損するという重大なリスクを抱えることになったとされる[7]。ラ
ングバイン教授は、第2次世界大戦後のインフレにより債券保有者は重大
なインフレ・リスクを負うことになったと指摘する[8]。信託法第2次リス
テイトメントに先立つ1952年にマコービッツ教授はすでに現代ポートフ
ォリオ理論と呼ばれる投資理論を唱えていた[9]。リーガルリスト・ルール

---

4 ）　American Law Institute, Restatement (Second) of Trusts § 227 (1959).

5 ）　これに対し、合理的な投資家であれば行うであろうように投資しなければならないとして、
　　リーガルリスト・ルールとは異なるより一般的な準則を定立しながらも、しかしながら投機的
　　な投資はしてはならないとする判例法理が存在した（Harvard College v. Amory, 26 Mass. (9
　　Pick.) 446 (1830)）。

6 ）　Bevis Longstreth, MODERN INVESTMENT MANAGEMENT AND THE PRUDENT MAN RULE, pp. 5-6
　　(1987).

7 ）　Jeffrey N. Gordon, The Puzzling Persistence of the Constrained Prudent Man Rule, 62
　　N.Y.U.L. REV. 52, note 145 p. 92 (1987).

8 ）　John H. Langbein, The Uniform Prudent Investor Act and the Future of Trust Investing, 81
　　IOWA L. REV. 641, p. 645 (1996).

9 ）　Harry Markowitz, Portfolio Selection, 7 J. FIN. 77, p. 77 (1952).

を採用している州よりも合理的な投資家の準則を採用している州における
投資の運用成績が良いという実績や債券に生じた重大なインフレ・リス
ク[10]等を背景に、法律学者もまた、合理的な投資家の準則はリーガルリス
ト・ルールより優れているけれども、当時の合理的な投資家の準則は受益
者にとって有利な投資を妨げている不幸な制約であるとして、むしろ現代
ポートフォリオ理論に基づき信託法を見直すべきであると主張するように
なった[11]。

　2007 年に制定されたアメリカ法律協会の信託法第 3 次リステイトメン
ト第 90 条は、合理的な投資家の一般準則を、現代ポートフォリオ理論を
下敷きとして規定する。なお、本条は、信託法第 3 次リステイトメントの
先駆けとして、他の部分より 10 年以上も前の 1992 年に公表された[12]。
2012 年に信託法第 3 次リステイトメントが完成し、全体の編綴が見直さ
れた際に、第 90 条に置かれたものである。合理的な投資者の準則が第 3
次リステイトメントの先陣を切って見直されたという事実は、受託者の投
資に関する規律の変更が喫緊かつ重大な課題であると理解されていたこと
の証左であろう。

　なお、信託法第 3 次リステイトメントの合理的な投資家の準則が公表さ
れた 2 年後の 1994 年には、統一州法委員全国会議（National Conference of
Commissioners on Uniform State Laws, NCCUSL）が、その影響を強く受け
て[13]「合理的な投資家に関する統一法」を策定した[14]。さらに、2005 年
に策定されたアメリカのモデル法である統一信託法典（Uniform Trust
Code）もまた、合理的な投資家の準則に関する部分は、「合理的な投資家

---

10)　Robert J. Aalberts & Percy S. Poon, The New Prudent Investor Rule and The Modern
　　Portfolio Theory: A New Direction for Fiduciaries, 34 Am. Bus. L. J. 39, pp. 42-48 (1996).

11)　John H. Langbein & Richard A. Posner, Market Funds and Trust-Investment Law, 1976 Am.
　　B. Found. Res. J. 1; Gordon, *supra* note 7, p. 56 など参照。信託法第 3 次リステイトメント第 6 章
　　の冒頭の注釈においても、文献と実務に支えられた改正であったと説明されている（Restate-
　　ment（Third）of Trusts, *supra* note 1, Ch. 6, Introductory Note）。

12)　American Law Institute, Restatement (Third) of Trusts: Prudent Investor Rule (1992).

13)　Mark Kovalcin, Prudence Redefined: Finding the Happy Medium between Prudence and
　　Risk for the Uniform Prudent Investor Act, 27 Widener Commw. L. Rev. 249, p. 261 (2018).

14)　National Conference of Commissioners on Uniform State Laws, Uniform Prudent Investor
　　Act (1994).

に関する統一法」と実質的に同一であり、したがって信託法第３次リステイトメントの影響を強く受けている[15]。

2　概　　要

　アメリカ法律協会の信託法第３次リステイトメント第90条は、次のように定める。

第90条　合理的な投資の一般的基準

　受託者は、信託の目的、条項、分配要件その他の状況に照らして、合理的な投資家であれば行うであろう方法で、信託資金を投資し管理・運用する義務を、受益者に対して負う。

　(a)　この基準は、合理的な注意、能力および配慮を用いることを要求する。また、基準の運用にあたっては、個々の投資を、当該信託のポートフォリオから切り離すことなく、そのポートフォリオ全体との関係において判断し、かつ、合理的にみて当該信託に適切であるようなリスクと収益の目標を設定した総合的な投資戦略の一部として判断しなければならない。

　(b)　投資の決定および実施にあたっては、受託者は、その状況においてはそうしないことが合理的とされる場合を除いて、信託投資を分散する義務を負う。

　(c)　さらに、受託者は、次の各号に掲げる義務を負う。

　　(1)　受託者としての基本的な義務である忠実義務（第78条）および公平義務（第79条）

　　(2)　権限委託の是非および方法について判断するに際して、また代理人を選任し監督する（第80条）に際して、合理的に行動する義務、かつ

　　(3)　金額が合理的であり、かつ、受託者の投資責任（第88条）にとって妥当である費用のみを支出する義務

　(d)　本条に定める受託者の義務は、信託条項または制定法に投資に関する別段の定めがある場合について規定する第91条の準則に従う。

---

15)　統一信託法典第8章および第9章参照。なお、統一信託法典は、統一法委員会が2000年に策定したモデル法である。統一信託法典については、大塚正民・樋口範雄編著『現代アメリカ信託法』（有信堂高文社・2002年）参照。

　合理的な投資家の準則の基本的な考え方は、次のようなものである。第1に、現代ポートフォリオ理論の最大公約数を前提とした受託者の投資責任に関する一般的規範を定立したものであること[16]。ポートフォリオとは、さまざまな安全資産と危険資産の組み合わせによって得られる集合的な投資機会が作出するリスクと収益の組み合わせを意味する。これにより、投機的な投資をしてはならないという伝統的な意味における合理的な投資家の準則が廃棄される一方[17]、現代ポートフォリオ理論に基づき分散投資義務が課されることになった[18]。個々の投資に着目するのではなく、特定のポートフォリオに着目しそれが予想している効果に照らして受託者の義務と責任が議論されることになるのである[19]。

　第2に、結果責任ではないことが強調され、行為規範であって「後知恵を禁止」するものであることが明確にされた[20]。

　第3に、少なくともセミストロング型の効率的資本市場を前提にしていること、すなわち市場に公表された公開情報に基づいて「市場に勝つ」ことはできないという立場を前提にしていること。

　第4に、受託者は、合理的な投資家であれば他人に委託する場合には、委託できるばかりではなく、委託しなければならないとして、自己執行義務を認める伝統的なルールから転換した。

　合理的な投資家の行為規範は、具体的には次の5原則を柱とする[21]。

① 　期待収益が同じである場合には、リスクと費用が最低になるような投資を行うよう注意を尽くす義務。

---

16) 　第3次リステイトメント自身、現代ポートフォリオ理論に基づくことを明言している（Restatement（Third）of Trusts: Prudent Investor Rule, Ch. 7, topic 5, p. 2（Proposed Final Draft 1990））。

17) 　Restatement（Third）of Trusts, *supra* note 1, § 90 comment f.

18) 　Restatement（Third）of Trusts, *supra* note 1, § 90（b）. もっとも、分散投資義務は、すでに第2次リステイトメントにおいても認められており、第3次リステイトメントで新たに課されたわけではない（Restatement（Second）of Trusts § 228）。しかし、第3次リステイトメントは、本文に述べるように、現代ポートフォリオ理論に基づく分散投資を求めているため、マーケットリスク以外のリスクを完全に消去するような分散投資を行うことが要請されている。

19) 　Restatement（Third）of Trusts, *supra* note 1, § 90 comment f.

20) 　Restatement（Third）of Trusts, *supra* note 1, § 90 comment b.

21) 　Restatement（Third）of Trusts, *supra* note 1, § 90 comment f.

② 　個々の投資または投資行動だけを取り出してそれ自体で合理的な投資
　かどうかが判断されるのではなく、当該信託のポートフォリオ全体に着
　目して判断される（④参照）。

③ 　分散投資義務（ただし、⑤参照）。

④ 　パッシブな投資戦略をとる場合には、市場リスクを高めることにより
　効率的な分散ポートフォリオの期待収益を高めることが目指される。そ
　の際、市場リスクを高めることによりもたらされる資産価額のボラティ
　リティおよび一定の年度・期間におけるポートフォリオの実際のボラテ
　ィリティが高まるリスクを当該信託が許容し得るかどうかという観点か
　ら判断する必要がある。

⑤ 　分散ポートフォリオの原則からの乖離が正当化される場合があり得る。
　具体的には、特殊な事情や機会の存在、受益者の特殊なリスク、受託者
　の専門的投資能力、委託者の特別な目的などから判断される。

3　現代ポートフォリオ理論と効率的資本市場仮説の影響

　信託法第3次リステイトメントにおける合理的な投資家の準則とは、受
託者には適切なリスク管理を行う義務があり、その基本は投資の健全な分
散であるというものである。では、「健全な分散」とは、どのような意味
であろうか。

　信託法第3次リステイトメント第90条(a)にいう「配慮を用いる」義務
とは、リスクを回避することではなく、合理的にリスクを管理することで
あるとされる[22]。リスクとは、期待収益のボラティリティを意味し、受託
者に求められるリスク管理とは、「特定の信託のリスク許容度すなわちボ
ラティリティに関する許容度に配慮すること」である。リスク許容度は、
主として、①当該信託の定期的な分配要件、および、②必要または適切と
考えられる不定期的な分配の組み合わせによって決定され、それらは、信
託条項と受益者のニーズにより決まることになる。リスクと収益は密接に
関連しているため、受託者は、自己の運営する信託の目的、収益分配要件

---

22)　Restatement (Third) of Trusts, *supra* note 1, § 90 comment e.

その他の事情に鑑み、適切なリスク許容度を決定しなければならない[23]。受託者は、当該信託の投資計画のニーズおよび現実的な目的によって正当化されない費用を負担してはならないことは当然である[24]。とくに民事信託においては、受託者の公平義務に基づき、現時点の収入と将来の期待収益の両要素のバランスをとらなければならないとされる。さらに、受託者は、合理的な投資家であれば他人に委託する場合には、委託できるばかりではなく、委託しなければならない[25]。

　受託者のリスク管理義務を理解するためには、分散可能なリスクと、分散不能な市場リスクとを区別する必要がある。この区別は、リスクレベルの目標設定と信託ポートフォリオの分散の双方に係る信認義務を考察するに際し有益である。分散可能なリスクとは、適切なポートフォリオを組成することにより減少させることができるリスクをいい、このリスクに対しプレミアムは支払われない。「配慮を用いる」義務とは、通常は、分散可能リスクを最小化するか、または少なくともそれを削減するために合理的な注意を払い能力を発揮することを意味する。ポートフォリオを組成し、マイナスの相関関係をもつ証券等を組み入れることにより、当該ポートフォリオの平均期待収益を減じることなく、ボラティリティだけを減少させることができる。ポートフォリオの期待収益は、個々の資産の期待収益の加重平均にほかならないが、分散投資によって、期待収益を変化させることなく、スペシフィックリスクもしくはユニークリスクと呼ばれるボラティリティだけを減少させることができるのである。このことが、受託者は基本的な義務として分散投資義務を負うとされる理論的な根拠となっている[26]。

　これに対し、市場リスクに関しては、どのレベルの期待収益を求めるべ

---

23)　Restatement (Third) of Trusts, *supra* note 1, § 90 comment e.

24)　Restatement (Third) of Trusts, *supra* note 1, § 90 (c)(3).

25)　Restatement (Third) of Trusts, *supra* note 1, § 90 (c)(2) and comment j.

26)　なお、単一の種類の資産に集中的に投資しても、信託の目的、信託条項、債務その他の諸事情に鑑み、配慮義務と公平義務が当該信託の目標に合致するように配慮義務と公平義務が尽くされている限り、つねに分散投資要件に反し義務違反となるわけではない（Restatement (Third) of Trusts, *supra* note 1, § 90 comment g）。

きであるかに応じて、どの程度のリスクをとることが適切であるかが個別
具体的に判断されることになり、受託者の主観的判断によるところが大き
い。受託者は、当該信託の目的および当該信託と受益者に係る諸般の事情
を注意深く検討することにより、市場リスクの許容度について決定すべき
であるとされる[27]。資本市場における投資対象の資産価格は、収益と市場
価格の変動により構成される将来収益の予測に基づいて決定される。そこ
では、平均収益のみならず、平均からの乖離すなわち「分散」についても
評価される。投資家は一般にリスク回避的なので、リスクの増加に対して
は報酬の追加的な支払を求めることなる。第3次リステイトメントは、リ
スクと報酬のトレードオフについて、受託者は、注意を払わなければなら
ないとし、報酬を付与されるリスクの許容度と範囲について合理的に判断
することを求めている[28]。

　もっとも、前述したようにここで分散可能なリスクには、市場リスクは
含まれず、投資家は一般にリスク回避的であるという前提の下、市場リス
クに対しては、プレミアムが支払われることになる。安全資産と危険資産
とをどのように組み合わせるのが望ましいかは投資者の選好に依存し、投
資者によって異なるものとなる。ところが、危険資産のミックスは、投資
家のリスクと収益に関する選好とは独立に、客観的に決定される。この危
険資産のミックスを市場ポートフォリオという。市場ポートフォリオによ
り、分散可能なリスクを制御することが理論的に可能になるのである。

　上述した現代ポートフォリオ理論の前提にあるのは、効率的資本市場仮
説である。効率的資本市場仮説によれば、市場価格は投資家が投資戦略を
構築するために必要なすべての利用可能な情報を反映していることにな
る[29]。すなわち、リスクと期待収益を反映する仕組みとしての市場価格の
信頼性が、現代ポートフォリオ理論の前提になっているのである。同理論
によれば、パッシブな投資戦略が合理的な戦略となる。信託法第3次リス

---

27) もっとも、アクティブな運用戦略を排除するものではないことが明言されている（Restate-
　ment（Third）of Trusts, *supra* note 1, § 90 comment e）。

28) Restatement（Third）of Trusts, *supra* note 1, § 90 comment g.

29) Eugene F. Fama, Efficient Capital Markets: A Review of Theory and Empirical Work, 25. J.
　Fɪɴ. 383, 384（1970）.

テイトメントは、同仮説が支持されるという前提に基本的に立脚している
ものと考えられる[30]。

III　合理的な投資家の準則の下でのスチュワードシップ活動

　IIに述べたように、合理的な投資家の準則は、ポートフォリオの策定と
リスク管理をその基本とする。合理的な投資家の準則は、現代ポートフォ
リオ理論に整合的な規律として、かつ、効率的資本市場仮説を前提として、
信託法第2次リステイトメントが採用していた合理的な投資家の準則とは
異なる新たな衣をまとった。受託者がポートフォリオを組成して分散投資
義務を実践する場合には、その行動は主として銘柄の選定および入れ替え
等になり、「ウォール・ストリート・ルール」が前提となる。すなわち、
ポートフォリオに組み入れた個別の株式について議決権行使や経営者との
対話等のスチュワードシップ活動に熱心に取り組むことは、コスト倒れに
なる可能性があると解されてきたと考えられる。

　それどころか、信託法第3次リステイトメントは、分散投資自体がコス
ト倒れになるという反論を気にしている。信託法第3次リステイトメント
第90条(c)(3)は、受託者に対し「金額が合理的であり、かつ、受託者の投
資責任（第88条）にとって妥当である費用のみを支出する義務」を課し
ている。Reporte's Noteにおいて、分散投資には取引費用が高くなり、か
えって受託者義務にもとる結果になるとの批判があるとし、それに対して
は投資信託などの集団投資スキームの開発と発展により克服されるであろ
うと答えている。ましてや、スチュワードシップ活動が合理的かつ妥当な
支出といえるかどうかは一層明確でなく、受託者のスチュワードシップ活
動を制限する方向に働いてきたと考えられる。

　信託法第3次リステイトメントにおいて、信託財産に株式が含まれてい
る場合、その議決権行使などのスチュワードシップ活動についての言及が

---

30)　Restatement（Third）of Trusts, *supra* note 1, § 90 comment e-h; reporter's notes on
　　comments e-h.

ないのは、そのためであると推測される。さらに、分散投資である以上、ポートフォリオに組み入れた個別の株式銘柄については、影響力を行使し得るほどの持株比率に達しないのが通常であろう。

　第90条のコメントに掲げられている【設例12】は、分散投資原則から、個別の株式銘柄に集中投資することの問題点を説いている。

　すなわち、【設例12】は、W が遺言により、夫 H を受益者とし、H 死亡後は W の親族のうち予め指定された者に残余の元本を給付する旨の信託を設定したケースである。受託者である T は、信託財産の大半を、注意深い分析の結果、3 つの新興企業の普通株式に投資した。なお、T は、自身の個人財産も当該新興企業に投資して成功を収めてきた。ところが、T は、適切な配慮義務に違反すると述べられている。いわゆるアクティブ運用に属する運用手法であると考えられるが、このような手法の投資は、基本的に分散投資義務に違反するという立場がとられているのである。

　次に、当初の信託財産が主として 1 社または少数の会社の株式から構成されていた場合はどうであろうか。この問題について、信託法第 3 次リステイトメントは、第 92 条において、次のように規定する。

> **第 92 条　当初の投資に関する義務**
> 　受託者は、信託設定後の合理的な期間内に、第 90 条および第 91 条の要件を満たすことを目的として、信託財産の内容を審査し、当初の投資を維持するか処分するかを決定しかつその決定を実施する義務を負う。

　同条は、当初信託財産について、受託者は、当該信託の目的、条項、分配条件その他の事情に照らして、合理的な投資家であれば行うように信託ポートフォリオの組成を見直し、構築し直す義務を負う旨を定める。受託者は、当初信託財産のうち、どれを維持し、どれを売却し、何を購入し、あるいは何と何を交換すべきかを決定する義務を負うとする。この見直しは、不相当に遅延する前のしかるべき期間内に行わなければならない。その期間は、資産の性質、処分の理由、価格査定の要否、市場の有無、当該市場における相対的な価格効率性の程度などの要素に鑑み、信託条項の定め、投資戦略、再投資に関する計画や機会の内容等、諸般の事情に鑑み、

判断される[31]。

　リステイトメント第92条に関するコメントにおいて議決権について言及しているのは、信託ポートフォリオの再構築義務に関する【設例1】である。Sは、Tを受託者として残余財産を遺贈し、C（Sの子）を終身受益者、Cの死後はその子孫に残余財産を交付する旨の信託を設定したという設例である。Sの遺言執行者がTに交付した信託財産の40％は、上場会社であるX社の株式であった。当該遺言信託には、X社株式の取扱いについて言及がなかった。Sが、X社株式を信託財産として保有し続けることを是とする事情や証拠、または、X社株式が議決権などによりCおよび本件信託にとってとくに価値が高いものであることを示す事情や証拠がなければ、Tは、X社株式の大部分を売却して、本件信託の投資を分散する義務を負うと述べる。議決権などによりとくに価値が高いものであることを示す事情や証拠がない限り、分散投資義務が優先すると述べる一方、当該議決権をどのように行使すべきであるかについては一切言及がない。

　もっとも、スチュワードシップ活動に取り組むことによってポートフォリオ全体の価値が増加する場合には、そのような戦略をとることが受益者の最善の利益に資するとして、受託者の義務になることは認められている[32]。すなわち、明らかにコーポレートガバナンスが劣っている証拠があるのに投資家がそれについて何ら対策を講じない場合には、投資家は注意義務に違反するとされる[33]。

---

31)　Restatement (Third) of Trusts, *supra* note 1, § 92 comment a.

32)　Richard H. Koppes & Maureen L. Reilly, An Ounce of Prevention: Meeting the Fiduciary Duty to Monitor an Index Fund Thruough Relationship Investing, 20 J. Corp. L. 3, 413, pp. 429-431 (1995).

33)　なお、イギリスにおける Myners 卿の報告書も、株主積極主義を採用することがファンドの受益者の最善の経済的利益に資する場合には、議論のあるところではあるがアクティブ戦略をとることが受託者の法的義務であると述べていた。UK, Chancellor of the Exchequer, Institutional Investment in the United Kingdom: A Review by Paul Myners, section 5.89-5.93, pp. 92-93 (2001). < http://uksif.org/wp-content/uploads/2012/12/MYNERS-P.-2001.-Institutional-Investment-in-the-United-Kingdom-A-Review.pdf >

IV 実務の変化

1 合理的な投資家の準則が実務に与えた影響

　合理的な投資家の準則は、信託実務に対し、大きな影響を与えたとされる。なお、合理的な投資家の準則は、本書が扱う信託法第3次リステイトメントだけでなく、合理的な投資家に関する統一法[34]や統一信託法典[35]においても採用され、これらはいずれも現代ポートフォリオ理論の影響を強く受けている。そして、新たな合理的な投資家の準則の下で、エクイティとりわけ株式に対する投資が拡大し、それらがポートフォリオの重要な割合を占めるようになったとされる。たとえば、ある実証研究によれば、合理的な投資家の準則の適用により、信託財産に占める株式の割合が、3％から10％ほど増加したとされる[36]。

　さらに、アメリカでは、投資信託等をも利用しつつパッシブ運用が増加しているが、しかしながらアクティブ運用をする投資ファンドの数も決して少なくないことに留意する必要がある[37]。

2 アメリカにおけるスチュワードシップ活動

　ところが、基本的には機関投資家のスチュワードシップ活動に消極的であったアメリカにおいて、2018年1月1日、Stewardship Framework for Institutional Investors という民間主導のスチュワードシップ・コードが発効した[38]。資産運用会社の世界トップスリーである BlackRock、Van-

---

34)　Uniform Prudent Investor Act.

35)　Uniform Trust Code.

36)　Max M. Schanzenbach & Robert H. Sitkoff, Did Reform of Prudent Trust Investment Laws Change Trust Portfolio Allocation?, 50 J. L. & Econ. 681, 682 (2007).

37)　Brian J. Bushee, Mary Ellen Carter & Joseph J. Gerakos, Institutional Investor Preferences for Corporate Governance Mechanisms, 26 J. Management Accounting Research 2, 123 (2014). 純粋なパッシブ運用をしている投資ファンドは、20％に過ぎないとされ、インデックス等を用い分散に留意しながらも大半の投資ファンドはアクティブ運用であるとする研究がある (Scott Vincent, Is Portfolio Theory Harming Your Portfolio?, 6 Journal of Applied Research in Accounting & Finance 1, 2 (2011))。

38)　Investor Stewardship Group, Stewardship Principles: Stewardship Framework for

guard、State Street Global Advisors のほか、J.P.Morgan、さらには Cal-PERS や CalSTRS 等の資産保有者を含む、影響力の大きい機関投資家が、これに従うことを表明している。

　パッシブな投資戦略を採用しているアメリカの機関投資家も、スチュワードシップ活動を重視するようになってきたのである[39]。これは、注目すべき動向である。パッシブな投資戦略は原理的にスチュワードシップ活動に矛盾し、その成果がフリーライドされてしまうという難点があるにもかかわらず、また、スチュワードシップ活動は取引費用を高めそれに比した便益を生まないという批判があるのにもかかわらず、なぜ、アメリカにおいて、スチュワードシップ活動が急速にかつ大きなうねりとなって生じてきたのか。スチュワードシップ・コードの策定と採択の広がりの背景について、投資家と投資先企業の対話は加速度的に行われるようになっており、その地歩を固めるために今が重要な時であるという認識があるという分析がなされている[40]。投資先企業の取締役会と経営者が株主に対し説明責任を尽くすべきであるとともに、機関投資家もまた受益者に対し説明責任を果たす必要があるということである。

　このことは、単に影響力の大きい機関投資家が民間主導のスチュワードシップ・コードを受諾することを表明したことだけではなく、Morning-star が 2017 年 2 月に公表した調査結果によっても裏づけられる[41]。これは、野村アセットマネジメントおよび日興アセットマネジメントを含む日米欧の規模の大きい 12 のインデックス・ファンドの運用機関に対する調査をまとめたものである。さらに、同調査結果は、大変興味深い知見を含

Institutional Investors. < https://isgframework.org/stewardship-principles/>

39)　大半の投資ファンドはプロの投資運用業者に運用を委託し、信託法上の受託者であるかどうかにかかわらず立法または契約により信認義務を負う。受託者の義務に関する法理は、信認義務の中核であり淵源である。

40)　Amanda White, Top US funds embrace stewardship code. < https://www.top1000funds.com/2017/02/top-us-funds-embrace-stewardship-code/>

41)　Morningstar, Passive Fund Providers Take an Active Approach to Investment Steward-ship, December 2017, p. 15. < http://www.morningstar.com/content/dam/marketing/shared/pdfs/Research/Morningstar-Passive-Active-Stewardship.pdf >

んでいる[42]。たとえば、同調査は、議決権行使については、アメリカ系の金融機関は反対票を最後の手段として投じる傾向が強いのに対し、欧州系の金融機関は躊躇せず反対票を投じると指摘している。

　欧州の金融機関に比較すると、アメリカのパッシブ運用の機関投資家のスチュワードシップ活動は、たとえば貸株について議決権行使のために返還を求めないなど緩やかであるとされる[43]。欧州で組成される ETF も、シンセティック・レプリケーション型の ETF は 2010 年を境に減少傾向にあり、現物拠出タイプの ETF が増加し、4 分の 3 を占める[44]。さらに、スチュワードシップ活動に当たり、いわゆる ESG の要素を発展させることを目的とする傾向が強まっていると指摘される[45]。アメリカにおけるスチュワードシップ・コードの策定の運用は、アメリカ系の金融機関の行動様式が欧州系の金融機関のそれに接近していることを示唆する。

　その背景は、第 1 に、責任投資を重視する最終投資家の要求が強まっている、第 2 に、会社経営に対してより強いコントロールを求める規制当局のプレッシャーが強まっている、および第 3 に、日本版スチュワードシップ・コードのような ESG 要素を重視するスチュワードシップ・コードを策定する国や地域が増加しているという事情があると考えられる。

V　おわりに

　アメリカ法律協会の信託法第 3 次リステイトメントが規定する合理的な投資家の準則は、統一州法委員全国会議の策定した合理的な投資家に関する統一法および統一信託法典（Uniform Trust Code）とともに、現代ポートフォリオ理論に立脚しており、実務もまたそれに従って株式に対する投

---

42)　Morningstar, *supra* note 41, p. 1 and 2. Charles Schwab アセットマネジメントを除く調査対象全 12 社は、スチュワードシップ活動を強化する方針であるという。なお、Charles Schwab アセットマネジメントは、責任投資原則（Principles for Responsible Investment）に署名していない。その理由は、コストがかかり、それに見合う利益があることの確かな証拠がないためである（同 p. 15）。

43)　Morningstar, *supra* note 41, p. 12.

44)　Morningstar, *supra* note 41, Exhibit 7, p. 12.

45)　Morningstar, *supra* note 41, pp. 2-3.

資を増やしてきた。このことは、アメリカの投資運用業の発展をもたらすとともに投資家の利益にも資してきたと評価できるが、そのアメリカで、アクティブ運用をする投資ファンドが多いという事実は[46]、現代ポートフォリオ理論と異なり、実際には分散投資によって市場リスク以外のリスクを除去できるとは多くの投資家は考えていない可能性を示唆する。ここから、現代ポートフォリオ理論と効率的資本市場仮説は実際には妥当していないのではないかという疑念が惹起される。さらに、アメリカにおいても、スチュワードシップ責任が、ソフトローのレベルではあるが、受託者を含む社会規範として急速に発展しつつあることが注目される。また、投資会社法やERISA（Employee Retirement Income Security Act）においては、受託者にスチュワードシップ活動に関連した開示義務やスチュワードシップ責任が法定されている[47]。

　アメリカにおけるこのような動向は、どのように評価できるであろうか。第1に、アメリカの合理的な投資家の準則は現代ポートフォリオ理論に立脚するものであるが、当該理論は、投資に関する経済理論であって、いわゆるエージェンシー問題に対処するものではないという点である。すなわち、現代ポートフォリオ理論における投資家は、エージェンシー問題のない投資家であると考えられる。他方、エージェンシー問題は、信託法においては重要な課題である[48]。というのは、受託者は、仮にスチュワードシップ活動によって信託財産の価値が増加してもそれに与れるわけではなく、かつ、もし仮にスチュワードシップ活動をしたことに基づいて合理的な投資家の準則に違反することになれば法的責任が生じ得るからである[49]。と

---

46)　前掲注37）に引用した文献参照。

47)　神作・前掲注3）の文献参照。

48)　信託におけるエージェンシー問題については、Robert H. Sitkoff, An Agency Costs Theory of Trust Law, 89 CORNELL L. REV. 621 (2004) 参照。とくに640頁以下に詳しい。

49)　Gordon, *supra* note 7, pp. 83-84. なお、信託におけるエージェンシー問題という観点から、第3次リステイトメントにおける合理的な投資家の準則は株式等への投資を行わないというエージェンシー問題を解決したことを評価しつつも、リーガルリスト方式や信託法第2次リステイトメントにおける合理的な投資家の準則には過度のマーケットリスクをとるというエージェンシーコストを低減する意義があったと再評価する研究もある（Stewart E. Sterk, Rethinking Trust Law Reform: How Prudent is Modern Prudent Investor Doctrine, 95 CORNELL L. REV. 851 (2010), pp. 883-885）。

くに信託法第 3 次リステイトメント第 90 条(c)(3)の規定との関係で、むしろ、スチュワードシップ活動が仮に受益者にとって有益であってもその努力をしないという問題が生じ得る。というのは、第 3 次リステイトメント第 90 条(c)(3)が「金額が合理的であり、かつ、受託者の投資責任（第 88 条）にとって妥当である費用のみを支出する義務」を課しているところ、スチュワードシップ活動に係る支出が合理的かつ妥当な支出といえるかどうかは明確でないため、受託者のスチュワードシップ活動を制限する方向に働いてきたと考えられるからである。受託者と受益者の利益が最終的に一致しないため、また、前述したような費用の支出に係る信託法リステイトメントの規範により、受託者のスチュワードシップ活動が抑制される傾向があったが、そのことがエージェンシー問題の解決に資していたかどうかは、疑いが残る。実証研究の結果は分かれてはいるものの、アクティブ運用のファンドがパッシブ運用のファンドよりもすぐれたパフォーマンスを上げているとする研究が多数存在し、研究者の中にも現代ポートフォリオ理論の有効性に疑いを向ける者がいることは、そのような疑いが現実のものである可能性を示唆する[50]。

　第 2 に、アメリカにおいては、アクティブ投資をする投資ファンドが多く、かつ、近年は、欧州の金融機関に比べ消極的であるといわれてきたアメリカの金融機関がスチュワードシップ活動を推進するソフトローに自己拘束され、スチュワードシップ活動を積極的に展開する方向に急速に動きつつあることである。このことは、現代ポートフォリオ理論および効率的資本市場仮説が実際には妥当していないことを示唆するとともに、受託者責任を負うプロの投資家たちは、スチュワードシップ活動が受益者の利益に合致し得ることに気づいている可能性を示している[51]。

---

50)　Marcin Kacperczyk, Clemens Sialm & Lu Zheng, On the Industry Concentration of Actively Managed Equity Mutual Funds, 60 J. Fin. 4, 1983 (2005); Eugene F. Fama & Keneth R. French, The Capital Asset Pricing Model: Theory and Evidence, 18 J. Economic Perspective 3, 25, p. 44 (2004).

51)　良いコーポレートガバナンスを有している会社の株価は、すでにそのことを織り込んで割高になっているという研究もある。Lucian A. Bebchuk, Alma Cohen & Charles C.Y. Wang, Learning and the Disappearing Association Between Governance and Returns 108 J. Financial Economics 2, 323 (2013). 他方、会社の経営陣もまた、良いコーポレートガバナンスを有して

　信託法第3次リステイトメントの合理的な投資者の準則が、現代ポートフォリオ理論と効率的資本市場仮説に立脚している以上、もし仮に当該理論・仮説が妥当しないのであれば、合理的な投資者の準則の部分的な見直しは必至であると考えられる。

いると株主から評価され、そのことが株主の支持を失うリスクを減少させると信じているとされる（Bryce C. Tingle, What is Corporate Governance? Can We Measure it? Can Investment Fiduciaries Rely on it? 43 QUEEN'S L. J. 2, 223, pp.259-260 (2018)）。

第 7 章

エクイティ上の損害賠償
——ERISA 法における判例変更が示唆するもの　　　　樋口範雄

I　はじめに

　アメリカ法を含む英米法が判例法主義をとり、判例法の中味がコモン・ローとエクイティに分かれていることはよく知られている。イギリスにおけるコモン・ローとエクイティの分立・併存は、性質の異なる 2 種類の判例法を生み出した[1]。それが現代にまで生き続けているのが、英米法の伝統の 1 つである。さらに、エクイティの伝統の中から信託法が生まれたことを忘れてはならない。

　このコモン・ローとエクイティの違いの 1 つに、救済のあり方がある。初歩的な例では、契約違反に対し原則的な救済は損害賠償とされ、約束の強制的履行（特定履行と呼ばれる）は例外的な扱いを受ける[2]。そして、前者はコモン・ロー上の救済であり、後者はエクイティ上の救済とされる。同様に、不法行為でも、たとえば隣地にある工場の煤煙で損害を受けた被害者が訴える場合、すでに生じた損害の賠償を求めるのはコモン・ロー上の救済とされ、煤煙の排出差止め（インジャンクションと呼ばれる）を求めるのはエクイティ上の救済とされる。

　このように単純に考えると、金銭賠償が求められるのはコモン・ロー上の訴えであり、金銭を求めるのではなく、より強大な権力を行使して被告に働きかける場合（作為や不作為を命ずる場合）はエクイティ上の訴えとなる。先のような事例では、このような説明も誤りとはいえないが、実際に

---

1)　樋口範雄『はじめてのアメリカ法〔補訂版〕』（有斐閣・2013 年）140 頁以下。
2)　樋口範雄『アメリカ契約法〔第 2 版〕』（弘文堂・2008 年）49 頁。

は、エクイティ上も金銭の回復を求める事案は少なくない。たとえば、忠実義務についての信託違反に対し、利益相反行為によって不当に利得した利益をすべて吐き出させるよう求める訴訟は、まさにエクイティ上の訴訟であり、エクイティの裁判所がそれを認めてきた[3]。

　だが、金銭賠償といえばコモン・ロー上の救済であり、エクイティ上の救済における金銭の回復は限定的であるというような誤解は、当のアメリカの学者にもある。また、エクイティ上の救済とされる損害賠償（surcharge または equitable compensation と呼ばれることが多い）と、コモン・ロー上の金銭賠償（damages）とは、どう違うのかという課題も生ずる。

　これらの課題に対し、本章は次のような構成で、それに答えようとする。まず、II において、アメリカの連邦企業年金法である ERISA 法の解釈について、それが信託法に基づくものとしながら、金銭賠償の部分について誤った限定的解釈がされてきた例を紹介し、エクイティ上の救済たる金銭賠償の理解がアメリカにおいても必ずしも容易でない実例を示す。

　次に III において、信託法リステイトメントの定め、とりわけ信託法第3次リステイトメントの規定によりつつ、リステイトメントもまた信託違反に対する救済として（すなわちエクイティ上の救済として）損害賠償（金銭賠償）を認めていることを確認し、同時に、それがコモン・ロー上の（とりわけ契約法上の）救済と重なる側面を有しながらも、実際には、コモン・ローとは異なる特質を有する点を明らかにする。

　たとえば、コモン・ロー上の損害賠償は陪審が決定するのに対し、エクイティ上の損害賠償は裁判官が定める。同時に、エクイティは裁判官の裁量によることが強調されてきたので、被告（信託では通常は受託者が被告となる）の行為の態様により、賠償の内容が定まる。さらに、損害との因果関係についても緩やかな認定がなされるため、被告に厳しい判断を示すべき場合には、被告が得たすべての不当利得を吐き出させる内容の賠償が命じられることも少なくない。そのうえ、懲罰的賠償まで付加される場合がある（コモン・ロー上の契約違反に対しては懲罰賠償が付されることはないの

---

3) 田中英夫『英米法総論（下）』（東京大学出版会・1980）552-556 頁では、特定的救済に代わる変形としての金銭賠償としてエクイティ上も金銭賠償が認められる事例が紹介されている。

で大きな違いがある）。

II　ERISA 法上の救済——これまでの先例とその変更

1　ERISA 法の淵源

　ERISA 法とは 1974 年にアメリカで制定された従業員退職所得保障法
（Employee Retirement Income Security Act、以下 ERISA 法）という連邦法の
略称である[4]。日本と異なり、アメリカでは企業に加入を強制する公的年
金制度はなく、社会保障税を納付して退職後に備える社会保障制度がある
だけである[5]。だが、相当数の企業は、退職年金その他の従業員福祉制度
を備えて、優れた従業員の雇用と維持を図ってきた。ところが、私的年金
制度としての企業年金には、2 つのリスクがあり、特に 1960 年代にそれ
が顕在化した[6]。そしてそれを契機に ERISA 法という連邦法が制定され
ることになった。

　企業による退職年金制度のリスクの第 1 は、約束不履行リスク（default
risk）である。当時の企業年金は、いわゆる defined benefits plan（確定給
付型年金プラン）であり、企業は、従業員である年金加入者に対し、一定
の要件を満たした退職後に、定められた額の退職年金（確定給付型年金）
を支給することを約束していた。しかしながら、1960 年代に、インディ
アナ州の自動車工場が倒産した際に、当該企業が年金支払の積立を十分し
ていないことが明らかになり、大きな社会問題となった。この企業ばかり
でなく、年金のための準備金の積立不足とそれに基づく年金不払いのリス
クは、企業年金制度の根幹を揺るがすものだった。連邦議会は、ERISA
法を制定し、積立ルール（funding rule）によって、年金制度のスポンサー

4）　The Employee Retirement Income Security Act of 1974 (ERISA) (Pub.L. 93-406, 88 Stat.
　829, enacted September 2, 1974, codified in part at 29 U.S.C. ch. 18).
5）　アメリカにおける退職後の経済的基盤の基本については、たとえば、樋口範雄『超高齢社
　会の法律、何が問題なのか』（朝日新聞出版・2015 年）141 頁。
6）　ERISA 法制定の経緯については、John H. Langbein, What ERISA Means by "Equitable":
　The Supreme Court's Trail of Error in *Russell, Mertens,* and *Great-West,* 103 Colum. L. Rev.
　1317, 1321 (2003) を参照されたい。

である企業に対し従業員の退職後に備えて十分な年金額を積み立てるよう
強制し、一定の要件を満たした年金加入者・退職者（以下、加入者という）
には既得権としての年金受給権があると宣言した。加入者の年金受給権を
法的に保護するとともに、それが失われたり減額されたりすることがない
ようにしたわけである（vesting and anti-reduction rules）。さらに、金融機
関の破綻に備える預金保険の制度に倣って、企業が年金給付を行えなくな
った場合の安全弁として Pension Benefit Guaranty Corporation（年金給付
保証公庫）を設置した。これら一連の措置によって、年金約束不履行リス
クに備えることにした。

　企業年金制度に伴う第2のリスクとして、管理運用に伴うリスク
（administrative risk）がある。これは年金資産の管理運用を行う者が、そ
の権限を適切に行使しないリスクである。その者は、誰よりも下手に管理
運用をするかもしれない。あるいは自らの利益を図るかもしれない。さら
には、当然支払うべき年金給付を怠るかもしれない[7]。このようなリスク
に対し、ERISA 法は、信託法に由来する信認義務（fiduciary duty）を広く
適用することで対処することにした。ERISA 法の基本に信託法があると
宣言するとともに、受託者でなくとも、年金の管理運用に何らかの裁量権
を有する者はすべて信認義務を負う者＝受認者（fiduciary）であるとし
た[8]。同時に、年金以外の従業員福祉制度の運用者もまた ERISA 法の受
認者となった。

　　「したがって、ERISA 法は、退職年金等従業員福祉制度のすべての重要な
　　局面について、信認義務とそれに基づく救済を適用した。つまり、それらは、
　　信託法に由来するものであり、それ故に、完全にエクイティに由来するもの
　　とされたのである。」[9]

7）　default risk（約束した年金給付を不履行するリスク）は、ほとんどの場合、確定給付型の
　　年金にあてはまるのに対し、administrative risk は、確定給付型であれ、確定拠出型であれ、
　　あらゆる年金制度に伴うリスクである。さらには、年金以外の従業員福祉制度にもあてはまる。
　　Langbein, *supra* note 6, at 1323.
8）　2016 年 4 月、ERISA 法上の受認者（fiduciary）の範囲を拡張する新たな連邦規則が成立
　　したことなど、ERISA 法をめぐる最近の状況については、髙橋脩一・松井孝太・樋口範雄
　　「ERISA をめぐる最近の状況」信託法研究 41 号（2016 年）119-129 頁。
9）　Langbein, *supra* note 6, at 1325.

2　ERISA 法における法的救済の枠組み

　ERISA 法の目的は、年金加入者に適切な救済方法を認めて、年金加入者の権利を保護するところにあると明示されている[10]。ところが、実際には、救済方法に制限が加えられてきた[11]。救済方法を定める条項は、ERISA 502 条(a)であり、6 項目の民事的救済手段が列挙されている中で、実際に不利益を被る年金加入者が依拠するのは次の 3 条項である[12]。

　①　約束された年金給付の不履行に対し給付を求めることができる（§ 502 (a)(1)）[13]。これは当然のことであり、解釈上の問題は少ない。

　②　年金資産自体への損害の回復（§ 502 (a)(2)）[14]。年金運用者が信認義務違反をおかした結果、年金資産に損害が生ずる場合がある。そのような場合、労働省長官や受託者責任を負う者（受認者）が、当然に提訴者となることができるのであるが、それを待たずに、年金加入者も訴えを提起することができる。訴えが認められると損害回復は年金資産に対して行われるので、加入者にとっては、間接的に救済を受けることになる。また、ここで認められる救済とは、信認義務違反によって生じた年金資産への損害の回復、それによって義務違反者が得た不当利得の返還、さらに適切に運用がなされていれば得られたであろう利益の回復が含まれる[15]。法文上は、最後の利益の回復は、「裁判所が適切とみなすエクイティ上または救済法上の救済（such other equitable or remedial relief as the court may deem appropriate）」に含まれるという[16]。ここでは、適切なエクイティ上の救済とは他に何を意味するかが解釈論上問題となり得る。

　③　差止命令などエクイティ上の救済（§ 502 (a)(3)）[17]。第 3 号は、さらに 2 つに分かれる。第 1 は、明文で、ERISA 法上の信認義務違反に対し、

---

10)　ERISA § 2 (b), 29 U.S.C. § 1001 (b) (2006).
11)　この状況については、Peter J. Wiedenbeck, ERISA: Principles of Employee Benefit Law 174-181 (Oxford U. Press 2010) 参照。
12)　Langbein, *supra* note 6, at 1334.
13)　ERISA § 502 (a)(1).
14)　ERISA § 502 (a)(2).
15)　ERISA § 409 (a).
16)　Langbein, *supra* note 6, at 1335.
17)　ERISA § 502 (a)(3).

加入者や退職者が自ら訴えて差止めを求めることができると定める。第2は、信認義務違反に対し「その他適切なエクイティ上の救済（other appropriate equitable relief）」を求めることができるとする。この条項にも、「その他適切なエクイティ上の救済」が登場する。問題は、ここでいう「その他適切なエクイティ上の救済」とは何かである。連邦最高裁は、この用語は一種の「その他すべての可能性を残す」catch all 的なものだと述べたことがあるが[18]、それだけでは内容が明確になったといえない。実際、すぐ後で述べるように、2011 年に至るまで、連邦最高裁はこの言葉をきわめて狭く解してきた。

3　誤りの3つの先例

　ラングバイン教授によれば、年金受給権の保護のためにせっかく信認義務を負う者（受認者概念）を拡大しながら、連邦最高裁は ERISA 法の誤った解釈により、つい最近まで救済を狭めてきたという。誤れる3つの先例の最初は、1985 年の Massachusetts Mutual Life Insurance Co. v. Russell 判決である[19]。

　（1）　**1985 年の先例**　　本件は、年金そのものではなく、年金制度に付随する従業員福祉制度の一環としての障害手当をめぐる紛争だった。原告は、背中の痛みを発生させ障害手当を給付されたが、その後、整形外科医の（治療の終了）報告に基づき給付終了となった。そこで、不服申立てを行ったところ、障害手当は6か月後に復活し、しかも給付終了時に遡って給付された。ところが、原告はこの給付額では不足だとした。給付中止の6か月の間に「経済的、身体的、精神的損害」を被っており、これらに対する結果的損害賠償を求めたのである。また原告はこれらの損害賠償に加えて懲罰的損害賠償も求めた。

　連邦地裁は、ERISA 法上、契約外の損害賠償（extra-contractual damages）[20]は認められず、懲罰的損害賠償も認められないとして略式判決で

---

18)　Varity Corp. v. Howe, 516 U.S. 489, 512 (1996).

19)　Massachusetts Mutual Life Insurance Co. v. Russell, 473 U.S. 134 (1985). Langbein, *supra* note 6, at 1338.

訴えを棄却した。しかしながら、第9巡回区控訴裁判所では、原告勝訴となった[21]。ただし、その根拠条文は、被告の信認義務違反に対し前掲3項目の2番目、502条(a)(2)であるとし、しかもその条項の最後の部分「裁判所が適切とみなすエクイティ上または救済法上の救済（such other equitable or remedial relief as the court may deem appropriate）」によるとした。さらに上告された後の原告側の主張も、この条項だけに依拠し、前掲3番目の catch all 条項である 502条(a)(3)に基づく議論を一切しなかった。

　連邦最高裁は全員一致で控訴裁判所の判決を破棄した。条文にも明示されているように、この第2号は、年金プランへの損害回復を定めており、従業員福祉制度の加入者が自らの個人的損害を回復するものではなかったからである。

　だが、問題はそれで終わらなかった。この判決は、スティーブンズ裁判官の執筆になるものだが、彼は、第2号による救済は本件のような個人的損害の回復を基礎づけるものではないというばかりでなく、筆を進めて、第3号によることもできないと示唆した[22]。なぜなら、このような契約外の損害回復を認める明文規定はなく、それを認めるのは、裁判所の ERISA 法 502条の解釈によって新たな私的訴権（a private right of action for extracontractual damages）を認めることになるが、ERISA 法の救済規定は詳細に定められており、連邦議会の意図は明確であるから裁判所がそれら以外を認めることはできないというのである。さらに、ERISA 法による損害回復の中心は、年金資産や従業員福祉制度を守るところにあり、個人の救済は二の次だとも述べた[23]。

　これに対しては、本件の結論には同意しながら、このような傍論に反対する補足意見をブレナン裁判官が書き、それに3人の裁判官が賛成した。

---

20)　従業員福祉制度上認められる給付を契約だとみなし、それ以上の損害を「契約外の損害賠償」と位置づけたわけである。

21)　Russell v. Mass. Mut. Life Ins. Co., 722 F.2d 482, 488 (9th Cir. 1983), rev'd, 473 U.S. 134 (1985).

22)　「示唆した」というのは、この判示部分は、本件では不要であり、すでに第2号による個人の損害回復はできないということで決着しているからである。この部分は「傍論」（obiter dictum）とされる。しかし、この部分が後の判決に影響を与えた。

23)　Massachusetts Mutual Life Insurance Co. v. Russell, 473 U.S. 134, 142 (1985).

それによれば、ERISA 法が広範な関係者に厳しい信認義務を課しているのは、まさに加入者の権利を保護するためであり、個人の利益が信認義務違反によって害された場合、それに対し個人として損害回復を認める趣旨であることは明確であるとした。1985 年の Russell 判決は、実質的には 5対 4 の判決だったわけである。

(2) **1993 年の先例**　　これに続く 2 番目の重要判決が、1993 年の Mertens v. Hewitt Assocs. である[24]。連邦最高裁は、この判決で、502 条(a)(3)に規定する「適切なエクイティ上の救済（appropriate equitable relief）」という文言の解釈を正面から行った[25]。

この事案は、まさに年金プランに関するものであり、確定給付型の年金プランが支払不能状態になり、一部の給付不履行が生じたことに関係して多数の訴訟が提起された。このうち、連邦最高裁で扱った事件の被告は年金数理を担当した会社であり、原告である年金加入者の主張によれば、被告の業務懈怠と年金プランの積み立て不足の隠蔽によってこのような事態が生じた。ただし、被告は年金数理計算に関する業務を行う外部委託事業者であり、受認者を広範に定める ERISA 法の下でも受認者とはいえなかった。

そこで連邦最高裁が裁量上告で問題とした論点は、「ERISA 法上、受認者でない当事者であることは確かだが、受認者の信認義務違反に故意に加担した当事者に対し、金銭賠償を求める訴えを許しているか否か」だった。

この点について、本来の信託法では、受託者以外の人が受託者の義務違反に加担すれば法的責任が問われるのは当然とされる。だが、ERISA 法でどうなるかについては、控訴裁判所の間で見解の相違があり、連邦最高裁はこの点に決着を付けるとみられた。ところが、5 対 4 で出された判決では、この点によって結論を導くのではなく[26]、仮にそのような責任が認

---

24)　Mertens v. Hewitt Assocs., 508 U.S. 248 (1993).

25)　以下の記述について、Langbein, *supra* note 6, at 1348-1350.

26)　多数意見は、ERISA 法上、受認者以外の責任を問うことに疑問を呈する意見を残した（Mertens v. Hewitt Assocs., 508 U.S. 248, 253-255）が、2000 年の Harris Trust & Sav. Bank v. Salomon Smith Barney Inc., 530 U.S. 238, 241 (2000) において、受認者以外の者であっても、信認義務違反に加担すれば責任を負うと明確に認めた。

II ERISA 法上の救済 *201*

められるとしても ERISA 法の 502 条(a)(3)は、そもそも結果的損害賠償を認めた規定ではないという理由で被告の責任がないとした。スカリア裁判官執筆になる多数意見は、本件では、原告の被害を塡補する塡補賠償（compensatory damages）が救済として求められており、それは明らかにコモン・ロー上の救済であって、502 条(a)(3)の定める「エクイティ上の救済」にあたらないとしたのである。

スカリア裁判官をはじめとする 5 人の多数意見は、502 条(a)(3)にいう「適切なエクイティ上の救済」とは、「あらゆる救済」よりも狭い範囲のものであり、「差止命令や職務執行令状、不当利得返還命令のような、エクイティ上典型的に得られてきた救済方法を意味するのであり、塡補賠償はそれに含まれない（categories of relief that were *typically* available in equity (such as injunction, mandamus, and restitution, but not compensatory damages))」と明言した[27]。

要するに、コモン・ロー上の典型的救済が損害賠償であるのに対し、エクイティ上の救済は（差止命令をはじめとする）より強権的な救済方法が典型であり、金銭賠償ではないとしたわけである[28]。したがって、502 条(a)(3)に定める「エクイティ上の救済」には損害賠償は含まれず、本件の被告に対し損害賠償を求めても ERISA 法には救済規定がないので訴えは棄却されるとした。

ラングバイン教授によれば、この言明は以下の 3 点において明らかな誤りである[29]。

第 1 に、コモン・ローの手続とエクイティの手続が融合した時代より前にあっても[30]、そもそもエクイティの裁判所も金銭の回復を命ずる命令を

---

27) Mertens v. Hewitt Assocs., 508 U.S. 248, 256 (Scalia J.).

28) 英米法の教科書では、冒頭で述べたように、一般論として、コモン・ロー上の救済の代表は損害賠償であり、エクイティ上の救済の代表は差止命令だとされ、前者が原則で、後者は例外的・裁量的に認められる救済方法だとされる。樋口・前掲注 1) 143 頁。しかし、それはエクイティ上の救済として、金銭の回復が存在しないという意味ではない。たとえば、売買契約で買主が不履行の場合、代金そのものを支払うよう命ずる特定履行命令はエクイティ上の救済である。

29) Langbein, *supra* note 6, at 1351-1355.

30) ここでは、1938 年の連邦民事訴訟規則の制定をもって、コモン・ローの手続とエクイティ

出していた。第2に、「エクイティ上の救済」という制定法上の文言について、「エクイティ上『典型的に』得られてきた救済方法」なる新奇な概念で限定解釈することに十分な根拠がない。第3に、ERISA法上、結果損害に対する金銭賠償という救済方法が明記されていないという理由で、一般的な信託法上、日常的に認められている金銭の回復を排除するという点についても重大な疑問が生ずる。

　さらに、ラングバイン教授は、スカリア裁判官が「典型的なエクイティ上の救済」として例示した職務執行令状（mandamus）はコモン・ロー上の令状であり、いまだかつてエクイティ上のものとされたことはないと指摘し、スカリア裁判官の法制史的誤謬を突いてみせた[31]。しかも、ここで「典型的なエクイティ上の救済」として例示されている差止命令は、先に述べたように2つに分かれた502条(a)(3)の最初の部分で明記されているので、実際には、ここで例示される「典型的なエクイティ上の救済」として残るのは、restitution（不当利得返還命令）だけになる。ところが、restitution（不当利得返還命令）にも、コモン・ロー上のものがあり、擬制信託のように特定の財産に対し強制力を及ぼすような種類の不当利得返還命令だけがエクイティ上のものとされる[32]。以上の結果、スカリア裁判官のいう「典型的なエクイティ上の救済」で例示された中味はほとんど意味のないものとなる。

　しかし、1993年のMertens判決は、ERISA法上、何らかの信認義務違反があった場合に加入者が被った損害について金銭的な回復を求めても、それは認められないという先例として、その後の下級審判決に大きな影響を及ぼした。

　(3)　**2002年の先例**　　このような連邦最高裁による解釈の誤りの最後を飾るのが、2002年のGreat-West Life & Annuity Insurance Co. v. Knudson判決である[33]。ここでも5対4の判決が出され、多数意見はスカリア裁判

の手続が融合したとされており、それ以前の時代とは、1930年代より前の時代を指す。

31)　Langbein, *supra* note 6, at 1353-1354.

32)　Langbein, *supra* note 6, at 1354.

33)　Great-West Life & Annuity Insurance Co. v. Knudson, 534 U.S. 204 (2002).

官が執筆した。

　本件では、年金プランに付随する医療保険について、502 条(a)(3)における「適切なエクイティ上の救済」の意義が問題となった。年金プランの加入者である従業員が自動車事故に遭い、年金プランは医療費として 41 万ドルあまりを支払った。この年金プランに基づく医療保険には、他のプランでも通常みられるような代位求償条項があり、従業員が第三者から賠償金を得た場合、医療費の支払をした保険会社は、その賠償金に第 1 順位のリーエンを得る（つまり優先的に求償できる）旨の定めがあった。その後、従業員は事故の加害者と和解し 65 万ドルを得たが、従業員の弁護士は、そのうち 1 万 4000 ドル弱の金額しか保険会社に返還しないことにした。そこで、保険会社は 502 条(a)(3)に基づいて、41 万ドルあまりについて不当利得返還を命ずる作為を命ずるインジャンクションを求めて訴えた。だが、控訴裁判所は、先の Mertens 判決の先例に基づいて、金銭の回復を求める命令は 502 条(a)(3)にいう「適切なエクイティ上の救済」にあたらないとして、保険会社を敗訴させた。上告を受けた連邦最高裁も、スカリア裁判官による多数意見でそれを支持したのである。

　ただし、本件で保険会社が求めたのは、restitution（不当利得返還命令）を内容とする差止命令（injunction）であり、Mertens 判決では、いずれも「典型的なエクイティ上の救済」として例示されていた。そこで、スカリア裁判官は、本件では、保険会社が求めたのは差止命令ではあるが、その内容が金銭支払命令にあたるので、「典型的なエクイティ上の救済」にあたらないとした[34]。不当利得返還命令が求められている点については、実は、それにもコモン・ロー上のものとエクイティ上のものがあり、本件は保険会社が契約に基づく求償権を主張しているのでコモン・ロー上の請求であり、エクイティ上の救済にあたらないと述べた。

　ラングバイン教授は、この点も、保険会社の代位求償は歴史的に完全にエクイティ上の救済方法とされており、スカリア裁判官は過ちをさらに重ねたと論じている[35]。それもこれも、ERISA 法上、金銭回復を命ずる救

---

34)　Great-West Life & Annuity Insurance Co. v. Knudson, 534 U.S. 204, 210-211 (2002).

35)　Langbein, *supra* note 6, at 1357-1358.

済方法は認めないとする原則を勝手に打ち立て、それに拘泥したためだという。スカリア裁判官は、コモン・ロー上の救済の代表が損害賠償（金銭賠償）であり、それに対し、エクイティ上の救済は差止命令を代表とする非金銭的命令であって（したがって、エクイティ上、金銭回復命令はきわめて例外だとする）誤った前提に依拠する先例を打ち立てて、下級審に大きな影響を与えたわけである[36]。

4 新たな2011年の最高裁判決

　以上のように、Russell, Mertens, Great-West と続いた一連の連邦最高裁判決によって、ERISA法上の救済は狭い範囲に限定された。年金加入者から金銭賠償を求める訴えは、年金給付の履行を求める場合は別として、それ以外は認められないとされたわけである。アメリカでは、このような救済の限定を正当化する議論もある[37]。連邦議会の政策的判断として、年金のスポンサーとなる会社に重い賠償責任を負わせるのは年金制度の拡大にマイナスになるおそれがあり、できる限り広い範囲の従業員に年金制度の恩恵を受けさせるための制度設計だったとするのである。アメリカの年金は、あくまでも私的年金制度としての企業年金であることが背景にある。

　しかし、他方で、連邦議会は、ERISA法は信託法の原理に基づくとはっきりと宣言しており、たとえば「適切なエクイティ上の救済」から金銭回復命令を排除するなら、もっと明確な規定で明らかにすることもできたはずである。スカリア裁判官によるいかにも苦しい解釈を、連邦議会の意図に基づくとすることで正当化するのも十分な説得力に欠けるといわざるを得ない。そこで、連邦最高裁は、このような特異な解釈を、2011年に実質的に変更する方向性を示唆した。それが、CIGNA Corp. v. Amara で

---

36)　それどころか20世紀を通じてコモン・ローとエクイティの融合が進んだ結果、損害賠償と差止命令などの特定的救済との区別は曖昧化し、かつてはコモン・ロー上の損害賠償では不適切な場合だけ例外的にエクイティ上の特定的救済が認められるという、エクイティの補充性（あるいは劣後的性格）もすでに実態は変わったと指摘されている。Douglas Laycock, The Death of the Irreparable Injury Rule, 103 Harv. L. Rev. 687 (1990); *see also* Douglas Laycock, The Death of the Irreparable Injury Rule (Oxford Univ. Press 1991).

37)　*See, e.g.,* Wiedenbeck, *supra* note 11, at 180-181.

ある[38]。

　この事件では、まさに年金加入者の権利が ERISA 法上の受認者によって侵害されたとして、損害賠償が求められた。事案の概要は次に述べる通りである。本件の会社は 1998 年までは確定給付型の年金制度を維持してきたが、その前年、確定拠出型に変更することにして、加入者に対し、新型プランは加入者にとっても退職後の計画を改善するものであり、同じ程度の年金給付を提供し、給付の増加も見込めると説明した。決して会社の経費縮小をねらったものではないとも述べた。ところが実際には年金給付は減少し、これらの説明は明らかな不実表示であるとして年金加入者からクラス・アクションが提起された。彼らが請求したのは、会社が説明した通りに年金プランの改訂（reformation）を行い、それに基づいて個々人に対する適正な給付額を支払うことである。

　第 1 審裁判所はこの訴えを認め、1998 年のプラン変更で会社側は毎年1000 万ドルもの経費が削減されたこと、会社側が新年金プランに拠出した当初金額は、それまでに確定していた年金総額に満たなかったこと、さらに従業員の一部は新プランによって前の状態より悪い結果となっていることを認定したうえで、年金プランの改訂を行い、それに基づく給付額の支払を命じた。控訴裁判所もそれを支持した。なお、これらの救済の根拠規定は 502 条(a)(1)(B)であり、前記 3 つの救済のうちの最初のもの、すなわち、自らに約束された年金給付がなされない場合、それを求めて各加入者が訴えを提起することができるとする規定だった。また、クラス・アクションとして訴える際に、個々人の損害は明らかになっておらず、1998 年の新たなプランによって損害がおそらく明らかに生ずる（likely harm）という主張がなされ、下級裁判所ではそれで十分とされた。

　連邦最高裁は、全員一致で原審破棄の判決を下した。502 条(a)(1)(B)は、年金プランで定められた給付がなされない場合の救済を定めているのみで

---

38)　CIGNA Corp. v. Amara, 131 S.Ct. 1866 (2011) 179 L.Ed.2d 843, 79 USLW 4297, 161 Lab.Cas. P
　　10380. この判決の意義については、Susan Harthill, The Supreme Court Fills a Gaping Hole:
　　CIGNA Corp. v. Amara Clarifies the Scope of Equitable Relief Under ERISA, 45 J. Marshall L.
　　Rev. 767 (2012).

あり、裁判所で、その内容を改訂したうえで給付を命ずることはできないとした。スカリア裁判官とトーマス裁判官は、それだけで本件の処理として十分としたが、8名を代表して判決を執筆したブライヤー裁判官はさらに議論を進めて、本件の原告は502条(a)(3)に基づいて救済し得るとした[39]。

　それによれば、本件は、年金プランのスポンサーである企業が不十分かつ不正確な情報を加入者に伝えたとして訴えられており、受益者が受託者にあたる受認者に対し、信託条項と呼ぶべき ERISA 法上の年金プランに基づいて訴えたものであって、コモン・ローとエクイティの融合以前には、まさにエクイティの裁判所に訴えが提起された種類の事件である[40]。そこで認められる救済は、まさにエクイティ上の救済である。「エクイティは権利がありながら救済がないという事態を認めない（equity suffers not a right to be without a remedy)」とは、エクイティの格言である。そして、差止命令が求められているわけではないとしても、本件で求められている救済の性格は、次の3点において、伝統的なエクイティ上の救済に酷似しており、それは ERISA 法上も、502条(a)(3)にいう「その他適切なエクイティ上の救済」にあたる。

　まず、第1審裁判所が認めた、会社が提供した虚偽の、または誤解させるような情報提供を是正するために年金プランの改訂（reformation）を命じた点についていえば、契約の単なる履行のための救済ではなく、不当な条項を改訂させる改訂命令は、コモン・ローの裁判所ではなく、エクイティの裁判所が伝統的に行使してきた権限である。

　次に、第1審裁判所の認めた救済の核心は、会社が、加入者にとってすでに既得権として生じている給付の利益を新たなプランによって取り去ることはないと約束したことを遵守させようとしたところにある。これは、伝統的なエクイティ上の救済であるエストッペル（禁反言）に類似している。

---

39)　ソトマイヨール裁判官は本件判決に参加していないので、8名全員一致となった。スカリア裁判官は、補足意見を書いて、ブライヤー裁判官による502条(a)(3)の解釈に関する部分は単なる傍論（obiter）だとしている。

40)　CIGNA Corp. v. Amara, 131 S.Ct. 1866, 1879 (2011).

　最後に、第1審裁判所は、年金プランの管理者に対し、改訂された年金プランに基づく給付金の支払命令を出した。「この点も、救済が金銭支払の形式をとっているからといって、それだけで伝統的なエクイティ上の救済という範疇から逸脱したことにはならない（But the fact that this relief takes the form of a money payment does not remove it from the category of traditionally equitable relief.）」。「エクイティの裁判所は、受託者の義務違反から生じた損害を救済し、またはそれによって受託者が不当利得を得るのを防止するために、金銭的補償の形式での救済を与える権限を有していた（Equity courts possessed the power to provide relief in the form of monetary "compensation" for a loss resulting from a trustee's breach of duty, or to prevent the trustee's unjust enrichment.）」。

　したがって、本件では、ERISA 法の 502 条(a)(3)の定める「その他適切なエクイティ上の救済」に基づいて救済を認める余地が大いにあると判示した。ただし、本件の第1審裁判所は 502 条(a)(3)に基づく救済という観点での審理を全くしていないので、あらためてそれをするよう破棄差し戻した。

　この判例で最も重要な点は、ERISA 法上の信認義務違反が行われた場合、受認者に対し、年金加入者が損害の回復や不当利得の吐き出しを求めて金銭賠償を求めることが、ERISA 法における「エクイティ上の救済」にあたると明言したことである。損害賠償請求であり、金銭的な救済を求めるものだから、直ちにコモン・ロー上の救済を求めるものであるとして、ERISA 法上は、年金プランで約束した給付の不履行の場合と年金資産への回復を求める場合以外は、加入者からの金銭的請求を求める訴えはできないとしたこと[41]を改めて、エクイティ上の金銭回復命令を出すことができる（しかもそれは従来からできたことである）と、今や連邦最高裁の多数が明らかにした点が重要である。

---

41)　このような形式的論理を貫くと、ERISA 法上、金銭回復請求を求める訴訟では、コモン・ロー上の訴訟に認められる陪審審理が必要とされることになると指摘するものとして、Kris Alderman, ERISA's Remedial Irony: Narrow Interpretation Paves the Way for Jury Trials in Suits for Breach of Fiduciary Duty Under ERISA, 26 Ga. State U. L. Rev. 971 (2010).

　以上、本項では、ERISA 法上の救済に関する判例の変化を紹介することにより、アメリカにおいても、金銭賠償を求める救済がコモン・ロー上のものとされて「エクイティ上の救済」の範囲が限定されがちな場合があることを例証した。だが、これら一連の判例の動きで明らかにされたように、金銭的な回復を求める救済も、エクイティ上の救済として存在してきたのであり、次の課題は、コモン・ロー上認められる損害賠償と、エクイティ上の損害賠償との間でどのような違いがあるかとなる。

　そこで、次項では、信託法リステイトメントによりながら、信託法上認められてきたエクイティ上の救済に金銭回復命令が含まれてきたこととその意義について確認する。

III　信託法上の救済——エクイティ上金銭的な回復を命ずる命令

　本項の目標は以下の3点である。

　第1に、信託法第2次リステイトメントおよび信託法第3次リステイトメントによりながら、信託法上認められてきた救済に、金銭回復を内容とするものが存在してきた点を確認する。

　第2に、副次的には、信託法第3次リステイトメントでは、その内容について信託法第2次リステイトメントと異なる記述がなされているので、その違いの意味についても確認する。

　第3に、以上の考察の後で、コモン・ロー上認められる損害賠償と、エクイティ上認められる損害賠償とはどのような点が異なるのか否かを明らかにする。

　これらの考察の際にまず留意したいのは、信託においては、ERISA 法上の救済（2番目の救済）がそうであったように、年金加入者（受益者）が信認義務違反を訴えてそれが認められる場合でも、その賠償は年金資産（信託の場合なら、信託財産）の回復に充当され、加入者（受益者）の利益を間接的に保護する形になるものがある。それは、契約違反であれ、不法行為に基づくものであれ、被害者の損害を直接に塡補する性格をもつコモン・ロー上の損害賠償とは大きく性格を異にする。ただし、すでにみたよ

うに、エクイティ上も、被害者の損害を直接的に塡補するタイプの救済も
認められる。

1　信託法第2次リステイトメント

　1957年に採択された信託法第2次リステイトメントは、受託者が信託
違反をおかした場合の救済として、受益者の選択により、次の3つの種類
の損害賠償のうちいずれかの責任を負うものとする[42]。

　(a)　信託違反によって生じた信託財産の損失または減価。

　(b)　受託者が信託違反によって得た利益。

　(c)　信託違反がなかったとしたら信託財産に生じたであろう利益。

　この条文が明確に示すことは、信託法においても、信託違反に対する事
後的救済としてまず想起されるのは、損害賠償だという点である。当該条
文に掲げられた設例は、たとえば、信託財産1万ドルの受託者が過失によ
り1万ドルを盗まれたとすると、受託者は1万ドルの金銭を回復する責任
を負う[43]、というものであり、あるいは1000ドルの債権が信託財産であ
るにもかかわらず、債務者が支払不能になるまで受託者が事態を放置した
ために400ドルしか回収できなかったとすると、600ドルについて賠償責
任を負うというような例なのである[44]。しかも、この条文は、それに先立
つ「受益者のためのエクイティ上の救済 (equitable remedies of benefici-
ary)」[45]と題する条文の3番目に掲げられている「受託者を強制して、信
託違反に対し補償させる命令」を敷衍したものと位置づけられている。

　要するに、ラングバイン教授もいうように、信託法上もエクイティ上の
救済として金銭の回復が従来から位置づけられていたということである[46]。

---

42)　Restatement (Second) of the Law of Trusts §205 (1957). なお ERISA 法は 1974 年に制定さ
　れており、信託法に基づいて企業年金法を策定すると宣言しているわけであるから、信託法
　第2次リステイトメントの存在は十分に意識していたはずである。

43)　Restatement (Second) of the Law of Trusts §205 comment c, Illustration 1.

44)　Restatement (Second) of the Law of Trusts §205 comment c, Illustration 3.

45)　Restatement (Second) of the Law of Trusts §199.

46)　ちなみに、エクイティ上の救済として列挙されているものは、(a)受託者にその義務を履行
　するよう強制する命令（一種の特定履行）、(b)受託者の信託違反に対する差止命令、(c)受託者
　を強制して、信託違反に対し補償させる命令、(d)特別管理人を任命し、信託財産を占有させて

　その他、第 205 条のコメント等から注目すべき点は以下の通りである。

　第 1 に、損害賠償の内容とされる 3 種類は、後に述べる契約違反に対する損害賠償でいうところの、履行利益の賠償（3 種類のうち(c)がそれにあたる）、信頼利益の賠償（(a)がそれにあたる）、不当利得の賠償（(b)がそれにあたる）に対応しているようにみえる。ただし、契約違反の賠償とは異なる点もあることは後に指摘する。

　第 2 に、これら 3 つの賠償の選択を、訴えを提起する受益者の選択に委ねている点にも注目すべきである。なお第 205 条の条文やコメントには明記されていないが、原則として、それによって認められる損害賠償は信託財産の回復にあてられるものと考えられる。受益者は、受託者の信託違反をとがめる訴訟によって、直接ではなく、間接的に利益を得る（回復する）。

　第 3 に、第 205 条のコメントでは、利益相反取引のような忠実義務違反の場合に、信託違反と損害との間の因果関係を緩やかに解する（受託者には厳しい結果となる）と述べる一方で[47]、エクイティの裁判所が本質的に有する権限として、具体的事案によっては、受託者の賠償責任の全部または一部を免除することもできる[48]と明記してある点も注目される（後に述べるように、契約違反に対する損害賠償では、このような裁量を裁判所が働かせることはない）。

2　信託法第 3 次リステイトメント

　今度は 2011 年に採択され公表された信託法第 3 次リステイトメントの関連条文をみてみよう。第 100 条がそれにあたる[49]。

　管理させる命令、(e)受託者の解任命令、である。Restatement (Second) of the Law of Trusts § 199. もっともこの(c)については、すべてが金銭賠償とは限らない。物理的な原状回復が可能なら、それを命ずることもできる。ただし、第 205 条で例示される設例はすべて金銭の回復を命ずる事例である。

47)　Restatement (Second) of the Law of Trusts § 205 comment f.
48)　Restatement (Second) of the Law of Trusts § 205 comment g.
49)　Restatement (Third) of the Law of Trusts § 100 (2011).

> **第 100 条　信託違反に対する受託者の責任**
>
> 　信託違反をした受託者は、次のいずれかの額を請求され支払う責任を負う
> ものとする。
>
> (a)　信託財産の価値および信託財産から配分すべき部分の価値を、仮に信
> 　　託違反の影響を被った部分が適切に運用されていたならば実現していた
> 　　であろう状態にまで戻すのに必要な額。
>
> (b)　信託違反の結果として、受託者が個人として受けたすべての利益の額。

　信託法第 3 次リステイトメントの規定は、先に紹介した信託法第 2 次リ
ステイトメントの内容と異なることが一見して明らかである。損害賠償の
内容として 3 種類の選択肢だったものが、ここでは 2 種類になっている点
からもそれは明白だが、コメントも含めて、その相違と内容の特色は、次
のように要約することができる。

　①　信託法第 2 次リステイトメントでは、「受益者の選択により、次の
3 つの種類の損害賠償のうちいずれかの責任を負うものとする」[50]とされ
ており、真っ先に選択肢として「(a)信託違反によって生じた信託財産の損
失または減価」が記載されていた。それがなくなるとともに、このような
救済について「受益者の希望や最善の利益を反映するように」[51]裁判所が
裁量によって判断することが明記された。エクイティ上の救済としての原
則（個別事案について裁量を働かせて最も適切なものを裁判所が選択するとい
う原則）を確認したものである。

　②　信託違反に対する損害賠償の目的は、「信託および受益者のあるべ
き利益を完璧に実現する（to make the trust and beneficiary whole）」と「受
託者が信託違反から個人的な利益を得ることがない点を確実にすること
(ensure that the trustee does not personally benefit from the breach)」にあると
明記し、それに従った選択肢が 2 つ並べられた。しかも、いずれを選択す
るかは、原則として、「信託および受益者にとってより有利なもの」[52]とす
るとされる。ただし、成人で判断能力のある受益者がすべて「より有利で

---

50)　Restatement (Second) of the Law of Trusts § 205 (1957).

51)　Restatement (Third) of the Law of Trusts § 100 comment a (2) at 63 (2011).

52)　Restatement (Third) of the Law of Trusts § 100 comment a at 62 (2011).

ない方でよし」とする場合だけが例外とされている。

　③　この2つの種類の損害賠償の他に、裁判所の裁量によって、弁護士
費用を加えたり、州によっては懲罰的損害賠償を付加することもできるという点が明記された[53]。

　④　最も重要な点は、損害賠償の内容を「信託および受益者のあるべき
利益を完璧に実現する（to make the trust and beneficiary whole）」点に置いたところである。これは、トータル・リターン（total-return；総合的な利
益）の回復を、損害賠償の内容にするものだといわれる[54]。信託違反に対
する損害賠償は、信託違反が行われる以前の状態に回復する（契約違反で
いえばいわゆる信頼利益の賠償にあたる）のではなく、信託が適切に実行さ
れていれば到達したであろう現在の状況にまで損害を回復することこそ本
道だというのである。

　ところが、これまでの原則は、信託法第2次リステイトメントが認める
選択肢の中で、多くの場合、信託違反前の状態への回復か、せいぜいでそ
れに法定利息が加わる状態への回復にとどまってきた。

　このような原則の変更にはいくつかの理由がある[55]。

　第1に、かつては本当の意味でのあるべき現時点の状態を実現しようと
しても、それは推測（speculation）の域を出ず、確実に損害を立証するこ
とが難しかった。ところが、現代においては、当該事案において可能な資
産運用に関し投資業界からの情報提供が容易になったことや、その際の適
切な投資が何であるかについての概念が明確化したことなどにより、この
ような立証が容易になった。

　第2に、従来においても、自己取引を含む信託違反のケースなどでは、
より重い責任を問う現時点までの賠償を求めるケースもあり、ERISA法

53）　Restatement（Third）of the Law of Trusts § 100 comment a at 62（2011）. 懲罰的損害賠償については、信託違反に悪意が伴う場合などでは、さらに相当数の州でそれが認められると注記されている。Restatement（Third）of the Law of Trusts § 100 comment d at 67（2011）.
54）　total-return measure of loss and damages と呼ばれる他、lost profits measure or lost appreciation measure とも呼ばれる。Restatement（Third）of the Law of Trusts, Introductory Note to Chapter 19, Trustee Liability to Beneficiaries at 57（2011）.
55）　Restatement（Third）of the Law of Trusts, Reporter's Notes on Chapter 19 Introductory Note at 58-60（2011）.

の信託違反例などでは、total-return アプローチでの賠償が実現していた。しかもそれは、受益者の公平義務やプルーデント・インベスター・ルールが強調されて一般的な考えになってきた[56]。

　第3に、従来の信託違反前の状態に戻す原則では、プルーデント・インベスター・ルールに反してリスクの低い投資に運用するような信託違反では（それでも低い額の利益は上がっていたので）損害が無いとして賠償がとれないこと、逆に市場が下落傾向にある場合、信託違反で損失を生じさせた受託者に（自らの過失での責任以上に）過剰な賠償責任が問われることになるという批判があった。

　新たな原則の採用、すなわち信託違反が問われる現時点において「信託および受益者のあるべき利益を完璧に実現する（to make the trust and beneficiary whole）」という total-return アプローチは、このような背景の下に採用されたのである。

　⑤　損害を回復する相手先が、信託財産か、あるいは訴えを提起した受益者かという問題については、受託者が得るべきでない利益（不当利得）を吐き出させて戻す先は信託財産であることが明記された[57]。現物の返還ばかりでなく、損害賠償の場合もそれが通常の原則である。ところが、裁判所が事案によって直接に受益者に渡すべきだと判断する場合には、それも可能だとはっきり付記された[58]。信託財産に戻す場合、救済に受託者解任を伴わなければ信託違反をした受託者の手許に戻すことになるわけであり、それはどうかと思われる場合がある。さらに直接受益者に戻した方が間接的な手法より便宜であるとされるケースもあるだろうということである。エクイティの原則の下で、裁判所の柔軟な措置が可能とされている。

　⑥　信託違反によって受託者が何らかの利益を受けた場合、その「利益」を吐き出させて賠償させるという部分について、「利益」は広範な概

---

56)　ここでは、Robert Sitkoff, An Agency Costs Theory of Trust Law, 89 Cornell L. Rev. 621 (2004) citing his article, Trust Law, Corporate Law, and Capital Market Efficiency, 28 J. Corp. Law 565 (2003) が引用されている。契約法上の損害賠償の基本原則である履行利益の回復と歩調を同じくするものとも述べられている。

57)　Restatement (Third) of the Law of Trusts § 99 comment c at 61 (2011).

58)　Restatement (Third) of the Law of Trusts § 100 comment a (2) at 63 (2011).

念だと明記されている[59]。具体的にいえば、たとえば、信託違反で着服した金額 1 万ドルを、きわめてリスクの高い投資に運用し、それが 3 万ドルまで増えた場合でいえば、賠償すべき「利益」は 1 万ドルではなく 3 万ドルとなる。また、この「利益」には、信託財産から得た利益ばかりでなく、第三者から得た利益（たとえば、信託財産の取引を行った相手方からのキックバック）も含まれる。

　受託者が不動産業者で、信託財産の売買に関与し、それに対する報酬を得ていた場合には、受託者として関与した売買に信託違反があるとすれば、たとえ受益者が当該取引を追認した場合でも、その報酬を受け取ることはできない。さらに当該報酬分をさらに運用していれば得られたであろう分まで含めて賠償（返還）しなければならない[60]。訴訟費用なども加えることができる。

　要するに、信託違反によって受託者が不当な利益を得た場合、それを返還させる性格を有する賠償責任について受託者に厳しい態度がとられている。

　⑦　信託違反と損害との間には因果関係が必要であり、原則としてその立証は原告側にある。ただし、分別管理義務違反や忠実義務違反には特別なルールが適用され、このような行為を防止するために、裁判所は因果関係を積極的に（緩やかに）認定するという。

　⑧　一般的に、信託違反についての立証責任はやはり原告側にあるが、受託者の情報開示義務や記録管理義務などによって、実質的には、受託者の方で信託違反のないことを立証するよう求められる場合がある。

　信託法第 3 次リステイトメントは、信託違反に対する救済について、以上のような特色があると明らかにした。次に、このような内容の信託違反に対する損害賠償責任と、コモン・ロー上の損害賠償責任、とりわけ契約違反に対する損害賠償責任を比較してみよう。

---

59)　Restatement (Third) of the Law of Trusts § 100 comment c at 66 (2011).
60)　Restatement (Third) of the Law of Trusts § 100 comment c at 67 (2011).

3　契約違反に対する損害賠償の内容

　契約違反に対する損害賠償は、コモン・ロー上の救済を代表する。他方、信託違反に対する損害賠償は、これまでみてきたようにエクイティ上の救済である。問題は、これら2つの賠償の内容が同じなのか、違うのか、違うとすればどのような違いがあるかである。

　契約違反に対する損害賠償の基本は、契約法第2次リステイトメントも述べるように、履行利益の賠償である[61]。すなわち、「契約違反がなく、契約が履行された状態に回復させるような損害賠償」を認めるのが本則である。そして、このような考え方は、信託法第3次リステイトメントにいう、「信託違反がなく、信託が適切に運用された状態に回復させる」というtotal-returnの考え方と似ているようにみえる。

　だが、似ているのはそこまでで、両者には大きな違いがある。そもそも信託違反はしてはならぬことであり、当然、それに対する法的効果も信託違反を抑制するものになるのに対し、アメリカ法上の契約違反は、ホームズが述べたように「悪ではない」[62]。損害賠償の内容も必然的に違うものになるわけである。

　(1)　契約違反に対する救済法のリステイトメント　　アメリカにおける契約違反に対する損害賠償の内容は、履行利益の賠償だけではない。契約法第2次リステイトメントでは、契約違反に対する救済を契約当事者のいかなる利益を保護するかという観点から3つに分類している[63]。裁判所が損害賠償を命ずる場合の内容に3種類あるということである。

> **第344条　救済方法の目的**
>
> 　本リステイトメントの定める諸ルールに基づいて与えられる裁判上の救済は、受約者（promisee＝約束を受けた者という意味で、契約違反の被害者）の有する以下の利益のうちの1つまたは複数の利益を保護するためのものである。
>
> 　(a)　「履行利益（expectation interest）」。契約が履行されていれば受約者が置かれていたであろう地位に受約者を置くことにより、交換取引の利益

---

61)　Restatement (Second) of the Law of Contract § 347 (1979).
62)　樋口範雄「契約を破る自由について」アメリカ法1983年2月号217頁。同・前掲注2）43頁。
63)　Restatement (Second) of the Law of Contract § 344 (1979).

　　　　を取得する利益。

　　(b)　「信頼利益（reliance interest）」。契約が締結されていなければ受約者が
　　　　置かれていたであろう地位に受約者を置くことにより、契約に対する信
　　　　頼から生じた損失を填補される利益。

　　(c)　「相手方に与えたものを回復する利益（restitution interest）」。受約者が
　　　　相手方に与えた利益を自己のもとに回復する利益。契約違反をした相手
　　　　方からすると、それを受け取っているのは不当な利益となるので、受約
　　　　者はそれを返還させる利益を有する〔以下、「不当利得の回復利益」と呼
　　　　ぶ〕。

　アメリカ契約法は、履行利益を本則としながら、受約者が他の2つの利
益の回復で満足する場合もあると認めている[64]。

　しかし、これだけの説明では抽象的であるから、具体的な裁判例として、
アメリカでも有名な先例である1973年のマサチューセッツ州最高裁判決
をみることにする。

　(2)　Sullivan v. O'Connor（Mass. 1973年）[65]　　事案は、整形美容を依
頼した患者が、うまく成功させることのできなかった医師を訴えた事件で
ある。陪審審理が行われ、陪審は不法行為にあたる過失はなかったと認定
したものの、「美しくする」と明示的に約束した契約違反を認定し、1万
3500ドルの賠償を命じた。

　州最高裁段階で問題となったのは、どのような内容の損害賠償を認める
のが適切かである。

　被告の医師は、医師への報酬として600ドルあまりの支払を受けていた
ので、手術が成功といえない以上、その報酬は返還すると述べた。手術の
過失は認定されていないという点も主張した。これは「不当利得の回復利
益」の賠償にあたる。

　しかし、原告は、契約前（手術前）より原告が醜くなったこと、不成功

---

64)　契約違反に対する損害賠償には3つの種類があることを雄弁に示す先例として、Sullivan v.
　　O'Connor, 296 N.E.2d 183（Mass. 1973）。この判例の意義については、樋口・前掲注2）65頁。
　　なおこの書物では「原状回復的利益」と表示しているが、「不当利得の回復利益」と訳す方が
　　わかりやすいと現在では考えている。

65)　Sullivan v. O'Connor, 296 N.E.2d 183（Mass. 1973）.

に終わった余分の手術での痛みなど、原告を契約違反以前の状態に戻すための損害賠償を求め、これを陪審は1万3500ドルと認定し、その賠償を認めた。これは信頼利益の賠償にあたる。

　考え方はもう1つあり、本当に約束通り美しくなった状態と現状を比較して計算する損害賠償もある。これは、履行利益の賠償（約束が履行された状態にするための損害賠償）にあたる。契約違反に対する損害賠償としては履行利益の賠償まで認められるのが本則であるものの、本件では原告がそこまでの賠償を求めていないとして、州最高裁は1万3500ドルの損害賠償を認めた。

　この判例が示すように、コモン・ロー上、契約違反に対する損害賠償については次のような特色がある。

　①　損害賠償の内容として、3種類のものがあるとされる。履行利益の賠償、信頼利益の賠償、不当利得回復の賠償である。その点では、信託法第2次リステイトメントで列挙された3種類の損害賠償と同じである。だが、コモン・ロー上の契約違反に対する損害賠償については、その選択はあくまでも原告によるのであり、エクイティのように裁判所の裁量によるわけではない。

　そもそも先の判例が示すように、コモン・ロー上の訴えでは陪審審理が可能であり、陪審が損害賠償額も判断する。エクイティ上の損害賠償とは判断権者が異なる。

　②　契約違反に対する原則的な救済は、履行利益の賠償とされている。契約が履行されたと同じ状態にするのが契約違反に対する損害賠償の目的とされるからである（その意味では、信託違反の損害賠償についてのトータル・リターンのアプローチと同様である）。それでこそ、履行を強制しなくても、損害賠償で十分というわけである。

　ところが、先の判例でも信頼利益の賠償にとどまっていたように、現実的には信頼利益の賠償が認められるケースが多い。その理由は、履行利益のうち原告の個人的事情に関わる部分は、立証責任が厳しいうえに、予見可能性の存在や損害軽減義務などその実現を阻むルールがあって、そう簡単でない。そもそも、契約違反は故意過失の要素は不要とする無過失責任

（約束したことが守られなければそれだけで契約違反とされる）とされる代わりに、契約違反自体を抑止するような賠償は認められない。懲罰賠償がないこと、精神的損害に対する賠償も認められないことなどがその表れである。

これに対し、信託違反に対する損害賠償は、故意過失に基づく違反について、その抑止を目的とする賠償が認められる。裁判所の裁量により、因果関係を緩やかに解した損害の賠償が認められる他、事案によっては懲罰賠償も認められる。原告の弁護士費用も被告の負担となる場合もある。

③　不当利得回復のための損害賠償についても大きな差異がある。たとえば、契約違反において、金銭を支払う義務を履行しない被告が、その金銭を別の投資に回して一定の利益を得た場合でも、契約違反に対する損害賠償の対象にならない。

これが信託違反であれば、受託者が自分の才覚で得た利得であっても、その原資が信託財産である限り、信託財産に戻さねばならない。これも、そのような行為を抑止するには、結局、自分の許に残ることがないというルールが必要だからである。

④　損害を回復する相手先は、契約違反の場合、相手方に違反をされて損害を被った原告である。この点は、信託違反について、受益者が訴えて成功しても、損害賠償が信託財産に戻るのを原則とするのとは大きく異なる（ただし、裁判所の裁量により、直接、受益者に賠償させるのを認める場合があり、そのような場合は同じことになる）。

以上のように、コモン・ロー上認められる損害賠償とエクイティ上認められる損害賠償とでは、重要な違いがいくつもある。そのために、伝統的には用語も区別され、前者は damages と呼ばれてきたのに対し、後者は surcharge（行政手続なら課徴金と訳されるもの）または equitable compensation（エクイティ上の損害補償）と呼ばれてきた。だが、いずれにせよ金銭賠償であることに相違はない。

4　結　び

信託法第3次リステイトメントは、信託違反に対する損害賠償のルール

についても、従来のルールをより明確化した点に大きな意義がある。

　エクイティ上の金銭賠償が認められるという当然の事理を確認したうえ
で、信託違反に対する損害賠償の目的を、「信託および受益者のあるべき
利益を完璧に実現する（to make the trust and beneficiary whole）」と「受託
者が信託違反から個人的な利益を得ることがない点を確実にすること
（ensure that the trustee does not personally benefit from the breach）」だと明記
し、いずれにせよ、受託者等が信託違反をしても割に合わないような仕組
みとした。信託については、裁判所が後見的な役割を果たし、その裁量に
よって信託違反を抑止するような内容の、受託者にとっては厳しい救済方
法が選択される。

　それはコモン・ロー上の契約違反に対する損害賠償とは似ている部分も
ありながら、根本的な部分で異なる性格の損害賠償責任を認める仕組みで
ある。

　あえて付言すれば、わが国の損害賠償法にも、このような機能的な差異
を取り込んでその改善を工夫することができないものかと考える。

第8章

アメリカの投資会社法上の「重大な信託濫用」と「信認義務違反」──投資会社における利益相反的行為に関する責任

萬澤陽子

I　はじめに

　本章では、判例法上発展してきた概念の制定法における解釈・発展について検討する。具体的には、信託法（判例法）上発展してきた「信認義務」や「信託濫用」といった概念が、1940年の投資会社法（制定法）において、どのように解釈され、個別具体的な事案を解決していったのか、解決できなかったなら、どのような対応がとられたのかを検討することを目的としている。判例法主義をとっているアメリカにおいては、制定法が明確に規定していない部分や解釈が分かれる部分について、（制定法の立法趣旨や文言に拘束されるものの、）判例法に立ち返って、裁判所がどのように判断してきたかが多く参照され（時に強引ともいえるような形で）解釈されることが決してめずらしくない。そこで、本章では、1940年の投資会社法（Investment Company Act of 1940, 以下 "ICA" と略す）の規定する「信認義務」や「信託濫用」といった概念を検討することを通して、判例法（信託法）の発展にアプローチしてみたい。

　ICA が適用対象とする投資会社とは、「証券に投資、再投資または取引することを業として行うことに主に従事する（ことを目的とする）者またはそのように表示する者」等と定義され[1]、その主要な形態としてミューチュアル・ファンド（分散投資でオープン・エンド型の投資会社、以下、「ファンド」と略すことがある）が挙げられる。ICA の主たる目的は、そうい

---

1)　15 U.S.C. § 80a-3 (a)(1)(A)(2018).

った投資会社に投資する株主（投資会社の持分を有する者）を保護することであり、そのために同法にはさまざまな規定が用意されてきた。その中の1つが、制定当初に存在した、投資会社のオフィサー・取締役等がファンドに関して「重大な不正行為（gross misconduct）」または「重大な信託濫用（gross abuse of trust）」を行った場合にSecurities and Exchange Commission（以下、「SEC」）に提訴権限を包括的に与える規定（36条「重大な濫用に関するインジャンクション（"Injunctions against Gross Abuse"）」）[2]である。この規定は1970年に改正され36条(a)として存続したものの、その文言は、投資会社のオフィサー・取締役等が、投資会社に関して、「個人的な不正行為（personal misconduct）も含めた信認義務違反」を行った場合、SECが提訴できると大きく修正された。さらに1970年改正では、36条(b)が新設され、投資会社の投資助言業者が報酬の受領につき「信認義務」を負うとみなすとされた。このように、制定当初は、「重大な不正行為」または「重大な信託濫用」という文言を通して投資会社の株主保護を図ることが意図されたのに対し、1970年改正で、それら文言は「信認義務違反」という文言に取って代わられたのである（これに合わせて、36条のタイトルも「信認義務違反（Breach of Fiduciary Duty）」となった）。

　ICA36条の規定する（規定していた）「重大な信託濫用（gross abuse of trust）」と「信認義務（fiduciary duty）」といった判例法（信託法）上の概念は、どのように解釈され、個別の事案にどのように対処してきたのか、対処できなかったのならそれはなぜか、1970年になぜ修正が加えられたのか、改正によって問題は解決したのか――これらが本章で考察しようとしている事項である。以下、Ⅱでは、投資会社（ミューチュアル・ファンド）とそれが孕む問題、そしてその問題をICAでどのように取り組もうとしたのかを論ずる。Ⅲでは、1970年以前の具体的事例（「重大な不正行為または重大な信託濫用」の解釈をした事案）を紹介し、1970年改正の内容

2）　ICA36条は、同法の他の規定が特定の行為について禁じたり、義務を課したりしているのに対し、ファンドの運営者のファンドに対する「重大な不正行為」または「重大な信託濫用」について包括的にSECに提訴する権限を与えているという点で、その性質は異なるものといえる。

について概観する。IV では、1970 年改正（「信認義務違反」という概念が取り入れられた）後の 36 条がどのように解釈されるに至ったか、36 条(a)と同条(b)に分けて紹介し、検討する。

II　投資会社法とミューチュアル・ファンド

1　1940 年投資会社法

　投資会社（ファンド）は、1933 年の証券法（Securities Act of 1933）および 1934 年の証券取引所法（Securities Exchange Act of 1934）といった包括的な連邦制定法によって、1933 年以降規制されるようになった。しかし、規制の中核が情報開示であるこれらの法規制では、後述するファンド業界特有の問題に対応できないことが明らかになり、1940 年に投資会社法（ICA）が制定されるに至った。ICA は、1933 年および 1934 年の法で採用されていた情報開示のアプローチを拡大すると同時に、以下のような、実体的規制も取り入れた。具体的に ICA は、ファンドの取締役会メンバーの 60％を超えて投資会社のオフィサーや被用者、また投資助言業者やその利害関係者（"affiliated"）であってはならないとし[3]、投資助言契約の締結にはファンド株主の過半数による承認を要求した[4]。さらに投資助言契約・主要引受（principal underwriter）契約の締結・更新に関しては利害関係のない取締役の過半数による承認も必要とし[5]、ファンドとその利害関係者（"affiliates"）との間の取引を SEC による承認がなければ原則として禁じたりした[6]。さらに、業界に関与することが禁じられた者等はファンドの取締役・オフィサー等になれないこと[7]、一部の種類の証券の発行を部分的に制限し、投資会社の資本構造を全体的に規制すること[8]等も規定

---

3 ）　15 U.S.C. § 80a-10 (a)(1970). 同規定は 1970 年に改正され "affiliated persons" は、"interested persons" という文言に取って代わられた。後掲注 46）参照。

4 ）　15 U.S.C. § 80a-15 (a)(1970).

5 ）　15 U.S.C. § 80a-15 (c)(1970).

6 ）　15 U.S.C. § 80a-17 (a)(b)(c)(1970).

7 ）　15 U.S.C. § 80a-9(1970).

8 ）　15 U.S.C. § 80a-18(1970).

した。そのうえ、ICA は、投資会社の資産を故意に流用したり盗用することを連邦法の犯罪にし[9]、そして、前述の通り、「重大な不正行為」または「重大な信託濫用」をファンドとの関係で行った投資助言業者、取締役その他の者に対して訴訟を提起する権限を、SEC に与えたのである[10]。

2　ミューチュアル・ファンドと投資助言業者

（1）　ミューチュアル・ファンドと投資助言業者の関係　　ICA のこれらの条文で、ファンドの取締役やオフィサーと並んで適用対象となった投資助言業者（investment adviser）は、ファンドに関して最も大きな権限を有している存在である[11]。なぜなら、ファンドは、投資助言業者によって設定され運営されており、事実上、投資助言業者によって支配されていると言っても過言ではないからである。具体的には、投資助言業者がオフィスの場所を提供し、ファンドのオフィサーおよび取締役を選任し、運営にあたり、その対価として、運営契約または投資助言契約のもと（通常は運営するファンドの総資産の平均の一定割合の）報酬を受け取る。ICA が制定されるに至った原動力の１つは、これらの権限を有する投資助言業者による、ファンドの株主の利益の犠牲のもと投資助言業者自身およびその関係者の利益を図る行為が、横行したことであったとされている[12]。

---

9)　15 U.S.C. § 80a-36(1970).

10)　15 U.S.C. § 80a-35(1970).

11)　ここでの記述は、以下に多くを拠っている。Clarke Randall, *Fiduciary Duties of Investment Company Directors and Management Companies under the Investment Company Act of 1940*, 31 Okla. L. Rev. 635-670 (1978); William K. Sjostrom, Jr., *Tapping the Reservoir: Mutual Fund Litigation under Section 36(a) of the Investment Company Act of 1940*, 54 U. Kan. L. Rev. 251-306 (2005).

12)　ICA 1 条(b)は、同法によって排除しようとしている問題を、以下の通り列挙している。投資者が、情報が与えられないまま証券購入・議決権行使・売却を行うこと、投資会社が取締役や投資助言業者の利益のために運営されること、投資会社がエクイティに反するような差別的な条項を含んだ証券を発行すること、および証券保有者の権利を保護しないこと、投資会社の支配が、ピラミッド構造でまたはエクイティに反する支配の方法を通じて不当に集中していること、投資会社による帳簿作成・内部留保が、不適切な方法で行われ、独立した審査を十分受けないこと、投資会社において、証券保有者の同意なく再編・活動停止・定款変更・支配権譲渡がなされること、投資会社が過度に借金をしたり（残余財産の分配における）優先証券（senior securities）を過度に発行したりすることで劣後証券（junior securities）の投機性を不当に増加させること、投資会社が十分な資産や留保を有さずに運営されること、の8つである。

(2) 投資助言業者に関する問題——2つの利益相反

ICA は、そういった投資助言業者による甚だしい不誠実な慣行を排除することに、ある程度成功したとされる一方で、運営を支配する者がファンドの外部に存在する構造を維持したことから、ファンドと投資助言業者間における不可避の利益相反を原因とする、より対処の難しい問題を顕在化させた。

具体的に、ファンドと投資助言業者の間には構造上、少なくとも2つの点で利益相反が存在していた。1つは、投資助言業者が受け取る投資助言料（報酬）についてである。一般的に、助言料は、投資助言業者にとっては高い方が、ファンドにとっては低い方が望ましく、ファンドと投資助言業者の利益は相反する。そこで、ICA は、ファンドの利害関係のない取締役（unaffiliated directors）に投資助言料の額を決める投資助言契約の締結や更新を承認すること等を求め、あまりに高額の助言料を投資助言業者に与えることを阻止しようとしたが、利害関係のない取締役はその役割を果たすようには機能をしなかった（利害関係のない取締役とはいっても、その選任は投資助言業者に任されており、その意味で投資助言業者と関係するといえる者であった）。その結果、投資助言料の額（のみならずそれ以外のファンド運営上の基本的な決定の多く）は、投資助言業者の思いのままにできる状況にあったのである[13]。

もう1つの利益相反は、ブローカー（投資家からの委託を受けて行う株式取引の取次業務）手数料に関して存在した。すなわち、ファンドが同手数料をできるだけ支払わないようにしておくことに利益がある一方で、投資助言業者は同手数料を多く発生させることに利益を有していた。なぜなら、

---

13) 1960 年代半ばに、この問題について広範な調査をしたレポートとして有名なものが、Wharton School of Finance and Commerce, A Study of Mutual Funds, H.R.Rep. No.2274, 87th Cong., 2d Sess. (1962) と SEC, Public Policy Implications of Investment Company Growth, H.R.Rep.No.2337, 89th Cong., 2d Sess. (1966) である。前者のレポートは、利害関係のない取締役（unaffiliated directors）のことを「限られた価値のあるもの（"restricted value"）」といい、後者のレポートは助言料を適切なレベルに保つ役割を利害関係のない取締役に担わせることについて、「完全に非現実的な選択肢（"wholly unrealistic alternative"）」と述べている。利害関係のない取締役がこのように捉えられていた理由として、それらが利害関係のある取締役に運営の方向性について依存していること、利害関係のある取締役から受領する情報が不十分であるのと同様、取締役としての義務を履行するための時間・報酬が不十分であること、現在の投資助言業者との助言契約を終了させて他の者と契約することが不可能であることを挙げている。

投資助言業者自身がブローカーとして行為するなら[14]手数料が多いほど望ましいだろうし、自分ではブローカーとして行為せず他のブローカーに取引の取次ぎを依頼する場合でも、ファンドの持分を多く販売してくれるブローカーにその見返りとして手数料を多く受け取れるようにするということ（「手数料の分与（"give-up"）」という）が当時多く行われており、これは投資助言業者にとって好都合であったからである[15]。

「手数料の分与」とは、ブローカーに支払う手数料が取引所のルールで固定化され、取引量が多くても一切割引が認められなかったことを背景に（この結果、ファンドのブローカーに支払う手数料は膨大になった）、顧客が取引を執行したブローカーに対して手数料の一部を（当該取引に何の関与もしていない）他の取引所参加者に分与する（give-up）よう指示するというものである[16]。たとえば、Aファンドの投資助言業者B（顧客）がC会社の株式を10万株購入しようとブローカーDに依頼した場合、Dが受領する手数料は注文を執行する実際のコストよりはるかに高いところ、BはDに手数料の一部をブローカーE（当該取引には何の関与もしていない）に分与することを指示することができ、その結果EはAファンドの持分を多く販売することの動機づけを得る、といったように使われた。

投資助言業者は、自ら運営するファンドの持分を多く販売させることに利益を有していた。なぜなら、投資助言業者の得る助言手数料は、ファン

---

14)　ICAは、投資助言業者がブローカーとして行為することを、手数料が慣習的なブローカー手数料を超えない限りで認めている。15 U.S.C. § 80a-17(e)(2)(1970).

15)　その結果、手数料を多く発生させるために、必要以上に売買を繰り返す行為が行われることもあった。SECが行った1966年の調査によれば、ファンドの平均的な売買回転率は56.7%であり、保険会社の平均的な売買回転率が20.6%であるのと比較して高いものとなっているとの指摘がある。Comment, Duties of the Independent Director in Open-End Mutual Funds, 70 Mich L. Rev. 696, 720 n.10 (1972).

16)　7つの地方の証券取引所のうち4つにおいて、（取引所の非会員でも）National Association of Securities Dealers (NASD)のメンバーに対して、こういった手数料の分与（これを顧客の指示による手数料の分与（customer-directed give-up）といい、長年認められてきた、ブローカーの指示による手数料の分与（2人以上のブローカーの間で業務を分担し手数料も分け合うもの）とは区別されてきた）を受けることが認められていた。See SEC, *supra* note 13, 171. この分与は1968年に廃止されたが、しかし、その後も販売や調査の業務で投資助言業者に協力してくれるブローカーに対し恩に報いる目的で過大な手数料を利用すること（「互恵的慣行（"reciprocal practice"）」）は行われ続けた。Randall, *supra* note 11, 642.

ドの総資産の割合で決まるのが一般的であったからである。ファンドの持分を新しく発行して販売すれば、ファンドの総資産は増え、よって投資助言業者の助言手数料も増加する仕組みになっていたのである[17]。

　これに関連して、SEC は「手数料の取戻し（recapture）」を長年主張してきた。すなわち、投資助言業者は（過大な）手数料の一部を投資助言業者と提携しているブローカーに分与するようにして当該手数料を一部取り戻し、投資助言業者はその取り戻した分を助言料から引くという方法で、ファンドの利益のために過大な手数料を取り戻すというものである。しかし、実際には、ブローカー手数料に伴う利益が投資助言業者およびブローカーのために使われてしまうということは、なかなか阻止できなかった。

　このように、投資助言業者は、投資助言料とブローカー手数料について、ファンドと相反する利益を有しており、当時から大きな問題となっていた。本章では、これらの利益相反を中心に、これ以外にも存在した、投資助言業者が株主以外の利益を有していた行為が問題となった事案を広く含め、法がどのように対処したかを考察する。

III　1970 年改正前の具体的事例

　ICA36 条に関するリーディング・ケースは、ICA 制定から 5 年後に第 1 巡回区連邦控訴裁判所から出された Alfred Investment Trust v. SEC 判決である。以下、紹介する。

1　Alfred Investment Trust v. SEC 判決[18]

　（1）**事実**　　1927 年にマサチューセッツ州法に基づいてコモン・ロー信託として設定された Alfred Investment Trust（以下 "AIT"、1940 年に ICA が制定された後に SEC 登録）は、債券に付されている普通株式（non-detachable common shares）と債券に付されていない普通株式（free com-

---

17)　これに対して、顧客はファンドの総資産が増えすぎないことに利益を有していた。ファンドの総資産が増えすぎてしまうと、効率的に運用することが困難になるからである。

18)　151 F.2d 254 (1st Cir. 1945).

mon shares）をそれぞれ発行した。債券に付されていない普通株式は AIT
を設立した投資銀行が保有していたが、オークションで被告（ブローカー）
の手に渡り、被告は AIT の受託者兼プレジデントになった。被告は、信
託財産のおよそ 30％を競馬競技を運営する A 社に投資し、議決権の過半
数を取得して、同社の取締役およびオフィサーに就任し高い報酬を得る等
していた。

　1944 年、債券に付されている普通株式の保有者および SEC は、財産保
全管理人（receiver）の任命、AIT の清算、被告らがファンドの受託者・
オフィサーとして行為することを禁ずるインジャンクションを求めて提訴
した[19]。第一審[20]では、被告らについて、ICA36 条のいう、「重大な信託
濫用（"gross abuse of trust"）」の存在が肯定され責任が認められた。被告
らが控訴した。

　(2)　**判旨**　　本件での問題は以下の 2 つである。1 つは、AIT のオフ
ィサーおよび受託者が ICA36 条のいう「重大な信託濫用」を行っていた
との地裁の判断は、証拠から正しいといえるか、もう 1 つは、裁判所は財
産保全管理人（receiver）を選任する権限を有するか、である。私たちが
証拠から導ける唯一の推論は、AIT に対する支配権を有していた被告お
よびその関係者は、個人的利益を主要な動機づけとして動いていたという
ことであり、それは競馬競技を運営していた A 社を取得した時に最高潮
に達したということである。

　A 社への投資で総資産の 30％を超えてしまったことは、信託の投資方
針に反してしまったことから、SEC に提出済みの投資方針に関する記載
を修正する必要があり、そのためには株主の過半数による賛成が必要であ
った。そのために株主総会が招集されたが、事前に与えられた（投資方針
の変更が行われることに関する）通知は曖昧で、同変更が反対されることを
阻もうとして隠蔽を積極的に行っていたことが地裁で認定されている。被
告は常に株主（債券保有者）の利益のために行為していたと主張するが、

---

19)　債券保有者による請求は、SEC による本件訴訟で救済が与えられているとして、却下され
　　ている。
20)　SEC v. Aldred Investment Trust, 58 F.Supp. 724 (D. Mass. 1945).

その誠実性は証拠から支持できない。

　投資会社とは、そもそも、生産的な事業への投資のために投じられた公の蓄えで構成される資金の、容易に現金化できる集合体である。それは通常生産的な事業の支配から区別された収益に投資する。株主が（投資会社に）投資する誘引は、分散投資が可能であること、専門家による運用が期待できることである。現金化が容易という本質的な性質が理由で、投資会社は独特の濫用の危険にさらされている。ICA は、SEC による規制に投資会社を服させることで認識されている問題に応えようとしている。ICA 1 条(b)は投資会社のオフィサーおよび取締役に課せられた信認義務を事実上、制定法化したものである。

　地裁が行った、被告らの一連の行為は個人的利益によって動機づけられており、信認義務を意図的に否定するものという事実の認定は、証拠から十分に導ける。被告は信託の持分（equity）を有していない。信託財産は債券に付された普通株式の保有者に属している。実際、被告は、支配に伴う利得（役得）を通して、他人の資金を使って自分自身を肥やしているのである。このことは ICA36 条にいう「重大な信託濫用」に該当する。連邦最高裁も、Pepper v. Litton[21] で以下のように述べている。

　　「受認者の立場にある者は自分を受益者より優先させてはならない。受認者は、有する権限を自分の個人的利益のために、および株主や債権者の犠牲のもと利用してはならない。その権限が契約条項のもといかに確かなものであっても、いかに法的要求を満たすための細かいものであろうとも。その権限は、受認者を高め、優先させ、利するために、受益者を害して、または除外して、行使してはならない、というエクイティ上の制限に常に服している。

---

21)　308 U.S. 295 (1939). この事案は、ある会社（D 社）を支配していた被告が、D 社が原告に対して負う債務の弁済をさせないために、D 社に未払給与の支払を求め、自ら設立した一人会社に対し D 社の会社財産を移し、D 社を破産させたというものである。本件では、被告によってなされた（給与の支払に関する）請求を認めないとした破産裁判所の権限が問題となり、この点について連邦最高裁判所は、破産裁判所はエクイティの権限を有しており、形式的な考慮で実体的な正義が行われることが阻止されないようにするために、それを広範に行使できると述べたうえで、会社の取締役も支配株主も信認義務を負っていることを指摘し、それらと会社との取引は厳格な審査に服し、あらゆる状況のもとで当該取引が対等な関係の特徴を有していなければ、エクイティ上無効になるか劣位に置かれるとして、他の債権者を害するために自分の権限を利用した被告の D 社に対する請求は認められないとした地裁の判断を支持した。

　これらの原則に違反するなら、エクイティは不正行為を止めさせ、その達成を阻止するために介入するであろう。」

　被告らが AIT の受託者またはオフィサーの職位にとどまることもそれとして行為することも禁じられる。また裁判所は、財産保全管理人を任命し、信託の資本を再構成するか、信託を清算し資産を分配する権限が与えられる。

　(3) **検討**　当時の ICA36 条は以下のように規定していた[22]。「SEC は、以下の立場の者——オフィサー、取締役、投資助言委員会のメンバー、投資助言業者またはデポジター、引受人——が、この規定の制定後で訴訟開始時に 5 年経っていない場合に、登録投資会社に関して重大な不正行為（gross misconduct）または重大な信託濫用（gross abuse of trust）を犯した（guilty）ことを主張して、適切な地方裁判所……に訴訟を提起できる。SEC の当該重大な不正行為または信託の重大な濫用の主張が立証されるなら、裁判所はそれらの者が当該立場で行為することを永久にまたは適切と判断される期間、禁じなければならない。」

　本判決では、他人の資金を使ってある会社の議決権の過半数を取得して、同社の取締役およびオフィサーに就任し高い報酬を得るなどしていた行為は、個人的利益を主要な動機づけとしており、ICA36 条の規定する「重大な信託濫用」にあたるとされ、被告らの責任が認められた。

　ただし、この後のすべての事案で Alfred Investment Trust 判決でとられたアプローチがとられたわけではなかった。

2　Alfred Investment Trust v. SEC 判決後の事例——Alfred Investment Trust 判決のアプローチを採用したもの

　まず、Alfred Investment Trust 判決同様、投資助言業者がファンドの株主以外の利益を有して行為したことについて、広く「重大な信託濫用」を認めようとした事案から紹介する。Brown v. Bullock 地裁判決[23]である。

　Brown 判決は、ファンドの株主が、投資助言契約および引受契約の支

---

22)　15 U.S.C. § 80a-35 (1970).
23)　194 F. Supp. 207 (S.D.N.Y. 1961).

払でファンドに損害を与えているとして、ファンドの取締役、投資助言業者（引受人と販売者を兼任）に対し、過大な手数料をファンドから支払うことは ICA の 36 条・37 条違反であること、投資助言契約が毎年取締役会によって承認されていないことまたは同契約がファンドの持分保有者の過半数によって承認されていないことは ICA15 条違反であること等を主張して、株主代表訴訟を提起したものである。ニュー・ヨーク南部地区連邦地方裁判所は、ICA36 条について「規制立法において、あらゆる潜在的な濫用に対する具体的な抑止策を用意しておくことは、ファンド業界の運営を深刻に害することなしには現実的ではない。したがって、株主の利益を経営陣の利益に劣位させるような、取締役の相反する利益から生ずる濫用や、独立性の欠如から生ずる濫用といった、より狡猾な濫用に関しては、36 条が、制定法で具体的に取り扱われていない重大な不正行為または重大な信託濫用を阻止するための根拠の宝庫となるのである」[24]と述べ、制定法に規定のない投資助言業者による不当な行為を包括的に禁じているとした。

　ただし、本判決は控訴され、控訴審[25]では、ICA36 条ではなく、投資会社の資産を故意に流用したり盗用することを連邦法の犯罪とした ICA37 条、および投資助言契約の締結には株主による承認を要求し、さらに契約の更新の際には利害関係のない取締役による承認も要求する ICA15 条を根拠に、被告の責任が肯定された。37 条のもとで投資助言業者の責任が認められたのは、本件で投資助言業者が過大な手数料を得ているだけではなく、ファンドを支配し自己利益を得るために権限を行使しているからであり、職務を適切に遂行していない者にそれを知りながら報酬を支払うことは、刑事的な意味で故意の流用（conversion）に該当することは明らかとされた。また、投資助言業者および引受人として 2 年以上行為する場合は、取締役会によってまたは株主の過半数によって少なくとも 1 年に 1 度は具体的に承認される必要があることから、ICA15 条に基づいても責任が認められるとされた[26]。

---

24)　*Id.* at 238 n. 1.
25)　294 F. 2d 415 (2^d Cir. 1961).

3　Alfred Investment Trust v. SEC 判決後の事例──Alfred Investment Trust 判決のアプローチを否定したもの

　これに対し、投資助言業者がファンドの株主以外の利益を有して行為したことについて、「重大な信託濫用」が認められなかった事案、すなわち ICA36 条の責任が否定された事案を紹介する。責任否定の理由やアプローチとして、ICA36 条の私的訴権を否定するもの、36 条のもと責任肯定することを躊躇することを示すもの、そして他の条文・法理を使って責任を肯定するもの等が存在する。

　(1)　ICA36 条の私的訴権を否定する事例　　まず ICA36 条の私的訴権 (private cause of action) を否定した事例として、Brouk v. Managed Funds, Inc. 判決[27] が挙げられる。これは、ファンドの株主が、ファンドの取締役・投資助言業者等に対して、ICA および投資助言業者法 (Investment Adviser Act of 1940) 違反を主張して、ファンドに与えた損害の賠償、インジャンクション、ファンド (会社) の清算を求め株主代表訴訟を提起した事案である。裁判所は、ICA36 条が、投資会社の取締役の責任を問うための私的訴権 (private cause of action) を認めておらず、またそもそも取締役個人の責任を問うためのものではないとして (ICA の原案では、すべての投資会社のオフィサーおよび取締役に個人として SEC に登録するよう要求し、SEC に資格剥奪権限を与えて、取締役・オフィサー個人に対する規制を行おうとしていたが、採用されなかったとして)、請求を棄却した。

　ただし、この後の事案すべてにおいて ICA36 条の私的訴権が否定されたわけではない。むしろ、前述の Brown v. Bullock 地裁判決[28]で、36 条が黙示の私的訴権を認めているとしたことから、これに続く連邦裁判所における事案の大部分は、同地裁判決に従ったようである[29]。

---

26)　また、Moses v. Burgin 判決も、1970 年改正後に出された判決ではあるが、Aldred 判決同様のアプローチで、投資助言業者の「重大な信託濫用」を肯定している。IV 1 (1)参照。

27)　286 F.2d 901 (8th Cir. 1961).

28)　194 F. Supp. 207 (S.D.N.Y. 1961).

29)　たとえば、Tanzer v. Huffines, 314 F.Supp. 189 (D.D. Del. 1970) は、(Brown 地裁判決の)「Herlands 裁判官の分析と結論に同意し、同様に、登録投資会社の取締役による重大な信託濫用および重大な不正行為の救済について私人は連邦裁判所に求めることができると判示する」と述べている。

⑵　ICA36 条のもと責任肯定することを躊躇することを示す事例

　もっとも、ICA36 条は、黙示の私的訴権が認められても、原告に積極的に救済を与える根拠条文となったわけではなかったようである。むしろ、36 条を根拠に責任を認めることに対し躊躇を示す事案や（36 条違反も主張され認めることが可能とも思われる状況で）他の条文・法理に基づかせて責任を肯定する事案さえあった。

　ICA36 条に基づいて投資助言業者の責任を肯定することに躊躇を示す事案は、SEC v. Midwest Technical Development Corp. 判決[30]である。これは、科学の分野の会社を選定し資金を投じるという事業を行っていた投資会社である Midwest 社において、投資する会社のうち 10 社の取引について利益相反があり、公平無私でない動機づけで同社の取締役等が投資判断をしていたことが、ICA36 条のいう「重大な信託濫用または重大な不正行為」にあたるとして、Midwest 社およびその取締役が提訴された事案である。SEC は、投資会社はその性質から特に濫用にさらされており、従ってそこでの取締役の行為基準は一般の事業会社の取締役に課されるものよりはるかに高いものとなっていると主張し、さらに、被告によってなされたいくつかの投資について、ICA17 条(d)のもと事前に SEC の承認が要求される、Midwest 社と利害関係を有する取締役の間の取引であったのに承認を受けてないと主張した。

　これに対して、裁判所は、SEC がと主張する、被告の「重大な信託濫用」の存在が認められるためには、被告があまりに信用を失うことを行ったため、他の会社においても取締役等の立場で行為することが許されるべきではないといった（強い非難可能性を示す）ような証拠に基づいていなければならないと述べ、本件では、そのような証拠はみられず、これらの取締役に「重大な不正行為」および「重大な信託濫用」があったというスティグマを負わせることは正当化できないとして、36 条のいう「重大な信託濫用」の存在を否定した。

　前述の通り、ICA36 条は、取締役や投資助言業者による重大な不正行

---

30)　CCH Fed. Sec. L. Rep. 91.252 (D. Minn. 1963).

為または重大な信託濫用があったことが立証された場合、「裁判所はそれ
らの者が当該立場で行為することを永久にまたは適切と判断される期間、
禁じなければならない」と規定していた。したがって、裁判所は投資助言
業者らによる「重大な信託濫用」があったと認めると、それらの者に対し
（他の投資会社も含め）投資助言業者等の立場に就任することを禁じなけれ
ばならなかった。言い換えれば、禁じるか否かの裁量は裁判所には与えら
れていないという強いものであったゆえに、裁判所は「重大な信託濫用」
の存在を簡単には認められなかったという事情があったといえる[31]。この
こともあって、下記のような、ICA36 条以外の規定・法理に基づいて肯
定された事案も散見される。

(3)　**他の規定・法理を使って責任を肯定する事例**　　①　他の ICA の
規定を根拠とした事例　　投資助言業者が株主以外の利益を有して行為し
たことについて、裁判所が責任の根拠とした他の条文とは、具体的に、投
資助言契約の締結には株主による承認を要求し、さらに契約の締結・更新
には利害関係のない取締役による承認を要求する ICA15 条（「投資助言契
約および引受契約（"Investment Advisory and Underwriting Contracts"）」）、フ
ァンドと利害関係を有する者との間の取引を SEC による承認がなければ
原則禁じた ICA17 条（「一定の利害関係者と引受人との間の取引（"Transac-
tions of Certain Affiliated Persons and Underwriters"）」）、投資会社の資産を故

---

31)　判例法において、「重大な信託濫用（"gross abuse of trust"）」という概念が使われている事
案はそれほど多くない。もっとも初期の会社法で使われていた事案が散見される。たとえば、
Miner v. Belle Isle Ice Co., 53 N.W. 218, 224-225 (Mich. 1892); Benedict v. Columbus Const. Co.,
23 A. 485, 490 (N.J. 1891); Haldeman v. Haldeman, 197 S.W. 376 (Ky. Ct. App. 1917); Edison v.
Edison United Photograph Co., 29 A.195 (Ch. N.J. 1894); Dill v. Johnstone, 179 P. 608 (Ok. 1919);
Morse v. Metropolitan S.S. Co., 100 A. 219 (Ch. N.J. 1917); Tower Hill-Connellsville Coke Co. of
West Virginia v. Piedmont Coal Co., 64 F.2d 817 (4th Cir. 1933); Elevator Supplies Co. v. Wylde,
150 A. 347 (Ch. N.J. 1930); State ex rel. Independent Dist. Tel. Co. v. Second Judicial Dist. Court,
39 P. 316 (Mo. 1895); Potter v. Victor Page Motors Corp., 300 F. 885 (D. Conn. 1924) 等がある。
このリーディング・ケースといえる Miner 判決は、多数派株主の支配下で少数派株主の利益
が剥奪されてきた（多数派株主の利益相反が横行する）状況は「重大な信託濫用」に該当する
とし、会社の存続が許されてしまう限り、他の方法で少数派株主に救済を与えることなどでき
ない（会社の利益を独占する取締役を解任したとしても、その代わりに就任する者を決めるの
は当該取締役であり、自分の代わりを務めるダミーを選ぶだけである）と述べ、エクイティ管
轄権の行使として、財産保全管理人を任命し、会社を解散させる、とした。

意に流用したり盗用することを連邦法の犯罪にした ICA37 条（「窃盗およ
び横領（"Larceny and Embezzlement"）」）等である。

　たとえば、前述の Brown v. Bullock 控訴審判決[32]は、過大な手数料を得
るのみならず、ファンドを支配し自己利益のために権限を行使しているこ
とについて、ICA37 条を根拠に（また法の要求する手続を踏んでいなかった
ことから ICA15 条を根拠に）責任を肯定し、前述の SEC v. Midwest Tech-
nical Development Corp. 判決も、ICA36 条ではなく ICA17 条で責任を認
めている。ただし、こういった事例の数はそれ程多くなかったようである。

　②　エクイティ法理を根拠とした事例　　投資助言業者がファンド株
主以外の利益を有して行った行為について、ICA の規定ではなく、エク
イティ上の法理を根拠として責任を肯定したものもある。

　たとえば、Rosenfeld v. Black 判決[33]は、ファンドの投資助言業者が、
同ファンドを他のファンドと合併させ、合併後に合併先ファンドの兄弟会
社を投資助言業者として就任させることについて合意した際、合併先ファ
ンドの親会社から同社の株式 7 万 5000 株を譲渡してもらうことにも同意
したことについて、当該ファンドの株主が、投資助言業者が 7 万 5000 株
と交換にファンドの助言業者の地位を売り渡したとして ICA 違反を主張
し、ファンドおよびファンドの投資助言業者等に対して、株主代表訴訟を
提起した事案である。裁判所は、SEC v. Insurance Securities, Inc. 判決[34]
を引用し、「十分確立したエクイティ原理」である「受託者、会社のオフ
ィサーまたは取締役、そして誰かの受認者の立場にたつ者は自己利益のた
めにその地位を売却したり譲渡することはできない」として、被告有利の

---

32)　294 F.2d 415 (2d Cir. 1961).

33)　445 F.2d 1337 (2d Cir. 1971).

34)　254 F.2d 642 (9th Cir. 1958). これは、投資助言業者が、ある投資会社に対する支配権を投
　資会社の総資産をはるかに超える金額で譲渡し、支配権を譲渡した後も当該会社の投資助言業
　者として契約を締結することについて、株主の承認を得たが、SEC は当該行為が ICA36 条に
　いう「重大な信託濫用」にあたるとして、Alfred Investment Trust 判決を引用してインジャ
　ンクション等を求め提訴した事案である。裁判所は、そういったエクイティ上の一般原則の存
　在は認めたものの、本件での同原則違反は、投資助言業者のファンドに対する信認義務は助言
　契約に基づいて発生するのであり、契約が支配権の譲渡とともに終了すれば、信認関係も終了
　するとし、否定した。

サマリー・ジャッジメントを認めた原審を破棄した（36 条については、き
わめて非難されるべき行為に向けられていると述べるにとどめた）[35]。

　また、連邦裁判所のみならず、州裁判所でも投資助言業者の行為がエク
イティ法理違反にあたるとして争われた。具体的には、Saminsky v.
Abbott 判決[36] は、報酬および費用という形でファンドから投資助言業者
等が得た多大な利益にあたる欠損分を回復させるために、ファンドの株主
が株主代表訴訟を提起したものであるが（ICA 違反は主張はなされていな
い）、裁判所は、会社資産の毀損（waste）に相当する投資助言料は、株主
が承認したとしても、回復の対象になり得ることを明らかにした[37]。

　さらに、Saxe v. Brady 判決[38] でも、投資助言業者の受け取る投資助言
料が、「不合理で過大なファンド資産の法的な毀損」にあたるとし、また
株主による助言料算定の基準の承認（株主の 99.3% が賛成した）は資産の毀
損に該当することから効力を有さないとして、信認義務違反を基礎に争わ
れた。裁判所は、ファンド資産の毀損が主張された際の審査について、
「会社が受領したものがあまりに不十分な価値で、通常の健全なビジネス
の判断をする者は誰も会社が支払う価値があるとみなさないかどうか、を
みることのみに限られる。通常のビジネスマンが契約条項の十分性につい
て意見を異にすると言い得る程度なら裁判所は取引を有効にしなければな
らない」[39] と述べ、株主による承認があっても、完全に司法審査の範囲外
にはならないことを示唆した。ただし、投資助言料の支出が「毀損」にあ

---

35)　この ICA36 条の解釈に従ったものとして、Bloom v. Bradford, 1981 U.S.Dist. LEXIS 13684
　　（E.D.N.Y. 1981）がある。

36)　185 A.2d 765（Del. Ch. 1961）.

37)　Saminsky 判決以前に、投資助言業者に過大な報酬が支払われていることが争われた事案
　　として、Meiselman v. Eberstadt, 170 A.2d 720（Del. Ch. 1961）がある。これは、ファンドの株
　　主が、ファンドや株主の利益を犠牲にして利害関係を有する取締役に過度な報酬が支払われて
　　いるとして、利害関係を有する取締役に対し、報酬額を変更することを求めて提訴した事案で
　　ある。裁判所は、受認者が受領できる報酬の上限があることは認めたものの、本件では、利害
　　関係のない取締役が十分な情報を得て毎年報酬を承認していることを強調し、利害関係のない
　　取締役を被告が支配している証拠は提出されておらず、また株主も報酬契約を追認しているこ
　　とに言及し、報酬が過度であることを法的に示す証拠がない、として、請求を棄却した。

38)　184 A. 2d 602（Del. Ch. 1962）.

39)　*Id*. at 652.

たることの立証責任を原告に課したため[40]、このことは被告の責任を肯定することを困難にしてしまった[41]。

　(4)　検討　このように、投資助言業者が株主以外の利益を有して行った行為について法的に争うことは、全体的に容易ではなかったようである。すなわち、ICA 上は、裁判所が「重大な不正行為」または「重大な信託濫用」があったと積極的に認めなかったことが、投資助言業者の責任を追及することを困難にさせ、また、36 条以外の規定もそれに代わるものにはならなかった。他方、州法（エクイティ）上は、助言料が過大であると争われた事例が散見されるが、株主が会社資産の毀損に該当することを立証しなければ助言料に対する司法審査が及ばないとされたことで、助言料が業界の平均程度で株主に開示されているのなら、事実上、助言料を争うことはできなくなってしまっていた[42]。そこで、1970 年に ICA36 条が改正されるに至るのである。

---

40)　Saxe 判決で原告はファンドの助言手数料を同規模のファンドと比較することで、「毀損」であることの立証をしようとしたが、裁判所はこういった比較について立証方法として認められないとした。

41)　たとえば、Acampora v. Birkland, 220 F.Supp. 527 (D.Colo. 1963) では、ファンドの株主が、ファンド投資助言業者の得ている手数料等が業界基準より高いことから、エクイティ上過大と主張し、会社とその取締役・オフィサーを提訴したが、裁判所は Saxe 判決を引用し、エクイティ原理に基づいて手数料を変更するなら、手数料が衝撃的または非良心的（shocking or unconscionable）といえる必要があると述べた。

　　投資助言業者の報酬を争うアプローチが変わったのは、1970 年改正で ICA36 条(b)が挿入された後である。後述の Galfand v. Chestnutt, 402 F. Supp. 1318（S.D.N.Y. 1975）では、36 条(b)を規定した目的の 1 つとして、会社資産の「毀損」を立証しなければ、投資助言業者の報酬を争えないという判例法を修正することと述べている。そのような判例法のルールは、ファンドとその助言者が深く関連し、対等な当事者間における交渉が通常存在しないミューチュアル・ファンド業界では不当に制限するものとして、以下のように引用する。「したがって、［投資助言業者に対する］報酬または支払に関する法廷での争いで、［適用される］究極的な審査基準は、たとえ取締役や株主によって承認されていたとしても、それが会社の資産の『毀損』にあたるかではなく、投資助言業者が当該報酬を決定する際にファンドの株主に対する信認義務を果たしたか否か、である。3 U.S. Code Cong. & Adm. News 1970, p.4910, Senate Report No. 91-184.」（402 F. Supp. at 1325）。Ⅳ **4** 参照。

42)　これについて、SEC は、「議会が株主保護として機能することを意図した、（助言手数料の）株主による承認および利害関係のない取締役を過半数入れることの要求は、その意図したようには機能しないばかりか、実際手数料を司法審査の対象外とし、他では求められる株主の司法による保護を奪っている」と述べている。SEC, *supra* note 13 at 141-143.

4　1970 年の ICA 改正

　1970 年改正では、ICA36 条について 2 つの改正がなされた。1 つは、
36 条に(b)項が新設されたこと、もう 1 つは、制定当時から存在していた
条文（本章でこれまで「36 条」として論じていたもの）にいくつかの修正が
加えられて、(a)項として規定されたことである。

　まず 1 つ目の改正である ICA36 条(b)は、投資助言業者に対し、ファン
ドから受領する報酬について信認義務を負わせると明示的に規定した条文
である[43]。具体的に 36 条(b)は、「[SEC に]登録している投資会社の投資
助言業者は、本条において報酬など当該投資会社または証券保有者から助
言業者または助言業者の関係者に対して支払われるものの受領について、
信認義務を負う者とみなされなければならない」と規定する。そして、
SEC とファンドの株主が、信認義務違反に関する訴訟を提起できると規
定する[44]。

　もう 1 つの改正である ICA36 条(a)については、主に 3 つの修正が加え
られた[45]。1 つ目は、SEC が提訴できる場合を、投資助言業者等が「重

---

43)　SEC は、助言手数料は、取締役や株主の承認にかかわらず合理的でなければならないとの
　　規定を入れるよう提言したが採用されず、その代わりに 36 条(b)が新設された。同規定が 1970
　　年に入れられる前は、投資助言業者の報酬は、株主の承認を得ている場合には、会社資産の
　　「毀損」にあたることを原告が立証しなければ争うことができなかった。3(3)②参照。
44)　ICA36 条(b)は、以下のように規定する。「SEC または投資会社の証券保有者は、（当該投資会
　　社に代わって、）当該投資助言者またはその関係者、本条の(a)で列挙される報酬に関して信
　　認義務を負う者すべてに対して、当該投資会社または証券保有者から投資助言業者等に支払わ
　　れた報酬に関する信認義務違反を主張する訴訟を提起できる。」
　　　さらに、ICA36 条(b)は以下のように続く。「(1) 被告が個人的な不正行為（personal miscon-
　　duct）に関与していたことを立証する必要はないが、信認義務違反の立証責任は原告が負う。
　　(2) 報酬や支払、それに関する契約や同意について、投資会社の取締役会が承認したこと、株
　　主によって当該報酬や支払、それらを提供する契約や同意を追認または承認したことは、裁判
　　所が当該状況下で適切とみなすなら、訴訟において考慮されなければならない。(3) 報酬や支
　　払を受領した以外の者に対しては訴訟は提起できないし、損害賠償その他救済も命じられない。
　　訴訟開始前 1 年より前の期間は損害賠償として回復できない。受領者に対して命じられた損害
　　賠償は、信認義務違反から生ずる実際の賠償に限られ、またいかなる場合も投資会社から受領
　　した報酬または支払の額を超えてはならない。」
45)　ICA36 条(a)は以下のように規定された。「SEC は現在、以下の立場――(1)オフィサー、取
　　締役、助言委員会のメンバー、投資助言業者またはデポジター、(2)……主要な引受人――にあ
　　る者（または不正行為が行われた当時以下の立場にあった者）が、登録している投資会社に関
　　して、個人的な不正行為も含めた信認義務違反を構成する行為または慣行に関与しようとして
　　いる、または訴訟開始時に 5 年たっていない時期に関与していた場合に、……適切な連邦地方

大な不正行為または信託の重大な濫用を犯した（"guilty...of gross miscon-
duct or gross abuse of trust"）」ときとしていたのを、投資助言業者等が「個
人的な不正行為を含む信認義務違反を構成する行為または慣行に関与しよ
うとしている（"is about to engage in any act or practice constituting a breach of
fiduciary duty involving personal misconduct"）」とき（または関与していたと
き）としたことである。2 つ目は、裁判所が（不正行為をした）投資助言
者等に対して、当該立場で行為することを禁ずるためのインジャンクショ
ンの命令を発することについて、裁量が与えられたことである。すなわち、
改正前の 36 条は、取締役等や投資助言業者による重大な不正行為または
重大な信託濫用を行ったことが立証された場合、「裁判所はそれらの者が
当該立場で行為することを永久にまたは適切と判断される期間、禁じなけ
ればならない」と規定していたが、改正で「上記主張が立証されたなら、
裁判所はこれらの者が当該職位で行為することを永久にまたは一時的に禁
ずることができ……る」と修正されたのである。3 つ目は、36 条のタイ
トルの修正である。改正前は、「重大な濫用に対するインジャンクション
（Injunctions against Gross Abuse）」というタイトルだったのが「信認義務違
反（Breach of Fiduciary Duty）」となったのである。

　すなわち、改正後の 36 条は、(b)項で投資助言業者等に報酬受領につい
て信認義務を課し、その違反の責任追及を SEC とファンド株主に明示的
に認める一方で、(a)項で投資助言業者等が「個人的な不正も含めた信認義
務違反を構成する行為または慣行」をしたときにインジャンクションその
他適切な救済を求める権限を SEC に与えたのである。改正前 36 条に存在
した「重大な信託濫用」という文言は削除され、それに代わって「信認義
務」という概念が入れられた。これによって、投資助言業者による株主以
外の利益を有する行為に対する規制が再整備されたのである[46]。

　裁判所に訴訟を提起できる。上記主張が立証されたなら、裁判所はこれらの者が当該職位で行
　為することを永久にまたは一時的に禁ずることができ……る。」
46)　1970 年改正では、"affiliated persons" という文言が "interested persons" という文言に修正
　されたことによって、利害関係のない取締役の独立性を高める試みがなされたことも重要であ
　る（ICA15 条(c)参照）。両概念の違いについては、Sjostrom, *supra* note 11, at note 124 参照。
　以後、ICA について、独立（"interested" ではない）取締役の役割を非常に重視していること

IV　1970 年改正後の事例

1970 年改正で ICA36 条に修正が加えられた後、どのように法は発展していったのだろうか。ここでは、36 条(a)違反と同条(b)違反に分けて検討する。

1　ICA36 条(a)違反が問題となったもの——ブローカー手数料の問題

ICA36 条(a)違反が問題となった主な事案として、前述の投資助言業者の利益相反の 2 つ目の問題である、ファンドの取引に関してブローカーに支払う手数料を投資助言業者自身（または関係するブローカー）の利益のために利用するという、ブローカー手数料の分与問題に関するものが挙げられる。そのリーディング・ケースは、Moses v. Burgin 判決である。

Moses 判決においてなされた、当該問題が（改正前）ICA36 条違反に該当するとの原告の主張に対し、原審[47]は請求を棄却したが、控訴審は Alfred Investment Trust 判決で示された 36 条の解釈と親和的な立場をとり同条違反を肯定するという、全く逆の立場をとった。以下、紹介する。

(1)　**Moses v. Burgin 判決**[48]　　①　事実　　SEC に登録された投資会社の株主が、その投資助言業者と関係する引受人、およびファンドの利害

は、さまざまな判例で述べられている。たとえば、Seidel v. Lee, 1996 WL 903947 (D.Del. Aug. 16, 1996)〔ICA は、独立取締役に、経営監督や財務監査などの重大な職務を遂行するよう要求することで、番犬としての役割を担わせ、投資会社の株主の利益を保護しようとした〕; Burks v. Lasker, 441 U.S. 471 (1979)〔投資助言業者とファンドとの間の利益相反問題について、議会が ICA 制定の際に選択したのは、会社を助言者と完全に無関係の者にすることや経営の機能を強制的に内部化することなどといった思い切った対応ではなく、独立取締役によって監督させるというものであった〕; *In re* Nuveen Fund Litigation, 1996 U.S. Dist. LEXIS 8071 (D.N.D.of Ill. 1996)〔後掲注 57〕参照〕〔これまでの判例でも確認されてきたように、ICA は、当初から、投資助言業者の利益相反という投資ファンド業界特有の問題に対応するために制定された……一般事業会社と異なり、投資会社は単なる箱で、投資会社の株主に属する証券で構成される資産をプールしておくものに過ぎず、それを設定・運営するのはファンドから独立した投資助言業者で、しばしばファンドの利益と相反する立場に立つ者であるところ、その防止のために採用されたのは当初は株主の利益の「独立した番犬」としての役割を担わされた独立取締役であった……〕.
47)　316 F. Supp. 31 (D.Mass. 1970).
48)　445 F. 2d 369 (1st Cir. 1971).

関係のない取締役も含めた取締役等に対して、以下の主張をして株主代表訴訟を提起した。まず、ファンドの手数料分与によって、取り戻すことができるブローカー手数料を取り戻さないことでファンドの価値を喪失させ、むしろ、（手数料分与はブローカーに当該ファンドの持分を販売するインセンティブを強く与えるものであり、それによってファンドの持分が増加すれば、ファンドの総資産によって計算される投資助言業者の手数料も増加することから）投資助言業者等の自己利益を図っているといえること、また、この手数料分与に関する適切な情報が利害関係のない取締役には不当に開示されなかったことから、ファンドの取締役会はこの問題について手数料を取り戻す可能性も含め検討されてこなかったこと、である。

　第一審では、前者の投資助言業者等がファンドの手数料を自己利益のために利用しているという主張に対しては、原告の主張する手数料の取戻し方法は実質的に「手数料の払戻し」であり、取引所の最低手数料のルールおよびポリシー、そして「払戻し禁止ルール」によって禁じられるものであるとして、また、後者の手数料分与に関する情報を開示しなかったという主張に対しては、当該情報は契約のもと法的に開示が求められるものではないとして、原告の請求を棄却した。そこで、原告が控訴した。

　　②　判旨　（i）前者の主張について　　被告は、原告の主張するように手数料の取戻しが可能だったとしても、ファンドの取締役には、ファンドの直接的利益のために取り戻すこととファンドの間接的利益のためにブローカーに分与することのいずれを選択するかに関する権利を有するかのように主張するが、私たちはそうは考えない。なぜなら、ファンド持分を販売する際、ファンドの定款は、ファンドがその全額を受け取ることを要求するが、それは既存の株主を保護するためであるところ、新しく販売したファンド持分の全額を受け取ったとしても同時に販売したブローカーに（ファンド自身が取り戻せるのに取り戻さないで）手数料分与したら、販売で受け取れるべき総収入をファンドが全額受け取ったことにならないからである。定款の文言上、被告は持分販売を多くしたブローカーに支払うためにファンドの資金を自由に使うことは許されないのである。

　原告は、被告が NASD（National Association of Securities Dealers：全米証

券業者協会）の会員を通して手数料を取り戻すことができる（以下「NASD 取り戻し」）にもかかわらず、それを行わないことは、ICA が阻止しようとした、受認者に一般的に適用される利益相反行為と主張する。私たちは、インベストメント・トラストの構造上、利益相反が日常的に行われているところでは、ICA がその 36 条を通して、最も基本的で広く行き渡っている要求を課していると信じる。通常の信託とは異なり、投資会社の運営は、頻繁に自己利益に関係する。その例が本件で問題となっている手数料分与なのである。

　　(ii)　後者の主張について　　一般の事業会社の取締役の負う開示義務が何であれ、投資会社を運営する取締役は、自己利益とファンドの利益が相反する可能性のあるすべての分野で、利害関係のない取締役（unaffiliated directors）に対し十分な情報開示をする義務を負っている。すべての利害関係のない取締役が当該情報を知っていると十分推測できる時でも、有効的な情報提供は必要である。

　本件で、被告は手数料の取戻しについて潜在的な利益相反があることについて知っていたのに、それを利害関係のない取締役に対して開示しなかったのは、単なる不注意でも誤解でもない。私たちは、本件で問題となったような行為に SEC や連邦裁判所が対処できないほど無力であることを議会が意図していたとは信じない（Alfred Inv. Trust v. SEC 参照）。そのような解釈は ICA 1 条(b)に示された議会の意図と一貫しない。本件で、被告が利害関係のない取締役に NASD 取戻しの可能性を開示しなかったことは、ICA のいう「重大な信託濫用」に該当する。

　これに対して、利害関係のない取締役らは NASD 取戻しの可能性について知っていたとも、それについて相反する利益があったとも証明されなかった。彼らが自分自身で問題を発見し調査する義務に違反したとも証明されていない。手数料の取戻しは新しい問題で、投資助言業者等に依拠する権利を利害関係のない取締役等は有していたと判断する。原審は破棄される。

　　③　検討　　このように、第一審判決では、請求が棄却されたのに対し、控訴審判決では、すでに紹介した、Aldred 判決同様、ICA の制定の

趣旨・目的からこの問題にアプローチし、責任が肯定された[49]。すなわち、ファンド（投資会社）の運営はその構造上、利益相反の可能性を常に孕んでおり、それを可能な限りなくすために制定された ICA のもとでは、投資助言業者がファンドの取り戻すことができる手数料を自由に使用することは許されないし、ファンドの利害関係のない取締役にこの問題に関する情報を十分開示しないことも許されないとしたのである。

　(2)　**Fogel v. Chestnutt 判決**[50]　　① 事実　　SEC に登録する投資会社（ファンド）の株主は、同ファンドの投資助言業者が同ファンドの持分を販売するブローカーに手数料分与をし、ファンド資産（およびファンド資産をもとに計算される助言手数料）を増大させ、また自分が提供しなければならない助言サービスを当該ブローカーに提供させていることから、事実上、投資助言契約で規定される金額を超える報酬を受け取っていること、投資助言業者は、ファンドのためにブローカーに支払う手数料を取り戻すための努力を講じなかったこと――より正確には独立取締役に公平にこの問題を審理させる義務があったのにそうしなかったこと――が、会社の定款または信認義務に違反しているなどと主張して、ファンドの投資助言業者およびその取締役に対して、投資助言業者やその関係者が NASD の会員ならファンドの利益のために取り戻せたであろう手数料相当額を回復させることを求めて提訴した。被告らは、ファンドから支払われた手数料に等しいブローカー業務の利益をファンドが受けていると主張した。原審は、原告がファンドの利益のために手数料の返還を適切に確保できることが立証できていないとして請求を棄却した。原告が控訴した。

　　②　判旨　　本件は、主に SEC によるレポート[51]から影響を受けた、ファンドの株主によって提起された、ファンドの投資助言業者、販売者お

---

49)　Moses 控訴審判決は改正後に出されたものであるが、改正前に起こった事実が争われていることから、改正前 ICA36 条違反が問題となっている。より正確には、Moses 地裁判決が出た 4 か月後に ICA36 条が改正され、1971 年に Moses 控訴審判決が出されている。

50)　533 F.2d 731（2d Cir. 1975）. 本件は、Fogel I と呼ばれることがある。Fogel II は、Fogel v. Chestnutt, 668 F.2d 100（2d Cir. 1981）で、Fogel I の差戻審からの控訴であり、損害賠償額と黙示の私的訴権の存在について議論している。

51)　前掲注 13）参照。

よび取締役らに対する株主代表訴訟の1つと理解している。Moses v. Burgin 控訴審判決が出されてから4年後に、本裁判所も本件で当該問題——すなわちファンドの利益のためにブローカー手数料を取り戻す義務がファンドの運営者にあるかという問題——に直面した。私たちは、第1巡回区連邦控訴裁判所（Moses 控訴審判決）と同じ立場をとるか否か（本件は当該事案とは若干異なる事案ではあるが）を決めなければならない。結論からいえば、私たちは同じ立場をとる。

　Moses 控訴審判決によって述べられた、ICA の枠組みのもと投資助言業者は、ファンド取締役の利益とファンドの利益の間で利益相反の可能性が少しでもあるすべての領域で、独立取締役（disinterested/independent directors）に対して情報の十分な開示をする義務を負う、という意見に同意する。Moses 判決等で述べられているように、独立取締役はフルタイムでファンドに関わっているわけではなく、またファンド運営に関する特別でしばしば技術的な問題に常に接しているわけではないことに留意して、情報開示は効果的になされなければならない。独立取締役に不十分な情報開示しかなされない時は、手数料の取戻しをしないという判断が「合理的な経営判断」に該当するということを投資助言業者は主張できない。原告の利益に反する個人的利益を有する弁護士からの大雑把な助言に取締役が依拠することも、仮にそれが正しいものであったとしても許されない。

　本件で、投資助言業者および利害関係を有する取締役は、手数料取戻しの可能性について十分調査せず、独立取締役にこの件について熟慮させるための情報開示を十分しなかったことから、ICA 上の責任が肯定される。ただし、Moses 判決で述べられた同じ理由から、独立取締役の責任は本件では認められない。原審を破棄し差し戻す。

　　③　検討　　このように、第2巡回区連邦控訴裁判所は、Moses 控訴審判決に沿って、ファンドの取締役・投資助言業者に対し、独立取締役に対する十分な情報開示義務を認め、もし十分な情報開示が効果的に行われていない場合には、独立取締役の判断は尊重されず、信認義務違反が肯定されるとしたのである。

　ブローカー手数料の分与問題について、もう1つ判例を紹介する。

Tannenbaum v. Zeller 判決である。これは、Moses 判決、Fogel 判決に基づいて判示しており、これらの判決の意義がより明確になると思われる。

　(3)　**Tannenbaum v. Zeller 判決**[52]　　①　事実　　原告は、SEC に登録するファンドの株主であり、同ファンドの取締役および投資助言業者に対して、ファンドに手数料の取戻しをさせず、ファンドの持分を販売しファンドに調査および統計情報を提供したブローカーに対し手数料を分け与えさせたことは、ICA36 条および同 1 条(b)(2)およびコモン・ローによって課せられる信認義務違反等にあたると主張し、株主代表訴訟を提起した。また、原告は、これら被告が独立取締役に対して、ブローカー（仲介）手数料の使用方法とその代替案について正確に十分な情報を開示しなかったとも主張した。第一審（ニュー・ヨーク南部地区連邦地裁）は、被告が法に違反している証拠を原告は提出していないとして請求を棄却した。原告が控訴した。

　　②　判旨　　本件には、ファンドのために取引の仲介手数料を取り戻す点について、ファンドの投資助言業者および取締役に課される義務に関する難しい論点が含まれている。これに適用される法原理は、すでに、Moses v. Burgin 判決およびそれに賛同した Fogel v. Chestnutt 判決で、大部分述べられている。ここでの問題は、Fogel 判決および Moses 判決の法が本件にも適用されるかである。問われるべきは次の点である[53]。

　(a) ファンドの運用者および利害関係のある（"interested"）取締役は、ファンドの定款またはファンドと投資助言業者間のさまざまな契約のもと、過大に支払った取引仲介手数料をファンドのために取り戻す義務を負うか、

　(b) 運用者および利害関係のある取締役は、Moses 判決および Fogel 判決で述べられた法に照らして、独立（"independent"）取締役に対する開示義務に違反したか、

　(c) 取引仲介手数料の取り戻しをしないことは ICA36 条に違反するか。

---

52)　552 F.2d 402 (2d Cir. 1977).

53)　これ以外に、委任状勧誘書面（proxy statements）に開示義務違反があったかという論点があるが、本章では割愛する。

(a)について：原告は、ファンド資産の手数料の分与を通して、被告がファンドに関する調査・持分の販売促進のために自己資金を使わずに済んでいることから、ファンドの利益の犠牲のもと利益を得ていると主張するが、これは業界で慣行となっており、契約によって意図されているものとの証言があるうえに、定款の趣旨に反するものではないところ、原告はそれを論駁する証拠を提示できていない。

(b)(c)について：1970年改正でICA36条によって、ファンドと投資助言業者間の取引について信認義務の連邦基準が確立された。Fogel判決とMoses判決は、取引仲介手数料の取戻しの問題について36条(a)違反を認めたが、それは独立取締役に取戻しの可能性について、利害関係のある取締役による十分な開示がなされなかったからであり、ICAによって取戻しの絶対的義務が認められ、その違反が肯定されたからではない。私たちは、取引仲介手数料の取戻しに関し判断する権限をファンドの取締役会から取り上げていないものの、それらが全く無制限に行使できるとしたわけではない。独立取締役がICAのもと役割を果たせるのは、情報が十分与えられて権限を行使するときのみであり、投資助言業者および利害関係のある取締役は、彼らに情報を提供する責務を負っている。この責務はファンドの利益と投資助言業者・利害関係のある取締役の利益が対立するとき特に重要である。投資助言業者は、独立取締役が経営から独立した立場で監督をし、ファンドの決定について株主を十分に代表し、その利益を保護することを確実にするために、それらに対し情報を完全に開示する義務を負う。

本件で、取締役会が取戻しを差し控えるという判断をしたことが、ICA36条(a)のもと、ファンドの投資助言業者または取締役の信認義務違反にあたらないというためには、以下の要件が満たされる必要がある。独立取締役が投資助言業者に支配されまたは不当に影響を与えられていないこと、独立取締役が、投資助言業者および利害関係のある取締役から、取引仲介手数料取戻しの可能性および仲介に関する代替的利用について十分に情報を得ていること、情報を十分得た独立取締役が、すべての適切な要素を考慮し徹底的に検討した結果、手数料取戻しを差し控える判断が合理

246 第8章 アメリカの投資会社法上の「重大な信託濫用」と「信認義務違反」

的との結論に至ったことである。

　本件では、上記3つの基準を満たしており、信認義務違反は認められない。

　　③　検討　　このように、Tannenbaum 判決は、それ以前に出された Moses 判決および Fogel 判決で述べられた法に則り、基本的には、ファンドの投資助言業者および利害関係のある取締役が、独立取締役に対して十分な情報を開示していたか否かで、ICA36 条(a)違反の有無を判断するという立場をとった[54]。ただし、独立取締役が投資助言業者によって支配されていたり不当に影響を与えられていた場合には、情報が開示されていても信認義務違反が成立することが示唆された[55]。

2　ICA36 条(a)違反が問題となったもの――ライツ・オファリング

　手数料の分与問題以外に、ICA36 条(a)違反が問題となったものとして、クローズド・エンド型[56]の投資会社におけるライツ・オファリング――会社の既存株主に株式保有割合に応じて追加的に株式を買い増す権利を与えること――に関する事案が挙げられる。すなわち、ライツ・オファリングによって投資会社（ファンド）の株式が購入されれば、ファンドの総資産は大きくなり、その割合で計算される投資助言業者の報酬も当然増加するという利益を投資助言業者は有しており、その個人的利益のためにライツ・オファリングを行ったこと等が、36 条(a)のいう「個人的な不正行為」

---

54)　Moses 判決、Fogel 判決および Tannenbaum 判決で述べられた開示義務アプローチを、手数料の分与問題を超えて拡大したものとして、たとえば、Cambridge Fund, Inc. v. Abella, 501 F. Supp. 598 (S.D.N.Y. 1980) がある。

55)　なお、手数料の分与問題は 1975 年に 1933 年証券法が改正されたことで収束する。すなわち、この問題の原因は、NYSE（ニューヨーク証券取引所）および他の取引所が各取引の手数料について、その取引の大きさにかかわらず一律としていたことにあり、それが 1975 年改正で、国法証券取引所によって固定された手数料を課すことが禁じられたのである。

56)　ミューチュアル・ファンドのように、投資者が保有する株式をいつでもファンドに買い戻してもらえるオープン・エンド型の投資会社とは異なり、ファンドが株式の買戻しをすることは認められていないものをクローズド・エンド型という（よって、換金したいとき投資者は取引所で売却するしかないし、株式を購入したい時も、（ファンドから直接購入できる）ミューチュアル・ファンドとは異なって、ファンドから直接株式を購入できないことから、他の株主から取引所を通して取得することになる）。

にあたると主張されたのである。具体的には、*In re* Nuveen Fund Litiga-
tion 判決[57])や Strougo v. Scudder 判決[58])で問題となった。Nuveen Fund
Litigation 判決は、36 条(a)の「個人的な不正行為」の意味について、1970
年改正の目的から投資助言業者または他の内部者による利益相反をも含む
不正行為を指すとし、ファンドの独立取締役がファンドに対するチェック
の職務をひどく放棄していた場合にも、責任が肯定される可能性を示唆し
た。また、Strougo 判決では、「個人的な不正行為」は詐欺や利益相反の
ような、取引から投資助言業者自身の利益を直接的に得させる行為に限ら
れるという投資助言業者等の主張を否定すべく[59])、36 条を「信認義務の
根拠の宝庫」として広く捉え、取締役に株主の利益を経営陣の利益に劣位
させる独立性の欠如がある場合も含むとし、そういった独立性を欠いたフ
ァンドの取締役が、会社の利益よりも自己利益または他の者の利益を優先
させたという原告の主張は、コモン・ロー上の信認義務と同程度に厳しい
信認義務を課したと解釈されている 36 条上の信認義務違反について適切
になされているとされた。

　このように、1970 年改正で挿入された文言である「個人的な不正行為」
は、狭い意味での利益相反などではなく、広く捉えられ、また独立取締役
についても、役割を果たしていないような場合には責任が肯定されるよう
解釈されたのである[60])。

---

57)　1996 U.S. Dist. LEXIS 8071 (D.N.D.of Ill. 1996).

58)　964 F. Supp. 783 (S.D.N.Y. 1997).

59)　Seidel v. Lee, 954 F. Supp. 810 (D.Del. 1996) でも、ICA36 条(a)のいう「個人的な不正行為」
　　は自己取引、利益相反、その他被告に個人的利益をもたらすものに限定するという被告の主張
　　について、裁判所は認めなかった。

60)　なお、両事案ともに ICA36 条(b)違反の主張もなされているが、請求は棄却されている。具
　　体的に 36 条(b)違反について、Nuveen Fund Litigation 判決は、以下のように述べている。
　　　ICA36 条(b)は、投資助言業者と投資会社の間の手数料の契約に関する単なる条件以上のも
　　のを規制している一方で、立法史およびその文言から、手数料が支払われる取引の妥当性
　　(propriety) まで規制するものではないと信じる。むしろ、ICA36 条(b)は、投資助言業者に、
　　自己が提供する業務に対して不釣り合いな手数料を課さないこと、およびその得る手数料に見
　　合う業務を実際に提供することを要求し、また報酬契約に関する情報を差し控えないことを求
　　める。
　　　この見解は、次の 4 で紹介する ICA36 条(b)の事案と一貫するものである。

3　ICA36 条(a)違反が問題となったもの――検討

　以上、1970 年に改正された ICA36 条(a)の「個人的な不正行為も含めた信認義務違反」が問題となった事案として、手数料の分与やライツ・オファリングを取り上げてきた。そこで示された同概念の解釈は、広く利益相反的行為を含み、また、情報開示をその中核に置き、それを十分効果的に行うことを要求し、その結果至った判断を尊重するものの、情報開示が機能しないような状況――情報が与えられても、（支配されたり、影響が不当に支えられたりしている場合も含め、）ファンド（株主）の利益より他の利益を優先する判断をしてしまうような、独立取締役の独立性を欠いているような状況――では、ファンドの投資助言業者および取締役（独立取締役も含む）の信認義務違反を肯定する、というものであった[61]。

4　ICA36 条(b)違反が問題となったもの――過大な報酬・投資助言料

　これに対して、ICA36 条(b)違反はどのような場面で問題となったのであろうか。これが問題となった主な事案として、前述の投資助言業者の利益相反の 1 つ目の問題である、投資助言業者に支払われる報酬・投資助言料が過大になる問題が挙げられる。

　このリーディング・ケースは、(1)で紹介する Gartenberg 判決であるが、その 7 年前にニュー・ヨーク南部地区連邦地方裁判所から出された Galfand v. Chestnutt 判決[62]でも、この問題について議論していることから、Galfand 判決から紹介する。これは、投資会社における利害関係のある取

---

61)　なお、ICA36 条(a)違反が主張されたにもかかわらず、判断されなかった事案も存在する。たとえば、Goldstein v. Lincoln National Convertible Securities Fund, Inc., 140 F.Supp. 2d 424 (E.D.Pa 2001)［ファンドの株主が、ファンドの取締役選任につき、候補者指名のための株主提案の期日に関する無効な事前通知を被告が行って、株主の権利に不当に介入したことから、連邦法上および州法上の信認義務違反があるとして、取締役選任決議の無効確認等を求めた事案。裁判所は、36 条(a)が信認義務の連邦基準を課していることを認める一方で、同条に基づく主張を判断せず、州法上の信認義務違反で判断した］; Seidel v. Lee, 954 F. Supp. 810 (D.Del. 1996)［ファンドおよびその投資助言業者、引受人等は、ファンドが違法な取引をすることを推薦し承認することで 36 条(a)等の義務に違反したとして、ファンドの株主がクラスアクションを提起した事案。裁判所は、取引が適切か否かを判断しないでそれを推薦したり承認することは、明らかに（ICA36 条(a)に基づくものではない）信認義務違反とした］がある。

62)　402 F. Supp. 1318 (S.D.N.Y. 1975).

締役が、他の取締役に不当に影響を与え、助言料の比率を上げた新しい投
資助言契約を承認させようとしたことが 36 条(b)違反にあたるとして、株
主代表訴訟が提起された事案であり[63]、請求は認容された（新しい契約は
無効であり執行できないとし、また被告の信認義務違反は肯定された）。裁判
所は、ファンドの取締役はファンドの株主との関係で信託および信頼され
る地位にあり、36 条(b)は受認者が一般的に負う義務をファンドの投資助
言業者および取締役に課していること、それにもかかわらず、独立取締役
も含め当該取締役は同義務を履行していないこと、そして、投資助言業者
の利益を増大させたいという希望は利害関係のある取締役にとって不適切
な動機づけではないが、完全な情報開示なしにそれを実現しようとするこ
とは、対等な当事者間の交渉の結果、契約が締結されたとはいえなくなり、
妥当ではないと論じた。さらに、1970 年の最も重要な改正の１つとして
ICA36 条(b)が追加されたことを挙げ、この規定の目的は、ファンドの運
営者が自己助言するファンドに対し信認義務を負うことを明らかにしたこ
と、および同義務違反について株主に提訴する権利を与えたこと、さらに、
投資助言契約が株主または取締役によって承認された投資助言契約の有効
性を争うアプローチを変えたこと（注 41）参照）と述べた。

　Galfand 判決で述べられたように、投資助言業者の報酬について信認義
務違反を主張する訴訟がこの後提起されていく。このリーディング・ケー
スは、1982 年に第 2 巡回区連邦控訴裁判所から出された Gartenberg 判決
である。

(1)　Gartenberg v. Merill Lynch Asset Management, Inc. 判決[64]　　①
事案　　マネー・マーケット・ファンド（以下、MMF）の株主である原告
は、同 MMF が投資助言業者に支払う助言料が ICA36 条(b)の信認義務違
反を構成するほど不釣り合いに大きいとして、同 MMF とその投資助言

---

63)　原告は、最初は、新しい投資助言契約を承認させるために送付された委任状勧誘の有効性
　　（虚偽または誤導的であると主張）を争って、ファンドの年次株主総会の開催の差止めを求め
　　たが、否定され、新しい契約は承認されてしまった。そこで、株主は、新しい契約について、
　　ファンドの取締役会に信認義務違反があり、委任状勧誘に関するルール違反もあることから、
　　無効であると本訴訟を提起した。
64)　694 F.2d 923 (2d Cir. 1982).

業者等に対して株主代表訴訟を提起した。投資助言業者に支払う助言料は
MMF の総資産の一日当たりの価値の平均にある割合をかけて計算されて
おり、それを定める助言料計算表（Fee schedule）およびその改正はファ
ンドの取締役（8 人中 6 人が独立取締役であった）により、交渉および承認
されていた。

　第一審の連邦地裁[65]は、36 条(b)は助言料が合理的か否かではなく、フ
ァンドおよび株主に対して不公正か否かが基準となり、それを決定する際
の考慮要素は 7 要件——与えられたサービスの性質、品質、程度／規模の
経済や共同運用の程度／相応の助言料が運用者によって他の顧客に課せら
れているか、その助言料はファンド業界において普通か／ファンドが受け
ている他の利益の価値／取締役および株主の承認があるか／運用者によっ
てすべての適切な情報が開示されているか／取締役が形式的ではなく実体
的に熟慮できたか——とし、それらを審査して、報酬は公正と判断した。
これに対し、原告が控訴したのが本件である。

　②　判旨　　投資助言業者が 36 条(b)によって課せられる信認義務を
履行したと判断されるための「合理的な」基準について、議会は定めてい
ない。

　よって、私たちは、36 条(b)のもと責任を肯定するためには、投資助言
業者が提供するサービスと合理的な関係がないほど、そして対等な当事者
での交渉の産物とはなり得ないほど、不釣り合いに過大な助言料を課さな
ければならないと解釈する。この決定のために、すべての適切な事実が検
討されなければならない。

　私たちは、原審で、助言料の公正さを評価するにあたり、他の同様の運
用者がファンドを運営するときに課す助言料を主要な検討事項にすること
を述べたことに同意できない。投資助言業者のファンドビジネス間での競
争は事実上存在しないからである。ファンドは投資助言業者を容易に変更
することができないから、ファンドビジネスを行う投資助言業者間に競争
がないのである。

---

65)　528 F. Supp. 1038 (S.D.N.Y. 1981).

　むしろ、議会が、投資助言業者の受け取る助言料が過大で信認義務違反が問題となるか否かを判断する際に、他の要素をより重要と考えていることを重視する。それは、サービスを提供する投資助言業者のコスト、サービスの性質・品質、ファンドが大きくなるにつれて規模の経済を投資助言業者がどの程度享受しているか、投資助言業者が処理しなければならない注文の量である。

　原審でも認めているように、ファンドから独立した受認者の意見も、当該受認者および投資助言業者が 36 条(b)のもと信認義務違反になるか否かを決める重要な要素となる。すなわち、それらが投資助言業者による業務やそれに対する助言料に関するすべての事実を十分に知っていたか、それらが義務を履行する際の注意義務や誠実性が十分なものであったか、である。もっとも、当該受認者が責任ある方法で行為するよう努力していたとしても、投資助言業者の報酬は 36 条(b)の違反になるほど不釣り合いに大きくなり得る。また、欺罔の意図は 36 条(b)違反には必要ない。

　本件で原告は、これらの要素について、投資助言業者がファンドに課す助言料が 36 条(b)の意味する信認義務違反に該当するほど、過大または不公正であったと立証できていない。

　　③　検討　　Gartenberg 判決は、過大な助言料問題について、36 条(b)上の信認義務違反が認められるためには、「投資助言業者は提供するサービスと合理的な関係がないほど、そして対等な当事者での交渉の産物とはなり得ないほど、不釣り合いに過大な助言料を課さなければならない」として、他の類似したファンドの助言料というよりむしろ、与えられたサービスの性質・品質、コスト、規模の経済、投資助言業者の処理すべき注文量、ファンドから独立した取締役が十分情報開示を受けたうえで判断したかを考慮要素として重視すべきと述べた。

　同判決は、30 年近く経って、連邦最高裁判所で支持されることになる。その連邦最高裁判決とは、Jones 判決である。

　(2)　**Jones v. Harris Associations L.P. 判決**[66]　　①　事案　　原告は、

---

66)　559 U.S. 335 (2010).

被告（投資助言業者）によって運用されている 3 つの異なるミューチュアル・ファンドの株主で、被告が、提供する業務とは釣り合わない、あらゆる状況を考慮しても対等な契約当事者間で交渉される範囲外となるような助言料を得ていると主張して、損害賠償、差止め、助言契約の解除を求めて提訴した。

　連邦地裁は、被告に有利なサマリージャッジメントを下した。すなわち、原告は、投資助言業者が他の顧客（機関投資家）に課している助言料と比較して過大になっていること、被告が受領する報酬について被告と交渉し毎年助言料の一覧表を承認していた受認者は、絶望的なほど被告と利害関係があったことなどを主張したが、裁判所は、Gartenberg 判決の基準を適用して、原告が「課された助言料が……対等な当事者間での交渉の結果とはなり得ないほど、不釣り合いに大きい」ことについてトライアルに付すべき事実を示していないとした。

　第 7 巡回区連邦控訴裁判所は、Gartenberg 判決のアプローチを明確に否定して、信託法からアプローチした。すなわち、受託者は交渉において公正（candor）義務を負う一方で、信託を成立させるとき、自己利益のために交渉し、委託者が支払うと同意したものを受け入れるのであり、信認義務は十分な開示を要求するし、不正は許されないが、報酬の上限を受けるものではないことから、助言業者の報酬の額は、詐欺がなされているか、決定権限を持つ者がその権限を放棄していると推論できるくらい普通ではない場合にのみ問題にできる、というのものである。連邦最高裁がサーシオレイライを受理したのが本件である。

　　②　判旨　　本件で、私たちは、ファンドの投資助言業者が ICA36 条(b)によって課される、「サービスの報酬の受領に関する信認義務」の違反をしたことを示すために、ファンドの株主が立証しなければならないものについて検討する。

　議会が 1970 年に ICA を改正してから、投資助言業者の信認義務の基準は私たちの裁判所で未解決の問題であったが、原審の判決が出されるまでは、25 年以上前の Gartenberg 判決で述べられた基準がコンセンサスのようなものとして発展してきた。この基準は他の連邦裁判所によっても採用

され、SEC によっても Gartenberg 的要素がとられてきた。

　Gartenberg 判決で、第 2 巡回区連邦控訴裁判所は、「問われるべきは、本質的に、助言料表がとりまくすべて状況に照らして対等な当事者間で交渉されたものの範囲内である料金を示しているか否かというもの」と結論づけた。また、「36 条(b)のもと責任があるとされるためには、投資助言業者・ファンド運営者は提供されるサービスと合理的な関係になく、対等な当事者間での交渉の産物にはなり得ないほど不釣り合いに過大な助言料を課していなければならない」とも述べた。

　ICA36 条(b)の規定する、サービスに関して受け取る報酬について負う「信認義務」の意味は、ほとんど明確ではない。Gartenberg 判決は、36 条(b)の要求するものの基本的な枠組みの点で正しかった。すなわち、36 条(b)のもとで責任を負うためには、投資助言業者は提供するサービスと合理的な関係がないほど、そして対等な当事者での交渉の結果とはなり得ないほど、不釣り合いに過大な助言料を課さなければならない、ということである。

　36 条(b)の文言から考えると、第 7 巡回区控訴裁判所が述べる通り信託法の基準を組み込むとしても、本件と似たような状況での信認義務の意味について論じている Pepper v. Litton 判決[67]が、36 条(b)の信認義務の意味するところを表現していると信じる。Gartenberg 判決で、Pepper 判決で述べられた信認義務の理解が完全に組み込まれたのである。

　ICA 上、投資助言業者の報酬を十分に情報を得たファンドの取締役会によって審査させることは、ファンド内の利益相反をコントロールする試みの中核にある。それを機能させるために、ICA は、ファンドと投資助言業者の間の関係に「独立した番犬（"independent watchdogs"）」[68]としての役割を持つ独立取締役を介在させた。独立取締役が報酬を審査することと、株主が 36 条(b)のもと提訴することは、利益相反をコントロールする

---

67) III 2 参照。取締役（または支配株主）と会社との契約または同意が問題となっているときは、厳格な審査に服し、取引の誠実さを立証する責任のみならず、会社またはその利害関係者の視点から内在的な公正さを立証する責任を取締役が負う、とした判決である。
68) この用語は、1977 年の Tannenbaum 控訴審判決で述べられてから、ファンドの独立取締役に関して多くの判例で繰り返し引用されてきている。

ための、相互に補完し合う独立したメカニズムとなっている。

　私たちは、顧客の異なるタイプ（ファンドの株主のような顧客と機関投資家のような顧客）に課す助言料の比較について、カテゴリー的ルールがあるとは考えない。与えられているサービスが十分に異なっているなら、裁判所はそのような比較を否定しなければならない。同様に、他の投資助言業者によってファンドに課せられている助言料との比較を多く持ち出すこともすべきでない。その助言料も、対等な当事者間での交渉による産物とは限らないからである。

　最後に、投資助言業者の信認義務に関する裁判所による評価は、手続および実体を考慮しなければならない。投資助言業者の報酬を交渉し審査する取締役会の手続が強固であれば、それを審査する裁判所は、交渉の結果に相応の尊重を与えなければならない。利害関係のない独立取締役が適切な要素を考慮したなら、たとえ裁判所が当該要素を異なったように評価したとしても、その決定は覆されるべきではない。もっとも、すべての適切な情報を有している取締役が交渉したとしても、助言料は過大であるかもしれない。しかしそのように主張するためには、助言料が、提供されているサービスと合理的な関係がなく、また対等な取引の産物ではあり得ないほど不釣り合いに大きいという証拠に基づいていなければならない。

　また、36条(b)の信認義務違反の基準は、情報を得た取締役会の決定を裁判所に後知恵で（second-guessing）批判することを要求していない。36条(b)のもと報酬を審査する際に、ICA は裁判所に対等な当事者間の交渉で助言料がいくらになるかの計算をすることを求めていない。裁判所は、それに適した場所ではない。

　第7巡回区連邦控訴裁判所は、開示の要件にすべてを集中させている点で誤っている。Gartenberg 判決は分析上明確性を欠いているが、私たちは、それが36条(b)に関する妥協［Gartenberg 判決で述べられている内容で、助言料の割合について具体的に規制するのを避けるが、誠実で公正な開示を求め、市場で受け入れられる程度にさせる、というもの］を正確に反映しており、30年近く機能してきたと信じる。

　③　検討　　このように、Jones 判決は、原審の第7巡回区連邦控訴

裁判所の判断を否定し、Gartenberg 判決で述べられた「36 条(b)のもと責任を負うためには、投資助言者は提供するサービスと合理的な関係がないほど、そして対等な当事者での交渉の結果とはなり得ないほど、不釣り合いに過大な助言料を課さなければならない」という意見に明確に同意した。その際の判断には、基本的には利害関係のない独立取締役で構成される取締役会の判断が尊重されるべきであり、裁判所が後知恵で批判するものではないと論じた。ただし、取締役会の判断が適切に情報が与えられたうえになされたものであっても、助言料が提供されるサービスと合理的な関係がなく、また対等な取引の産物ではあり得ないほど不釣り合いに過大といえるような場合には、ICA36 条(b)が課す投資助言業者の信認義務に違反することを認めたのである。

5 ICA36 条(b)違反が問題となったもの──検討

ICA36 条(b)は、ファンドまたはその株主から支払われる報酬の受領について、ファンドの投資助言業者は信認義務を負うとみなされると規定する。この意味するところについて、連邦最高裁判所は、投資助言業者が提供するサービスと合理的な関係がないほど、そして対等な当事者での交渉の結果とはなり得ないほど、不釣り合いに過大な助言料を課すことは認められない、と解釈した Gartenberg 判決に同意した。すなわち、合理的な者であれば到底同意しないような過大な助言料を投資助言業者が得ている場合に義務違反が認められると示した。その審査にあたって、Gartenberg 判決は、投資助言業者によって与えられたサービスの性質・品質、規模の経済、ファンドから独立した取締役の判断等が考慮されると述べたが、最高裁判所は、それらの考慮要素には深く立ち入らず（ただし、他のファンドの助言料との比較を主要な考慮要素とすることには否定的）、実体と手続両面を考えるべきとし、投資助言業者の報酬を交渉し審査する役割を担う取締役会の手続が適正に行われているのであれば、たとえ裁判所が当該取締役会と異なる評価をしたとしても、助言料が、提供されているサービスと合理的な関係がなく、また対等な取引の産物ではあり得ないほど不釣り合いに過大なという証拠がないのなら、その判断は尊重されるべき

（裁判所が後知恵で批判するべきではない）と述べた[69]。

すなわち、ICA36 条(b)でも、36 条(a)同様、（特に）独立取締役への情報開示が適切に十分行われ、そのうえで独立取締役が投資助言業者の報酬を審査し交渉したといえるなら基本的には義務違反は否定されること、ただしそれが機能していない可能性がある場合——情報が与えられても、合理的な者であれば到底同意しないような過大な助言料を投資助言業者が得ることに独立取締役が同意している場合——などには義務違反が肯定され得ることが示されたといえる[70]。

Ⅴ　結びに代えて

1940 年、投資助言業者による利益相反的行為の可能性が構造上内在し、また実際それが横行していた投資会社（ファンド）に対して、連邦議会は、ファンドの取締役会の構成員の 40％を投資助言業者等から独立した取締役とすること要求し、それらの独立取締役に「独立した番犬（"independent watchdogs"）」としての役割を担わせる一方で、投資助言業者の利益相反的行為を包括的に規制するために、「重大な信託濫用」という文言を入れた ICA36 条を規定した。しかし、「重大な信託濫用」という文言の判

---

69)　ICA36 条(b)は、信認義務が課せられる場面を投資助言業者がファンドから受け取る報酬に限定しており、ファンドの取締役や投資助言業者が「個人的な不正行為も含めた信認義務違反」に関与する場合に問題となる ICA36 条(a)より、適用範囲が狭く事案も多くない。Galfand（Ⅲ 3(4)参照）判決のように、投資助言業者が自分の手数料を上げるために独立取締役に不当な影響を与えていたような事案は別として、ファンドの資産の増大とともに同ファンドの投資助言業者の手数料も増大していったような場合に ICA36 条(b)違反を争った事案では、義務違反は否定されている。多くの事案がサマリージャッジメントで処理されてしまっており、議論されている事案自体が少ないが、義務違反の有無を審査し否定したものとして、以下を参照（36 条(b)の信認義務違反を肯定した事案は筆者が調べた限り存在しなかった）。Schuyt v. Rowe Price Prime Reserve Fund, Inc., 663 F.Supp. 962 (S.D.N.Y. 1987); Krinsk v. Fund Asset Management Inc., 875 F.2d 404 (2d Cir. 1989); Kalish v. Franklin Advisers, Inc., 742 F.Supp. 1222 (S.D.N.Y. 1990); *In re* American Mutual Funds Fee Litigation, 2009 U.S.Dist.LEXIS 12059 (C.D.Cal., 2009).

70)　1970 年改正前に投資助言業者が得る手数料が高すぎるとして一般的なエクイティ原理に基づいて争った事案においても、株主または利害関係のない取締役の承認があったとしても、会社資産の「毀損」にあたると原告が立証するなら、義務違反も肯定され得るとしており（Ⅲ 3(3)②参照）、枠組みとしては ICA36 条(a)(b)と同じといえるかもしれない。

例法上有する非難可能性の高さと、それが立証された場合に被告に課せられる責任の重さから、36 条はほとんど機能しなかったとされている。そこで、それに代わって「信認義務違反」が採用された。具体的には、ファンドの取締役や投資助言業者が「個人的な不正行為も含めた信認義務違反」に関与した時に SEC に対して提訴権限を認める規定である ICA36 条(a)と、ファンドまたはその株主から支払われる報酬の受領について、ファンドの投資助言業者を「信認義務」を負う者とみなし、その違反について SEC とファンド株主に提訴権限を与えた規定である ICA36 条(b)であり、これらの規定は、ファンドから支払われる投資助言業者に対する報酬およびその関係者に支払われる手数料に関する事案で主に問題となった。これらの事案では、「信認義務」をファンドおよびその株主に対して大きな権限を有する投資助言業者が、ファンド以外の利益を有する（それを優先させる可能性がある）場合には、投資助言業者から独立した者に適切な情報を十分開示し審査させ、それらの者から同意を得ることを要求するという、「少なくともコモン・ロー上の信認義務と同じくらいに厳しい」（Tannenbaum 控訴審判決）ものと解釈した。そして、投資助言業者から独立した者が適切な情報を十分有し熟慮したうえで同意したなら、その判断が尊重されるが（この場合、ファンドの投資助言業者や取締役の義務違反は否定される）、そのような状況になかったことを示す証拠がある場合には、義務違反を認めるとしたのである。

第9章

公益組織に対して使途を指定して行われた寄付の法的性質と使途の変更

松元暢子

I　検討課題

> **検討のための設例**：学校法人 A は、B 法科大学院を運営している。B 法科大学院の卒業生 C が、学校法人 A に対して、使途を B 法科大学院の新入生への奨学金として使用することに指定して、1 億円を寄付した。しかしその 50 年後、学校法人 A は B 法科大学院の新入生の募集を停止することを決定した。この場合、学校法人 A は、C からの寄付金の残額を、同じく学校法人 A が運営する D 大学の法学部の新入生への奨学金として使用することができるだろうか？

　教育機関をはじめとする非営利組織に対しては日常的に寄付が行われており、その際には寄付金の使途が指定されることも少なくない。しかし、こうした寄付の取扱いをめぐる法的論点については、従来十分な検討が行われてこなかった。

　本章では、①使途の指定が付された寄付の法的性質および②使途の指定が付された寄付について、当初の使途での使用が不可能になった場合の事後の使途の変更の可否という関連する 2 つの問題について、アメリカ法と日本法を素材として、若干の検討を試みる。その際、検討の便宜のため、冒頭の架空の設例（以下、《設例》）を用いる。

　以下、まずアメリカ法を参照する（II）。アメリカ法の下では、公益組織に対して特定の使途を指定して行われた寄付（restricted gift）は公益信託を構成すると解釈される。そのうえで、一旦設定された公益信託について、その信託財産を当初指定された使途と異なる目的に使用することがで

きるか否かを検討する際には、公益信託における cy pres（シープレー）原則が用いられる。本章では、cy pres 原則の背景にある考え方や cy pres 原則をめぐる最近の動向を確認する。

　その後、日本法を前提とした検討を行う（III）。本論中で詳述するように、日本法の下では、使途が指定された寄付は、これを負担付贈与と解する解釈が有力である。しかし、寄付金を当初指定された使途に用いることができなくなった場合に、当該寄付金をどのように取り扱うべきかという点についての議論はほとんど見当たらない。

　負担付贈与については双務契約の規定が準用されるため、負担を履行することが不能となった場合には、贈与者に解除権が発生する。しかし、冒頭の《設例》の事案について検討した場合、一旦学校法人に寄付された寄付金について、当初の使途に用いることが不可能になったからといって、常に寄付者（あるいはその承継人）に解除権が発生するという結論は妥当でないようにも思われる。

　以下、順に検討していく。

II　アメリカ法

1　使途が指定された寄付による公益信託（charitable trust）の成立

(1)　公益組織に対する「特定の目的（specific purpose）」のための寄付

　信託法第 3 次リステイトメント（以下、単に「リステイトメント」というときは、信託法第 3 次リステイトメントを指す）[1]28 条のコメントは、次のように述べる。

　　「非営利の病院や大学またはその他の公益組織に対する制約のない贈与や寄付であって、明示的または黙示的に一般的な目的（general purpose）のために使用される予定のものは、公益目的（charitable）ではあるが、本リステイトメントにおいて使用されている意味での信託を設定するものではない。これに対して、たとえば、医学研究、場合によっては特定の病気についての医学研究を支援する、とか、一定の学問分野における奨学金を創設するとい

1）　The American Law Institute, Restatement (Third) of the Law of Trusts.

った特定の目的（specific purpose）のためにこうした公益組織に対して行われた財産処分は、このリステイトメントの用語法とルールにおいて、公益組織を受託者とする公益信託（charitable trust）を設定する。」[2]

　この考え方によれば、アメリカ法の下では、冒頭の《設例》で、卒業生 C が、学校法人 A に対して、B 法科大学院の新入生への奨学金として使用する目的で 1 億円を寄付したという行為によって、公益信託（charitable trust）が成立することになりそうである。この公益信託は、卒業生 C を委託者、学校法人 A を受託者とし、受益者が特定されていない公益信託である。

　ここで、アメリカにおける公益信託の特徴を確認しておく。

　(2)　アメリカにおける公益信託の特徴　　リステイトメント 27 条(1)は、「信託は、〔①〕公益目的（charitable purposes）のため……、または、〔②〕私益目的（private purposes）のため、または、〔③〕公益目的と私益目的の組み合わせのために設定することができる（may be created）」と規定する[3]。私益目的のための信託が私益信託（private trust）であり、公益目的のための信託が公益信託（charitable trust）である。公益信託には、以下の 2 つの特徴がある。

　公益信託の第一の特徴として、私益信託の場合には受益者が特定され、または確定することが可能でなければならない（リステイトメント 27 条(2)、44 条）とされるのに対し、公益信託の受益者は特定されている必要がない[4]。なお、公益信託においては受益者が特定されていないため、受託者が適切に義務を遂行しない場合等に受益者が監督やエンフォースメントを行うことはできないが、有事の際には Attorney General（各州の法務長官）が、訴訟を提起することができる。Attorney General がこうした権限を有しているのは、Attorney General がコミュニティーの利益の代表者であると位置づけられているためである[5]。公益組織に対して行われた寄付

2）　リステイトメント 28 条コメント a（Volume 2 at 11）。下線は筆者が付した。
　　なお、日本の現行法の下では公益信託が成立するためには主務官庁の許可が必要であるが、アメリカ法の下ではこうした許可は要求されていない。
3）　リステイトメント 27 条(1)（Volume 2 at 4）。〔 〕内は筆者が付した。
4）　リステイトメント 28 条コメント c（Volume 2 at 13）。

の使途の変更との関係でも、Attorney General には一定の役割が与えられている⁶⁾。

　公益信託の第2の特徴として、私益信託については永久拘束禁止のルール（rule against perpetuities）が適用されるのに対して、公益信託の場合にはその存続期間を永久とすることも可能であることが挙げられる⁷⁾。しかし、その結果、長期間の経過によって、社会のニーズや状況が変化し、当初指定された公益目的が時代遅れになる可能性があることから、私益信託とは異なり、公益信託については、以下に述べる cy pres（シープレー）原則の手続が存在し、これにより、裁判所が信託財産を当初の目的と近似する他の目的のために使用することを命ずることができることとされている⁸⁾。

2　公益信託の変更：cy pres（シープレー）原則を中心に

　冒頭の《設例》では、「B法科大学院の新入生への奨学金として使用する」という使途の指定が付された寄付が行われており、1⑴で紹介したリステイトメントの考え方によれば、この寄付によって公益信託が成立することになる。それでは、その後、B法科大学院が新入生の募集を停止したために、B法科大学院の新入生に奨学金を給付することが不可能となった場合には、どのように対応することが考えられるか。

　公益信託において当初指定された管理方法の実現が困難になったり、その目的の実現が困難になったりした場合に採ることができる方法としては、リステイトメント66条に規定されている equitable deviation（エクイティ

5）　リステイトメント28条コメントc（Volume 2 at 13）参照。松元暢子『非営利法人の役員の信認義務』（商事法務・2014年）364頁以下も参照。ただし、Attorney General は十分な資金や人材を有していないことから、Attorney General による監督やエンフォースメントは十分ではないという批判が行われてきた（George Gleason Bogert, *Proposed Legislation Regarding State Supervision of Charities*, 52 Mich. L. Rev. 633, 636（1954）等）。

6）　適切な手続を取らずに信託財産を指定された使途以外に使用した場合について、エンフォースメントの権限を有するのは Attorney General である。また、2⑵で後述する UPMIFA §6では、使途の変更手続の際に Attorney General に対する通知が要求されている。

7）　リステイトメント28条コメントd（Volume 2 at 13）。

8）　リステイトメント67条コメントa（Volume 2 at 513）。

上の逸脱。単に逸脱（deviation）ともいう。以下、単に「deviation」と表記する）および同 67 条に規定されている cy pres（シープレー）原則の 2 つがある。deviation は、信託目的を達成するための「手段（means）」を調整するものであり、信託の「目的」そのものは変更されない。これに対して cy pres 原則は信託の目的そのもの（trust purpose itself）を変更することを認める制度であり、この点で deviation とは異なる[9]。

《設例》において、資金を別の用途に利用するためには「B 法科大学院の新入生への奨学金として使用する」という目的自体を変更する必要があるため、cy pres 原則が問題になると考えられる。

また、この cy pres 原則に加え、National Conference of Commissioners on Uniform State Laws（統一州法委員会の全国会議）が 2006 年に採択した Uniform Prudent Management of Institutional Funds Act（公益組織のファンドの合理的な運用に関する統一州法。以下、「UPMIFA」と表記する）は、公益組織に対して行われた寄付の使途の制約の変更について、cy pres 原則よりも負担の軽い制度を導入している。

以下では、cy pres 原則および UPMIFA における変更の手続について検討する。

(1) cy pres（シープレー）原則　　(a) cy pres 原則の概要　　リステイトメント 67 条は次のように規定する。

第 67 条　指定された公益目的の破綻；cy pres（シープレー）原則

信託条項に別段の定めがある場合は別として、財産が指定された公益目的（designated charitable purpose）に使用されるべく信託財産とされている場合であって、その目的を実行することが違法、不可能、または実際的といえないもの（impracticable）であり、またはそのようになった場合、あるいは、指定された目的にすべての財産を使用することが無駄な浪費（wasteful）であり、またはそのようになった場合であっても、公益信託は効力を失わない。その場合、裁判所は財産のすべてもしくは適当な一部を、指定された目的に合理的に近い（reasonably approximates the designated purpose）公益目的のために活用するように命ずるものとする（will direct）。

9）　リステイトメント Chapter 13 の introductory note（Volume 2 at 431-432）。

　このリステイトメント 67 条は、公益信託において指定された公益目的を実行することが不可能となった場合等には、裁判所は信託財産を当初指定された目的に合理的に近い公益目的に使用するように命令することを定めており、このルールは cy pres（シープレー）原則と呼ばれている。

　この「cy pres（シープレー）」という表現はラテン語であり、委託者の意図そのものが実現できない時には、委託者の意図は、「できるだけ近いものになるように（"as nearly" as may be）」実現されるという原則を示していると説明される[10]。

　cy pres 原則の趣旨は、公益信託の場合には、永久拘束禁止ルールがある私益信託とは異なり、存続期間を永久とすることも認められていることから、その結果として、社会のニーズや状況が時間の経過とともに変化した場合に、当初の公益目的が時代にそぐわなくなる（obsolete）リスクに対応するためであると説明される[11]。

　このような cy pres 原則が適用される背景として、cy pres 原則が適用されなければ当初の目的は意味を失った（fail）として、一旦公益目的に拠出された財産が寄付者に戻ってしまうことになるが[12]、信託法は、公益信託を維持する解釈を好むということがあると指摘されている[13]。cy pres 原則は、一旦公益目的に拠出された資金が公益のために使用できる財産でなくなることを防ぐ仕組みでもあると評価することができる。

　（b）　従来の cy pres 原則に対する批判と、より広範な適用の可能性を示したリステイトメント　cy pres 原則については、従来から、cy pres 原則が適用される範囲が限定されている等として、より広い適用を求める批判が行われてきた[14]。以下、(c)、(d)、(e)において、近年の変化のうち特

10)　リステイトメント 67 条コメント a（Volume 2 at 512-513）。
11)　リステイトメント 67 条コメント a（Volume 2 at 513）。
12)　cy pres が適用されなければ、復帰信託（resulting trust）が成立し、以後受託者は、信託財産を委託者やその相続人のための信託として保有することになる（リステイトメント 8 条のコメント g（Volume 1 at 109）参照）。67 条コメント b（Volume 2 at 513）も参照。
13)　リステイトメント 67 条コメント b（Volume 2 at 513）。67 条の Reporter's Notes が引用している Jackson v. Phillips, 96 Mass.（14 Allen）539（1867）の判旨も参照（Volume 2 at 519）。
14)　cy pres 原則をより広く適用すべきであることを主張する文献として、C. Ronald Chester, *Cy pres: A Promise Unfulfilled*, 54 Ind. L. J. 407（1979）。また、1997 年の Chris Abbinante,

徴的な点を3点紹介する。

　　(c)　「一般的な公益の目的（general charitable purpose）」についての第2次リステイトメントとの違い　　1957年に採択された信託法第2次リステイトメントの下では、cy pres 原則が適用されるための要件として、①財産が特定の「公益目的（particular charitable purpose）」に使用されるために信託とされたこと、②その特定の公益目的を実現することが不可能、実際的といえないもの、または違法であり、あるいはそのようになったこと、③委託者が財産を公益目的のために拠出する「より一般的な意思（more general intention）」を表示していたこと、が要求されており、これらの要件を満たす場合には、裁判所は信託財産を、委託者の「より一般的な意思」の範囲内の別の公益目的のために使用することを命じることとされていた（信託法第2次リステイトメント399条）。この規定の下では、cy pres 原則を成立させるためには、cy pres 原則の申請者が、委託者が「より一般的な意思」を表示していたことを主張立証する必要があった[15]。

　これに対して、第3次リステイトメントにおいては、信託行為において逆の意図が示されていない限り、委託者には「一般的な公益の目的（general charitable purpose）」があったことが推定されることとなり、cy pres 原則を成立させるために「一般的な公益の目的」を立証する必要はなく、cy pres 原則が適用されることを阻止しようとする側が、信託条項から逆の意図を示すことが要求されることになった[16]。cy pres 原則が成

Protecting "Donor Intent" in Charitable Foundations: Wayward Trusteeship and the Barnes Foundation, 145 U. Pa. L. Rev. 665, at 683 (1997) では、アメリカでの議論では、変化する社会のニーズに対応するために、cy pres 原則をより緩やかに適用すべきだというのが主要な見解であると指摘されている。

15)　第3次リステイトメント67条の Reporter's Notes の冒頭（Volume 2 at 518）。

16)　第3次リステイトメント67条コメントb（Volume 2 at 514）、同67条の Reporter's Notes の冒頭（Volume 2 at 518）。「一般的な意図（general intent）」があったかどうかを検討することについては、人工的で不確かであると批判されてきた（第3次リステイトメント67条の Reporter's Notes のコメントb（Volume 2 at 521））。cy pres 原則をより広く適用すべきであることを主張した Chester, *supra* note 14, at 419-420 では、cy pres 原則の適用が否定された事案として、Syracuse 大学の Medical College に対する信託としての贈与について、この Medical College が閉鎖され、別の大学の一部となった際に、裁判所が、遺贈者には Syracuse 大学に利益を与える一般的な公益の目的（general charitable intent）はなかったとして cy pres 原則の適用を否定した事例（Matter of Syracuse University, 933 N.Y.2d 665, 171 N.Y.S.2d 545

立しやすくなる方向に立証責任が転換されたと評価することができる。

　(d)　「wasteful（無駄な浪費であること）」の語の追加　　信託法第2次リステイトメント399条においては、cy pres原則が成立するためには、当初の公益目的を実現することについて、「impossible（不可能であること）」、「impracticable（実際的でないこと）」、「illegal（違法であること）」のいずれかにあてはまることが必要とされていた。

　これに対して、(a)で紹介したように、第3次リステイトメント67条では、以上の3つの場合に加え、従来の目的を遂行することが「wasteful（無駄な浪費である）」場合にもcy pres原則が成立することとされ、たとえば、当初の公益目的に対して利用可能な信託財産が過剰であり、当初の公益目的のみを遂行し続けることは可能ではあるが信託財産が余ってしまうような事案についてもcy pres原則を適用できることとなり、cy pres原則の適用範囲が拡がったといえる[17]。

　(e)　「可能な限り最も近い(nearest possible)」から「合理的に近い(reasonably approximates the designated purpose)」へ　　cy pres原則については、従来、信託財産を当初の公益目的に「できるだけ近い（as near as possible）」目的に使用しなければならないという考え方であるとも説明されてきたが、近年では、裁判所は新たな目的をより緩やかに認めるようになってきていることが指摘されている。すなわち、裁判所は、新たな目的は、必ずしも「可能な限り最も近い（nearest possible）」目的である必要はなく、委託者の指定した目的に合理的に類似・近似するものであること、または、委託者の「一般的な公益目的（general charitable purpose）」の範囲内であることが必要であると解するようになってきていると指摘される[18]。

　このようなcy pres原則の適用方法については、〔筆者注：仮に委託者がその場にいると想定すれば、〕委託者は比較的類似している目的の中からであればコミュニティーに最も有益な目的を選ぶだろうと推測することが合

（1958)）が紹介されている。

17)　第3次リステイトメント67条コメントc(1)（Volume 2 at 516)、Iris J. Goodwin, *Ask Not What Your Charity Can Do for You: Robertson v. Princeton Provides Liberal-Democratic Insights into the Dilemma of Cy Pres Reform*, 51 Ariz. L. Rev. 75, at 109 (2009) 参照。

18)　本段落について、第3次リステイトメント67条コメントd（Volume 2 at 516)。

理的であるとして、好意的に記述されている[19]。この方法によれば、信託財産を、より資金需要のある目的のために、効率的に使用することが可能になる。

　（f）検討　　以上の3つの変化からは、アメリカでは cy pres 原則を適用するための要件を緩和し、また、適用後の目的の選択の範囲を拡げる動きがあることを読み取ることができる。

　cy pres 原則は、時代の経過とともに当初の公益目的が時代遅れになってしまった場合に、信託の終了（failure）によって信託財産が公益目的に使用できる財産から流出してしまうことを防ぎ、かつ、信託財産の有効な活用を図ろうとする制度であると理解することができる。信託財産の公益目的からの流出を防ぐという観点からは、cy pres 原則を適用するための要件を緩やかに解することが有効であり、また、信託財産の有効な活用を図るという観点からは、cy pres 原則の適用の結果である新しい目的についても、単純に元の目的と最も類似している目的を選ぶというのではなく、元の目的と比較的類似している目的の中から社会から最も必要とされている目的を選ぶことを可能にする方が望ましいだろう。

　（g）《設例》へのあてはめ　　冒頭の《設例》をアメリカ法の下で検討した場合、学校法人 A に対して使途を「B 法科大学院の新入生への奨学金として使用すること」と指定した寄付が行われることによって、1⑴で述べたように、卒業生 C を委託者、学校法人 A を受託者とする公益信託が成立する。その上で、B 法科大学院の新入生の募集停止により、B 法科大学院の新入生に対して奨学金を給付することが「不可能（impossible）」になってしまったことから、学校法人 A は裁判所に対して cy pres 原則を適用する命令を求めて申立てを行うことになる。

　その際、上記で紹介した第3次リステイトメントの考え方によれば、cy pres 原則を適用する命令を求める学校法人 A 側は、委託者である卒業生 C が「より一般的な意思（more general intention）」を表示していたことについての立証責任は負わない。信託行為において、委託者にはより一般

---

19)　第3次リステイトメント 67 条コメント d（Volume 2 at 516）。

的な意思はなかったことを示す記述（たとえば、「B法科大学院が閉鎖される場合には、資金を学校法人Aのその他の用途には使用せずに、別の○○の目的に使用する」といった記述が考えられる）がなければ、cy pres 原則の適用が認められることになる。

　この場合、裁判所は、信託財産を、「指定された目的に合理的に近い（reasonably approximate the designated purpose）公益目的に適用するように」（リステイトメント67条）命令することになる。学校法人Aが運営するD大学の法学部の新入生への奨学金に使用するという使途は、当初の目的に合理的に近いと評価され、cy pres 原則の適用が認められる可能性が高いように思われる[20]。

　(2)　**UPMIFA による目的の変更**　　公益組織に対する使途を制限された寄付について、cy pres 原則よりも手軽な方法での使途の変更の手段を提供しているルールとして、2の冒頭で紹介したUPMIFAがある[21]。

　UPMIFA は、公益組織の資金の運用・投資についてのルールであり、44州とコロンビア自治区で採用されている[22]。UPMIFA のうち、公益を目的とする組織が有する資金の目的の変更についてのルールを定めている6条の規定を示しておきたい。

UPMIFA 第6条　運用、投資または目的に課された制約の解放（release）または修正（modification）

　(a)　寄付者が記録上同意している場合には、組織〔筆者注：ここでいう組織（institution）とは、公益を目的とする法人または非法人の組織等を指す〕は組織の資金の運用、投資、または目的についての寄付証書（gift instrument）に含まれている制約を、全部または一部、解放または修正することができる。解放や修正は、組織の公益目的以外の目的のために資金が使用されることを認めてはならない。

---

20)　なお、アメリカでは学部のレベルでは通常法学部は設置されていないため、実際には他の専攻の学生への奨学金としての使用などが検討されることが考えられる。

21)　UPMIFA の前身は、1972年の「公益組織のファンド運用に関する統一州法（Uniform Management of Institutional Funds Act）」である。

22)　James J. Fishman & Stephen Schwarz, Nonprofit Organizations (Foundation Press, 4th edition) at 208.

　(b)　裁判所は、組織の資金の運用や投資についての寄付証書に含まれる制約が、実際的でなく（impracticable）、または無駄な浪費になった場合（wasteful）、資金の運用や投資を害する場合、または、寄付者によって予期されていなかった状況により、制約を修正することが資金の目的を促進する場合には、組織の申立てにより、これを修正することができる。組織は〔Attorney General（法務長官）〕に対して、申立てについて通知をしなければならず、〔Attorney General〕は意見を聞かれる機会を与えられなければならない。実行可能な限度において、修正は寄付者がおそらく有するであろう意図に従って行われなければならない。

　(c)　組織の資金の使用についての寄付証書に含まれる特定の公益目的や制約が、違法、実際的でないもの、実現不可能、または無駄な浪費になった場合には、裁判所は、組織の申立てにより、寄付証書に表現された公益目的に整合する方法で、資金の目的または資金の使用についての制約を修正することができる。組織は〔Attorney General〕に対して、申立てについて通知をしなければならず、〔Attorney General〕は意見を聞かれる機会を与えられなければならない。

　(d)　以下に掲げる場合、組織は、組織の資金の運用、投資、または目的についての寄付証書に含まれる制約が違法、実際的でないもの、実現不可能、または無駄な浪費であると判断した場合には、〔Attorney General〕に対して通知をしてから〔60日〕経過した後、その制約を、全部または一部、解放しまたは修正することができる。

　⑴　その制約に服する組織の資産の価値の合計が〔2万5000ドル〕よりも少ないこと

　⑵　その資金が設定されてから、〔20〕年間以上が経過していること
　そして、

　⑶　組織が、寄付証書に表現された公益目的に整合的な方法で財産を使用すること

　　※筆者注：条文中、〔　〕が付された箇所は、各州が変更する可能性があることが想定されていることを意味する。

　(a)　UPMIFA 6条の特徴　　UPMIFA 6条のうち、(a)は寄付者の同意がある場合について制約の修正を認める規定であり、(b)はこれまでに紹介してきた cy pres 原則と、(c)は deviation と同様の規定である。ここで特に注目すべきなのは6条(d)である。6条(d)は、資金の規模が小さく、ま

た、資金が設定されてから長い年月が経過している場合について、裁判所による手続を経ることなく、資金を受け入れた者の判断のみによって、cy pres 原則と同様の制限の解放または修正を行うことを認めている。

　UPMIFA 本体に付された解説であるコメントによれば、この 6 条(d)は、資金の金額が小さく、裁判所による cy pres 原則の手続を経ることが割に合わない場合を想定して規定されたものだとされる。なお、UPMIFA はモデル法であり、2 万 5000 ドルとされている資産の金額や、20 年とされている年数は、UPMIFA を採用する各州によって変更される可能性があることが想定されている[23]。

　同じく UPMIFA に付されたコメントによれば、この 6 条を用いて制約を解放し、または修正する場合も、cy pres 原則を用いて制約を解放・修正する場合と同様に、組織は寄付者の意図と資金の目的を維持する方法で制約を変更しなければならないこととされ、組織は、どのように資金を使用することが寄付者の当初の意図に合理的に近いか（reasonably approximates the original intent of the donor）を判断しなければならないとされる。たとえば、看護学生に対する奨学金を設立したにもかかわらず当該組織がその後看護学校を閉鎖した場合、当該組織はその資金を他の奨学金に使用するように決定することはできるが、この資金を使ってフットボールのスタジアムを建築することはできないと説明される[24]。

　この 6 条は、Attorney General に対する事前の通知とその後 60 日間の待機期間が定められている点、および、寄付者に対する通知は要求されていない点において特徴的であるように思われる。通知を受けた Attorney General は、提案された修正が不適切であれば、何らかの対応を採ることになる[25]。これに対して、寄付者への通知は要件とされていない。UPMIFA に付されたコメントによれば、その理由は、20 年以上も昔に寄付を行った寄付者を探し出して通知をするのは困難である上にコストがかか

---

23)　本段落について、UPMIFA 6 条の Subsection (d)についてのコメント。
24)　本段落について、UPMIFA 6 条の Subsection (d)についてのコメント。
25)　どのような対応が行われるのかは UPMIFA には書かれていないが、Attorney General は提訴権を有しているため、実際には、まずは修正を行わないように意見を述べ、それでも修正が行われた場合には訴えを提起することを検討することになると思われる。

ることや、仮に寄付者が特定できる場合には、寄付者と良好な関係を築くという観点が、組織が寄付者に通知を行うことについての十分なインセンティブになるであろうこと（規定によって要求されなくても、組織は自発的に通知を行うであろうこと）に求められている[26]。

　以上のように、UPMIFA 6条(d)は、公益組織に対する寄付が行われてから長期間が経過し、残余額が少ない場合について、裁判所による手続を必要とする cy pres 原則の手続よりも簡便な手続によって寄付金に付された制約を修正する方法を提供する制度として注目される。

　　(b)　《設例》へのあてはめ　　以上の UPMIFA の紹介を踏まえ、改めて冒頭の《設例》を検討しておく。《設例》について、アメリカ法の下では、「B 法科大学院の新入生への奨学金として使用する」ことを目的とする公益信託が成立し、その後、50 年が経過して、B 法科大学院が募集を停止したことによって、資金を当初指定された使途に使用することが不可能となったといえる。寄付が行われてからはすでに 50 年という長期間が経過しており、仮に信託財産の残額が少額であれば、UPMIFA 6条(d)を適用して、裁判所の手続を経ることなく、より簡便な方法で、使途についての制約を修正することができることになる。しかし、残額が少額でなければ、(1)で述べた通り、裁判所に対して cy pres 原則の適用を求めて申立てをする必要がある。

　(3)　**小括**　　以上検討してきたように、アメリカ法の下では、①公益組織に対して使途を特定した寄付が行われた場合には、公益信託が成立して寄付金は信託財産となり、②その後、資金の使途を変更する必要が生じた場合には、主として cy pres 原則のルールに従い、裁判所に対して申立てが行われることが想定されている。この cy pres 原則の考え方の根底にあるのは、一旦公益目的に拠出された資金は公益のために使用できる資金として維持しつつ、有効に使用しようとする考え方であり、近年では、cy pres 原則自体の適用範囲を拡げる方向での修正がみられ、また、2006 年の UPMIFA により、一定の場合については cy pres 原則よりも簡便な手

---

26)　UPMIFA 6条の Subsection (d)についてのコメント。

続での使途の制約の修正が認められるようになっている。

　こうした動きを全体としてみれば、アメリカにおいては、公益目的で寄付された資金の使途を変更し、資金を効率的に使用するための法的なインフラが存在するといえるように思われる。

III　日本法

　ここまでアメリカ法を検討してきたが、これに対して、日本法の下では、①使途を指定して行われた公益目的の寄付がどのような法的性質を有するのか、また、②寄付が行われた後に指定された使途を変更することが可能であるのか、という点について十分な検討が行われてきたとはいえない。そこで、以下、1において、使途を指定して行われた公益目的の寄付の法的性質について検討し、2において、事後に使途を変更することが可能であるのかという問題を検討する。

1　寄付の法的性質

　冒頭の《設例》のように、「学校法人Aに対して、使途をB法科大学院の新入生への奨学金として使用することに指定して、1億円を寄付した」場合、この行為は日本法の下ではどのような法的性質を有するのだろうか。この点、上記で検討してきたように、アメリカ法の下では学校法人Aを受託者とする公益信託が成立すると解される。そこで、まず、日本法の下でも信託が成立するのか否かについて検討し（(1)〜(5)）、その後、それ以外の法律構成について検討する（(6)）。

　(1)　**《設例》について、公益信託が成立するか？**　　まず、冒頭の《設例》について、日本法の下で公益信託が成立するかを検討する。公益信託とは、信託法258条1項に定める受益者の定めのない信託のうち、学術、技芸、慈善、祭祀、宗教その他公益を目的とするものであって、主務官庁による許可を受けたものを指す（公益信託法1条）。

　日本法の下では、公益信託法2条1項が、「……受益者ノ定ナキ信託ノウチ学術、技芸、慈善、祭祀、宗教其ノ他公益ヲ目的トスルモノニ付テハ

受託者ニ於テ主務官庁ノ許可ヲ受クルニ非ザレバ其ノ効力ヲ生ゼズ」と定めていることから、公益信託は主務官庁の許可を受けなければ効力が発生しない。そのため、公益信託の設定について主務官庁の許可を受けていない《設例》の場合には、公益信託は成立しない。

(2)　**《設例》について、公益信託ではない、公益を目的とする受益者の定めのない信託が成立するか？**　では、《設例》について、「公益信託」ではないが、公益を目的とする受益者の定めのない信託が成立する可能性はあるだろうか。

　この点を検討するためには、前提として、公益を目的とする信託であって主務官庁から公益信託としての許可を受けていないものが、受益者の定めのない信託として効力を有するかどうかという問題を検討する必要がある。この問題については、受益者の定めのない信託として有効とする学説も存在するようであるが[27]、現行法の解釈としては、上述の公益信託法2条1項の文言により、公益を目的とする信託であって主務官庁の許可を受けていないものは、公益信託ではない信託としても効力を生じないと解されるように思われる[28]。そうすると、《設例》の場合には、公益を目的とする受益者の定めのない信託が成立すると解することは難しいことになる。

(3)　**公益信託法改正の議論**　ただし、(2)で述べた点については、現在検討されている公益信託法の改正によって見直される可能性がある。2017年12月の「公益信託法の見直しに関する中間試案」においては、現行の公益信託法2条1項を削除することが提案されており[29]、その補足説明では、「現行公益信託法第2条第1項の文言からは、主務官庁による許可を受けていない公益を目的とする受益者の定めのない信託は無効であるという解釈があり得るが、民間の自立的な公益活動を促進する観点からは、主務官庁による許可や行政庁の認可を受けていない公益を目的とする受益者の定めのない信託であっても、当該信託を有効とすることが適切であると

---

27)　公益社団法人商事法務研究会「公益信託法改正研究会報告書」(2015年12月) 46頁。
28)　新井誠監修『コンメンタール信託法』(ぎょうせい・2008年) 807頁参照。ただし、立法論としてはこのような場合にも目的信託を有効とすることが期待されるとしている。
29)　http://www.moj.go.jp/content/001244615.pdf　1頁。

考えられる」[30)]との説明がされている。

　仮に上記の方向での改正が実現すれば、公益信託としての主務官庁の認定を受けていないが公益を目的とする受益者の定めのない信託を設定することが可能となる。

(4)　法改正により公益信託ではない公益目的の受益者の定めのない信託の設定が認められた場合、《設例》について信託が成立するか？　それでは、公益信託ではなくとも、公益を目的とする受益者の定めのない信託の設定が認められるという前提に立った場合、《設例》のように、「学校法人Aに対して、使途をB法科大学院の新入生への奨学金としての使用することに指定して、1億円を寄付した」場合に、信託が成立するだろうか。

　この問題を検討するためには、明示的に信託契約が締結されていなかった場合に、どのような要件を満たせは信託契約が成立するのかを分析する必要がある。なお、当事者が信託という文言を用いていたか否か、法的な意味において信託契約であるという認識を有していたか否かは、信託契約の成否について決定的な意味を持たないと解されている[31)]。

　この点、平成18年法律第109号による改正前の信託法（以下「旧信託法」という）1条は、「本法ニ於テ信託ト称スルハ財産権ノ移転其ノ他ノ処分ヲ為シ他人ヲシテ一定ノ目的ニ従ヒ財産ノ管理又ハ処分ヲ為サシムルヲ謂フ」と規定しており、現行の信託法2条1項は、「この法律において『信託』とは、次条各号に掲げる方法のいずれかにより、特定の者が一定の目的（専らその者の利益を図る目的を除く。同条において同じ。）に従い財産の管理又は処分及びその他の当該目的の達成のために必要な行為をすべきものとすることをいう」と規定している。

　旧信託法においては、

　　①　財産権の処分、および

　　②　当該財産につき他人をして一定の目的に従い管理または処分をさ

---

30)　法務省民事局参事官室「公益信託法の見直しに関する中間試案の補足説明」（2017年12月）11頁（http://www.moj.go.jp/content/001244616.pdf）。

31)　四宮和夫『信託法〔新版〕』（有斐閣・1989年）106頁、道垣内弘人「最近信託法判例批評(8)」金融法務事情1598号（2000年）46頁、中村也寸志〔判批〕法曹時報55巻8号（2003年）149頁。

　　せることになっていること

が信託の成立要件とされていると解することができ[32]、現行の信託法 2 条
1 項も基本的には同様の趣旨であると解される[33]。

　それでは、明示的に信託契約が締結されていなかった場合の信託契約の
成立の有無について、裁判例ではどのような判断がされているだろうか。
公共工事請負前払金について信託契約の成立が争われた最判平成 14 年 1
月 17 日および、東本願寺に関する財産拠出について信託契約の成立が争
われた大阪高判平成 25 年 7 月 19 日を参照しておきたい。

　　(a)　最判平成 14 年 1 月 17 日民集 56 巻 1 号 20 頁　　地方公共団体で
ある愛知県（B）が請負業者（A）に公共工事を発注するのに際し、A に
対して B から前払金が支払われた。前払金は Y_2 の A 名義の預金口座に
払い込まれた。その際、A に B に対する保証金の返還債務が生じた場合
の前払金返還債務を保証事業会社（Y_1）が保証した。その後、A の営業停
止により工事の続行が不能になったため、本件請負契約は解除された。A
は B に対し本件前払金から工事の既済部分を控除した残金を返還しなか
ったため、Y_1 は B に対し、保証債務の履行として残金相当額を支払った。

　A の破産管財人である X が、Y_1 に対し、本件預金について X が債権者
であること等の確認を求めるとともに、Y_2 に対し、本件預金の残額およ
びこれに対する遅延損害金の支払を求める訴えを提起した。

　最高裁は、以下のように述べ、県を委託者兼受益者、請負業者を受託者
とする信託契約が成立したと解した[34]。その結果、信託財産は受託者の破
産財団を構成しないことから、結論として、本件預金の残額は破産財団

---

32)　道垣内・前掲注 31）46 頁、佐久間毅〔判批〕平成 14 年度重要判例解説・ジュリスト 1246
　　号（2003 年）74 頁。
33)　旧信託法 1 条には「財産権ノ移転其ノ他ノ処分ヲ為シ」という文言が入っていたのに対し
　　て、現行の信託法 2 条 1 項の定義には「財産の移転」の要素が明示されていない。これは、現
　　行の信託法において、信託行為の 1 つとして信託宣言が認められたことによると説明されてい
　　る（神田秀樹・折原誠『信託法講義』（弘文堂・2014 年）26 頁）。
34)　本判決が認定した信託の内容および仕組みについては、沖野眞已「公共工事請負前払金と
　　信託—最高裁平成 14 年 1 月 17 日判決の再検討」能見善久ほか編『民法学における法と政策』
　　（有斐閣・2007 年）381-382 頁等を参照。なお、本判決は受益者を B と解しているが、A を受
　　益者とみることもできるのではないかとの指摘もある（道垣内弘人〔判批〕法学教室 263 号
　　（2002 年）199 頁）。

最高裁の理解による信託契約の関係図

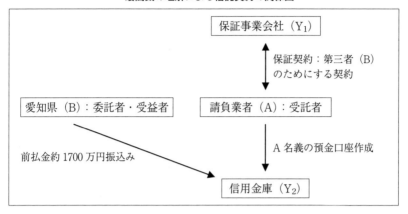

構成しないことになる。

　「本件保証約款によれば……<u>前払金の保管、払出しの方法、Y_1 による前払金の使途についての監査、使途が適正でないときの払出し中止の措置等が規定されているのである。……A はもちろん B も、本件保証約款の定めるところを合意内容とした上で本件前払金の授受をしたものというべきである。このような合意内容に照らせば、本件前払金が本件預金口座に振り込まれた時点で、B と A との間で、B を委託者、A を受託者、本件前払金を信託財産とし、これを当該工事の必要経費の支払に充てることを目的とした信託契約が成立したと解するのが相当であり</u>、したがって、本件前払金が本件預金口座に振り込まれただけでは請負代金の支払があったとはいえず、本件預金口座から A に払い出されることによって、当該金員は請負代金の支払として A の固有財産に帰属することになるというべきである。
　また、この信託内容は本件前払金を当該工事の必要経費のみに支出することであり、受託事務の履行の結果は委託者である B に帰属すべき出来高に反映されるのであるから、信託の受益者は委託者である B であるというべきである。」（下線は筆者が付した。）

　本判決においては、本件保証約款によって前払金の保管、払出しの方法、Y_1 による前払金の使途についての監査、使途が適正でないときの払出し中止の措置等が定められていること、また、A および B はこの本件保証約款の定めるところを合意内容としたうえで本件前払金の授受をしたこと

を確認したうえで、「このような合意内容に照らせば」信託契約が成立し
たと解するのが相当であると述べられている。この判旨からは、最高裁は、
分別管理を行うことやその管理方法が合意されていることをも信託契約成
立の要件と解している可能性があることが読み取れる。

　この点について、旧信託法 1 条や信託法 2 条 1 項から導かれる①の要件
（財産権の処分）および②の要件（当該財産につき他人をして一定の目的に従
い管理または処分をさせることになっていること）との関係では、次の 2 つ
の整理の仕方が存在する。1 つは、最高裁は上記の①および②の要件に加
えて、分別管理義務が課されていること等をも信託契約の成立要件とした
という整理である[35]。もう 1 つは、最高裁は、分別管理義務を、上記の②
の要件の存否を判断する際のポイントとしたとする整理である[36]。いずれ
の整理に立つとしても、最高裁が信託契約の成立の有無を判断する際に分
別管理義務の存在を重視したことは間違いないように思われる。

　(b)　東本願寺判決（大阪高判平成 25 年 7 月 19 日民集 69 巻 8 号 2258 頁）

　X は真宗大谷派、Y は一般財団法人本願寺文化興隆財団である。Y
は、大正元年、旧民法 34 条に基づき財団法人として設立され、公益法人
制度改革の結果一般法人法等が施行されたことに伴って平成 20 年に特例
財団法人となり、平成 23 年に一般財団法人に移行した。

　Y は、大正元年に X の前身である「旧真宗大谷派」の門徒 20 名が拠出
した合計 10 万円により設立され（財産拠出①）、大正 9 年には本件土地が
Y に対して寄付され（財産拠出②）、また、旧真宗大谷派は、大正 9 年か
ら昭和 23 年までの間、Y に対し、合計約 350 万円を拠出した（財産拠出
③）。

　Y の設立当時の寄附行為によれば、Y の目的は「真宗大谷派本願寺ノ
維持ヲ確保スル」ことであり（目的条項）、その残余財産については、「一
切真宗大谷派本願寺ニ寄附スル」ことが定められていた（残余財産条項）。

---

35)　佐久間・前掲注 32) 74 頁参照。
36)　道垣内弘人「最近信託法判例批評(9)」金融法務事情 1600 号（2001 年）84 頁および中村・
　　前掲注 31) 148-149 頁は、分別管理義務を②の要件の存否を判断する際のポイントであると
　　整理しており注目される。

　しかし、その後の数度の寄附行為の変更により、目的条項は最終的には
「この法人は、『勧学布教、学事の振興』の精神の下、日本並びに日本国民
の財産たる本願寺伝承の有形・無形の文化及び広く仏教文化を興隆する事
業を行い、広く国民の強化善導を図る。しこうして、これを広く国際社会
に及ぼすことにより、人類共通の叡智を構築し、もって世界の精神文化発
展に寄与することを目的とする」と改められ、Yの目的は、真宗大谷派
本願寺の支援に限らず、「広く仏教文化を興隆する事業」にまで拡げられ
ることとなった。また、残余財産条項も変更され、残余財産をXに寄付
することはできなくなり、残余財産は他の公益法人等に贈与されることと
なった。

　Xは、こうした寄附行為の変更の無効を主張するとともに、上記の財
産拠出①ないし③は、Xを委託者兼受益者、Yを受託者とする信託契約
に基づくものであるとして、平成18年改正前信託法57条に基づき、上記
信託契約を解除する旨の意思表示をした。以下、判決文のうち、信託契約
の成立に関する判旨を紹介する。大阪高裁は、次のように述べて、信託契
約の成立を否定した[37]。

　　「……旧民法において、財団法人への財産の拠出は贈与又は遺贈に準じる
　　ものとされ（旧民法41条）、財団法人の財産は寄附行為に定められた目的に
　　従って管理、処分されることが前提となっていること（同法43条）からすれ
　　ば、財団法人への財産の拠出行為が信託契約と類似した性格を有することは、
　　もとより当然である。むしろ、旧民法及び旧信託法の立法過程からすると、
　　旧民法の財団法人制度は、旧信託法が施行される以前から信託の目的を達す
　　る手段として利用されることが予定されていたという評価が可能である。
　　……

　　もちろん、ある法主体が財団法人に対して信託的に財産を譲渡し、もって
　　当該法主体と財団法人との間に信託契約が成立することはあり得るが、旧民

---

37)　地裁判決（京都地判平成24年3月27日民集69巻8号2231頁）も、本文で紹介する高裁
　　判決と同様に、「財団法人に拠出された財産は、原則として当該財団法人固有の財産となるも
　　のというべきであって、これを信託契約とみるには、財産の拠出に当たり、当該財産の管理、
　　処分について当該財団法人自身の寄附行為による制約を越える制限を付し、又は、委託者若し
　　くは受益者の特別の権利を留保する等、信託の明確な合意がなければならないものと解する」
　　とした。

法が財団法人について公益性を有するものに限定し、その組織や管理運営方法について詳細な規定を設けて、これを主務官庁の監督の下に置いたことからすると、財団法人に拠出された財産は、当該財団法人がその目的に従い、使用収益等をすることができるものというべきであって、これを信託財産とみるには、財産の拠出に当たり、当該財産の管理・処分について当該財団法人自身の寄附行為による制約を越える制限を付し、又は委託者若しくは受益者の特別の権利を留保する等、信託の趣旨であることを示す明確な合意が存しなければならないと解するのが相当である。そして、上記の合意の有無を判断する際には、財産の拠出がどのような名目でされたかは拠出者の意思を推知する重要な手掛かりとなるものというべきである。……」（下線は筆者が付した。）

　本判決は、財団法人に拠出された財産が財団法人の目的に従って使用されるのは財団制度の趣旨からして当然であるため、財団法人に拠出された財産について信託契約が成立するためには、財産の拠出にあたって財団法人自身の寄附行為による制約を越える制限を付すといった行為によって、信託の趣旨であることを示す明確な合意が存在することが必要であると述べている点で注目される。

　この解釈は、Ⅱ**1**(1)で紹介したアメリカ法における理解、すなわち、公益組織に対して特定の目的（specific purpose）のために寄付が行われた場合には信託が成立するという考え方と類似の整理であるとも理解できるだろう。

(5)　小括と検討：学校法人に対する寄付についての信託の成立の有無

　(a)　《設例》の検討　　(4)の裁判例を前提とした場合に、日本法の下ではどのような要件を満たせば信託契約が成立するのかを整理しておきたい。

　上記(4)(a)の最判平成14年1月17日は、最高裁は、信託契約の成立要件として、旧信託法1条に定める2つの要件である①の要件（財産権の処分）および②の要件（他人に一定の目的に従って財産の管理または処分させることになっていること）に加えて、あるいはその一部として、分別管理を行うことや管理方法が合意されていることをも要求する可能性があることを示している。また、(4)(b)の大阪高判平成25年7月19日は、②の要件に関連して、当該財団法人自身の寄附行為による制約を越える制限が付されてい

ることが必要であることを示唆している[38]。

　そうすると、(4)の裁判例を前提とした場合には、法人に対する寄付について信託契約の成立が認められるためには、

　　①　財産権の処分

　　②　他人に一定の目的に従って財産の管理または処分させることが当事者の間で合意されること（財団法人の場合には、当該財団法人自身の寄附行為による制約を越える制限が付されることが必要[39]）

　　③　分別管理を行うことや管理方法が合意されていること[40]

のいずれもが要求される可能性が否定できない。

　冒頭の《設例》では、①財産権の処分はあり、また、②「Ｂ法科大学院の新入生への奨学金として使用する」という、Ａ学校法人自身の寄附行為による制約を越える使途の制限が付されていることから、①と②の要件は満たすように思われるが、③の分別管理を行うことや管理方法についての合意がみられないことから、信託が成立すると解することは難しいように思われる。

　　(b)　より一般的な検討　　ここまでの検討を踏まえ、冒頭の設例から離れ、学校法人に対する使途が指定された寄付についての信託の成立の有無について、3つのタイプに類型化してより一般的な整理を試みたい。

　第1に、寄付者が寄付をする際に、学校法人側が選択肢として複数の使途（「施設充実」「課外活動の充実」等）を提供するような場合には、どのように考えられるか[41]。寄付者は複数の選択肢の中から1つを選ぶことにより、寄付金の使途について一定の指定をしていることにはなるが、このよ

---

38)　ただし、判旨からは、委託者または受益者に特別の権利が留保されている場合には、このような制約は付されない場合があるように読める。
　　なお、東本願寺事件は財団法人についての事案であったが、一般社団法人や公益社団法人の場合であっても、当該法人の定款の目的に従って使用することという使途の定めは信託の趣旨であることを示す明確な合意とはいえないという点では同様に解することができよう。

39)　ただし、注38)を参照。

40)　③の要件が②の要件の一部であると整理される可能性があることについては、(4)(a)の本文を参照。

41)　本章で扱っている公益組織への寄付とは性質が異なるが、イメージとしては、「ふるさと納税」の制度を利用して自治体に寄付をする際に、各自治体が提供する「緑化促進」「子育て支援」「教育充実」といった複数の選択肢の中から1つを選ぶという行為が近いだろうか。

うな事例では、寄付者による使途の指定はあくまでもリクエストに過ぎず、当事者を法的に拘束するまでの趣旨ではないと解される場合もあるだろう。この場合、当該寄付の法的性質は単純な贈与であり、信託契約は成立しないと考えられる。

　第2に、学校法人の教職員が寄付をしてくれる可能性のある卒業生を個別に訪問したうえで寄付を依頼し、寄付者がこれに応じて寄付を行う際に、寄付申込書等に寄付の目的を明記した場合はどうか。「B法科大学院の新入生への奨学金として使用すること」という使途を指定している冒頭の設例は、このタイプに近いように思われる。第1のタイプとの違いは、学校法人が用意した選択肢の中から1つを選んでいるのではなく、自らのイニシアティブの下で特定の目的を指定している点である。このような事案では、使途について法的に当事者を拘束する合意が成立していると解される可能性が高いように思われる。しかし、このタイプにおいても、やはり信託契約は成立しないと解されるように思われる。(a)で示した3つの要件のうちの③について、卒業生が学校法人に対して寄付を行う事案において当該資金について分別管理を行うことやその管理方法についてまでをも合意することは考えにくいように思われるためである。

　第3に、企業などが多額の寄付を行い、この資金のみを運用して新たな寄付講座を開設する場合には信託契約が成立する可能性はあるだろうか。このような事案では、金額が多額であることや当該資金を利用して数年単位で講座を開講することが予定されることから、当事者間で、資金の使途だけでなく、分別管理をすることや、資金の管理方法についても合意される可能性がある。こうした合意がされている場合には、(a)で示した3つの要件を満たし、信託契約の成立が認められる可能性があるように思われる[42]。

(6)　**信託以外の法律構成**　　次に、信託以外の法律構成について検討する。使途が制限されている寄付の法的性質については、従来、「負担付贈与」と解する見解や、「解除条件付贈与」と解する見解が主張されてき

---

42)　ただし、現行法下では、公益信託は許可を得た場合にしか成立せず、公益を目的とする目的信託も成立しないと考えられることは(1)(2)の通りである。

た[43]。また、使途の指定が付されているものの、当該使途の指定がリクエストに過ぎず、当事者を法的に拘束する趣旨ではないと解される場合には、その法的性質が単なる贈与であると解釈される場合もあろう。

冒頭の《設例》は解除条件付贈与にあたるだろうか。この点、解除条件付贈与と解するためには、CがAに対して寄付を行った時点において、当事者間に、明示または黙示に、「B法科大学院の新入生への奨学金として使用することができなくなった場合には、残額をCに返還する」との合意が存在していたことが必要であると考えられる[44]。しかし、文書でこうした趣旨が明示されている場合を除き、こうした特約の存在が認められる場合は少ないように思われる。《設例》を解除条件付贈与と解することは難しいだろう。

私見では、《設例》における寄付の法的性質を負担付贈与（B法科大学院の新入生に対して奨学金を支給するという負担が付いた贈与）と解したうえで、以下2で述べるように、負担の内容についての当事者の意思を柔軟に解することが妥当であると考える[45]。

なお、負担付贈与については、受贈者の負担の価値が贈与者の与える財産の価値に等しいかまたはこれより大である時は、それは負担付贈与では

---

43) 柚木馨編『注釈民法(14)』（有斐閣・1966年）11頁、柚木馨・高木多喜男編『新版注釈民法(14)』（有斐閣・1993年）14-15頁。

なお、寄付を受ける者とその利益を受ける者が別であり、寄付を受ける者はもっぱら寄付という事業を管理・運営する地位に立つ場合（たとえば、被災者支援のための募金会のような団体が不特定多数から寄付を募る場合）については、これを「信託的譲渡」と捉える可能性も指摘されているが（柚木編・前掲11-12頁、柚木・高木編・前掲15-16頁）、本章で想定している大学のような公益組織は、募金会とは異なり、もっぱら寄付という事業を管理・運営する組織ではないことから、ここでは取り上げない。

44) 不動産の寄付を解除条件付贈与であると解し、解除条件が成就したと判示した裁判例として、最判昭和35年10月4日民集14巻12号2395頁がある。この事案においては、原告は土地および温泉使用権を、陸軍傷病兵療養所のための敷地および鉱泉として陸軍省に寄付し、その際、陸軍において将来この用途を廃止した場合には無償で返納する旨の特約付きで受納されていた。

45) 負担付贈与の例としては、たとえば、最判昭和53年2月17日判タ360号143頁（養母から養子に対してなされた贈与について、当該養子が老令に達した当該養母を扶養し、円満な養親子関係を維持し、当該養母から受けた恩愛に背かないことを贈与に伴う当該養子の義務とする、いわゆる負担付贈与契約であると認めた事例）がある。

ないというのが通説であるとされる[46]。この点において、全額を奨学金に使用すべきとする学校法人への寄付は、正式な意味での「負担付贈与」にはあたらないようにもみえる。しかし、多くの学校法人は学生に対して何らかの奨学金の制度を設けており、寄付金を受け取ることにより、実質的には、本来学校法人が負担すべき費用が減った（本来学校法人が負担すべき費用に充当された）と解するのであれば、《設例》の寄付は、厳密な意味においても負担付贈与といえそうである[47]。

　（7）　**小括**　　以上で検討してきたように、冒頭の《設例》における使途を指定した寄付については、日本法の下では信託契約は成立せず、負担付贈与としての法的性質を有すると考える。そこで以下、これを前提として、使途を指定して行われた寄付について、その使途を変更することができるか否かを検討していく。

2　使途の変更の可否：寄付時に指定された使途に用いることが不可能または困難になったらどうなるか

　学校法人に対して使途を指定して行われた寄付について、どのような場合に、当初指定された使途以外の使途に用いることが可能だろうか。

　仮に信託（公益を目的とする目的信託）が成立していると解した場合には、委託者と受託者（および信託管理人がいる場合には信託管理人）の合意によってその目的を変更すること（信託法261条1項）[48]や、裁判所に対して信託の変更の命令を求めて申立てを行うこと（信託法150条1項）が可能となるが、1で検討したように、《設例》の事案においては、信託が成立すると理解することは困難であり、寄付の法的性質は負担付贈与と理解されることになりそうである。そこで、負担付贈与を前提として検討する。

　なお、負担付贈与の場合、寄付者の同意を得て当初の合意内容を変更す

---

46)　柚木編・前掲注43) 34頁、柚木・高木編・前掲注43) 63頁。
47)　なお、仮に、冒頭の《設例》の事案は負担の価値が寄付金の価値と同じであるために厳格な意味での負担付贈与にはあたらず、非典型契約の双務契約であると解したとしても、2以下での検討には大きな影響はないと考える。
48)　通常、信託の変更は委託者、受託者および受益者の合意によってすることができるところ（信託法149条1項）、目的信託の場合には、委託者と受託者（および信託管理人がいる場合には信託管理人）の合意によってすることができる（信託法261条1項）。

ることが可能である。しかし、《設例》のように寄付が行われてから長期間が経過している場合には、寄付者が死亡しておりその相続人を特定できない場合もあるため、それ以外の方法について検討する必要がある。

(1) 負担の内容についての当事者の意思解釈　負担付贈与が行われたが、負担が履行されなかった場合には、贈与を行った当事者は、債務不履行により負担付贈与の解除を行うことが可能である。それでは、《設例》の事案でB法科大学院が新入生の募集を停止した場合、寄付者やその承継人は、負担の履行不能を理由として負担付贈与の解除を行うことができるだろうか。

この問いに対する結論は、「負担」の内容についての当事者の意思をどのように解釈するかに左右されると考えられる。すなわち、当初合意された負担の内容が「どのような場合であっても寄付金はB法科大学院の新入生の奨学金としてのみ使用することが必要であり、これ以外の使途は一切認めない」という内容だったとすれば、B法科大学院が募集停止となった以上、負担を履行することは不能になったとして、寄付を行ったC（またはその承継人）は履行不能による解除を行うことができると考えられる。これに対して、負担の内容が「寄付金はB法科大学院の新入生の奨学金として使用するものとするが、それが不可能になった場合には、これに近い他の使途に用いることも認められる」という内容だったとすれば、B法科大学院が募集停止になっても、他の類似の用途に使用することが可能である以上は履行不能を理由とした解除権は発生せず、Cやその承継人は解除を行うことはできない。

寄付を行う際に付された負担の内容が上記のいずれであるかは当事者の意思解釈の問題であるが、実際には後者（当初の使途に使用することが不可能になった場合には、これに近い他の使途に用いることを排除しないという内容）であると解される場合が多いのではないかと思われる。学校法人に対して寄付を行う当事者は、通常は、使途通りの使用ができなくなった場合に寄付金を返還してもらおうとは考えていないと思われるためである[49]。

---

49)　リステイトメントにおいて、「一般的な公益の目的」の存在が推定されるとされたことを想起されたい（II 2(1)(c)を参照）。

寄付の際に付された負担の内容を後者のように解した場合には、当初の使途に沿った使用が不可能となった場合でも、履行不能による負担付贈与の解除権は発生しない。

　(2)　変更後の使途の範囲　　(1)で検討してきたように、当初付された負担が「寄付金はB法科大学院の新入生の奨学金として使用するものとするが、それが不可能になった場合には、これに近い他の使途に用いることも認められる」という内容だったと解した場合、A学校法人としては、「これに近い他の使途」とは何か、つまり、寄付金をどの範囲の使途に用いることができるかという点を検討することが必要になる。

　具体的な基準を示すことは難しいが、UPMIFA6条の解説コメントが、cy pres原則を適用する場合と同様に変更の範囲には制限があるとして、たとえば、看護学生に対する奨学金を設立したにも関わらず当該組織がその後看護学校を閉鎖した場合、当該組織はその資金を他の奨学金に使用するように決定することはできるが、この資金を使ってフットボールのスタジアムを建築することはできないと説明していることが参考になるだろう[50]。A学校法人が運営するD大学の法学部の新入生への奨学金として使用することは、「これに近い他の使途」にあたる可能性が高いと考える。

　A学校法人が、「これに近い他の使途」に寄付金の残額を使用した場合には、債務不履行による解除権は発生しない。これに対し、A学校法人が「これに近い他の使途」には含まれない使途のために寄付金を使用してしまった場合には、債務不履行による解除の主張が認められることになろう。

　ここで、IIで検討してきたアメリカ法のcy pres原則やUPMIFA6条(d)の手続を使用した場合と比較すると、A学校法人は不安定な立場に置かれることには注意が必要である。cy pres原則の手続を踏んだ場合には裁判所から命令を得ることができるのであり、また、UPMIFA6条(d)の手続を踏んだ場合には、事前に制約の修正を告知されていたAttorney Generalが後になって異議を述べる可能性は低い。これに対して、日本法

---

50)　II **2**(2)(a)を参照。

の下では、当初の使途に使用することが不可能になった場合には、寄付を
受け入れた学校法人側は、新たな目的が「これに近い他の使途」に含まれ
るか否かを自ら判断する必要があり、公的な機関から「お墨付き」を得る
ことはできない。不適切な使途に寄付金を使用した場合には、理屈のうえ
では寄付者側から負担付贈与を解除されてしまう可能性がある。また、学
校法人側が「これに近い他の使途」を判断することを負担に感じて、当該
寄付金をいわば「塩漬け」状態にしてしまう可能性もある。

　以上を踏まえると、実際に指途を指定した寄付金を受け入れる際には、
当初の使途に使用できなくなった場合の対応についても検討し、合意して
おくなど、注意を払うことが重要であろう。

Ⅳ　まとめ

　アメリカ法と日本法とでは、公益組織に対して行われた使途が指定され
た寄付についての法的性質の理解の仕方が大きく異なる。

　本章では、アメリカ法の下での取扱いを紹介するとともに、日本法の下
で公益組織に対する使途の指定のある寄付の法的性質が負担付贈与と解さ
れる事案の中には、その負担の内容を、「当初の使途に使用することが不
可能になった場合には、これに近い他の使途に用いることを排除しない」
という内容の合意だと解釈することができる場合があるのではないかとい
う整理を示した。

　本章の検討が、これまで十分に検討されてこなかった公益組織に対する
寄付をめぐる問題についての議論の端緒となれば幸いである。

第 10 章

アメリカ統一信託法典とわが国の信託法との比較

田中和明

I　はじめに

　アメリカでは、一部の法律を除き、州ごとに異なる法を判例法によりつくり上げており、信託法についても、同様に州ごとの判例法が存在していたが、2000 年につくられた統一信託法典[1]（Uinform Trust Code、以下「UTC」という）は、信託法における「全国的な規模で作られた最初の法典化の試み」であり、その背景としては、遺言代替方法としての撤回可能信託の急激な普及と商事的側面での利用が進み、その利用が増加した一方で、各州の信託法は、信託の利用増加に伴い新たに生じてきた法的疑問点に十分応える内容をもっていないことが明らかになったとの指摘がなされていた[2]。

　わが国においては、1922 年に制定された旧信託法が、制定当時の内容をほぼ留め、実務からの要請に応えることが難しくなっていたことから、2006 年 12 月 8 日、「信託法」およびこれに伴う「信託法の施行に伴う関係法律の整備等に関する法律」が、第 165 回臨時国会で成立し、同月 15 日に公布され、2007 年 9 月 30 日に施行された。

　その改正の際、「現在の社会経済の実務的需要に応えることのできる信託法制の必要性という点において、我が国の現行信託法が抱えている問題点と共通しており、UTC の内容の包含性や最新性、さらには、信託の国

---

1)　日本語訳については、大塚正民 = 樋口範雄編著『現代アメリカ信託法』（有信堂・2002 年）掲載の条文訳（207-227 頁）に全面的に依拠している。

2)　大塚 = 樋口編著・前掲注 1)　9 頁。

際化が一層進んでいる現状にかんがみ」[3]、UTC の規定を参考としており、影響を受けている。

　そこで、UTC とわが国の 2006 年信託法（以下、単に「信託法」という）との主な類似点、相違点を概観したうえで、第 1 に、わが国の信託の大半を占める商事信託で最も問題とされていた忠実義務についての比較検討を行う。

　また、現在、わが国において、非営業信託の分野において、家族や親族が委託者、受託者、受益者となる民事信託が急激に拡大しつつあり、それにつれて弊害も散見されるようになっていることから、第 2 に、UTC における民事信託の中心ともいうべき「撤回可能信託」と同信託を参考とし、現在、急激に件数・残高を拡大しているわが国の「遺言代用信託」との比較を行い、さらに、第 3 として、民事信託の運営に重要な影響を与える「デフォルト・ルール」と「裁判所の関与」について UTC と信託法との比較を行ってみたい。

　なお、本章における意見に関わる部分については、私の個人的見解であり、私が所属する会社、組織等とは、関係のないことをあらかじめご承知置きいただきたい。

II　UTC とわが国の信託法との比較[4]

1　UTC と信託法との主な類似点

　主な類似点としては、以下の点が挙げられる。

①　民事信託だけではなく商事信託をも適用対象とした包括的・体系的な成文法であること。ただし、UTC は、民事信託に、わが国の信託法は、商事信託に軸足を置いたものとなっている。

②　デフォルト・ルールを基本にしていること。ただし、UTC は、デフォルト・ルールを原則とし、例外である強行規定だけをまとめて規

3）　平成 16 年 10 月 1 日信託法制研究会報告書238頁、239頁。
4）　立案担当者の捉え方は、寺本昌広『逐条解説　新しい信託法〔補訂版〕』（商事法務・2008 年）26-30 頁参照。

定しているが、わが国の信託法は、条文ごとにデフォルト・ルールである旨を明示している。

③　信託事務の第三者への委託を柔軟に認めていること。

④　受益者の権利を強化するとともに、その実効性を向上させていること。

⑤　委託者の権利を縮減していること（ただし、下記2③参照）。

⑥　受託者の受益者に対する費用等の償還請求権について、信託法上認めていないこと。

⑦　受託者の信託外の第三者に対する責任を限定することを可能とする考え方をとっていること。

⑧　信託の変更、併合・分割についての規律を柔軟化していること。

⑨　新しい類型の信託（自己信託、受益者の定めのない信託、限定責任信託）が認められていること。

2　UTC と信託法との主な相違点[5]

一方、主な相違点は以下の通りである。

①　信託行為の法的性格について、UTC では、信託の設定の方法に関わらず、すべて委託者の単独行為として捉えているが、信託法では、信託の設定の方法ごとに、契約、遺言および自己信託として捉えている。

②　UTC では、受託者の権限・義務をはじめ一般的な規定だけではなく、個別的な条項が多いが、信託法においては、基本的には、一般規定のみである。

③　委託者による信託の撤回権・変更権について、UTC では、委託者が撤回権、変更権を有することをデフォルト・ルールとしたうえで、撤回可能信託の詳細な規定を置いているが、信託法では、委託者は、撤回、変更できないことをデフォルト・ルールとしており、特段の規定を置いていない。ただし、遺言代用信託においては、委託者に受益

---

5)　寺本・前掲注4）29頁、30頁参照。

者の変更権をデフォルト・ルールとして認めている。一方で、UTC
では、撤回不能信託においては、信託が設定されるとデフォルト・ル
ールとして委託者の権利はなくなるが、信託法では、デフォルト・ル
ールで一定の権利が認められている他、信託行為の定めで拡大・縮小
（なしにすることも可能）させることができる。

④　受託者の位置づけについて、信託の変更等においては、UTC では、
受託者の同意は必要とされておらず、その地位は低い（というより存
在感が薄い）が、信託法では、受託者の同意は不可欠であり、存在感
は大きい。

⑤　忠実義務について、UTC では、忠実義務違反を類型化するような
形で規定化していないが、利益取得行為を忠実義務違反と捉え（no
profit rule）、その違反の効果として、利益吐き出し責任を認めている。
信託法においては、忠実義務違反の類型として、利益相反行為および
競合行為を規定化しているが、利益取得行為を制限する規定は置いて
おらず、違反の効果としても、利益吐き出し責任もない。ただし、悪
質なものは、忠実義務の一般規定により忠実義務違反とされる場合が
考えられ、また、信託財産に損失があることを前提に、受託者が忠実
義務違反により利益を取得した場合には、信託財産がこの利益と同額
の損失を生じさせたものと推定するものとしている。

⑥　罰則については、UTC にはないが、信託法では、導入されている。

⑦　裁判所による監督について、UTC では、従前より低下させている
ものの、信託の全般にわたって監督している。一方、信託法では、裁
判所による一般的な監督を廃止しており、関与することができる部分
は少ない。

Ⅲ　UTC における忠実義務と信託法における忠実義務との比較

1　忠実義務の一般規定

UTC における忠実義務の規定については、まず、802 条(a)項で、「受託
者は、もっぱら受益者の利益のためだけに信託の管理運用を行わなければ

ならない」との忠実義務の一般規定が置かれており、この点は、信託法
30 条とほぼ同じである。

　また、この規定の趣旨は、受託者が受益者以外の者の利益を図って信託
財産に損害を与えたり、受託者自身を含む他の者に不当な利得を得させる
ことを禁止したもの（no profit rule）と解されている。

　no profit rule については、わが国では、後述する「利益吐き出し責任」
とともに、その導入の要否について議論された。

　法制審議会の信託法部会[6]（以下「信託法部会」という）においては、立
案担当事務局からは、上記 UTC の規定を参考に、忠実義務の制限の第 3
の類型として「利益取得行為」が提示されていた。

　信託法部会[7]においては、「利益取得行為」のうち、「不当な利益を取得
する行為」は制限すべきであるが、日常的に信託業務と銀行業務の双方を
行っている信託銀行の場合、信託業務と関連してはいるが、信託銀行固有
の業務において、営業努力や営業上のノウハウの結実として報酬を受け取
ることもあり、「利益取得行為」の外延が不明確な場合には、実務に支障
が生じることになる。したがって、「不当な利益を取得する行為」の「不
当」という言葉が曖昧であること、また、実務で想定されるような忠実義
務違反行為は、「利益相反行為」または「競合行為」のいずれかで捕捉が
可能であり、悪質な利益取得行為がなされた場合には、信託法 30 条によ
り、忠実義務違反として、裁判所に対して受託者の解任の申立てをするこ
とができると考えられることなどから、「利益取得行為」は忠実義務違反
の類型から除外された。

2　忠実義務違反の要件と効果

　次に、UTC802 条(b)項では、受託者の行う信託財産の投資ならびに管理
に関する売却、担保設定その他の取引であって、受託者個人のために行わ
れるもの、またはその他何であれ受託者の信認義務と個人的利益の間で利
益相反の要素が存在しその影響を受けるものが、下記 **3** の①〜⑤いずれ

かの要件を満たさない限り、制限されており、その影響を受ける受益者は、取り消すことができるが、受託者と取引を行う者、または受託者の補助をする者が、UTC1012 条によって有する所定の権利を妨げることはできないことが規定されている。

　わが国の信託法と比較すると、制限類型である利益相反行為（信託法 31 条）および競合行為（同 32 条）のすべてを包含した行為よりもさらに広い制限がなされており、また、その対象もより幅広いものになっている。

　忠実義務違反の効果としては、UTC802 条(b)項で、影響を受ける受益者は、第三者の権利を侵害する場合を除いて取消しすることができることが規定されているが、この取扱いは、信託法における利益相反行為の間接取引の場合の取扱い（信託法 31 条 7 項）と同じであり、直接取引においても無効（同条 4 項）という形式は異なるものの、実質的には同様の効果を与えるものであると考えることができる。

　また、わが国における信託法部会での議論では、受益者と受託者との間における受益権に関する取引についても、UTC 上は、802 条(b)項の要件を満たしているが、受託者の忠実義務違反の問題となることから、信託法においても、導入を検討すべきであるとの指摘がなされた。しかしながら、わが国においては、受益者と受託者との間における受益権の取引については、受益権に対して受託者が質権を設定した行為は、旧信託法 22 条違反ではないとの判例[8]があることもあり、従前より、実務では、忠実義務の問題として捉えることなく、通常の取引として一般的に行われており、特段の弊害も生じていないことから、制限の類型として導入することは見送られている。

3　忠実義務違反の例外

　UTC802 条(b)項では、忠実義務違反の例外が以下の通り規定されている。

　①　当該取引が信託条項によって認められていること。

　②　当該取引が裁判所の承認を受けていること。

---

8)　大判昭和 8 年 3 月 14 日民集 12 巻 350 頁。

③　UTC1005 条によって認められる期間に、受益者が司法手続を開始
しなかったこと。

④　受益者が受託者の行為に同意を与えたこと、当該取引を追認したこ
と、または、UTC1009 条に従い受託者の責任を免除したこと。

⑤　当該取引が受託者就任前に受託者の締結した契約または取得した請
求権を含む取引であること。

　上記 UTC の忠実義務違反の例外の要件の①は、信託法 31 条 2 項 1 号、
32 条 2 項 1 号と、④の前段の「受益者が受託者の行為に同意を与えたこ
と、当該取引を追認したこと」は、信託法 31 条 2 項 2 号、32 条 2 項とほ
ぼ同じであり、④の後段の「UTC1009 条に従い受託者の責任を免除した
こと」は、信託法の責任の免責の規定（信託法 42 条 1 号）と、③は、信託
法の受託者の責任の時効の規定（同 43 条）とほぼ同一であるといえる。
なお、②の裁判所による承認については、旧信託法 22 条 1 項において規
定されていたが、信託法においては廃止されている。また、⑤についても、
信託法にこのような規定はない。

4　利益相反行為に関するその他の制限

　UTC802 条(c)項において、受託者の行う信託財産の投資ならびに管理に
関して行われる信託財産の売却、担保設定その他の取引は、受託者と①受
託者の配偶者、②受託者の子孫、兄弟姉妹、親、またはそれぞれの配偶者、
③受託者の代理人または弁護士、④受託者または受託者につき重要な利益
を有する人が、受託者による最善の判断を下す際に影響を与える可能性を
もつ利害関係にある法人その他の人、または事業体、とのいずれかの間の
取引である場合、信認義務と個人的利益の間で利益相反の要素が存在しそ
の影響を受けるものと推定されることが規定されている。

　UTC のこの規定は、わが国の信託法においては、31 条 1 項 4 号の利益
相反行為の間接取引における利害関係人の範囲を具体的に規定しているよ
うなものではないかと考えられる[9]。

―――――――――――

9)　信託法 31 条 1 項 4 号利害関係人は、「たとえば、受託者の配偶者や子供、あるいは受託者
の子会社などが考えられる。……他の信託の関係者（受益者等）は、受託者自身が受益権の大

　また、UTC802 条(d)項においては、受託者・受益者間の取引であって、信託財産には関係しない取引であるが、信託の関係にある間に生じたもの、または受託者が受益者に対し相当の影響力を行使し得る間に行われたものであり、当該取引から受託者が利益を得ているものについては、忠実義務違反であると推定し、受託者が受益者にとって公正な取引であったことを立証しない限り、受益者によって取り消すことができるものとしている。

　わが国の信託法では、前述したように「受益者と受託者との間における受益権の取引」は、忠実義務の問題とはされていない。その理由としては、前述した点に加えて、①受託者は、信託事務の処理にあたる受託者としての立場ではなく、個人としての立場で受益者に係る取引をするものであること、②受益者は自らの判断で取引に応じるか否かを決定できる立場にあること等に鑑み、契約上の問題が生じる余地があることは、ともかく、利益相反行為の問題にはならないものと整理されているからである[10]。したがって、上記の受託者・受益者間の取引についても、わが国の信託法においては、忠実義務の問題にはならないものと思われる。

　ただし、信託法 30 条の忠実義務の一般規定の適用を受けることになることはあり得る。

5　競合行為の制限

　次に、UTC802 条(e)項においては、信託財産に関係しない取引であって、受託者が個人の資格で行っている場合であっても、当該取引が、信託に属するとみるのが適切な機会に関する場合、そこには個人的利益と受認者としての義務との間での利益相反関係が存在するものと規定されている。この規定は、わが国の信託法では、32 条 1 項の競合行為の制限の規定に該当すると考えられる。

　信託法部会[11]において、当初、競合行為については、受託者が「受益者

半を保有する信託などを除けば、利害関係人には含まれないものと解される」（村松秀樹ほか『概説 新信託法』（金融財政事情研究会・2008 年）95 頁）。
10)　寺本・前掲注 4 ）125 頁。
11)　平成 17 年 3 月 25 日第 12 回信託法部会。

の利益を犠牲にして自己または第三者の利益を図る目的」を有しているか否かを判断の基準とする、すなわち、受託者の主観を要件とする旨の提案がなされたが、この検討に際して、上記 UTC802 条(e)項において、「当該取引が、信託に属すると見るのが適切な機会に属する場合に、個人的利益と受認者の義務との間での利益相反関係が存在する」との規定も考慮され、信託法 32 条においては、「受託者は、受託者として有する権限に基づいて信託事務の処理としてすることができる行為であってこれをしないことが受益者の利益に反するものについては、これを固有財産または受託者の利害関係人の計算でしてはならない」との客観的で厳格な規定となったものと考えられる。

6　プルーデント・インベスター・ルールによる例外

UTC802 条(f)項においては、投資会社または投資信託の発行する証券に受託者が投資する場合、当該投資会社または投資信託に受託者以外の資格でサービスを提供していることは、投資が UTC 第 9 編のプルーデント・インベスター・ルールに従っている限り、受託者の個人的利益と受託者の義務との間の利益相反によって影響を受けるものとは推定されず、また、受託者としての行為のための報酬に加えて、受託者が、投資助言または投資一任サービスを提供することにより投資会社または投資信託から報酬を受けていても、UTC813 条の下で受託者の報酬に関し年次報告書を受領する資格のある受益者に少なくとも年に 1 度通知している限り、問題とならないものとされている。

　わが国においては、「投資会社または投資信託の発行する証券に受託者が投資する場合、当該投資会社または投資信託に受託者以外の資格でサービスを提供していること」は、利益相反行為の間接取引（信託法 31 条 1 項 4 号）に該当する可能性があるが、その行為を行うためには、信託法 31 条 2 項に規定された例外に該当しなければならない。UTC が、プルーデント・インベスター・ルールを重要視している証左でもあり、わが国においても検討すべき点ではないかと考える。

7　信託財産における株式の議決権の行使

UTC802 条(g)項においては、株式議決権の行使その他、事業体への支配権を行使するにあたって、受託者は、受益者の最善の利益を図るべく行動しなければならず、信託が会社その他の事業体の単独所有者である場合、受益者の最善の利益を図るような取締役その他の役員を選任しなければならないことが規定されている。

わが国の信託法においてはこのような規定はないが、善管注意義務（信託法 29 条）、および、当該事業体が受託者の固有財産の利益に関係している場合には、忠実義務の一般規定（同 30 条）または利益相反行為の間接取引（同 31 条 4 項）の問題として検討すべき問題となる。

8　その他の忠実義務違反の特別な例外

UTC802 条(h)項においては、受益者に対し公正なものである場合に限り、以下の①〜⑤に掲げる取引を禁止の例外としている。

① 　受託者の選任または報酬に関する受託者・受益者間の合意。
② 　受託者に対する合理的な報酬の支払。
③ 　信託と別の信託、遺産、または財産管理の下に置かれた財産間の取引であって、後者につき、受託者が受認者として関与しているかまたは受益者が利益を有しているもの。
④ 　受託者が行っている規制金融機関のサービスの下に、信託財産を預金すること。
⑤ 　信託の保護のために受託者が金銭を前払いすること。

わが国信託法 31 条 2 項 4 号では、利益相反行為の例外の 1 つとして、「受託者が当該行為をすることが信託の目的の達成のために合理的に必要と認められる場合であって、受益者の利益を害しないことが明らかであるとき、又は当該行為の信託財産に与える影響、当該行為の目的及び態様、受託者の受益者との実質的な利害関係の状況その他の事情に照らして正当な理由があるとき」が規定されているが、この規定は、上記 UTC802 条(h)項の「受益者に対し公正なものである場合」にあたると考えることができることから、①〜⑤にかかわらず、4 号が適用されると考えられる。

なお、①の受託者の選任に関する受託者・受益者間の合意については、当然のことのように取り扱われているが、忠実義務の一般規定（信託法30条）として考えるべきことかもしれない。

また、受託者の報酬に関する受託者・受益者間の合意と、②の受託者に対する合理的な報酬の支払については、信託法54条の要件に合致すれば、受託者は、信託報酬を収受することは可能であり、また、旧信託法のときから、信託報酬の収受は、忠実義務の例外として解されている[12]。⑤の費用の前払いも同様である。

9 特別代理人等の選任の必要性

UTC802条(i)項においては、受託者が行うと本条に違反することになる取引を行おうとする場合、裁判所は、その決定を行う特別受認者を選任することができることとされている。

わが国では、信託法部会[13]において、法人の理事の利益相反行為に関する民法57条（現在削除）の規定、親権者と子の利益相反行為に関する民法826条の規定、および、社債権者と社債管理会社の利益相反行為に関する旧商法309条の4の規定のように、信託においても、受託者が、自己取引や信託財産取引等の利益相反行為を行う場合に、UTCの規定に倣って、利害関係人の申立てにより、裁判所は、特別代理人のような者を選任しなければならない旨の規律が必要ではないかとの提案があったが、特段の議論もなく導入は見送られている。

IV UTCにおける撤回可能信託と信託法における遺言代用信託との比較

1 UTCにおける撤回可能信託の活用

撤回可能信託（revocable trust）は、信託の撤回権を委託者に留保する信託であり、UTCの中で、重要性の高いものとして位置づけられている。

アメリカの従来の信託においては、信託条項に撤回権が明示的に留保さ

---

12) 四宮和夫『信託法〔新版〕』（有斐閣・1989年）234頁。
13) 平成17年3月25日第12回信託法部会。

れていない限り、信託を撤回することはできなかったが、専門家のアドバイスなく設定される民事信託が普及し、撤回可能である明示的条項がない限り撤回不能信託となることを知らない者が増え、弊害が生じてきたことから、デフォルト状態で撤回可能とする必要があったといわれている。

　そこで、UTC 602 条(a)項においては、信託条項で、明示的に撤回不能であることが定められていない限り、委託者は、信託を撤回または変更できるものとされている。

　すなわち、UTC においては、委託者は、デフォルト状態で、信託の撤回権と変更権を保有しているのである。なお、UTC の施行日前に作成された証書に基づいて設定された信託、またはすでに拠出された信託には適用されないことが規定されている。

　アメリカにおいては、撤回可能信託は、従前、①節税、②意思能力喪失時の財産管理、③遺言の代替を目的として利用されてきたが、1924 年歳入法により、「撤回可能信託の収益は、たとえ委託者自身が受益者でない場合であっても、委託者に帰すと定められ、この点での撤回可能信託のメリットは失われた。現在では、撤回可能信託における信託財産は、税法上、委託者の財産と扱われることが確立している」[14]。したがって、現在における撤回可能信託は、②意思能力喪失時の財産管理と③遺言の代替のために利用されている。

　わが国においては、撤回可能信託という信託はないが、信託行為において、委託者生存中においては、i) 委託者が単独で信託を終了することができること ii) 信託を変更することができること、かつ、iii) 帰属権利者を委託者とすること、の 3 点を定めれば、同様の機能を有する信託とすることができるものと考えられる。

2　UTC と信託法における意思能力喪失時の財産管理のための信託
(1)　UTC における意思能力喪失時の財産管理のための撤回可能信託

　UTC における撤回可能信託は、委託者が意思能力を喪失した場合の財

---

14)　大塚＝樋口編著・前掲注 1）82 頁、83 頁〔沖野眞已〕。

産管理のために利用されている。

　アメリカにおいては、意思能力を喪失した場合のために、①後見人制度（guardianship, conservatorship）、および、②持続的代理権制度（durable power of attorney）がある。①後見人制度は、利害関係人の申立てにより裁判所が選任し、被後見人の財産管理を行う制度であるが、本人保護のための裁判所手続であるために、費用がかかり、かつ、慎重な手続が要求されることから、使い勝手がよくないといわれている。

　また、②持続的代理権制度については、アメリカでは、一般に、本人の意思能力の喪失により、代理関係は終了するが、委任状により、意思能力喪失後も、その意思を持続させる旨を明確にしておけば、その効力は持続するものとされている。しかしながら、本人死亡後については、効力は消滅し、また、代理人が死亡した場合においても、本人があらかじめ後任の代理人を定めておかない限り、代理関係は終了する。

　一方、信託制度は、①②の制度と比べて、財産の移転が行われるため、受託者は、広範な権限を有し、委託者の意思を反映した管理・処分を行うことができる。また、委託者である本人が死亡しても、事務を行う受託者が死亡しても、信託関係は存続する制度である。

　なお、撤回可能信託において、委託者の意思能力が喪失した場合には、受益者が受益者としての権利を有することとなるが、委託者の意思能力の喪失により当然に撤回不能とはならず、委託者の持続的代理人、財産管理後見人、後見人が権限を行使することができるものとされている。

⑵　**信託法における意思能力喪失時の財産管理のための信託**　わが国においても、意思能力を喪失した場合の制度として、成年後見制度が存在する。

　成年後見制度には、法定後見と任意後見の制度があるが、いずれも裁判所の監督の下での厳格な手続が要求され、さらに、制度の運用についても、孫にこずかいを与えることもできないなど、硬直的な対応を余儀なくされており、使い勝手が悪いといわれている。とりわけ、自らが欲していたレベルの介護を受けることもできないなど、意思能力を喪失する前の本人の意思を反映することが難しい。

　そのため、近年、意思能力喪失後の財産管理を目的とする家族信託[15]が急速に拡大してきている。信託を活用すれば、裁判所の監督を受けることなく、信託行為の定めにより自由な設計が可能であり、柔軟に委託者のニーズを実現することができる。

3　UTC の遺言代替のための撤回可能信託と信託法の遺言代用信託の意義

　(1)　UTC の遺言代替のための撤回可能信託の意義　　遺言代替のための信託としては、典型的には、高齢の委託者であるSが、信託宣言により、自らが生存している間は、自らを受益者とし、死亡後は、Sの妻 A を受益者とする撤回可能信託を設定することが考えられる。

　アメリカでは、このような遺言の代替のための撤回可能信託が、広く普及している。

　その理由としては、アメリカにおける裁判所による「probate」と呼ばれる検認手続を回避するためであるといわれている。

　アメリカにおいては、相続人による包括承継を基軸とする日本法と異なり、アメリカ法では、死亡により死者の財産はいったん清算されたうえで、然るべく承継人に分配されるが、「probate」は、わが国における遺言書の検認手続とは全く異なる制度で、遺言が存在するときには、遺言の効力を確定した後に、遺産を整理し分配する手続であり、遺言が無効または存在しない場合には、遺産を整理し無遺言相続の規律に従い遺産の分配を行う手続である[16]。また「probate」は、裁判所の監督の下で、遺言執行者または遺産管理人が遺言に従って遺産を配分するものであり、①長い時間を要し、②費用もかかり、③公開されるという問題がある。

　ところが撤回可能信託を利用すれば、遺言と同様の効果を「probate」の手続なく得ることができる。この点が、撤回可能信託を活用する意義であるといえる。

　また、「撤回可能信託によれば、委託者は、生前に財産処分の結果を把

---

15)　本章において、「家族信託」とは、家族や親族の一員が、それぞれ委託者、受益者、受託者となって設定する信託のことを指す。

16)　大塚＝樋口編著・前掲注1）91 頁〔沖野眞已〕。

握できるばかりか、しばしば死後、さらには検認手続中、さらにはその後の財産の行末まで把握できることにある。」[17]ともいわれている。

　なお、アメリカの撤回可能信託においても、委託者の全財産を信託の対象財産とすることは実際上できない。そこで、注ぎ込み遺言が利用されることがある。注ぎ込み遺言とは、委託者 S が、すでに設定している撤回可能信託に対して、遺言により、S の死亡時に撤回可能信託とした財産に残りの全財産を注ぎ込むものであり、これにより S の財産をひとまとめにすることができ、そのひとまとめにされた財産は、生前に設定された撤回可能信託の条項により管理・処分されることになる。なお、注ぎ込み遺言の対象財産は、「probate」の対象財産となるため公開されるが、注ぎ込まれる財産についてのみが公開され、財産の分配については公開されない。

　また、同様に、生命保険金や雇用関係の死亡保険金の受領についても、撤回可能信託の受託者を保険金や給付金の受取人に指定することによってひとまとめにすることが可能となる[18]。

　(2)　信託法における遺言代用信託の意義　　遺言代用信託とは、委託者が生前に、遺言の代わりに設定する信託のことである。

　わが国でも、民法において、遺言や法定相続の制度が定められているが、遺言には、一定の様式が求められるなどの問題はなくはないが、アメリカにおける「probate」のような弊害はなく、これを回避するということには特段の意味はない。

　遺言代用信託は、典型的には、高齢者である委託者 S が、信託銀行 T に自らの財産を信託して、委託者の妻 A を委託者の死亡時に受益権を取得する者とする信託が考えられるが、この信託の設定により、自らの死亡後における財産の分配を行うことが可能となり、生前における行為により自らの死亡後の財産承継を図る死因贈与と類似する機能を有する。

　信託法においては、遺言代用信託という文言は使われていないが、①委託者の死亡の時に受益者となるべき者として指定された者が受益権を取得

---

17)　ロバート・J・リン（（財）トラスト 60 エステイト・プランニング研究会訳）『エステイト・プランニング—遺産承継の法務と実務』（木鐸社・1996 年）157 頁。

18)　リン・前掲注 17）159 頁。

する旨の定めのある信託、または、②委託者の死亡の時以後に受益者が信託財産に係る給付を受ける旨の定めのある信託（信託法 90 条 1 項）、この①と②の信託を遺言代用信託と呼んでいる。

　この遺言代用信託は、信託法 89 条で規定されている受益者指定権等の行使についての特則という形で規定されている。すなわち、一般の信託においては、受益者を指定し、またはこれを変更する権利（以下「受益者指定権等」という）を有する者の定めのある信託については、受益者指定権等は、受託者に対する意思表示、または、遺言によって受益者を指定または変更する権利を行使することができるものとされているが（信託法 89 条）、遺言代用信託も、受益者を指定し、またはこれを変更する権利を有する者の定めのある信託であることから、この規定が適用されるものの、一般の信託と原則と例外を逆転させ、デフォルト状態では、委託者の生存中は、受益者を変更する権利を付与するとともに、受益者の権利をはく奪している（同 90 条 2 項）。

　また、遺言代用信託は、受益者が現に存せず、または、受益者としての権利を有しないときは、信託行為による別段の定めを許容しつつ（信託法 148 条）、委託者の監視・監督権を強化（同 145 条 2 項各号）し、委託者の権利の確保のために受託者の義務を厳格化（同条 4 項各号）している。

　民法上の死因贈与については、遺贈に関する規定がその方式を除いて準用され、贈与者は、いつでも贈与を撤回することができる（民法 1022 条）と解されているが、遺言代用信託においても、委託者が死亡後受益者の変更権を有し、いつでもこれを行使することができるものとされている（信託法 90 条）。

　しかしながら、遺言代用信託の場合は、デフォルト・ルールであるため、信託行為で、受益者変更ができない旨を定めれば、委託者、受益者および受託者全員の合意により、信託契約を変更しない限り、受益者が確定する。さらに、委託者が生前に信託銀行等の受託者に財産を信託することにより、受託者に管理処分権が移ることから、財産の保全が図られるともに、委託者は、自分の目で、自らの死後の管理・処分の状況を確認することができる。この点が遺言代用信託の意義であるといえる。

4 UTC の撤回可能信託と信託法の遺言信託および遺言代用信託の設定等の能力

アメリカにおいては、一般に撤回不能信託は、生前贈与に類するものと考えられており、処分行為についての能力が必要であるとされている。

一方、UTC601 条においては、撤回可能信託の設定、変更、撤回、もしくは撤回可能信託の受託者の行動を指図するために要求される能力は、遺言を作成するために要求される能力と同一とされている。

わが国の信託法においては、変更権、撤回権を留保または付与している信託は、遺言代用信託か、一般の信託であるかにかかわらず、契約で設定する場合には、通常の行為能力が必要とされるが、遺言信託は、遺言による設定であるため、遺言能力があれば、設定できるものと考えられる。すなわち、死因贈与契約も行為能力が必要であることから、遺言信託と遺言代用信託とは、形式的に「遺言」と「契約」の違いによるものであるものと考えられる。

5 UTC の撤回可能信託と信託法の委託者の権限

(1) **UTC の撤回可能信託における委託者の権限**　UTC603 条(a)項においては、信託が撤回可能であり、委託者が撤回能力を有する場合、受益者の権利は委託者の支配に服し、受託者は委託者に対してのみ義務を負うことが定められている。一方、信託が撤回可能でない場合についての委託者の権利は、UTC において一定のものが定められているが、デフォルト・ルールとされている。

また、UTC603 条(b)項では、撤回権の行使が可能な間、一部撤回権の保持者は、その権限に服する財産の限度で、撤回可能の委託者の権利を有するものとされている。

(2) **信託法における委託者の権限**　わが国の信託法では、一般の信託においては、委託者の権利は、一定の権利が定められており、その定められた権利は比較的弱いが、145 条 1 項において、デフォルト・ルール化されており、信託行為の定めでなくすることもできるが、拡大することも可能である。

　一方、遺言代用信託は、死因贈与と類似する機能を有することから、死因贈与とパラレルな形で信託法が規定されている。すなわち、死因贈与は、遺贈に関する規定がその方式に関する部分を除いて準用され（民法 554 条）、贈与者は、いつでも贈与を取り消すことができる（同 1022 条）と解されていることから、遺言代用信託においても、委託者が死亡後受益者の変更権を有し、いつでもこれを行使することができるものとされているのである。

　また、遺言代用信託のうち、委託者の死亡の時以後に受益者が信託財産に係る給付を受ける旨の定めのある信託においては、委託者が死亡するまでは、受益者としての権利を有しないことが、デフォルト・ルールとして定められている（信託法 90 条 2 項）。

　なお、委託者の遺言によっても、受益者変更権を行使することができる（信託法 89 条 2 項）。ただし、受託者がその行使を知らないときには、これによって受益者となったことを受託者に対抗することができないものとされている（同条 3 項）。

　一般の信託では、受益者は、信託契約に別段の定めがない限り、受益者変更権が行使されるまでは、受益者としての種々の監督的権能を有し、これを行使することが認められているが、遺言代用信託においては、その権利を認めた場合には、信託契約の変更・終了の場合には、原則として、死亡後の受益者の同意が必要となる。その場合、死因贈与の規律とのパラレルな関係からは、平仄が合わず、かつ、委託者の通常の意図に沿わないものと考えられることから、この規定が、特則として制定されたものである。

　なお、委託者の死亡の時に受益者となるべき者として指定された者が受益権を取得する旨の定めのある信託については、そもそも、受益権の取得について委託者の死亡が不確定期限となっているものと考えられることから、受益者としての権利はない。

　以上のことから、わが国における遺言代用信託においても、UTC における撤回可能信託と同様に、受益者の権利は委託者の支配に服しており、受託者は委託者に対してのみ義務を負っているといえるのではないか。

　ただし、遺言代用信託においては、信託の撤回権、変更権を留保または付与するためには、前述した通り、信託行為の定めが必要である。この点

は、UTC と大きく異なる点である。信託法および UTC ともに、民事信
託だけではなく商事信託をも適用対象とした包括的・体系的な成文法では
あるが、信託法は、商事信託に、UTC は、民事信託に軸足を置いている
違いではないかと考えられる。

　また、上記の通り、UTC603 条(b)項では、撤回権の行使が可能な間、一
部撤回権の保持者は、その権限に服する財産の限度で、撤回可能の委託者
の権利を有するものとされているが、わが国の信託法には、このような規
定はなく、信託行為による別段の定めがない限り、そのような権利は付与
されない。しかしながら、信託行為の定めで、委託者以外の者に一部撤回
権と類似の権限を付与することは可能ではないかと考えられる。

6　UTC における委託者が 2 人以上の撤回可能信託

　UTC602 条(b)項においては、撤回可能信託が 2 人以上の委託者によって
設定されたときは、①信託が夫婦共有財産で構成される限りにおいて、信
託は配偶者の一方が単独で撤回することができるが、変更については、両
配偶者が共同して行わなければならず、また、②信託が夫婦共有財産以外
の財産で構成される限りにおいて、各委託者は自らの拠出した部分に関し、
信託を撤回および変更することができるものとされている。

　アメリカにおいては、夫婦共有財産制を採用している州としていない州
がある。夫婦共有財産制を採用している州においては、夫婦の共同財産で
ある性格を維持するために共同信託は必須となっているが、共有財産制を
採用していない州では、共有財産を当該信託に移転しない限り、共同信託
の設定を必要とする重大な理由はなく、各委託者にはその拠出部分につい
てのみ撤回・変更権を認めれば足りることになるが、近時、非共有財産制
州における共同信託の利用が広く普及しているという事実が認められ、し
かも、共同信託の起草がまずく各委託者の処分機能に混乱をきたしており、
予期しない税法上の結果を生むことがあり、本条は、そのような現実に対
応しての規定である[19]といわれている。

---

19)　大塚 = 樋口編著・前掲注 1) 103 頁〔沖野眞已〕。

　わが国においては、夫婦共有財産制をとっておらず、また、このような規定はないが、信託行為に①②の定めを置けば、類似の機能は持たせることができるものと考えられる。ただし、①については、税の取扱いに混乱が生じるおそれがある。

7　UTC における撤回可能信託の撤回と変更の方法

　UTC602 条(c)項においては、委託者は、①信託条項で定められた方法を実質的に遵守すること、②信託条項がその方法を定めていない場合、または、条項において定められている方法が明示的に唯一の方法であるとされていない場合には、次のいずれかによることにより、撤回可能信託の撤回および変更をすることができるものとされている。

　　(A)　信託に明示的に言及する新たな遺言もしくは遺言補足書か、または信託条項に従って移転されたであろう財産を特定して遺贈する新たな遺言もしくは遺言補足書による方法。

　　(B)　明白かつ説得力ある証拠により、委託者の意思を表明する他の方法。

　なお、撤回可能信託の撤回がなされた時には、受託者は、委託者の指図に従い信託財産を引き渡さなければならないものとされている（同条(d)項）。

　わが国の信託法には、撤回の規定がないことから、信託行為において、同様の効果が生じるような定めを置く必要があるが、変更については、次のような規定がある。

　まず、信託の変更のうち、受益者の変更については、一般の信託では、受益者を指定し、またはこれを変更する権利を有する者の定めのある信託においては、受託者に対する意思表示によって行使することができる（信託法 89 条 1 項）。すなわち、信託契約に受益者の変更についての別段の定めがない限り、変更は認められないものとされている。

　一方、遺言代用信託における委託者は、受益者を変更する権利を有することが、デフォルト・ルールとして定められている（信託法 90 条 1 項）。また、一般の信託、遺言代用信託のいずれも、委託者の遺言によっても、受益者変更権を行使することができる（同条 2 項）。

　受益者変更以外の信託の変更については、一般の信託では、原則として委託者、受益者、受託者の合意により信託の変更はできるが、委託者が生存中の遺言代用信託においては、（第2）受益者の権利がないことから、原則としては、委託者（兼受益者）と受託者の合意により変更することができるものと考えられる。なお、委託者が単独で信託の変更をすることができることを定めれば、単独で行使することができるが、委託者の遺言により信託行為を変更することはできないものと考えられる。

8　UTC における撤回可能信託の撤回権の行使権者

　UTC602条(e)項においては、委託者の撤回、変更もしくは信託財産の分配に関する権限は、委任状に基づく代理人によって行使することができるが、代理人の権限行使は、信託条項または委任状によって明示的に権限が与えられている範囲に限られている。

　また、同条(f)項では、委託者の財産管理後見人、または財産管理後見人が選任されていない場合には、委託者の後見人は、財産管理もしくは後見を監督する裁判所の承認を得て、撤回可能信託の撤回、変更もしくは信託財産の分配に関する委託者の権限を行使することができる。

　わが国の信託法には、このような規定はないが、委託者の権利の代理人による行使については、信託行為の定めで、法定代理を含め明確に排除していない限り、同様の解釈になるのではないかと考える。今後、成年後見を含め、委託者の意思能力の喪失時において、委託者の権利行使が必要とされることが考えられることから、参考となる規定である。

9　UTC の撤回可能信託と信託法の遺言代用信託の委託者に対する債権者の権利

　⑴　**委託者生存中の委託者の債権者の権利**　　(a)　UTC の撤回可能信託における委託者の債権者　　アメリカにおける撤回可能信託の財産は、従前の判例法においては、委託者の債権者は、委託者が受益者である場合にはかかっていけるが、撤回権を代位行使して委託者の責任財産に戻すことは認められていなかった。

　ところが、UTC505 条(a)項(1)号においては、信託条項が浪費者信託条項を含むか否かを問わず、委託者の生存中において、撤回可能信託の財産は、委託者の債権者の債権の引当とすることができるものとされている。

　なお、撤回不能信託についても、委託者の債権者または債権の譲受人は、委託者に対し分配され、または委託者の利益のために分配され得る財産の最高額までを債権の引当とすることができる。また、１つの信託に複数の委託者が存在する場合には、特定の委託者の債権者または債権の譲受人が債権の引当にできる金額は、当該委託者の拠出額に応じた割合での信託に対する持分の額を超えることができないものとされている（同項(2)号）。

　(b)　信託法の遺言代用信託における委託者に対する債権者の権利

わが国においては、最近の学説では、委託者が受益者の変更権を有する場合に、当該委託者の債権者は、債権者代位により、信託の受益者を変更することができるかどうかについていくつかの見解がみられるが、一般論としては、否定論がとられているようである。

　すなわち、受益者指定権・変更権は一身専属権であり、また、財産的な権利ではないことから、差押債権者や代位債権者が代わって判断をすることは認められるべきではない[20][21]との見解がみられる。

　しかしながら、一方で、委託者が自らを受益者に指定・変更できる信託においては、受益者指定権・変更権を差し押さえたり、債権者代位により代位行使することは可能であると考えられている[22][23]。

---

20)　道垣内弘人編著『条解 信託法』（弘文堂・2017 年）459 頁〔山下純司〕、道垣内弘人『信託法（現代民法別巻）』（有斐閣・2017 年）300 頁。

21)　能見善久名誉教授は、遺言代用信託において、「受益者指定権・変更権の行使は、委託者死亡後の財産の承継人を決めるために使われるのであるから、遺言で受遺者を指定するのと同じであり、一身専属性があるというべきであろう。債権者による代位行使は認められないと考えるべきであろう」と述べられている。同「財産承継的信託処分と遺留分減殺請求」同編著『信託の理論的深化を求めて』（トラスト未来フォーラム・2017 年）144 頁。

22)　山下純司教授は、「受益者指定権等を有する者の債権者が、自己を受益者として指定すべく債権者代位権を行使する場合と債務者（すなわち受益者指定権を有する者を受益者とすべく債権者代位権を行使する場合とは、区別することができる。……後者の場合には、債務者が自己を受益者として指定する権限を有していることが前提であるとすると、それを行使しないのは、債務者自ら責任財産の増加を意図的に妨げていて不当であるという評価も可能なように思われるからである」と述べられている（道垣内編著・前掲注 20）459 頁〔山下純司〕）。

23)　また、道垣内弘人教授は、「当該受益者指定権等が定められた趣旨に合致しているときには、

　また、一般の信託においては、信託行為に別段の定めがない限り、委託者と受益者の合意により、終了させることができることから（信託法 164条）、委託者が受益者である場合には、信託行為に別段の定めがない限り、その債権者は、「委託者の有する受益権を差し押さえることができるとともに、委託者が信託の終了権限を有し、かつ、信託終了時に残余財産の交付請求権を有するときには、当該残余財産交付請求権を差し押さえ、その取立権の行使として信託の終了権限を行使することができる」[24] ものと考えられる。ただし、委託者と受益者が異なる場合においては、信託を終了させるには、委託者と受益者の合意が必要である。

　一方、遺言代用信託の場合においても、委託者が生存中は、委託者が受益者である場合には、債権者は、上記の一般の信託と同様に信託を終了させることができるものと考えられる。

(2)　委託者が死亡後の委託者の債権者の権利　　(a)　UTC の撤回可能信託における委託者死亡後の委託者に対する債権者の権利　　UTC の撤回可能信託が、撤回されないまま委託者が死亡したときには、撤回不能信託となるが、UTC505 条(a)項(3)号においては、委託者の死亡後は、委託者の債務の支払に充当すべき原資を委託者が指定できる権利は別として、委託者の死亡時に撤回可能であった信託の財産は、その委託者の検認対象遺産の額が、委託者の債権者に対する債務、委託者の遺産管理費用、委託者の葬儀および遺体処理費用、ならびに生存配偶者および遺児のための法定引当分を賄うに十分でない限りにおいて、これらの債務、支出、費用および引当に充当されるものとされている。

　(b)　信託法の遺言代用信託における委託者死亡後の委託者に対する債権者の権利　　わが国においては、委託者死亡後の委託者に対する債権者の権利については、信託の受益権と相続債務との関係となる。

　この点について、裁判例は存在しないが、死因贈与に関して判例がある。

　あえて自分以外の者を受益者とすべく権利行使をすることは認める必要がなく、差押え・代位行使を認めても支障がないようにも思われる」と述べられている（同・前掲注 20）300 頁）。
24)　道垣内・前掲注 20）121 頁。

　その判例[25]では、限定承認をした不動産の死因贈与の受贈者が、贈与者の相続人である場合において、「限定承認がされたときは、死因贈与に基づく限定承認者への所有権移転登記が相続債権者による差押登記よりも先にされたとしても、信義則に照らし、限定承認者は相続債権者に対して不動産の所有権取得を対抗することができないというべきである」と判示している。また、「被相続人の財産は本来は限定承認者によって相続債権者に対する弁済に充てられるべきものであることを考慮すると、限定承認者が、相続債権者の存在を前提として自ら限定承認をしながら、贈与者の相続人としての登記義務者の地位と受贈者としての登記権利者の地位を兼ねる者として自らに対する所有権移転登記手続をすることは信義則上相当でないものというべきであり、また、もし仮に、限定承認者が相続債権者による差押登記に先立って所有権移転登記手続をすることにより死因贈与の目的不動産の所有権取得を相続債権者に対抗することができるものとすれば、限定承認者は、右不動産以外の被相続人の財産の限度においてのみその債務を弁済すれば免責されるばかりか、右不動産の所有権をも取得するという利益を受け、他方、相続債権者はこれに伴い弁済を受けることのできる額が減少するという不利益を受けることとなり、限定承認者と相続債権者との間の公平を欠く結果となるからである。そして、この理は、右所有権移転登記が仮登記に基づく本登記であるかどうかにかかわらず、当てはまるものというべきである」と判示されている。

　一方、生命保険の死亡保険金請求権については、その保険金受取人が、自らの固有の権利として取得し、相続財産に属するものではないとの見解が通説であり[26]、その考え方を前提とすれば、その保険金受取人が被保険者の相続人として相続放棄または限定承認の手続をとったとしても、その保険金受取人は保険金を取得することができることになる。したがって、被相続人の債権者は、保険給付請求権を引当財産として執行の対象とする

25)　最判平成 10 年 2 月 13 日民集 52 巻 1 号 38 頁。
26)　山下友信『保険法』(有斐閣・2005 年) 511 頁「被相続人の締結した契約に基づき、かつ被相続人の死亡等により相続人が保険金請求権を取得するにもかかわらず同請求権は相続財産に属さないということをさして、保険金請求権取得の固有財産性と呼ぶ。相続人でもある保険金受取人は、自己固有の権利として保険者に対する権利を原始取得するとされるのである」。

ことはできない[27]。

　また、生命保険については、裁判例[28]においても、生命保険の保険事故発生の後に、保険金受取人が相続放棄の手続をとり、さらに、保険者に死亡保険金の給付請求権を放棄した事案において、当該請求権は、保険金受取人の指定の効力が生じなかったとみなされ、保険契約者またはその相続人に帰属されることはなく、当該請求権は確定的に消滅する旨が判示されている。

　遺言代用の信託は、生前の信託契約により、死後の自分の財産を分配することから実質的、経済的に死因贈与契約に類似する。そのため、上記の死因贈与と同様に、遺言代用信託の受益者が委託者の相続人である場合で、限定承認を行っていれば、その限定承認者は、被相続人の財産の限度においてのみその債務を弁済すれば免責されるという利益を受け、他方、相続債権者はこれに伴い弁済を受けることのできる額が減少するという不利益を受けることとなり、限定承認者と相続債権者との間の公平を欠く結果となることから、限定承認は認められないとの考え方も成り立ちそうである。

　一方、遺言代用信託の場合については、生命保険と同様に、信託契約が締結された時点では、信託財産は委託者の生存中に委託者の財産から受託者に移転しており、委託者の財産、すなわち、委託者が死亡した場合には委託者の相続財産となるべき財産からは分離されている。そのため、遺言代用信託の委託者死亡後の受益者が、相続放棄または限定承認をしたとしても、被相続人の債権者は、受益権または信託財産から弁済を受けることはできず、受益者は、受益権からの給付を受けることができることになる[29]。

　なお、委託者が、信託の設定時において、委託者の債権者を害すること

---

27)　山下・前掲注26) 511頁、512頁。

28)　大阪高判平成11年12月21日金判1084号44頁。

29)　道垣内弘人教授は、遺言代用信託について述べたものではないが、「信託契約により信託を設定する際には、委託者は、当初信託財産となるべき財産を受託者に対して処分するのであるから、当該財産は委託者の責任財産から逸出し、委託者に対する債権者は、それに対して強制執行等ができなくなる。……そして、信託設定後は、信託財産は委託者とは離れたかたちで運用されていくのであり、信託財産に属する財産は委託者の責任財産とはならない」と述べられている。同・前掲注20) 120頁。

を知って信託をした場合には、債権者は、受託者を被告として、裁判所に詐害行為取消しを請求することができる（信託法 11 条 1 項本文）。ただし、受益者としての指定を受けたことを知った時または受益権を譲り受けた時に、受益者のうち 1 人でも、債権者を害することを知らなかったときは、取消しはできないものとされている（同項ただし書）。

　遺言代用信託において、信託設定時には、債権者を詐害する意思はないものの、多額の財産が法定相続人の 1 人である受益者に給付されるような契約になっていたところ、委託者の死亡時には、相続債務が相続財産を大きく上回っており、かつ、当該受益者が相続放棄、または、限定承認をするような場合には、どのように考えるべきであろうか。

10　UTC の撤回可能信託における有効性を争う出訴期限と受託者の責任

　UTC604 条(a)項においては、委託者の死亡時において撤回可能であった信託の有効性を争う司法手続の出訴期限について規定されており、①委託者の死亡後〔3〕年以内、②司法手続を開始しようとする人に対し、受託者が、信託証書のコピー、および、信託の存在、受託者の住所・氏名、ならびに手続開始の許される期間の通知を送付した後〔120〕日以内の 2 つの期限のうちいずれか早い時期までに開始しなければならないものとされている（〔　〕内は州により変更になる場合がある）。

　また、同条(b)項においては、委託者の死亡時において撤回可能であった信託の委託者が死亡した場合、受託者は、信託条項に従い、信託財産の分配を実施することができるが、受託者は、①受託者が、信託の有効性を争う司法手続が係属中であることを知っている場合、または、②受託者に対して信託を争うための司法手続を提起する可能性があるとの通知があり、通知の送達後 60 日以内に司法手続が提起された場合を除き、それに対する責任を負わない。さらに、同条(c)項においては、後に無効な信託であると決定された信託の受益者は、受領した財産を返還する責任を負うものとされている。

　わが国の信託法においては、撤回可能信託の制度がないため、このような特別な時効に関する規定はなく、信託における通常の時効（信託法 43

条）が適用されるほか、民法等の一般法上の時効の適用が考えられる。また、受託者の責任についても、信託法 40 条の責任のほか、民法等の一般法による責任が考えられる。

11　UTC の撤回可能信託と信託法の遺言代用信託における税制

　UTC の撤回可能信託においては、委託者生存中は、信託財産およびその収益は、委託者の所得とみなされて、委託者に対して所得税の課税がなされる（内国歳入法 676 条）。また、信託設定は、贈与税の対象とならず、委託者が死亡すると、信託財産は遺産の一環として遺産税・相続税の対象となる（同法 2038 条）[30]。なお、受益者が委託者の配偶者である場合には、委託者が死亡時には、遺産税は繰り延べられ、当該配偶者の子が相続する際に課税される。

　一方、信託法における遺言代用信託の税制は次の通りである。

　わが国の相続税法 9 条の 2 第 1 項においては、「信託（……）の効力が生じた場合において、適正な対価を負担せずに当該信託の受益者等（……）となる者があるときは、当該信託の効力が生じた時において、当該信託の受益者等となる者は、当該信託に関する権利を当該信託の委託者から贈与（〔または〕遺贈）により取得したものとみなす」と規定されている。

　したがって、委託者が生前に第三者を受益者とする他益信託を設定すれば、受益者が個人の場合は、信託の設定時に当該受益者に贈与税が課せられることになる[31]。

　上記の「受益者等」とは、「受益者としての権利を現に有する者」と「特定委託者」をいい（相続税法 9 条の 2 第 1 項括弧書）、「受益者としての権利を現に有する者」には、「残余財産受益者」（信託法 182 条 1 項 1 号）は含まれるが、「停止条件が付された信託財産の給付を受ける権利を有する者」、「委託者死亡前の受益者」（信託法 90 条 1 項各号に規定する遺言代用

---

30)　大塚＝樋口編著・前掲注 1 ）83 頁〔沖野眞已〕。
31)　遺言信託を設定した場合には、遺言信託は、常に他益信託であるため、信託の効力発生時である委託者死亡時に、受益者に相続税が課税されることになる。

信託の第二受益者）および「帰属権利者」（信託法182条1項2号）は含まれないものとされている（相続税法基本通達9の2−1）。

　したがって、遺言代用信託の委託者以外の受益者は、信託設定時には、贈与税は課税されず、委託者死亡時の受益者に相続税が課税される。

V　UTCと信託法におけるデフォルト・ルール

1　UTCにおけるデフォルト・ルールの範囲

　UTCにおいては105条(a)項で、信託条項に別段の定めのない限り、本法典が、受託者の義務および権限、複数の受託者間の関係、ならびに、受益者の権利を確定すると規定したうえで、(b)項において、「信託条項の定めは、本法典の規定に優先する」と規定し、UTCの条項は、デフォルト・ルールであることを明示している。

　ただし、同(b)項では、以下の①〜⑭の例外を規定している。すなわち、これらの規定だけは、限定的に強行規定とされている。

①　信託設定の要件。

②　受託者が誠実に、かつ、信託条項、信託目的および受益者の利益に適合するように行為する義務。

③　信託および信託条項が受益者の利益のためのものであるという要件、および信託が適法な目的を有し、公序に反せず、目的達成が可能であるという要件。

④　UTC410条ないし同416条に基づき、信託に変更を加え、または信託を終了させる裁判所の権限。

⑤　第5編の定める浪費者信託条項の効果および一定の債権者ならびに債権譲受人が信託に対して有する権利。

⑥　UTC702条に基づき、保証証書（ボンド）を要求し、不要にし、変更し、または終了させる裁判所の権限。

⑦　信託条項の定める受託者の報酬が不当に低額または高額である場合に、UTC708条(b)項に基づき、それを調整する裁判所の権限。

⑧　撤回不能信託の適格受益者であって25歳以上の者に対し、UTC

813 条(b)項(2)号および(3)号に従い、その者のための信託の存在、誰が
受託者であるか、ならびに受託者からの報告書を請求する権利がある
ことを通知すべき受託者の義務。

⑨　撤回不能信託の受益者が、受託者に対し、報告書およびその信託の
管理に合理的に関連するその他の情報を求めた場合に、UTC813 条(a)
項に従い、請求に対応すべき受託者の義務。

⑩　UTC1008 条に定める免責条項の効果。

⑪　受託者および受益者以外の者の UTC1010 条ないし同 1013 条に基
づく権利。

⑫　司法手続を開始すべき出訴期限。

⑬　正義の実現のために必要とされる行為を行い、手続を遂行する裁判
所の権限。

⑭　UTC203 条および同 204 条に定める裁判所の事物管轄権および手続
を開始する土地管轄。

2　信託法におけるデフォルト・ルールの範囲

　一方、わが国の信託法では、受託者の義務や複数受益者の意思決定等に
おいて、デフォルト・ルール化しているものの、条項ごとに、「信託行為
による別段の定め」を認める方法がとられている。したがって、「信託行
為による別段の定め」の文言のないものは、強行規定であるとも考えられ
る。しかしながら、信託法 92 条の受益者の単独受益者権等、個別の条項
に「信託行為の定めにより制限することができない」との文言が明記され、
強行規定であることを明示している規定もある。

　したがって、結局、「信託行為による別段の定め」または「信託行為の
定めにより制限することができない」の記載がない場合については、個別
に解釈をすることになるが、ここにいう強行規定についても、受益者の合
意により、排除（放棄）できるものとできないものがあり、他方、「信託
行為による別段の定め」の記載があり、一見、デフォルト・ルールである
と考えられるものについても、解釈上、制限されているものもある。

　また、信託法は、公序良俗や権利の濫用等の民法の一般規定の適用を受

けるだけではなく、相続法の適用を受けるものと解されている。したがって、実際に自由に規定することができる事項は、UTC と比較すると非常に少ないのではないか。

3　UTC と信託法におけるデフォルト・ルールの意義

　UTC と信託法の類似点として、デフォルト・ルールを挙げたが、上記の通り、規定の方法が異なる。そして、その目的も異なるものと考えられる。

　その違いは、UTC は、非営業信託を中心とする民事信託に、信託法は、営業信託における商事信託に軸足を置いていることに起因する。

　すなわち、UTC におけるデフォルト・ルールは、法的専門知識のない一般の個人が、信託を利用する際の契約書の代替の役割を果たすことを目的としており、そのために、規定の数が多く、かつ、個別具体的な規定が多く含まれているものと考えられる。したがって、基本的には、信託設定の指針として、また、信託契約書の代替として、そのまま、デフォルト・ルールを使うことに意義があるのではないかと考える。

　一方、信託法におけるデフォルト・ルールは、第1には、旧信託法が、制定された当時の悪質な信託業者の取締まりを主眼とし、受託者の義務が厳しく規定され、強行規定が多く硬直的であったことから、受託者の義務の緩和のために導入されたものであり、第2には、旧信託法が、受益者が単独または少数のものを想定してつくられており、その意思決定が、強行規定で、全員一致という硬直的なものになっていたことから、受益者が複数の場合等の意思決定方法について、信託行為による私的自治を尊重して、デフォルト・ルール化して、受益者の権利行使を容易なものとし、さらに、意思決定を受益者集会で行う場合の詳細な規定をモデル規定として置いたものである。

　すなわち、信託法におけるデフォルト・ルールは、商事信託の円滑な運営を主たる目的として導入したものであり、さらにいえば、信託設計の自由度を高めることを目指していたものと考えられる。したがって、デフォルト・ルールをそのまま、契約書の代替として使うのではなく、契約によ

りデフォルト・ルールを変更することに意義をもたせようとしたのではないか。

　なお、委託者の権利のデフォルト・ルール化や遺言代用信託におけるデフォルト・ルールは、民事信託を想定したものであるが、比較的単純なものである。

VI　信託に対する裁判所の関与

1　UTC における信託に対する裁判所の関与

　UTC201 条(a)項では、裁判所は、その管轄権が利害関係人によりまたは法律の規定により発動される限度で、信託の管理に介入することができること、(b)項で、信託は、裁判所による命令のない限り、継続的司法監督に服さないものの、(c)項では、信託に関する司法手続は、信託の管理についてのあらゆる問題および、裁判所の指示を仰ぐことおよび権利を宣言する訴訟も含むものと規定している。

　UTC では、201 条において、「裁判所による命令のない限り、継続的司法監督に服さない」ものの、広範な監督が認められている他、ほとんどの分野で、裁判所の関与が規定されている。その理由としては、裁判所による信託の監督は、英米における伝統的な制度であり、それを踏襲しているということはいうまでもないが、UTC は、非営業信託を中心とする民事信託に軸足を置き、法的専門知識のない一般の個人が、信託を利用する際に、必要であるからではないか。

2　信託法における信託に対する裁判所の監督

　わが国の旧信託法 41 条 1 項は、受託者が営業として引受けをした信託を除き[32]、受託者の信託事務は裁判所の監督に属すること、また、同条 2 項では、裁判所が、利害関係人の請求または職権により、信託事務の処理について直接検査を行うとともに、検査役を選任し、必要な処分を命じる

---

32)　四宮・前掲注 12)　358 頁では、「現行法の解釈としては、信託法の明定する裁判所の監督・
　　関与は営業信託にも及ぶと解するほかないであろう」と述べられている。

ことができることとされていた。

　旧信託法 41 条は、旧信託法制定時の悪質な業者を規制するためのものであったが、①現在においては、信託制度に対する社会的認知度が高まり、状況に大きな変化が生じていること、また、②裁判所が監督を行ううえで必要な制度がないこと、さらに、③信託という私的な関係に裁判所の一般的監督が常に及ぶことは適当ではないこと、などから同条 1 項の裁判所の監督の規定を削除している[33]。また、同条 2 項における裁判所による信託事務の処理に対する直接の検査およびその他必要な処分をすることについても、裁判所が直接に検査を実施することは困難であることから削除している。

　わが国においては、信託銀行等による営業信託が大半を占め、金融当局による強力な監督が存在している。すなわち、信託業法、金融機関の信託業務の兼営等に関する法律、金融商品取引法等の法令が制定されていることに加え、監督指針、金融検査マニュアル等による詳細な規制が整備されていることから、裁判所による監督の必要性はあまりなかったといえる。一般的な監督以外でも、実際に、裁判所が職権で信託に介入したことはなく、また、裁判所に対する申立てを行うこともほんどなく、今後も、営業信託に限っていえば、裁判所の監督は不要であるといえよう。

　信託法では、上記の通り、裁判所の一般的な監督を廃止したが、46 条 1 項で「受託者の信託事務の処理に関し、不正の行為又は法令若しくは信託行為の定めに違反する重大な事実があることを疑うに足りる事由があるときは、受益者は、信託事務の処理の状況並びに信託財産に属する財産及び信託財産責任負担債務の状況を調査させるため、裁判所に対し、検査役の選任の申立てをすることができる」との検査役の制度を維持している。

　また、信託関係から生じる具体的な問題を完結するために、信託の変

---

33)　村松秀樹ほか『概説 新信託法』（金融財政事情研究会・2008 年）402 頁では、「旧法の下でも、信託がされたという事実を裁判所が知り得るための制度的な手当ては存しなかったことから、当事者の申立てを待つことなく、裁判所が、職権で、非営業信託の受託者の信託事務の監督を行うことは実際上不可能であった（他方、裁判所の実効的な監督を確保するために、信託が設定された事実等を裁判所に報告しなければならないとすることは、信託の自由な利用に対する障害ともなりかねない。）」と説明されている。

更・終了や受託者の解任・辞任など非訟事件として関与している他、公益を確保するため信託の存立を許すことができないと認めるときは、法務大臣または委託者、受益者、信託債権者その他の利害関係人の申立てにより、信託の終了を命じることができる等の手当をしている。

　ただし、これらの裁判所の関与についても、受益者等の信託関係者からの申立てを前提としており、職権では実施できない。すなわち、これらの裁判所の関与は、信託行為の定めと信託関係者による合意では解決できないような場合になって初めて実施される最終的な関与であるといえる。

VII　わが国における信託に対するデフォルト・ルールと裁判所の関与の必要性

　近年、一般の個人が受託者となって設定される非営業信託が急激に広がり、対応に迷う場面や不正等も発生し始めている。非営業信託の普及は、信託法改正のねらいのひとつでもあったが、信託法の改正時点では、ほとんどの関係者が、ここまでの急速な広がりは想定しておらず、また、弊害の発生も予見していなかったものと思われる。

　信託銀行等が受託者となっている信託では、前述した金融当局の監督と詳細な法令等の定めの下で、信託契約書等が作成される。一方、非営業信託における信託契約は、司法書士や税理士がアドバイザーとなって設定されているものが多いが、信託契約については、条項数も少なく、委託者の意向を反映していないものやある事象の発生の可能性が高いにも関わらず、それらの事象の発生を全く想定しておらず、対応する条項を置いていないものも数多くみられる。そのため、争いとなり、訴訟に至ったものもある。

　このような状況に鑑みると、適切な知識、能力を有するアドバイザーを育成することが急務であるとも考えられるが、UTC におけるような詳細なデフォルト・ルールの必要性もうかがえる。

　しかしながら、現在の信託法は、営業信託、非営業信託、商事信託、民事信託に関わらず、すべての信託に適用される法である。

　したがって、個人が受託者となって行う信託については、第 1 に、デフォルト・ルールに代わるような何らかのルール、たとえば、公的立場に近

い機関によるガイドラインやモデル契約書の作成とそれらの公表等が考えられる。

　第2には、UTCにおける裁判所の関与の必要性もうかがえる。

　従前、非営業信託においても、裁判所の監督や関与は求められていなかった。その理由としては、裁判所が監督を行ううえで必要な制度がなく、実態上対応できなかったことが考えられるが、何よりも、非営業信託の絶対数が極めて少なかったことが主たる理由である。

　信託法において、裁判所の一般的監督が廃止され、監督のための必要な制度がなく、実態上対応できない現状では、それに代替する何らかの制度が必要ではないか。たとえば、信託のアドバイザーに対する法規制や自主規制団体の設立も、検討されるべき時機ではないかと思われる。

Restatement (Third) of Trusts[*]

§ 1 Scope of This Restatement

Trusts dealt with in this Restatement include:

   (a) trusts as defined in § 2;

   (b) charitable trusts (see § 28); and

   (c) resulting trusts (see §§ 7, 8, and 9).

§ 2 Definition of Trust

A trust, as the term is used in this Restatement when not qualified by the word "resulting" or "constructive," is a fiduciary relationship with respect to property, arising from a manifestation of intention to create that relationship and subjecting the person who holds title to the property to duties to deal with it for the benefit of charity or for one or more persons, at least one of whom is not the sole trustee.

§ 3 Settlor, Trust Property, Trustee, and Beneficiary

(1) The person who creates a trust is the settlor.

(2) The property held in trust is the trust property.

(3) The person who holds property in trust is the trustee.

(4) A person for whose benefit property is held in trust is a beneficiary.

§ 4 Terms of the Trust

The phrase "terms of the trust" means the manifestation of intention of the settlor with respect to the trust provisions expressed in a manner that admits of its proof in judicial proceedings.

§ 5 Trusts and Other Relationships

The following are not trusts:

   (a) successive legal estates;

   (b) decedents' estates;

   (c) guardianships and conservatorships;

   (d) receiverships and bankruptcy trusteeships;

   (e) durable powers of attorney and other agencies;

   (f) bailments and leases;

   (g) corporations, partnerships, and other business associations;

   (h) conditions and equitable charges;

   (i) contracts to convey or certain contracts for the benefit of third parties;

   (j) assignments or partial assignments of choses in action;

   (k) relationships of debtors to creditors;

(1) mortgages, deeds of trust, pledges, liens, and other security arrangements.

§ 6 Active and Passive Trusts; the Statute of Uses

(1) A trust is active if, by the terms of the trust, the trustee has affirmative duties to perform; a trust is passive if the trustee's sole duty is not to interfere with the enjoyment of the trust property by the beneficiaries.

(2) A beneficiary of a passive trust is entitled to receive, upon demand, transfer of the property passively held for that beneficiary.

(3) If the Statute of Uses or similar statute applies to property of a trust, the trustee's title to that property is extinguished and the title is held by the beneficiary or beneficiaries in accordance with the equitable interests of each.

§ 7 Nature and Definition of Resulting Trusts

A resulting trust is a reversionary, equitable interest implied by law in property that is held by a transferee, in whole or in part, as trustee for the transferor or the transferor's successors in interest.

§ 8 When Express Trust Fails in Whole or in Part

Where the owner of property makes a donative transfer and manifests an intention that the transferee is to hold the property in trust but the intended trust fails in whole or in part, or the trust is or will be fully performed without exhausting or fully utilizing the trust estate, the transferee holds the trust estate or the appropriate portion or interest therein on resulting trust for the transferor or the transferor's successors in interest, unless

(a) the transferor manifested an intention that a resulting trust should not arise, or

(b) the trust fails for illegality and the policy against permitting unjust enrichment of a transferee is out-weighed by the policy against giving relief to one who has entered into an illegal transaction.

§ 9 Purchase-Money Resulting Trusts

(1) Except as stated in Subsection (2), where a transfer of property is made to one person and the purchase price is paid by another, a resulting trust arises in favor of the person by whom the purchase price is paid unless

(a) the latter manifests an intention that no resulting trust should arise, or

(b) the transfer is made to accomplish an unlawful purpose, in which case a resulting trust does not arise if the policy against unjust enrichment of the transferee is outweighed by the policy against giving relief to a person who has entered into an illegal transaction.

(2) Where a transfer of property is made to one person and the purchase price is paid by another and the transferee is a spouse, descendant, or other natural object of the bounty of the person by whom the purchase price is paid, a resulting trust does not arise unless the latter manifests an intention that the transferee should not have the beneficial interest in the property.

§ 10 Methods of Creating a Trust

Except as prevented by the doctrine of merger (§ 69), a trust may be created by:

(a) a transfer by the will of a property owner to another person as trustee for one or more persons; or

(b) a transfer inter vivos by a property owner to another person as trustee for one or more persons; or

(c) a declaration by an owner of property that he or she holds that property as trustee for one or more persons; or

(d) an exercise of a power of appointment by appointing property to a person as trustee for one or more persons who are objects of the power; or

(e) a promise or beneficiary designation that creates enforceable rights in a person who immediately or later holds those rights as trustee, or who pursuant to those rights later receives property as trustee, for one or more persons.

§ 11 Capacity of a Settlor to Create a Trust

(1) A person has capacity to create a trust by will to the same extent that the person has capacity to devise or bequeath the property free of trust.

(2) A person has capacity to create a revocable inter vivos trust by transfer to another or by declaration to the same extent that the person has capacity to create a trust by will.

(3) A person has capacity to create an irrevocable inter vivos trust by transfer to another or by declaration to the same extent that the person has capacity to transfer the property inter vivos free of trust in similar circumstances.

(4) A person has capacity to create a trust by exercising a power of appointment to the same extent that the person has capacity to create a trust of his or her own property under Subsection (1), (2), or (3) above, as appropriate to the type of transfer and trust being created.

(5) Under some circumstances, an agent under a durable power of attorney or the legal representative of a property owner who is under disability may create a trust on behalf of the property owner.

§ 12 Trust Creation Induced by Undue Influence, Duress, Fraud, or Mistake

A transfer in trust or declaration of trust can be set aside, or the terms of a trust can be reformed, upon the same grounds as those upon which a transfer of property not in trust can be set aside or reformed.

§ 13 Intention to Create Trust

A trust is created only if the settlor properly manifests an intention to create a trust relationship.

§ 14 Notice and Acceptance Not Required to Create Trust

A trust can be created without notice to or acceptance by any beneficiary or trustee.

§ 15 Consideration Not Required to Create Trust

The owner of property can create a trust of the property by will or by declaration or transfer inter vivos, whether or not consideration is received for doing so.

§ 16 Ineffective Inter Vivos Transfers

(1) If a property owner undertakes to make a donative inter vivos disposition in trust by transferring property to another as trustee, an express trust is not created if the property owner fails during life to complete the contemplated transfer of the property. In some circumstances, however, the trust intention of such a property owner who dies or becomes incompetent may be given effect by constructive trust in order to prevent unjust enrichment of the property owner's successors in interest.

(2) If a property owner intends to make an outright gift inter vivos but fails to make the transfer that is required in order to do so, the gift intention will not be given effect by treating it as a declaration of trust.

§ 17 Creation of Testamentary Trusts

(1) A testamentary trust is one created by a valid will.

(2) Except as provided in § 19, a trust is created by a will if the intention to create the trust and other elements essential to the creation of a testamentary trust (ordinarily, identification of the trust property, the beneficiaries, and the purposes of the trust) can be ascertained from

(a) the will itself; or

(b) an existing instrument properly incorporated by reference into the will; or

(c) facts referred to in the will that have significance apart from their effect upon the disposition of the property bequeathed or devised by the will.

§ 18 Secret Trusts

(1) Where a testator devises or bequeaths property to a person in reliance on the devisee's or legatee's expressed or implied agreement to hold the property upon a particular trust, no express trust is created, but the devisee or legatee holds the property upon a constructive trust for the agreed purposes and persons.

(2) Where a property owner dies intestate relying upon the expressed or implied agreement of an intestate successor to hold upon a particular trust the property acquired by intestate succession, no express trust is created, but the intestate successor holds the property upon a constructive trust for the agreed purposes and persons.

§ 19 "Pour-Over" Dispositions by Will

Where a will contains a testamentary disposition for the purpose of adding property to an irrevocable or revocable inter vivos trust, or for the purpose of funding a trust pursuant to the terms of an instrument of trust executed but not funded during the testator's lifetime, the intended disposition is effective if and as:

(a) provided by statute;

(b) validated by the doctrine of incorporation by reference or by the doctrine of facts of independent significance; or

(c) the trust instrument, together with the will, either

(1) satisfies an applicable rule of substantial compliance, harmless error, or judicial dispensation, or

(2) otherwise satisfies the policies underlying the formal safeguards of the applicable Wills Act.

§ 20 Validity of Oral Inter Vivos Trusts

Except as required by a statute of frauds, a writing is not necessary to create an enforceable inter vivos trust, whether by declaration, by transfer to another as trustee, or by contract.

§ 21 The Parol-Evidence Rule

(1) In the absence of fraud, duress, undue influence, mistake, or other ground for reformation or rescission, if the owner of property:

(a) transfers it inter vivos to another person by a writing that states that the transferee is to take the property for the transferee's own benefit, extrinsic evidence may not be used to show that the transferee was intended to hold the property in trust; or

(b) transfers it inter vivos to another person by a writing that states that the transferee is to hold the property upon a particular trust, extrinsic evidence may not be used to show that the transferee was intended to hold the property upon a different trust or to take it beneficially; or

(c) by a writing declares that the property owner holds the property upon a particular trust, extrinsic evidence may not be used to show that the owner intended to hold the property upon a different trust or to hold it free of trust.

(2) If the owner of property transfers it inter vivos to another person by a writing that does not state either that the transferee is to take the property for the transferor's own benefit or that the transferee is to hold it upon a particular trust, except as excluded by a statute of frauds or other statute, extrinsic evidence may be used to show that the transferee was to hold the property in trust for either the transferor or one or more third parties, or for some combination of the transferor, the transferee, and one or more third parties.

§ 22 Writing Required by Statute of Frauds

(1) In order to create an enforceable express inter vivos trust of property for which a statute of frauds requires a writing, the writing must be signed as provided in § 23 and must

(a) manifest the trust intention, and

(b) reasonably identify the trust property, the beneficiaries, and the purposes of the trust.

(2) The writing required by a statute of frauds

(a) may consist of several writings,

(b) need not be intended as the expression of a trust, and

(c) continues to satisfy the statute-of-frauds requirement even though later lost or destroyed.

§ 23 Signing Requirement: When and By Whom?

(1) Where the owner of property declares that he or she holds it upon a trust for which a statute of frauds requires a writing, a writing evidencing the trust as provided in § 22 is sufficient to satisfy the statute if it is signed by the declarant

(a) before or at the time of the declaration, or

(b) after the time of the declaration but before the declarant has transferred the property.

(2) Where the owner of property transfers it inter vivos to another person upon an inter vivos trust for which a statute of frauds requires a writing, a writing evidencing the trust as provided in § 22 is sufficient to satisfy the statute if it is signed:

(a) by the transferor before or at the time of the transfer; or

(b) by the transferee

(1) before or at the time of the transfer, or

(2) after the transfer was made to the transferee but before the transferee has transferred the property to a third person.

§ 24 Result of Noncompliance with Statute of Frauds

(1) Where a property owner creates an oral inter vivos trust for which a statute of frauds requires a writing, the trustee

(a) can properly perform the intended express trust, or

(b) can be compelled to perform the intended express trust if it later becomes enforceable on the basis of part performance.

(2) Where an owner of property transfers it to another upon an inter vivos trust for which a statute of frauds requires a writing, but no writing is properly signed (§ 23) evidencing the intended trust (§ 22), and the transferee refuses and cannot be compelled to perform it as an express trust under Clause (b) of Subsection (1), the transferee holds upon a constructive trust for the intended beneficiaries and purposes if

(a) the transfer was procured by fraud, undue influence, or duress, or

(b) the transferee at the time of the transfer was in a confidential relation to the transferor.

(3) Where an owner of property transfers it to another upon an inter vivos trust for which a statute of frauds requires a writing, but no writing is properly signed (§ 23) evidencing the intended trust (§ 22) and the rule of Subsection (2) does not apply, and the transferee refuses and cannot be compelled under Clause (b) of Subsection (1) to perform the intended express trust, the transferee can be compelled to hold the property either upon resulting trust or upon constructive trust for the transferor, except when the transferor is incompetent or dead and a constructive trust for the intended beneficiaries and purposes is necessary as a means of

preventing unjust enrichment of successors in interest of the transferor.

(4) Where an owner of property orally declares a trust that is unenforceable because of a statute of frauds and cannot be compelled to perform the trust under Clause (b) of Subsection (1), the declarant holds the property free of enforceable trust, except when the declarant is incompetent or dead and a constructive trust for the intended beneficiaries and purposes is necessary as a means of preventing unjust enrichment of successors in interest of the declarant.

§ 25 Validity and Effect of Revocable Inter Vivos Trust

(1) A trust that is created by the settlor's declaration of trust, or by inter vivos transfer to another, or by beneficiary designation or other payment under a life-insurance policy, employee-benefit or retirement arrangement, or other contract is not rendered testamentary merely because the settlor retains extensive rights such as a beneficial interest for life, powers to revoke and modify the trust, and the right to serve as or control the trustee, or because the trust is funded in whole or in part or comes into existence at or after the death of the settlor, or because the trust is intended to serve as a substitute for a will.

(2) A trust that is not testamentary is not subject to the formal requirements of § 17 or to procedures for the administration of a decedent's estate; nevertheless, a trust is ordinarily subject to substantive restrictions on testation and to rules of construction and other rules applicable to testamentary dispositions, and in other respects the property of such a trust is ordinarily treated as though it were owned by the settlor.

§ 26 Tentative ("Totten" or Bank-Account) Trusts

Where a person makes a deposit in an account with a bank or similar financial institution in the depositor's own name "as trustee" or "in trust" for another, the presumption is that the depositor intends to establish a "tentative trust." The depositor may modify or revoke a tentative trust and may, from time to time, withdraw any or all of the funds on deposit. On the death of the depositor, the trust is enforceable by the beneficiary as to any funds then remaining on deposit, unless the depositor has revoked the trust.

§ 27 Purposes for Which a Trust Can Be Created

(1) Subject to the rules of § 29, a trust may be created for charitable purposes (see § 28) or for private purposes, or for a combination of charitable and private purposes.

(2) Subject to the special rules of §§ 46(2) and 47, a private trust, its terms, and its administration must be for the benefit of its beneficiaries, who must be identified or ascertainable as provided in § 44. (On charitable trusts, see § 28.)

§ 28 Charitable Purposes

Charitable trust purposes include:

(a) the relief of poverty;

(b) the advancement of knowledge or education;

(c) the advancement of religion;

(d) the promotion of health;

(e) governmental or municipal purposes; and

(f) other purposes that are beneficial to the community.

§ 29 Purposes and Provisions That Are Unlawful or Against Public Policy

An intended trust or trust provision is invalid if:

(a) its purpose is unlawful or its performance calls for the commission of a criminal or tortious act;

(b) it violates rules relating to perpetuities; or

(c) it is contrary to public policy.

§ 30 Impossibility and Indefiniteness

A private trust, or a provision in the terms of a trust, may be unenforceable because of impossibility or indefiniteness.

§ 31 Trust Does Not Fail for Lack of Trustee

A trust does not fail because no trustee is designated or because the designated trustee declines, is unable, or ceases to act, unless the trust's creation or continuation depends on a specific person serving as trustee; a proper court will appoint a trustee as necessary and appropriate.

§ 32 Capacity of Individual to Be Trustee

A natural person, including a settlor or beneficiary, has capacity

(a) to take and hold property in trust to the extent the person has capacity to take and hold the property as beneficial owner; and

(b) to administer trust property and act as trustee to the same extent the person would have capacity to deal with the property as beneficial owner.

§ 33 Corporations and Other Entities as Trustees

(1) A corporation has capacity to take and hold property in trust except as limited by law, and to administer trust property and act as trustee to the extent of the powers conferred upon it by law.

(2) If a partnership, unincorporated association, or other entity has capacity to take and hold property for its own purposes, it has capacity to take, hold, and administer property in trust.

§ 34 Appointment of Trustees

(1) Except as required by statute, a trustee designated by or selected in accordance with the terms of a trust may act without being appointed or confirmed by an order of court.

(2) If the appointment of a trustee is not provided for or made pursuant to the terms of the trust, the trustee will be appointed by a proper court.

(3) A trustee need not provide a performance bond except as required by statute, trust provision, or court order.

§ 35 Acceptance or Renunciation of Trusteeship

(1) A designated trustee may accept the trusteeship either by words or by conduct.

(2) A designated trustee who has not accepted the trusteeship may decline it.

§ 36 Resignation of Trustee

A trustee who has accepted the trust can properly resign:

   (a) in accordance with the terms of the trust;

   (b) with the consent of all beneficiaries; or

   (c) upon terms approved by a proper court.

§ 37 Removal of Trustee

A trustee may be removed

   (a) in accordance with the terms of the trust; or

   (b) for cause by a proper court.

§ 38 Trustee's Compensation and Indemnification

   (1) A trustee is entitled to reasonable compensation out of the trust estate for services as trustee, unless the terms of the trust provide otherwise or the trustee agrees to forgo compensation.

   (2) A trustee is entitled to indemnity out of the trust estate for expenses properly incurred in the administration of the trust.

§ 39 Exercise of Powers by Multiple Trustees

Unless otherwise provided by the terms of the trust, if there are two trustees their powers may be exercised only by concurrence of both of them, absent an emergency or a proper delegation; but if there are three or more trustees their powers may be exercised by a majority.

§ 40 Any Property May Be Trust Property

Subject to the rule of § 29, a trustee may hold in trust any interest in any type of property.

§ 41 Expectancies; Nonexistent Property Interests

An expectation or hope of receiving property in the future, or an interest that has not come into existence or has ceased to exist, cannot be held in trust.

§ 42 Extent and Nature of Trustee's Title

Unless a different intention is manifested, or the settlor owned only a lesser interest, the trustee takes a nonbeneficial interest of unlimited duration in the trust property and not an interest limited to the duration of the trust.

§ 43 Persons Who May Be Beneficiaries

A person who would have capacity to take and hold legal title to the intended trust property has capacity to be a beneficiary of a trust of that property; ordinarily, a person who lacks capacity to hold legal title to property may not be a trust beneficiary.

§ 44 Definite-Beneficiary Requirement

A trust is not created, or if created will not continue, unless the terms of the trust provide a beneficiary who is ascertainable at the time or who may later become ascertainable within the period and terms of the rule against perpetuities.

§ 45 Members of a Definite Class as Beneficiaries

The members of a definite class of persons can be the beneficiaries of a trust.

§ 46 Members of an Indefinite Class as Beneficiaries

(1) Except as stated in Subsection (2), where the owner of property transfers it upon intended trust for the members of an indefinite class of persons, no trust is created.

(2) If the transferee is directed to distribute the property to such members of the indefinite class as the transferee shall select, the transferee holds the property in trust with power but no duty to distribute the property to such class members as the transferee may select; to whatever extent the power (presumptively personal) is not exercised, the transferee will then hold for reversionary beneficiaries implied by law.

§ 47 Trusts for Noncharitable Purposes

(1) If the owner of property transfers it in trust for indefinite or general purposes, not limited to charitable purposes, the transferee holds the property as trustee with the power but not the duty to distribute or apply the property for such purposes; if and to whatever extent the power (presumptively personal) is not exercised, the trustee holds the property for distribution to reversionary beneficiaries implied by law.

(2) If the owner of property transfers it in trust for a specific noncharitable purpose and no definite or ascertainable beneficiary is designated, unless the purpose is capricious, the transferee holds the property as trustee with power, exercisable for a specified or reasonable period of time normally not to exceed 21 years, to apply the property to the designated purpose; to whatever extent the power is not exercised (although this power is not presumptively personal), or the property exceeds what reasonably may be needed for the purpose, the trustee holds the property, or the excess, for distribution to reversionary beneficiaries implied by law.

§ 48 Beneficiaries Defined; Incidental Benefits

A person is a beneficiary of a trust if the settlor manifests an intention to give the person a beneficial interest; a person who merely benefits incidentally from the performance of the trust is not a beneficiary.

§ 49 Extent of Beneficiaries' Interests

Except as limited by law or public policy (see § 29), the extent of the interest of a trust beneficiary depends upon the intention manifested by the settlor.

§ 50 Enforcement and Construction of Discretionary Interests

(1) A discretionary power conferred upon the trustee to determine the benefits of a trust beneficiary is subject to judicial control only to prevent misinterpretation or abuse of the discretion by the trustee.

(2) The benefits to which a beneficiary of a discretionary interest is entitled, and what may constitute an abuse of discretion by the trustee, depend on the terms of the discretion, including the proper construction of any accompanying standards, and on the settlor's purposes in granting the discretionary power and in creating the trust.

§ 51 Voluntary Transfers Inter Vivos

Except as provided in Chapter 12, a beneficiary of a trust can transfer his or her beneficial interest during life to the same extent as a similar legal interest.

§ 52 Intention to Transfer

(1) To transfer a beneficial interest in a trust, the beneficiary must manifest an intention to make a present transfer; consideration is not essential to such a transfer.

(2) A promise to transfer an interest in the future is enforceable only if the requirements for an enforceable contract are satisfied.

(3) A transfer by a beneficiary can be rescinded upon the same grounds as the transfer of a legal interest.

§ 53 Need for a Writing

(1) A writing is not necessary to transfer a trust beneficiary's interest.

(2) If a statute requires the assignment of an interest in a trust to be in writing and signed by the assignor, the applicable principles are as stated in §§ 22-24.

§ 54 Effect of Successive Transfers

Where the beneficiary of a trust makes successive transfers of an interest, the first transferee is entitled to the interest unless the subsequent transferee prevails under principles of estoppel.

§ 55 Transfers at Death

(1) If the interest of a deceased beneficiary of a trust does not terminate or fail by reason of the beneficiary's death, the interest devolves by will or intestate succession in the same manner as a corresponding legal interest.

(2) Where a statute gives a surviving spouse an elective share of the deceased beneficiary's estate, equitable interests of the deceased beneficiary's estate are included in determining that share.

§ 56 Rights of Beneficiary's Creditors

Except as stated in Chapter 12, creditors of a trust beneficiary, or of a deceased beneficiary's estate, can subject the interest of the beneficiary to the satisfaction of their claims, except insofar as a corresponding legal interest is exempt from creditors' claims.

§ 57 Forfeiture for Voluntary or Involuntary Alienation

Except with respect to an interest retained by the settlor, the terms of a trust may validly provide that an interest shall terminate or become discretionary upon an attempt by the beneficiary to transfer it or by the beneficiary's creditors to reach it, or upon the bankruptcy of the beneficiary.

§ 58 Spendthrift Trusts: Validity and General Effect

(1) Except as stated in Subsection (2), and subject to the rules in Comment b (ownership equivalence) and § 59, if the terms of a trust provide that a beneficial interest shall not be transferable by the beneficiary or subject to claims of the beneficiary's creditors, the restraint on voluntary and involuntary alienation of the

interest is valid.

(2) A restraint on the voluntary and involuntary alienation of a beneficial interest retained by the settlor of a trust is invalid.

§ 59 Spendthrift Trusts: Exceptions for Particular Types of Claims

The interest of a beneficiary in a valid spendthrift trust can be reached in satisfaction of an enforceable claim against the beneficiary for

(a) support of a child, spouse, or former spouse; or

(b) services or supplies provided for necessities or for the protection of the beneficiary's interest in the trust.

§ 60 Transfer or Attachment of Discretionary Interests

Subject to the rules stated in §§ 58 and 59 (on spendthrift trusts), if the terms of a trust provide for a beneficiary to receive distributions in the trustee's discretion, a transferee or creditor of the beneficiary is entitled to receive or attach any distributions the trustee makes or is required to make in the exercise of that discretion after the trustee has knowledge of the transfer or attachment. The amounts a creditor can reach may be limited to provide for the beneficiary's needs (Comment c), or the amounts may be increased where the beneficiary either is the settlor (Comment f) or holds the discretionary power to determine his or her own distributions (Comment g).

§ 61 Completion of Period or Purpose for Which Trust Created

A trust will terminate in whole or in part upon the expiration of a period or the happening of an event as provided by the terms of the trust; in the absence of such a provision in the terms of the trust, termination will occur in whole or in part when the purpose(s) of the trust or severable portion thereof are accomplished.

§ 62 Rescission and Reformation

A trust may be rescinded or reformed upon the same grounds as those upon which a transfer of property not in trust may be rescinded or reformed.

§ 63 Power of Settlor to Revoke or Modify

(1) The settlor of an inter vivos trust has power to revoke or modify the trust to the extent the terms of the trust (§ 4) so provide.

(2) If the settlor has failed expressly to provide whether the trust is subject to a retained power of revocation or amendment, the question is one of interpretation. (See presumptions in Comment c.)

(3) Absent contrary provision in the terms of the trust, the settlor's power to revoke or modify the trust can be exercised in any way that provides clear and convincing evidence of the settlor's intention to do so.

§ 64 Termination or Modification by Trustee, Beneficiary, or Third Party

(1) Except as provided in §§ 65 and 68, the trustee or beneficiaries of a trust have only such power to terminate the trust or to change its terms as is granted by the terms of the trust.

(2) The terms of a trust may grant a third party a power with respect to termination

or modification of the trust; such a third-party power is presumed to be held in a fiduciary capacity.

§ 65 Termination or Modification by Consent of Beneficiaries

(1) Except as stated in Subsection (2), if all of the beneficiaries of an irrevocable trust consent, they can compel the termination or modification of the trust.

(2) If termination or modification of the trust under Subsection (1) would be inconsistent with a material purpose of the trust, the beneficiaries cannot compel its termination or modification except with the consent of the settlor or, after the settlor's death, with authorization of the court if it determines that the reason(s) for termination or modification outweigh the material purpose.

§ 66 Power of Court to Modify: Unanticipated Circumstances

(1) The court may modify an administrative or distributive provision of a trust, or direct or permit the trustee to deviate from an administrative or distributive provision, if because of circumstances not anticipated by the settlor the modification or deviation will further the purposes of the trust.

(2) If a trustee knows or should know of circumstances that justify judicial action under Subsection (1) with respect to an administrative provision, and of the potential of those circumstances to cause substantial harm to the trust or its beneficiaries, the trustee has a duty to petition the court for appropriate modification of or deviation from the terms of the trust.

§ 67 Failure of Designated Charitable Purpose: The Doctrine of Cy Pres

Unless the terms of the trust provide otherwise, where property is placed in trust to be applied to a designated charitable purpose and it is or becomes unlawful, impossible, or impracticable to carry out that purpose, or to the extent it is or becomes wasteful to apply all of the property to the designated purpose, the charitable trust will not fail but the court will direct application of the property or appropriate portion thereof to a charitable purpose that reasonably approximates the designated purpose.

§ 68 Dividing and Combining Trusts

The trustee may divide a trust into two or more trusts or combine two or more trusts into a single trust, if doing so does not adversely affect the rights of any beneficiary or the accomplishment of the trust purposes.

§ 69 Merger

If the legal title to the trust property and the entire beneficial interest become united in one person, the trust terminates.

§ 70 Powers and Duties of Trustees

In administering a trust, a trustee:

(a) has, except as limited by statute or the terms of the trust, the comprehensive powers described in § 85 to manage the trust property and to carry out the terms and purposes of the trust, but

(b) in the exercise or nonexercise of those powers, is subject to the fiduciary duties stated and explained hereafter in Chapter 15 and elsewhere in this Restatement.

§ 71 Application to Court for Instructions

A trustee or beneficiary may apply to an appropriate court for instructions regarding the administration or distribution of the trust if there is reasonable doubt about the powers or duties of the trusteeship or about the proper interpretation of the trust provisions.

§ 72 Terms That Are Unlawful or Against Public Policy

A trustee has a duty not to comply with a provision of the trust that the trustee knows or should know is invalid because the provision is unlawful or contrary to public policy.

§ 73 Impossibility or Impracticability

A trustee has a duty not to attempt to comply with a trust provision directing the trustee to do an act if the trustee knows or should know

(a) that compliance is impossible, or

(b) that the expense of attempting to comply is unreasonable.

§ 74 Effect of Power of Revocation

(1) While a trust is revocable by the settlor and the settlor has capacity to act:

  (a) The trustee

    (1) has a duty to comply with a direction of the settlor even though the direction is contrary to the terms of the trust or the trustee's normal fiduciary duties, if the direction is communicated to the trustee in writing in a manner by which the settlor could properly amend or revoke the trust; and

    (2) may comply with a direction or act in reliance on an authorization of the settlor although the direction or authorization is contrary to the terms of the trust or the trustee's normal fiduciary duties, even if the direction or authorization is not manifested in a manner by which the settlor could properly amend or revoke the trust.

  (b) The rights of the beneficiaries are exercisable by and subject to the control of the settlor.

(2) To the extent that a trust is subject to a presently exercisable general power of appointment or power of withdrawal and the donee of the power has capacity to act, the donee has authority similar to the authority that the settlor of a revocable trust has under Subsection (1).

§ 75 Effect of Power to Control Acts of Trustee

Except in cases covered by § 74 (involving powers of revocation and other ownership-equivalent powers), if the terms of a trust reserve to the settlor or confer upon another a power to direct or otherwise control certain conduct of the trustee, the trustee has a duty to act in accordance with the requirements of the trust provision reserving or conferring the power and to comply with any exercise of that power, unless the attempted exercise is contrary to the terms of the trust or power or the trustee knows or has reason to believe that the attempted exercise violates a fiduciary duty that the power holder owes to the beneficiaries.

§ 76 Duty to Administer the Trust in Accordance with Its Terms and Applicable Law

(1) The trustee has a duty to administer the trust, diligently and in good faith, in accordance with the terms of the trust and applicable law.

(2) In administering the trust, the trustee's responsibilities include performance of the following functions:

(a) ascertaining the duties and powers of the trusteeship, and the beneficiaries and purposes of the trust;

(b) collecting and protecting trust property;

(c) managing the trust estate to provide returns or other benefits from trust property; and

(d) applying or distributing trust income and principal during the administration of the trust and upon its termination.

§ 77 Duty of Prudence

(1) The trustee has a duty to administer the trust as a prudent person would, in light of the purposes, terms, and other circumstances of the trust.

(2) The duty of prudence requires the exercise of reasonable care, skill, and caution.

(3) If the trustee possesses, or procured appointment by purporting to possess, special facilities or greater skill than that of a person of ordinary prudence, the trustee has a duty to use such facilities or skill.

§ 78 Duty of Loyalty

(1) Except as otherwise provided in the terms of the trust, a trustee has a duty to administer the trust solely in the interest of the beneficiaries, or solely in furtherance of its charitable purpose.

(2) Except in discrete circumstances, the trustee is strictly prohibited from engaging in transactions that involve self-dealing or that otherwise involve or create a conflict between the trustee's fiduciary duties and personal interests.

(3) Whether acting in a fiduciary or personal capacity, a trustee has a duty in dealing with a beneficiary to deal fairly and to communicate to the beneficiary all material facts the trustee knows or should know in connection with the matter.

§ 79 Duty of Impartiality; Income Productivity

(1) A trustee has a duty to administer the trust in a manner that is impartial with respect to the various beneficiaries of the trust, requiring that:

(a) in investing, protecting, and distributing the trust estate, and in other administrative functions, the trustee must act impartially and with due regard for the diverse beneficial interests created by the terms of the trust; and

(b) in consulting and otherwise communicating with beneficiaries, the trustee must proceed in a manner that fairly reflects the diversity of their concerns and beneficial interests.

(2) If a trust is created for two or more beneficiaries or purposes in succession and if

the rights of any beneficiary or the expenditures for a charitable purpose are defined with reference to trust income, the trustee's duty of impartiality includes a duty to so invest and administer the trust, or to so account for principal and income, that the trust estate will produce income that is reasonably appropriate to the purposes of the trust and to the diverse present and future interests of its beneficiaries.

§ 80 Duty with Respect to Delegation

(1) A trustee has a duty to perform the responsibilities of the trusteeship personally, except as a prudent person of comparable skill might delegate those responsibilities to others.

(2) In deciding whether, to whom, and in what manner to delegate fiduciary authority in the administration of a trust, and thereafter in supervising or monitoring agents, the trustee has a duty to exercise fiduciary discretion and to act as a prudent person of comparable skill would act in similar circumstances.

§ 81 Duty with Respect to Co-Trustees

(1) If a trust has more than one trustee, except as otherwise provided by the terms of the trust, each trustee has a duty and the right to participate in the administration of the trust.

(2) Each trustee also has a duty to use reasonable care to prevent a co-trustee from committing a breach of trust and, if a breach of trust occurs, to obtain redress.

§ 82 Duty to Furnish Information to Beneficiaries

(1) Except as provided in § 74 (revocable trusts) or as permissibly modified by the terms of the trust, a trustee has a duty:

(a) promptly to inform fairly representative beneficiaries of the existence of the trust, of their status as beneficiaries and their right to obtain further information, and of basic information concerning the trusteeship;

(b) to inform beneficiaries of significant changes in their beneficiary status; and

(c) to keep fairly representative beneficiaries reasonably informed of changes involving the trusteeship and about other significant developments concerning the trust and its administration, particularly material information needed by beneficiaries for the protection of their interests.

(2) Except as provided in § 74 or as permissibly modified by the terms of the trust, a trustee also ordinarily has a duty promptly to respond to the request of any beneficiary for information concerning the trust and its administration, and to permit beneficiaries on a reasonable basis to inspect trust documents, records, and property holdings.

§ 83 Duty to Keep Records and Provide Reports

A trustee has a duty to maintain clear, complete, and accurate books and records regarding the trust property and the administration of the trust, and, at reasonable intervals on request, to provide beneficiaries with reports or accountings.

§ 84 Duty to Segregate and Identify Trust Property

The trustee has a duty to see that trust property is designated or identifiable as property of the trust, and also a duty to keep the trust property separate from the trustee's own property and, so far as practical, separate from other property not subject to the trust.

§ 85 Extent of Trustees' Powers

(1) In administering a trust, the trustee has, except as limited by statute or the terms of the trust,

(a) all of the powers over trust property that a legally competent, unmarried individual has with respect to individually owned property, as well as

(b) powers granted by statute or the terms of the trust and

(c) powers specifically applicable to trust administration that are recognized in other Sections of this Restatement.

(2) Except as otherwise provided by the terms of the trust, the powers of a trustee under Subsection (1) pass to and are exercisable by substitute or successor trustees.

§ 86 Fiduciary Duties and the Exercise of Trustee Powers

A trustee, in deciding whether and how to exercise the powers of the trusteeship, is subject to and must act in accordance with the fiduciary duties stated in Chapter 15 and elsewhere in this Restatement.

§ 87 Judicial Control of Discretionary Powers

When a trustee has discretion with respect to the exercise of a power, its exercise is subject to supervision by a court only to prevent abuse of discretion.

§ 88 Power to Incur and Pay Expenses

A trustee can properly incur and pay expenses that are reasonable in amount and appropriate to the purposes and circumstances of the trust and to the experience, skills, responsibilities, and other circumstances of the trustee.

§ 89 Powers and Duties on Termination

The powers of a trustee do not end on the trust's termination date but may be exercised as appropriate to the performance of the trustee's duties in winding up administration, including making distribution, in a manner consistent with the purposes of the trust and the interests of the beneficiaries.

§ 90 General Standard of Prudent Investment

The trustee has a duty to the beneficiaries to invest and manage the funds of the trust as a prudent investor would, in light of the purposes, terms, distribution requirements, and other circumstances of the trust.

(a) This standard requires the exercise of reasonable care, skill, and caution, and is to be applied to investments not in isolation but in the context of the trust portfolio and as a part of an overall investment strategy, which should incorporate risk and return objectives reasonably suitable to the trust.

(b) In making and implementing investment decisions, the trustee has a duty to diversify the investments of the trust unless, under the circumstances, it is prudent not to do so.

(c) In addition, the trustee must:

(1) conform to fundamental fiduciary duties of loyalty (§ 78) and impartiality (§ 79);

(2) act with prudence in deciding whether and how to delegate authority and in the selection and supervision of agents (§ 80); and

(3) incur only costs that are reasonable in amount and appropriate to the investment responsibilities of the trusteeship (§ 88).

(d) The trustee's duties under this Section are subject to the rule of § 91, dealing primarily with contrary investment provisions of a trust or statute.

§ 91 Investment Provisions of Statute or Trust

In investing the funds of the trust, the trustee

(a) has a duty to conform to any applicable statutory provisions governing investment by trustees; and

(b) has the powers expressly or impliedly granted by the terms of the trust and, except as provided in §§ 66 and 76, has a duty to conform to the terms of the trust directing or restricting investments by the trustee.

§ 92 Duty with Respect to Original Investments

The trustee has a duty, within a reasonable time after the creation of the trust, to review the contents of the trust estate and to make and implement decisions concerning the retention and disposition of original investments in order to conform to the requirements of §§ 90 and 91.

§ 93 What Is a Breach of Trust?

A breach of trust is a failure by the trustee to comply with any duty that the trustee owes, as trustee, to the beneficiaries, or to further the charitable purpose, of the trust.

§ 94 Standing to Enforce a Trust

(1) A suit against a trustee of a private trust to enjoin or redress a breach of trust or otherwise to enforce the trust may be maintained only by a beneficiary or by a co-trustee, successor trustee, or other person acting on behalf of one or more beneficiaries.

(2) A suit for the enforcement of a charitable trust may be maintained only by the Attorney General or other appropriate public officer or by a co-trustee or successor trustee, by a settlor, or by another person who has a special interest in the enforcement of the trust.

§ 95 Nature of Beneficiaries' Remedies

With limited exceptions, the remedies of trust beneficiaries are equitable in character and enforceable against trustees in a court exercising equity powers.

§ 96 Exculpatory and No-Contest Clauses

(1) A provision in the terms of a trust that relieves a trustee of liability for breach of trust, and that was not included in the instrument as a result of the trustee's abuse of a fiduciary or confidential relationship, is enforceable except to the extent that it purports to relieve the trustee

(a) of liability for a breach of trust committed in bad faith or with indifference to the fiduciary duties of the trustee, the terms or purposes of the trust, or the interests of the beneficiaries, or

(b) of accountability for profits derived from a breach of trust.

(2) A no-contest clause shall not be enforced to the extent that doing so would interfere with the enforcement or proper administration of the trust.

§ 97 Effect of Beneficiary Consent, Ratification, or Release

A beneficiary who consented to or ratified, or released the trustee from liability for, an act or omission that constitutes a breach of trust cannot hold the trustee liable for that breach, provided:

(a) the beneficiary, at the time of consenting to or ratifying the breach or granting the release, had the capacity to do so or was bound in doing so by the act of or representation by another; and

(b) the beneficiary (or the beneficiary's representative), at the time of the consent, ratification, or release, was aware of the beneficiary's rights and of all material facts and implications that the trustee knew or should have known relating to the matter; and

(c) the consent, ratification, or release was not induced by improper conduct of the trustee.

§ 98 Laches and Statutes of Limitations

A beneficiary may not maintain a suit against a trustee for breach of trust if the beneficiary is barred from doing so by the doctrine of laches or by a statutory period of limitation.

§ 99 Absence of Breach of Trust

Absent a breach of trust, a trustee

(a) is not liable for a loss or depreciation in the value of trust property or a failure to make a profit greater than actually generated, but

(b) is accountable for any profit arising from the administration of the trust.

§ 100 Liability of Trustee for Breach of Trust

A trustee who commits a breach of trust is chargeable with

(a) the amount required to restore the values of the trust estate and trust distributions to what they would have been if the portion of the trust affected by the breach had been properly administered; or

(b) the amount of any benefit to the trustee personally as a result of the breach.

§ 101 Offsetting Profit Against Loss

The amount of a trustee's liability for breach of trust may not be reduced by a profit resulting from other misconduct unless the acts of misconduct causing the loss and the profit constitute a single breach.

§ 102 Liability of Multiple Trustees: Contribution

(1) Except as otherwise provided in this Section, if two or more trustees are liable for a breach of trust, they are jointly and severally liable, with contribution rights and obligations between or among them reflecting their respective degrees of fault.

(2) A trustee who committed a breach in bad faith is not entitled to contribution unless the trustee or trustees from whom contribution is sought also acted in bad faith.

(3) A trustee who benefited personally from the breach is not entitled to contribution to the extent of that benefit.

§ 103 Liability of Beneficiary to Third Party for Trust Obligation

A beneficiary is not personally liable to a third party for an obligation incurred by the trustee in the administration of the trust except:

(a) to the extent the beneficiary is personally liable to the trust under § 104; or

(b) as provided by other law, such as the law of contract, tort, or unjust enrichment.

§ 104 Liability of Beneficiary to Trust

(1) A beneficiary is not personally liable to the trust except to the extent:

(a) of a loan or advance to the beneficiary from the trust;

(b) of the beneficiary's debt to the settlor that has been placed in the trust, unless the settlor manifested a contrary intention;

(c) the trust suffered a loss resulting from a breach of trust in which the beneficiary participated; or

(d) provided by other law, such as the law of contract, tort, or unjust enrichment.

(2) If a beneficiary is personally liable to the trust, the trust is entitled to a charge against the beneficiary's interest in the trust to secure the payment of the liability.

§ 105 Claim Against Trust

A third party may assert a claim against a trust for a liability incurred in trust administration by proceeding against the trustee in the trustee's representative capacity, whether or not the trustee is personally liable (§ 106).

§ 106 Personal Liability of Trustee; Limitations

A trustee is personally liable:

(1) on a contract entered into in the course of trust administration only if:

(a) in so doing, the trustee committed a breach of trust; or

(b) the trustee's representative capacity was undisclosed and unknown to the third party; or

(c) the contract so provides;

(2) for a tort committed in the course of trust administration, or for an obligation

arising from the trustee's ownership or control of trust property, only if the trustee is personally at fault.

§ 107 Proceeding Against a Third Party

(1) A trustee may maintain a proceeding against a third party on behalf of the trust and its beneficiaries.

(2) A beneficiary may maintain a proceeding related to the trust or its property against a third party only if:

(a) the beneficiary is in possession, or entitled to immediate distribution, of the trust property involved; or

(b) the trustee is unable, unavailable, unsuitable, or improperly failing to protect the beneficiary's interest.

(3) In appropriate circumstances, a trustee ad litem may be appointed to consider and, if appropriate, to maintain a proceeding against a third party on behalf of the trust and its beneficiaries.

§ 108 Limitation on Third-Party Liability

(1) A third party is protected from liability in dealing with or assisting a trustee who is committing a breach of trust if the third party does so without knowledge or reason to know that the trustee is acting improperly.

(2) A third party who acquires an interest in trust property through a breach of trust is entitled to retain or enforce the interest to the extent the third party is protected as a bona fide purchaser.

(3) In dealing with a trustee, a third party need not:

(a) inquire into the extent of the trustee's powers or the propriety of their exercise; or

(b) ensure that assets transferred to the trustee are properly applied to trust purposes.

§ 109 Duty to Account for Principal and Income

If the income of the accounting period could at any time affect the distribution rights of or expenditure requirements for a trust beneficiary or purpose, the trustee has a duty to account for principal and income in accordance with § 110; and, if the duty of impartiality is not then satisfied, the trustee has a duty to comply with § 111.

§ 110 Determining Principal and Income

Except as provided in § 111, a trustee fulfills the § 109 duty to account for principal and income by applying the terms of the trust and governing law, without adjustment, to the transactions and circumstances of the trust.

§ 111 Duty to Distribute to Income Beneficiaries Amounts Appropriate to Duty of Impartiality

If trust income as determined under § 110 does not satisfy the trustee's duty of impartiality (as defined in § 79, Comment b), the trustee has a duty under this Section

(a) to exercise a statutory adjustment power or a statutory unitrust election, except as the trustee's authority or duty is limited by the statute, or

(b) to make an equitable adjustment, except as preempted or precluded by statute, or as limited by the terms, objectives, or circumstances of the trust.

信託法第３次リステイトメント[1]

第１条　本リステイトメントの対象範囲

本リステイトメントが扱う信託には以下のものが含まれる。

(a)　第２条で定義される信託

(b)　公益信託（第28条参照）

(c)　復帰信託（第7、8、9条参照）

第２条　信託の定義

本リステイトメントの中で、信託という用語が「復帰」や「擬制」という言葉を伴わずに使用される場合、それは、財産にかかわる信認的な関係を意味する。この信認的関係は、当該関係を創設する意図の表明によって生じ、かつ、当該財産の権原を保有する者に、公益目的または１人もしくは複数の者（そのうち少なくとも１人は受託者が単数の場合の受託者自身とは別の者でなければならない）の利益のために、当該財産を扱う義務を負わせるものである。

第３条　委託者、信託財産、受託者、および受益者

(1)　信託を設定する者を委託者と呼ぶ。

(2)　信託の対象となる財産を信託財産と呼ぶ。

(3)　信託として財産を保有する者を受託者と呼ぶ。

(4)　その者の利益のために財産が信託される者を受益者と呼ぶ。

第４条　信託条項

「信託条項」という用語は、司法手続において証拠として採用できる方式で表示された、信託の定めに関する委託者による意図の表明を意味する。

第５条　信託と他の関係

以下のものは信託ではない。

(a)　受益者連続のコモン・ロー上の相続財産

(b)　遺産

(c)　後見および財産管理後見

(d)　財産管理および破産管財手続

(e)　持続的代理権およびその他の代理

(f)　寄託および賃貸借

(g)　法人、パートナーシップ、その他の事業組織

(h)　条件およびエクイティ上の負担

(i)　第三者のための譲渡契約またはその他一定の第三者のための契約

---

1)　翻訳については、以下の文言を付すことを条件に、アメリカ法律協会から許可を得たものである。

信託法第３次リステイトメント、2003年、2007年、2012年。アメリカ法律協会（American Law Institute）に著作権は帰属する。本書の翻訳についてアメリカ法律協会はその正確性に責任をもたず、もっぱら東京大学名誉教授樋口範雄が責任を負う。そのほかすべての権利は留保され、転載・複製は許可を要する。

(j)　債権譲渡または債権の一部譲渡

(k)　債務者の債権者に対する関係

(l)　譲渡抵当、（借入の際の）信託証書、質、リーエン（留置権）、その他の担保の仕組み

第６条　能動信託および受動信託；ユース（制限）法

(1)　信託条項により受託者が何らかの行為をなす積極的な義務を負う場合を能動信託と呼ぶ。受託者の義務が、信託財産による受益者の利益享受を妨げないことのみである場合を受動信託と呼ぶ。

(2)　受動信託の受益者は、当該受益者のために受動信託として保有されている財産権を、要求次第譲渡してもらうことができる。

(3)　ユース法または類似の法律が信託財産に適用される場合、当該財産に対する受託者の権原は消滅し、当該権原は、（受益者が１人の場合には）当該受益者のもの、または（受益者が複数の場合）各人が有するエクイティ上の権利に応じて、当該複数の受益者のものとなる。

第７条　復帰信託の性質と定義

復帰信託とは、譲渡人またはその利益の承継人のために、譲受人がその権利の全部または一部を受託者として保有する財産であると、法律上黙示的に認められる、復帰的性格のエクイティ上の権利である。

第８条　明示信託（express trust）の全部または一部が効力を失った（fail）場合

財産の所有者が贈与的性格の（財産権の）譲渡を行い、当該財産を譲受人に信託として保有させるという意図を表明したものの、当該信託の全部または一部が効力を失った場合、あるいは現在または将来において、当該信託財産を使い切ることなく当該信託が完全に履行された場合には、当該譲受人は、当該信託財産またはその中の適切な一部分またはその利益を、当該譲渡人またはその利益の承継人のための復帰信託として保有する。ただし、以下の場合を除く。

(a)　当該譲渡人が復帰信託を発生させないという意図を表明していた場合。

(b)　当該信託が違法であるために効力を失い、譲受人の不当利得を禁じる法政策よりも違法な取引関係に入った者に救済を与えるべきではないとの法政策が優先される場合。

第９条　売買代金について復帰信託が認められる場合

(1)　第(2)項が規定する場合を除き、ある者に対して財産の譲渡がなされ、当該売買の代金を別の者が支払った場合には、当該売買代金を支払った者のための復帰信託が発生する。ただし、以下の場合を除く。

(a)　後者（売買代金を支払った者）が復帰信託を発生させないという意図を表明していた場合。

(b)　当該譲渡が違法な目的の達成のためになされた場合で、譲受人の不当利得を禁じる法政策よりも違法な取引関係に入った者に救済を与えるべきではないとの法政策が優先され場合。

(2)　ある者に対して財産の譲渡がなされ、当該売買の代金を別の者が支払った場合で、かつ、当該譲受人が当該売買代金を支払った者の配偶者、子や孫、その他当該人物が

利益を与えるのが自然であるような者である場合には、復帰信託は発生しない。ただし、当該譲受人には当該財産に対し受益的権利がない旨の意図を、当該支払を行った人物が表明している場合を除く。

第10条　信託設定の方法

混同の法理（第 69 条）によって禁じられている場合を除き、信託は以下の方法で設定できる。

(a) 遺言による方法。財産の所有者の遺言により、他の者を受託者として、１人または複数の者のために、（財産権の）譲渡（transfer）がなされること。

(b) 生前の信託譲渡による方法。財産の所有者から、他の者を受託者として、１人または複数の者のために、生前に（財産権の）譲渡がなされること。

(c) 宣言信託による方法。財産所有者が、１人または複数の者のために、自らを受託者として当該財産を保有する旨の宣言をすること。

(d) 指名権行使による方法。当該指名権の対象者たる１人または複数の者のために、ある者を受託者として権利取得者指名権（power of appointment）を行使すること。

(e) 約束または受益者指名による方法。ある者に裁判上実現可能な権利（enforceable rights）を伴う形での約束または受益者の指名（beneficiary designation）を行うこと。この場合、約束または受益者指名によって、ある者は、直ちにまたは後において、１人または複数の者のために、それらの権利を受託者として保有するか、または、それらの権利に従って、後において、受託者として財産を受け取ることになるとする内容のものでなければならない。

第11条　委託者が信託を設定する能力

(1) 遺言により信託を設定する際に必要とされる能力は、信託を伴わない遺贈（devise or bequeath）をする際の能力と同一である。

(2) 他者への（財産権の）譲渡（transfer）または信託宣言により撤回可能な生前信託を設定する際に必要とされる能力は、遺言によって信託を設定する際に必要とされる能力と同一である。

(3) 他者への（財産権の）譲渡（transfer）または信託宣言により撤回不能な生前信託を設定する際に必要とされる能力は、類似の状況において信託を伴わずに財産を生前に譲渡する際に必要とされる能力と同一である。

(4) 権利取得者指名権（power of appointment）の行使によって信託を設定する際に必要とされる能力は、第(1)項、第(2)項または第(3)項の財産譲渡および信託設定の方法の類型に対応して、自らの財産を信託財産とする信託を設定する際に必要とされる能力と同一である。

(5) 一定の状況においては、能力を喪失した財産所有者の持続的代理権（durable power of attorney）を有する代理人または法的代表者（legal representative）が、当該財産所有者に代わって信託を設定することが認められる。

第12条　不当威圧、強迫、詐欺、または錯誤による信託の設定

信託に基づく（財産権の）譲渡または信託宣言が取り消される（set aside）か、または信託条項が改訂（reform）される原因は、信託によらない財産の譲渡が取り消され

るか、または改訂される原因と同一である。

第13条　信託を設定する意図

　信託は、委託者が適切に信託を設定する意図（intention）を表明して初めて設定される。

第14条　信託の設定にあたっては通知と承諾は必要とされない

　信託は、いずれの受益者または受託者への通知もしくは承諾がなくとも設定することができる。

第15条　信託の設定にあたっては約因は必要とされない

　財産の所有者は、それに対する約因を受領していると否とを問わず、遺言、信託宣言または生前の（財産権の）譲渡によって、当該財産につき信託を設定することができる。

第16条　（財産権の）生前譲渡が行われない場合

(1)　財産の所有者が、相手方を受託者として財産を譲渡することによって、信託として財産の贈与的な生前譲渡を請け合った場合であっても、当該財産所有者が意図した財産の譲渡を生前に完了しなければ、明示の信託は成立しない。ただし、一定の状況においては、そのような財産所有者の権利承継人の不当利得を防ぐため、死亡するかまたは能力を喪失した財産所有者の信託の意図に対し、擬制信託によりその効果を認められることがある。

(2)　財産の所有者が直ちに生前贈与をすることを意図しながら、そのために必要な財産の譲渡を行わなかった場合、当該贈与の意図を信託宣言として扱うことによって効果を与えることはできない。

第17条　遺言信託の設定

(1)　遺言信託は、有効な遺言によって設定される信託である。

(2)　第19条に定める場合を除き、信託を設定する意図およびその他の遺言信託の設定に欠くことのできない要素（通常は信託財産、受益者および信託目的の特定）を、次のいずれかから確定できるとき、信託は、遺言によって設定される。

　(a)　遺言

　(b)　別の文書が存在し、それが、明示的引用によって適法に遺言に組み込まれるもの、または

　(c)　遺言において明示的に言及されている事実であって、遺贈されたまたは財産の処分に対して及ぼす効果と独立の重要な意味を有するもの。

第18条　秘密信託

(1)　財産の受遺者が行った、当該財産を特定の信託として保有するという明示または黙示の合意を信頼して、遺言者が遺贈を行ったとき、明示信託は設定されないが、当該受遺者は合意された目的および合意された者のための擬制信託として当該財産を保有する。

(2)　無遺言相続人が無遺言相続によって取得する財産を特定の信託として保有するという明示または黙示の合意を信頼して、財産の所有者が遺言を残さずに死亡したとき、明示信託は設定されないが、当該無遺言相続人は合意された目的および合意された者のための擬制信託として当該財産を保有する。

第 19 条　遺言による信託への「注ぎ込み[2]」財産処分

　遺言中に、撤回可能もしくは撤回不能の生前信託に財産を追加することを目的とする遺言処分が含まれるとき、または遺言者の生存中に信託証書が作成されたが、財産譲渡がなされなかった信託について、財産を譲渡して信託財産とすることを目的とする遺言処分が含まれるとき、それによって意図される財産処分は、次のいずれの場合にも有効となる。

(a)　制定法による定めのある場合。

(b)　明示的引用による組込みの法理または（遺言外の）独立の重要性をもつ事実の法理によって有効とされる場合。または

(c)　信託証書が、遺言と一体となってみた場合に、

　(1)　当該証書について、実質的遵守の法理、無害な瑕疵の法理、もしくは司法上の適用免除に関する準則を充たすとき、もしくは

　(2)　その他、当該証書に適用される遺言法の形式要件による保護の前提となる法政策に反しないとされる場合。

第 20 条　口頭による生前信託の有効性

　裁判上実現できる生前信託を設定するためには、詐欺防止法で要求される場合を除き、書面を要しない。これは、信託宣言、受託者である相手方に対する（財産権の）譲渡、または契約のいずれによる場合でも同様である。

第 21 条　口頭証拠排除則（当該書面以外の外部証拠排除則）

(1)　詐欺、脅迫、不当な威圧、錯誤、またはその他の改訂もしくは取消しの理由がない限り、

(a)　財産所有者が、譲受人は譲受人自身の利益のためにその財産を取得する旨を記載した書面により、相手方（譲受人）に対し生前に財産を譲渡するときは、当該書面以外の外部証拠によって、当該財産を信託として譲受人が保有することが意図されていたことを立証することはできない。または、

(b)　財産所有者が、譲受人は特定の信託としてその財産を保有する旨を記載した書面により、相手方（譲受人）に対し生前に財産を譲渡するときは、当該書面以外の外部証拠によって、当該財産を別の信託として譲受人が保有すること、もしくは譲受人自身の利益のために取得することが意図されていたことを立証することはできない。または、

---

2)　pour-over 注ぎ込み条項　遺言中において、生前に有効に設定されている信託へ一定の相続財産を追加することを定めるものをいう。注ぎ込みは、通常、生前信託の証書を指示によって遺言へ組み込むことによって行われる。しかし、生前信託が遺言作成後に修正されたときには、組み込みは有効なものと認められない。遺言の方式によらずに遺言内容を変更することになるからである。そこで、最近は、遺言者の意思を基調として解釈するために、遺言外の独立した意味をもつ事実の法理（facts of independent significance）を全面的に採用し、修正された信託への注ぎ込みを有効とする法域や、制定法により、生前信託が修正可能、撤回可能であっても、この種の遺贈の有効性を承認する法域が増えてきている。なお、こうした問題を解決するため Uniform Testamentary Additions to Trusts Act（信託への遺言による追加に関する統一法）が 1960 年に提案されている。[英米法辞典]

(c)　財産所有者が、書面により、自らがその財産を特定の信託として保有することを宣言するときは、当該書面以外の外部証拠によって、財産所有者は当該財産を別の信託として保有すること、もしくは信託が存在しないものとして保有することを意図していたことを立証することはできない。

(2)　財産所有者が、譲受人はその財産を譲渡人自身の利益のために取得する旨、または、譲受人は特定の信託としてその財産を保有する旨のいずれも記載されていない書面により、相手方（譲受人）に対し生前に財産を譲渡するときは、詐欺防止法またはその他の法律によって排除されている場合を除き、当該書面以外の外部証拠によって、譲受人は、譲渡人もしくは1人もしくは複数の第三者のための、または、譲渡人、譲受人、および1人もしくは複数の第三者の組み合わせのための信託として、当該財産を保有することを立証することができる。

第22条　詐欺防止法により必要とされる書面

(1)　詐欺防止法が書面を求める財産につき、裁判上実現可能な明示の生前信託を設定するためには、書面には、第23条に定める方法で署名がなされなければならず、かつ、
　(a)　信託の意図を表明し、
　(b)　信託財産、受益者、および信託目的を合理的な範囲で特定しなければならない。

(2)　詐欺防止法によって求められる書面は、
　(a)　複数の書面をもって構成することができ、
　(b)　信託を明示するものであると意図される必要はなく、
　(c)　後に喪失し、または毀損されても、詐欺防止法の要件を満たし続ける。

第23条　署名要件；いつ、誰が署名するか

(1)　財産所有者が、詐欺防止法によって書面が求められる財産を、自ら信託として保有することを宣言するときは、前条に定める信託を証する書面は、次のように宣言者によって署名されていれば、同法の要件を満たすのに十分である。
　(a)　宣言の前もしくは宣言と同時に署名がなされること、または、
　(b)　宣言の後ではあるが、宣言者がその財産を譲渡する前に署名がなされること。

(2)　財産所有者が、財産の譲渡につき詐欺防止法によって書面が求められるものにつき、それを生前信託として第三者に対し生前に譲渡するときは、前条に定める信託を証する書面が次のように署名されていれば、同法の要件を満たすのに十分である。
　(a)　譲渡人によって、財産の譲渡の前もしくは譲渡と同時に署名がなされること、または、
　(b)　譲受人によって、
　　(1)　財産の譲渡の前もしくは譲渡と同時に署名がなされること、もしくは、
　　(2)　譲受人に対する財産の譲渡がされた後ではあるが、譲受人が当該財産につき第三者にそれを譲渡する前に署名がなされること。

第24条　詐欺防止法を遵守しない場合の効果

(1)　財産所有者が、詐欺防止法によって書面が求められる財産につき、口頭による生前信託を設定した場合であっても、
　(a)　受託者は、意図された明示信託を適切に履行することができる。または、
　(b)　後に、一部履行を理由としてこれを裁判上実現することが可能になったときは、

意図された明示信託を受託者に対し履行するように強制することができる。

(2) 財産所有者が、財産の譲渡につき詐欺防止法によって書面が求められる財産につき、生前信託としてそれを相手方（譲受人）に譲渡し、しかし、意図された信託を証明する書面（第22条参照）には適切な署名がなされておらず（第23条参照）、譲受人がこれを履行することを拒絶し、第(1)項(b)号の下で明示信託としてこれを履行することを強制できない場合であっても、次に定めるいずれかに該当するときは、譲受人は、意図された受益者と目的のための擬制信託として当該財産を保有する。

(a) 譲渡人が詐欺、不当威圧、もしくは強迫を受けていたとき、または、

(b) 譲受人が、譲渡の当時、譲渡人と信頼関係（confidential relation）にあったとき。

(3) 財産所有者が、詐欺防止法によって書面が求められる財産につき、生前信託としてそれを他人に譲渡し、しかし、意図された信託を証明する書面（第22条参照）には適切な署名がなされておらず（第23条参照）、しかも第(2)項が適用されず、譲受人がこれを履行することを拒絶し、第(1)項(b)号の下で明示信託としてこれを履行することも強制できない場合であっても、譲渡人のための復帰信託または擬制信託として、当該財産を保有するよう、譲受人に対し強制することができる。ただし、譲渡人が無能力であるかまたは死亡しており、譲渡人の利益の承継人の不当な利得を防ぐための手段として、意図された受益者と目的のための擬制信託が必要である場合を除く。

(4) 財産所有者が口頭で、詐欺防止法のために裁判上実現できない信託を宣言し、第(1)項(b)号の下でも信託を履行することを強制できない場合には、宣言者は、当該財産を信託のないものとして保有する。ただし、宣言者が無能力であるかまたは死亡しており、宣言者の承継人の不当な利得を防ぐための手段として、意図された受益者と目的のための擬制信託が必要である場合を除く。

第25条 撤回可能な生前信託の有効性と効果

(1) 委託者の信託宣言、他者に対する生前の財産譲渡、または生命保険契約、従業員の福利厚生もしくは退職についての取決め、または、その他の契約の下での、受益者の指名その他の支払の指定によって設定された信託は、（生前信託として有効であり）たとえ以下の場合であったとしても遺言信託とみなされない。

①委託者が生涯にわたる受益権を有すること。

②委託者が信託を撤回し変更する権限、および受託者として信託事務を提供する権利、または受託者を監督する権利といった広範囲にわたる権利を保持していること。

③委託者の死亡時またはその後に全部もしくは一部の資金が信託に拠出され、または発生すること。

④信託が遺言に代わるものとして機能することが意図されていること。

(2) 遺言によらない信託は、第17条の定める形式的要件、または死亡した者の遺産管理のための手続に服しない。ただし、このような信託は、通常は、遺贈についての実体法的な制約や解釈に係る規定、および遺言による処分に対して適用されるその他の規定の適用を受け、その他の点においては、このような信託の財産は、通常は、あたかも委託者によって所有されているかのように扱われる。

第26条 仮設的（「トッテン」または銀行口座）信託

ある者が銀行その他のまたは金融機関の口座に、他人のために「受託者として」また

は「信託として」、預金者自身の名前において預金を行う場合、預金者は、「仮設的信託」を設定する意図であると推定される。預金者は、仮設的信託を変更し、または撤回することができ、いつでも、預託された金額の一部または全部を引き出すことができる。預金者が死亡したときは、預金者が当該信託を撤回していた場合を除き、受益者は、預金としてその時に残っているすべての資金について、当該信託を有効なものとすることができる。

第27条　信託を設定することができる目的

(1)　第29条の規定に服する場合を別として、信託は、公益目的のため（第28条参照）、または、私益目的のため、または、公益目的と私益目的の組み合わせのために設定することができる（may be created）。

(2)　第46条第(2)項および第47条の特別な規定に服する場合は別として、私益信託、その条項（terms）、およびその管理は、信託受益者の利益のためでなければならない。さらに、その受益者は、第44条に定めるように、特定され、または確定することが可能でなければならない（公益信託については、第28条参照）。

第28条　公益目的

公益信託の目的は次のものを含む。

(a)　貧しい者の救済、

(b)　知識や教育の振興、

(c)　宗教の振興、

(d)　健康の増進、

(e)　政府の、または自治体が担う目的、および、

(f)　社会にとって有益なその他の目的。

第29条　違法または公序に反する目的および定め

以下の場合、そこで意図されている信託または信託の定め（provision）は無効（invalid）とされる。

(a)　その目的が違法であり、あるいはその履行が、犯罪または不法行為をおかすことになる場合。

(b)　永久拘束〔の禁止〕に関するルールに違反する場合。

(c)　公序に反する場合。

第30条　不能性および不特定性

私益信託、または信託条項（the terms of a trust）の定め（a provision）は、不能であることまたは特定できないことを理由として、裁判上実現できない（裁判上は有効とされない）場合がある。

第31条　信託は受託者を欠いても効力を失わない

信託の設定または継続が、受託者として特定の者がなることを要する場合を除いて、受託者が指名されていなくても、または指名された受託者が拒否しても、受託者となることが不可能であっても、さらには辞任した場合であっても、効力を失わない。その場合、管轄権のある裁判所が必要かつ適切な受託者を選任する。

第32条　受託者になるための個人の能力

委託者または受益者を含む自然人は、次の能力を有するものとする。

 (a)　その者が自らの利益のための所有者として財産を取得および保有できる限りにおいて、財産を信託として取得および保有する能力。

 (b)　その者が自らの利益のための所有者として有するであろう財産を扱う能力と同じ範囲において、受託者として信託財産を管理し行為する能力。

第33条　受託者としての法人または他の法主体

(1)　法人は、法によって制限される場合を除いて、信託財産として財産を取得および保有する能力を有する。また法によって与えられる権利の範囲において、信託財産を管理し、受託者として行為する能力を有する。

(2)　パートナーシップ、権利能力なき社団またはそれ以外の法主体は、それ自体の目的のために財産を取得および保有する能力があるのであれば、信託として財産を取得、保有および管理する能力を有する。

第34条　受託者の指名（appointment）

(1)　制定法によって要求される場合をのぞいて、信託条項によって指名された、または信託条項に従って選任された受託者は、裁判所の命令によって選任または承認されなくても（受託者として）行為できる。

(2)　受託者の指名が、信託条項によって規定されず、またはそれに従ってなされていない場合には、受託者は管轄権のある裁判所によって選任されるものとする。

(3)　受託者は、制定法、信託条項、または裁判所の命令で要求される場合を除いて、履行を確実にするための保証証書（performance bond）を供する必要はない。

第35条　受託者になることについての承諾または拒絶

(1)　指名された受託者は、言葉または行為のいずれかで受託者となることを承諾できる。

(2)　指名された受託者であっても受託者となることを承諾していない者は、それを断ることができる。

第36条　受託者の辞任

 信託を承諾した受託者は、以下の場合、適法に辞任することができる。

 (a)　信託条項に従って辞任する場合。

 (b)　すべての受益者の同意を得ている場合。または、

 (c)　管轄権のある裁判所によって承認された条項のもとで辞任する場合。

第37条　受託者の解任

 受託者は、次の場合、解任することができる。

 (a)　信託条項に従って解任が行われる場合。または

 (b)　管轄権のある裁判所によって解任の理由ありとされる場合。

第38条　受託者の報酬および費用補償

(1)　受託者は、受託者としての職務について、信託財産から合理的な額の報酬を得る権利がある。ただし、信託条項に別段の定めがある場合、または受託者が報酬を受けないことに同意している場合は、この限りでない。

(2)　受託者は、信託の管理から適切に生ずる費用について、信託財産から補償を受ける権利がある。

第39条　複数の受託者による権限の行使

 信託条項に別段の定めがある場合は別として、2人の受託者がいる場合、その2人の

権限は双方合意でのみ行使できる。ただし、緊急の場合、または適切な委任がある場合を除く。また、３人以上の受託者がいる場合には、それらの受託者の権限は過半数の賛成によって行使できる。

第 40 条　いかなる財産も信託財産になる

第 29 条の定めに従うことを前提として、受託者はいかなる種類の財産に関するいかなる利益をも信託財産として保有できる。

第 41 条　期待権；現存しない財産権的利益

財産を将来取得することの期待もしくは希望または存在するに至っていない利益もしくは消滅した利益は、信託財産として保有することはできない。

第 42 条　受託者の権原の範囲および性質

異なる意図が表明された場合または委託者がより小さな利益しか有しない場合を別として、受託者は、信託財産について自らの利益を内容としない無期限の権利を取得する。受託者の権利は、信託の存続期間に限定された権利ではない。

第 43 条　受益者になることができる者

信託財産となることが意図された財産についてコモン・ロー上の権原を取得し保有する能力を有する者は、当該財産を信託財産とする信託の受益者となる能力を有する。通常、財産についてコモン・ロー上の権原を保有する能力を欠く者は、信託受益者となることができない。

第 44 条　受益者が確定的でなければならないという要件

信託は、信託条項において、受益者が設定時に確定可能または永久拘束禁止則の期間および条件の下で確定可能な規定がなされていない限り、成立せず、また成立したとしても存続しない。

第 45 条　確定したクラスの構成員を受益者とする場合

確定した人のクラスの構成員は、信託受益者となることができる。

第 46 条　不確定なクラスの構成員を受益者とする場合

(1)　第(2)項で定める場合を別として、財産の所有者が不確定なクラスの構成員のための信託を意図して当該財産を譲渡した場合、信託は成立しない。

(2)　財産の譲渡を受けた者が、不確定なクラスの構成員の中から財産の分配を受ける者を選んで分配するよう指示された場合には、財産の譲渡を受けた者は、当該財産を信託により保有し、それに伴って自らの選択に従って当該クラスの構成員に財産を分配する権限を有するが、そうする義務は負わない。この権限が行使されないときは（この権限は一身専属的なものと推定される）、財産の譲渡を受けた者は、当該財産を法が黙示で定めるところの復帰権的受益者のために保有することになる。

第 47 条　公益目的ではない信託

(1)　財産の所有者が、当該財産を公益目的に限られない不確定または一般的な目的のための信託として譲渡した場合、譲渡を受けた者は、当該財産を受託者として保有し、これに伴ってそのような目的のために当該財産を分配または適用する権限を有するが、そうする義務は負わない。この権限が行使されないとき、または行使されない範囲においては（この権限は一身専属的な権限と推定される）、受託者は、法が黙示で定めるところの復帰権的受益者に分配するために当該財産を保有する。

(2) 財産の所有者が、当該財産を公益目的ではない特定の目的のための信託として譲渡し、特定の受益者または確定できる受益者が指名されていない場合、目的が恣意的でない限り、譲渡を受けた者は、当該財産を指定された目的に適用する権限を有する受託者として保有し、その権限は、通常は21年を超えない限りで定められた期間もしくは合理的な期間の内に行使することができる。この権限が行使されないとき（ただしこの権限は一身専属的な権限とは推定されない）、または財産が当該目的のために合理的に必要なものを超える範囲において、受託者は、当該財産または余剰財産を、法が黙示で定めるところの復帰権的受益者に分配するために保有する。

第48条　受益者の定義；付随的利益

信託の受益者とは、委託者が受益者として権利を与える意図を表明した者をいう。信託の履行から付随的に利益を受けるに過ぎない者は、受益者ではない。

第49条　受益者の権利の範囲

法または公序による制限は別として（第29条参照）、信託受益者の権利の範囲は、委託者によって表明された意図による。

第50条　裁量権に服する権利の実現と解釈

(1) 受託者に信託受益者の利益を決定する裁量的権限が与えられた場合、受託者の裁量権は、誤った解釈または裁量権の濫用に限って、裁判所の監督に服する。

(2) 受益者が受託者の裁量による利益を有している場合の利益の内容、および受託者による裁量権の濫用であるか否かは、裁量権を定める条項による。その場合、何らかの裁量の基準が定められているときはその適切な解釈、および裁量権を与えた委託者の目的、さらに信託を設定した目的が裁量条項の解釈に含まれる。

第51条　受益権の生前の譲渡

第12章〔第57条〜第60条〕で定める場合を別として、受益者は、同様のコモン・ロー上の権利と同じように、受益権を生前において譲渡することができる。

第52条　受益権の譲渡を行う意図

(1) 受益権の譲渡を行うためには、受益者は現在において譲渡する意図を表明しなければならない。約因はこの場合の譲渡には不要である。

(2) 将来において受益権の譲渡を行うという約束は、裁判上実現できる契約の要件が満たされた場合に限り、当該約束は裁判上実現可能となる。

(3) 受益者による受益権の譲渡は、コモン・ロー上の権利の譲渡と同様の理由により、取り消すことが可能である。

第53条　受益権の譲渡について書面の必要性

(1) 信託受益者の権利を譲渡するために、書面は不要である。

(2) 制定法により、受益権の譲渡について書面が必要とされ、かつ譲渡人による署名が必要とされている場合、それに適用される諸原則は第22条ないし第24条が定める。

第54条　受益権の重畳的な譲渡の効果

受益者が、受益権の譲渡を重複して行った場合、最初の譲受人が権利を有する。ただし、後の譲受人がエストッペルの原則により優位に立つ場合を除く。

第55条　死亡時の受益権の譲渡

(1) 死亡した受益者の権利が死亡によって終了せず、または効力を失わないものである

場合、受益権は、それに対応するコモン・ロー上の権利と同様に、遺言によって譲渡するか、または無遺言相続によって譲渡される。

(2) 制定法により、死亡した受益者の遺産に対し、残された配偶者が選択的持分を認められている場合、死亡した受益者の遺産のうちのエクイティ上の権利は、その持分を決定するうえで算入される。

第56条　受益者の債権者の権利

第12章〔第57条～第60条〕で規定される例外を別として、受益者の債権者、またはすでに死亡した受益者の遺産に対する債権者は、受益権に対し請求しそこから満足を受けることができる。ただし、それに対応するコモン・ロー上の権利が債権者の請求から免除されている場合を除く。

第57条　任意または強制による受益権譲渡の場合の受益権の喪失

委託者が自らに留保した受益権は別として、受益者が受益権を譲渡しようとしたとき、受益者の債権者が受益権を差押えようとしたとき、または受益者が破産したときには、受益権が消滅しまたは裁量的な性格のものとなることを、信託条項で有効に規定することができる。

第58条　浪費者信託；有効性および一般的効果

(1) 第(2)項に定める場合は別として、かつコメントbのルール（所有権等価性）および第59条による例外はあるものの、信託条項において、受益権が受益者によって譲渡できないことまたは受益者の債権者によって差し押さえられないことが定められている場合、受益権の任意譲渡および強制譲渡に対する当該制限は有効である。

(2) 信託の委託者が自らに受益権を留保した場合、受益権に関する任意譲渡または強制譲渡に対する制限は無効である。

第59条　浪費者信託；特定の種類の請求権に関する例外

有効な浪費者信託における受益者の権利であっても、当該受益者に対して裁判上実現できる下記の請求権を満足させるために差し押さえることができる。

(a) 子ども、配偶者もしくは元配偶者の扶養請求権、または

(b) 受益者の必需品もしくは必需的サービス、または当該信託における受益権の保護のために提供されたサービスもしくは商品に関する請求権。

第60条　裁量的受益権の譲渡または差押え

（浪費者信託に関する）第58条および第59条の規定に服する場合は別として、受益者が受託者の裁量によって分配を受けることが信託条項に定められているときには、受益権の譲受人または受益者の債権者は、受託者が受益権の譲渡または受益権に対する差押えを知った後に裁量権を行使しまたは行使する義務に基づいてなされた分配について、それを受領しまたは差し押さえることができる。債権者が差し押さえ得る金額は、受益者の最低必需品を満たすために一方で制限されることがあるが（コメントc）、他方で、受益者が委託者である場合（コメントf）または受益者が自らへの支払を決定する裁量権を有する場合（コメントg）には増額される場合もある。

第61条　信託が設定された際に定められた期間や目的の完了

信託は、信託期間の終了または信託条項に定められたできごとの発生によって、その全部または一部が終了する。このような規定が信託条項に定められていないときは、信

託の目的または信託の目的の分離可能な一部が達成されたときに、その全部または一部が終了する。

第 62 条　信託の取消し（rescission）および改訂（reformation）

信託は、信託ではない財産の譲渡を取り消し、または改訂することができるのと同じ根拠に基づいて、取り消し、または改訂することができる。

第 63 条　委託者による信託の撤回権または変更権

(1)　生前信託の委託者は、信託条項（第４条）が定める範囲において、信託を撤回し、または変更する権限を有する。

(2)　委託者が、信託が撤回や修正について委託者自身に留保された権限に服するか否かについて明らかに示さなかった場合には、解釈の問題となる（コメントｃの推定に関する記述参照）。

(3)　信託条項にこれに反する定めがない限り、委託者が信託を撤回し変更する権限は、委託者の意図についての明確かつ説得力のある証拠を提供することができるあらゆる方法によって、行使することができる。

第 64 条　受託者、受益者または第三者による信託の終了または変更

(1)　第 65 条および第 68 条に定める場合は別として、信託の受託者や受益者は、信託条項によって権限を与えられている範囲においてのみ、信託を終了し、信託条項を変更する権限を有する。

(2)　信託条項により、第三者に対して、信託の終了や変更についての権限を与えることができる。このような第三者の権限は、受認者（fiduciary）としての立場において保有されるものと推定される。

第 65 条　受益者の同意による信託の終了または変更

(1)　第(2)項に定められた場合は別として、撤回不能信託のすべての受益者が同意すれば、信託を終了または変更することができる。

(2)　第(1)項による信託の終了または変更が信託の重要な目的と矛盾する場合には、受益者は信託を終了または変更することができない。ただし、委託者の同意を得るか、または委託者の死亡後であれば、裁判所が終了や変更の理由が信託の重要な目的を凌駕するほどのものであると判断し許可した場合を除く。

第 66 条　裁判所による変更の権限；予想されていなかった状況

(1)　委託者により予想されていなかった状況のために、変更や逸脱（deviation）が信託の目的を促進するであろう場合には、裁判所は、信託の管理または分配についての条項を変更し、あるいは、受託者が管理または分配についての条項から逸脱することを指示し、または許可することができる。

(2)　受託者が、管理についての条項に関して、第(1)項による裁判所の行動を正当化する状況があること、および、そのような状況が信託またはその受益者に重大な損害をもたらす可能性があることを知り、または知るべきであった場合には、受託者は、信託条項からの適切な変更または逸脱を求めて裁判所に申立てをする義務を負う。

第 67 条　指定された公益目的の破綻；シプレー（cy pres）原則

信託条項に別段の定めがある場合は別として、財産が指定された公益目的（designated charitable purpose）に使用されるべく信託財産とされている場合であって、その

目的を実行することが違法、不可能、または実際的といえないものであり、またはそのようになった場合、あるいは、指定された目的にすべての財産を使用することが無駄な浪費（wasteful）であり、またはそのようになった場合であっても、公益信託は効力を失わない。その場合、裁判所は財産のすべてもしくは適当な一部を、指定された目的に合理的に近い（reasonably approximates the designated purpose）公益目的のために活用するように命ずるものとする。

第 68 条　信託の分割と併合

受託者は、そのようにすることがどの受益者の権利にも、また、信託目的の達成にも悪影響を与えるのでなければ、1 つの信託を 2 つ以上の信託に分割し、または、2 つ以上の信託を 1 つの信託に併合することができる。

第 69 条　混同（merger）

信託財産についてのコモン・ロー上の権原（legal title）とすべての受益権（beneficial interest）が 1 人の者の下に集まった場合には、信託は終了する。

第 70 条　受託者の権限および義務

信託を管理する（administer）にあたり、受託者は、

(a)　法令または当該信託条項により制限されているものを除き、当該信託財産を管理・運用（manage）し当該信託条項および信託目的を実現するため、第 85 条に規定される包括的な権限を有する。ただし、

(b)　その権限の行使または不行使にあたっては、第 15 章〔第 76 条～第 84 条〕その他で規定され説明される信認義務に従うものとする。

第 71 条　裁判所の指示を求める申立て

受託者または受益者は、受託者の権限または義務について、または信託条項の適切な解釈について、合理的な疑いがある場合には、管轄権を有する裁判所に対し、当該信託の管理または配分に関する指示を求める申立てを行うことができる。

第 72 条　違法または公序に反する信託条項

信託条項のある規定が違法または公序に反するため無効であると受託者が知りまたは知るべき（should know）ときは、受託者はそれに従わない義務に服する。

第 73 条　不可能性および実際的不合理性

ある行為をするよう受託者に指示する信託条項の規定について、以下の事柄を当該受託者が知りまたは知るべきときには、受託者は信託の規定に従わない義務を負う。

(a)　従うことが不可能な場合、または、

(b)　従おうとすると、その費用が不合理な場合。

第 74 条　撤回権限の効果

(1)　信託が委託者（settlor）による撤回が可能であり、委託者に能力があるときには、

(a)　受託者は、

(1)　たとえ委託者の指示が信託条項または受託者の通常の信認義務に反するものであったとしても、当該委託者が信託を適切に変更または撤回することが可能である方法によりその指示を書面で受託者に通知する場合、その指示に従う義務を負い、

(2)　たとえその指示または授権が、委託者が信託を適切に変更または撤回すること

が可能な方法で表明されていない場合であっても、その指示または授権が信託条項または受託者の通常の信認義務に反するものであるとしても、その指示に従うこと、または委託者の授権に依拠して行為することができる。

(b) 受益者の権利は、委託者の支配の下において行使可能であり、その支配に服する。

(2) 信託が、現在行使可能な一般的指名権限（power of appointment）または取消権限（power of withdrawal）に服しており、当該権限を与えられた者が能力を有している場合、その権原保有者は、撤回可能信託の委託者が第(1)項に基づき有するものと同様の権利を有する。

第75条　受託者の行為を支配する権限の効果

（撤回権限およびその他の所有権と同等の権限について定める）第74条が適用される場合は別として、信託条項が、委託者または第三者に対し、受託者に指示する権限または受託者の特定の行為について支配する権限を委託者に留保し、または第三者に付与するときには、受託者は、そのような権限を留保または付与する信託条項の規定の要件に従って行動し、その権限のいかなる行使にも従う義務を負う。ただし、その権限行使とされる行為が信託条項または権限に反する場合、または当該受託者が、その権限保有者が受益者に負う信認義務に反することを知りまたはそう信ずべき理由を有する場合については、この限りではない。

第76条　信託条項および適用される準拠法に従って信託を管理する義務

(1) 受託者は、信託条項および適用される準拠法に従い、注意深くかつ誠実に信託を管理する義務を負う。

(2) 信託を管理するについて、受託者の責任は、以下の職務の履行を含む。

　(a) 受託者の義務および権限ならびに信託の受益者および目的を確認すること、

　(b) 信託財産を自らのもとに確保し守ること、

　(c) 信託財産から収益その他の利益をもたらすべく信託財産を管理運用すること、かつ、

　(d) 信託を管理する間および信託の終了の際に、信託の収益および元本を適切に区分しまたは分配すること。

第77条　注意義務

(1) 受託者は、合理的な人が信託の目的、信託条項、およびその他の事情に照らしてするであろうように、信託を管理する義務を負う。

(2) 注意義務とは、合理的な注意、能力および配慮をすることをいう。

(3) 受託者が特別の資質または通常の合理的な人よりも高度の能力を有するとき、またはこれを有すると称することにより指名されたときには、受託者はその資質または能力を用いる義務を負う。

第78条　忠実義務

(1) 信託条項において別段の定めがある場合は別として、受託者は、もっぱら受益者の利益のために、またはもっぱら信託の公益目的を促進するために、信託を管理する義務を負う。

(2) 特別の事情がある場合を別として、受託者は、自己取引にあたる取引、または受託者の受認者としての義務と自らの利益との間の対立を伴う取引もしくはその対立を生

ずる取引に携わることを厳に禁じられる。

(3)　受認者として行為するか自己のために行為するかにかかわらず、受託者は、受益者との取引において、公正に取引する義務、および、受託者が当該の取引に関して知りまたは知るべきものとされる重要な事実のすべてを受益者に伝える義務を負う。

第 79 条　公平義務；収益生産性 (income productivity)

(1)　受託者は、信託のさまざまな受益者に対して公平な方法で信託を管理する義務を負う。そのため、以下のことを求められる。

　(a)　信託財産の運用、保護および分配、その他の信託の管理に関わる職務において、受託者は、公平に、かつ、信託条項により生ずる多様な受益者の利益を適切に考慮して行為しなければならない。かつ、

　(b)　相談その他受益者と情報交換をする場合に、受託者は、各受益者の関心事および受益者の利益の多様性を公正に反映する形で進めなければならない。

(2)　信託が 2 人以上の連続受益者または連続する 2 つ以上の目的のために設定され、かつ、いずれかの受益者の権利またはいずれかの公益目的の支出が信託の収益を前提にして定められる場合には、受託者の公平義務は、信託財産が信託の目的と受益者の現在および将来の多様な利益からみて合理的に適する収益を生むように信託の投資と管理をする義務、またはそのように元本と収益について計算し説明する義務を伴う。

第 80 条　委任に関する義務

(1)　受託者は、受託者としての義務を自ら遂行する義務を負う。ただし、同等の能力を有する合理的な人がその責任を他者に委任する可能性がある場合を除く。

(2)　信託の管理における信認義務を伴う権限を委任するか否か、そして委任する場合には誰にどのような方法で委任するかについて決定し、委任した後に代理人を監督または監視する際に、受託者は、信認義務にかなった裁量を行使し、同様の状況において同等の能力を有した合理的な人がするように行動する義務を負う。

第 81 条　共同受託者に関する義務

(1)　信託に 2 人以上の受託者がいる場合、信託条項に別段の定めがある場合は別として、それぞれの受託者は信託管理に参加する義務と権利を有する。

(2)　それぞれの受託者は、共同受託者の信託違反を防止し、違反が生じた場合にはそれに対する救済を得るために合理的な注意を払う義務を負う。

第 82 条　受益者への情報提供義務

(1)　第 74 条に規定される撤回可能信託の場合および信託条項によって法的に許容される範囲で変更される場合は別として、受託者は以下の義務を負う。

　(a)　受益者のしかるべき代表者に対して信託の存在、受益者としての地位、追加的な情報を得る権利、受託者の職務に関する基本的な情報について速やかに情報を提供し、

　(b)　受益者に対して受益者の地位の重大な変更について情報提供し、かつ、

　(c)　受益者のしかるべき代表者に対して、受託者に関わる変更および信託や信託管理に関する重大な変化のような、特に受益者の利益を保護するために受益者が必要とする重要な情報が、合理的にみて常に提供されている状況を確保する。

(2)　第 74 条に規定される撤回可能信託の場合および信託条項によって法的に許容され

る範囲で変更される場合は別として、受託者は、通常、いかなる受益者からの信託および信託管理に関する情報提供の依頼に対しても速やかに対応し、また受益者に対し、合理的な根拠を有する範囲で、信託書類、記録、財産目録の調査を認める義務を負う。

第83条　記録具備および報告提供義務

受託者は、信託財産と信託管理に関する明確、完全かつ正確な帳簿と記録を具備し、求めに応じて合理的な頻度で受益者に対し現状報告または会計報告をする義務を負う。

第84条　信託財産の分別および特定義務

受託者は、信託財産が当該信託の財産として特定されていることを確認し、信託財産を受託者自身の財産から、および、実務的に可能な限り信託財産に属さない他の財産からも分別して管理運用する義務を負う。

第85条　受託者の権限の範囲

(1)　信託の管理にあたって、受託者は、制定法または信託条項で制限されていない限り、次の権限を有する。

(a)　信託財産について、能力を有する未婚の個人が、個人で所有する財産に対してもつのとの同じすべての権限、

(b)　制定法または信託条項で付与された権限、および

(c)　信託の管理に特別に適用される本リステイトメントの他の条文で承認された権限。

(2)　信託条項に別段の定めがない限り、第(1)項に基づく受託者の権限は、受託者の代理または承継受託者に継承され、行使され得る。

第86条　信認義務および受託者の権限の行使

受託者は、受託者の権限を行使すべきか否かおよびどのように権限を行使すべきかについて判断する際には、第15章〔第76条〜第84条〕その他の部分で規定している信認義務に服し、その信認義務に従って行動しなければならない。

第87条　裁量的権限の行使に対する裁判所の監督

受託者が権限の行使について裁量を有する場合、その行使は、もっぱら裁量の濫用防止という目的で裁判所の監督に服する。

第88条　費用を負担しおよび支払をする権限

受託者は、合理的な額で、かつ、信託の目的および信託が置かれている状況、および、受託者の経験、能力、責任、その他受託者の置かれている状況において適切な費用を、正当に負担し、支払うことができる。

第89条　終了に関する権限と義務

受託者の権限は、信託終了日に終了せず、信託目的と受益者の利益に従って信託財産を分配することを含む信託終了のための事務処理における受託者の義務の遂行のために適切に行使することができる。

第90条　合理的な投資の一般的基準

受託者は、信託の目的、条項、分配要件その他の状況に照らして、合理的な投資家であれば行うであろう方法で信託資金を投資し管理・運用する義務を、受益者に対して負う。

(a)　この基準は、合理的な注意、能力および配慮を用いることを要求する。また、基準の運用にあたっては、個々の投資を、当該信託のポートフォリオから切り離すこ

となく、そのポートフォリオ全体との関係において判断し、かつ、合理的にみて当該信託に適切であるようなリスクと収益の目標を設定した総合的な投資戦略の一部として判断しなければならない。

(b)　投資の決定および実施にあたっては、受託者は、その状況においてはそうしないことが合理的とされる場合を除いて、信託投資を分散する義務を負う。

(c)　さらに、受託者は、次の各号に掲げる義務を負う。

　(1)　受託者としての基本的な義務である忠実義務（第78条）および公平義務（第79条）、

　(2)　権限委託の是非および方法について判断するに際して、また代理人を選任し監督する（第80条）に際して、合理的に行動する義務、かつ

　(3)　金額が合理的であり、かつ、受託者の投資責任（第88条）にとって妥当である費用のみを支出する義務。

(d)　本条に定める受託者の義務は、信託条項または制定法に投資に関する別段の定めがある場合について規定する第91条の準則に従う。

第91条　制定法における投資に関する規定または信託における投資条項

信託の資産を投資するにあたり、受託者は、

(a)　受託者による投資を規律する制定法の規定を遵守する義務を負い、かつ、

(b)　信託条項により明示的または黙示的に与えられた権限を有し、また、第66条および第76条に定める場合は別として、受託者による投資について指示しまたは制限する信託条項に従う義務を負う。

第92条　当初の投資に関する義務

受託者は、信託設定後の合理的な期間内に、第90条および第91条の要件を満たすことを目的として、信託財産の内容を審査し、当初の投資を維持するか処分するかを決定しかつその決定を実施する義務を負う。

第93条　信託違反とは何か

信託違反とは、受託者が、受託者として信託の受益者に対して負う何らかの義務に従わないこと、または（公益信託の場合には）信託の公益目的を促進することを怠ることをいう。

第94条　信託を実現するための訴訟適格

(1)　私益信託の受託者に対し、信託違反を差し止め、それに対する救済を求め、またはその他の手段で信託の実現を求める訴えを提起できるのは、受益者または共同受託者、承継受託者もしくは1人もしくは複数の受益者に代わって行為する者に限る。

(2)　公益信託の実現を求める訴えを提起できるのは、州司法長官またはその他の適切な公務員、委託者、または信託の実現に特別な利害関係を有する者に限る。

第95条　受益者のうける救済の性質

限られた例外は別として、信託受益者の得られる救済は、エクイティの性質を有し、エクイティ上の権限を有する裁判所において受託者を相手方として実現することができる。

第96条　免責条項および不可争条項

(1)　信託条項の中の定めで、受託者を信託違反の責任から免除するものであって、受託

者が信認関係または信頼関係を濫用した結果として文書に挿入されたものでないもの
は、裁判上有効なものとして認められる。ただし、受託者の責任のうち次のいずれか
を免除する意図によるものは除く。

(a) 悪意による信託違反、または受託者の信認義務、信託条項もしくは信託目的、も
しくは受益者の利益を顧慮することなくなされた信託違反に対する責任を免除しよ
うとするもの。

(b) 信託違反により得られた利益に関する利益吐き出し責任を免除しようとするもの。

(2) 不可争条項は、これに法的拘束力を与えると信託の実現または適切な管理を阻害す
る場合には、法的拘束力は認められない。

第97条　受益者による同意、追認または権利放棄の効果

信託違反にあたる作為または不作為について、受託者に対し同意、追認または権利放
棄をした受益者は、次のすべての条件を満たす場合には、当該違反について受託者の責
任を追及することはできない。

(a) 信託違反に同意、追認または権利放棄をした時点で、受益者が能力を有している
か、または第三者の同様の行為もしくは代表法理により受益者に法的効果が及ぶと
されていること。

(b) 受益者（または受益者の法的代表者）が、同意、追認または権利放棄の時点で、
受益者の権利および当該事案に関連して受託者が知りまたは知るべきであったすべ
ての重要な事実および意味を知っていること。

(c) 同意、追認または権利放棄が、受託者の不適切な行為によって誘導されたもので
はないこと。

第98条　エクイティ上の出訴期限および出訴期限法

受益者は、エクイティ上の出訴期限の法理または出訴期限法の期間の定めにより許さ
れない場合には、受託者に対し信託違反を理由とした訴えを提起することができない。

第99条　信託違反のない場合

信託違反のない場合、受託者は、

(a) 信託財産に生じた損失もしくは減価、現実に得られた利益より大きな利益を得ら
れなかったことについて、賠償責任を負わない。

(b) ただし、信託の管理から生じたすべての利益について、計算し説明する責任を負
う。

第100条　信託違反に対する受託者の責任

信託違反をおかした受託者は、次のいずれかの額を支払う責任を負う。

(a) 信託財産と信託分配分の価値を、信託財産のうち当該信託違反の影響を被った部
分が仮に適切に管理されていたならば実現していたであろう価値にまで戻すのに必
要な額。

(b) 信託違反の結果として、受託者が個人として得たすべての利益の額。

第101条　損失に対する利益による相殺

信託違反に対する受託者の損害賠償額は、他の不適切な行為によって生じた利益によ
って相殺されてはならない。ただし、損害と利益を生じさせた当該不適切行為が、単一
の信託違反を構成する場合を除く。

第102条　複数の受託者の責任；求償

(1)　本条に別段の定めのある場合を除き、複数の受託者が信託違反の責任を負う場合、当該受託者らは連帯責任を負い、各受託者の間で各々の帰責事由を反映する割合で負担を分担し求償する権利および義務を有する。

(2)　悪意で信託違反をおかした受託者は、他の受託者に負担分を求償することができない。ただし、負担分を求償された受託者も悪意で行為した場合を除く。

(3)　信託違反から個人的に利益を得た受託者は、当該利益の限度において他の受託者に負担分を求償することができない。

第103条　信託上の義務について、第三者に対し受益者の負う責任

受益者は、受託者が信託の管理において負う義務に関し、第三者に対し個人的に責任を負うことはない。ただし、以下の場合を除く。

(a)　次条の第104条の下で、受益者が信託に対する個人的な責任を負う場合。

(b)　他の法によって責任を負う場合。たとえば契約法、不法行為法、または不当利得法などに基づく責任を第三者に対し負う場合。

第104条　受益者の信託に対する責任

(1)　受益者は信託に対し個人的な責任を負うことはない。ただし、以下の場合を除く。

(a)　受益者が信託から借り受けをし、または前借りをした場合。

(b)　受益者が委託者に債務を負い、その債権が信託財産とされている場合で、委託者が反対の意図を表明していない場合。

(c)　受益者の加わった信託違反によって信託に損害が生じた場合。または、

(d)　他の法、たとえば契約法、不法行為法、もしくは不当利得法によって義務づけられる場合。

(2)　受益者が信託に対し個人的な責任を負う場合、信託は、受益者の賠償責任を確保するために、受益者の信託に対する権利に対し、一定の負担を課すことができる。

第105条　信託に対する請求

第三者は、信託の管理によって生じた責任について、信託を相手方として訴えを提起することができる。この場合、手続的な被告は信託の代表者としての受託者とし、受託者が個人的に責任を負うと否とを問わない（第106条参照）。

第106条　受託者の個人的責任；その制限

受託者が個人的に責任を負う場合とは、以下の場合である。

(1)　信託の管理に際し締結された契約上の責任。ただし、以下のいずれかの場合に限る。

(a)　受託者が契約違反をおかした場合。

(b)　受託者が信託代表者として契約を締結したことが相手方に開示されず、相手方がそれを知らない場合。

(c)　契約でそのように定められている場合。

(2)　信託の管理に際して生じた不法行為に対する責任、または受託者が信託財産の所有者でありもしくは支配監督者であることから生ずる責任。ただし、受託者が個人的に帰責事由（故意過失）のある場合に限る。

第107条　第三者に対する司法手続

(1)　受託者は、第三者を相手取って、信託および受益者を代表して司法手続に訴えるこ

とができる。

(2) 受益者は、第三者を相手取って、信託または信託財産に関する司法手続に訴えることができる。ただし、それは以下の場合に限る。

　(a) 問題の信託財産について、受益者が占有しているか、または即時に分配を受ける権利を有する場合。

　(b) 受託者が、受益者の権利を保護することができないか、用をなさないかもしくはそれが不適切であるか、または不当に保護をしない場合。

(3) それが適切な場合には、訴訟のための受託者（trustee ad litem）を選任し、信託および受益者を代表させて、第三者を相手取って訴えさせることができる。

第108条　第三者の責任についての制限

(1) 第三者は、信託違反をおかした受託者と取引を行い、またはそれを助けるような行為をしたとしても、受託者が不適切な行動をとっていることを知らず、もしくは知るよしもなかった場合、責任を免れる。

(2) 信託違反による取引で信託財産に関する権利を取得した第三者は、BFP（bona fide purchaser 善意有償取得者）である限り、その権利を保持し、権利の実現をすることが許される。

(3) 受託者との取引を行うにあたり、第三者は以下のことをする必要はない。

　(a) 受託者の権限の範囲や権限行使が適切なものであるか否かを調査すること。

　(b) 受託者によって譲渡された資産が、信託目的に則り適切に利用されているのを確認すること。

第109条　元本と収益を計算し割り当てる義務

　いずれの時期であっても、会計期間における収益が、信託受益者や信託目的のために分配を受ける権利や支出要件に影響を与える可能性がある場合には、受託者は、第110条に従って元本と収益を計算し割り当てる義務を負う。そして、これによって公平義務が充足されない場合には、受託者は第111条に従う義務を負う。

第110条　元本と収益の決定

　第111条に規定する場合は別として、受託者は、調整を行わなくとも、信託条項や準拠法を信託の取引や状況に適用することによって、第109条に定める元本と収益を計算し割り当てる義務を充足したことになる。

第111条　公平義務にかなう金額を収益受益者に分配する義務

　第110条に基づいて決定される信託の収益が受託者の公平義務（第79条のコメントbによって定義される）を充足しない場合には、本条の下で受託者は次の義務を有する。

　(a) 受託者の権限または義務が制定法によって制限されている場合は別として、制定法上の調整の権限または制定法上のユニトラスト（一定割合を収益部分と定める方法）のいずれかを選択して行使する義務。または、

　(b) 制定法によって明確に排除もしくは除外され、または、信託の条項や目的、状況によって制限される場合は別として、エクイティ上の調整を行う義務。

事項索引（和文・欧文）

判例索引

●執筆者紹介●　　（＊は執筆担当章）

[編者]

樋口範雄（ひぐち・のりお）　　＊7章
1951年生まれ。東京大学法学部卒業。現在、武蔵野大学法学部特任教授、東京大学名誉教授。専攻、英米法。
『アメリカ契約法〔第2版〕』（弘文堂・2008）、『フィデュシャリー〔信認〕の時代』（有斐閣・1999）、『アメリカ代理法〔第2版〕』（弘文堂・2017）、『アメリカ信託法ノートⅠ・Ⅱ』（弘文堂・2000・2003）、『入門・信託と信託法〔第2版〕』（弘文堂・2014）、『はじめてのアメリカ法〔補訂版〕』（有斐閣・2013）、『アメリカ憲法』（弘文堂・2012）、『現代の代理法—アメリカと日本』（共編、弘文堂・2014）、『信託法制の新時代』（共編、弘文堂・2017）

神作裕之（かんさく・ひろゆき）　　＊6章
1962年生まれ。東京大学法学部卒業。現在、東京大学大学院法学政治学研究科教授。専攻、商法。
「投資スキームとしての信託—匿名組合との比較」能見善久ほか編『信託法制の新時代』（弘文堂・2017）、『金融法講義〔新版〕』（共著、岩波書店・2017）、「日本版スチュワードシップ・コードの規範性について」黒沼悦郎・藤田友敬編『企業法の進路』（有斐閣・2017）、「フェアディスクロージャー制度の導入とスチュワードシップ活動」商事法務2135号17頁（2017）

[著者]

石川優佳（いしかわ・ゆか）　　＊3章
1971年生まれ。学習院大学法学部卒業。早稲田大学大学院法学研究科修士課程修了。現在、大阪学院大学法学部准教授。専攻、民法。
「チーム医療における説明義務」岩田太編『患者の権利と医療の安全—医療と法のあり方を問い直す』（共著、ミネルヴァ書房・2011）、「米国の非良心性法理の判断基準について」大阪学院大学法学研究39巻2号155頁（2013）、「追認法理」樋口範雄・佐久間毅編『現代の代理法—アメリカと日本』（弘文堂・2014）

小山田朋子（おやまだ・ともこ）　　＊5章
1977年生まれ。国際基督教大学教養学部卒業。東京大学大学院法学政治学研究科博士課程修了。現在、法政大学法学部教授。専攻、英米法。
『医学と利益相反—アメリカから学ぶ』（弘文堂・2007）、「BLOTNER v. DOREIKA（678 S. E. 2d 80）（2009）」アメリカ法2011-2号605頁（2012）、「フランチャイズ契約と不法行為責任」樋口範雄・佐久間毅編『現代の代理法—アメリカと日本』（弘文堂・2014）

加毛 明（かも・あきら）　　＊2章
1981年生まれ。東京大学法学部卒業。現在、東京大学大学院法学政治学研究科准教授。専攻、民法。
『条解 信託法』（共著、弘文堂・2017）、『解説 民法（債権法）改正のポイント』（共著、有斐閣・2017）、「主観的事情と認識帰属の法理」樋口範雄・佐久間毅編『現代の代理法—アメリカと日本』（弘文堂・2014）、「信託と破産（1）〜（3・完）」NBL1053号〜1055号（2015）

佐久間　毅（さくま・たけし）　＊4章
1963 年生まれ。京都大学法学部卒業。京都大学大学院法学研究科修士課程修了。京都大学博士（法学）。現在、同志社大学大学院司法研究科教授、京都大学名誉教授。専攻、民法。
『代理取引の保護法理』（有斐閣・2001）、『民法の基礎 2 物権』（有斐閣・2006）、『民法演習ノートⅢ―家族法 21 問』（共編著、弘文堂・2013）、『現代の代理法―アメリカと日本』（共編、弘文堂・2014）、『条解 信託法』（共著、弘文堂・2017）、『民法の基礎 1〔第 4 版〕』（有斐閣・2018）、『民法演習サブノート 210 問』（共編著、弘文堂・2018）

田中和明（たなか・かずあき）　＊10章
1957 年生まれ。同志社大学法学部卒業。一橋大学大学院国際企業研究科博士課程修了。現在、三井住友トラスト・ホールディングス・三井住友信託銀行法務部アドバイザー、一橋大学法学部・東北大学法学部客員教授。専攻、信託法、金融法。
『詳解 信託法務』（清文社・2010）、『アウトライン会社法』（共編著、清文社・2014）、『信託の理論と実務入門』（共著、日本加除出版・2016）、『新類型の信託ハンドブック』（共編著、日本加除出版・2017）、『詳解 民事信託』（共編著、日本加除出版・2018）

溜箭将之（たまるや・まさゆき）　＊1章
1977 年生まれ。東京大学法学部卒業。現在、立教大学法学部教授。専攻、英米法。
『英米民事訴訟法』（東京大学出版会・2016）、「英国信託法の国際的変容―比較法と日本信託法の展望」能見善久ほか編『信託法制の新時代―信託の現代的展開と将来展望』（弘文堂・2017）、「外観法理による代理権（表見的代理権）」樋口範雄・佐久間毅編『現代の代理法―アメリカと日本』（弘文堂・2014）、Japanese Law and the Global Diffusion of Trust and Fiduciary Law, 103 Iowa Law Review 2229（2018）

松元暢子（まつもと・のぶこ）　＊9章
1982 年生まれ。東京大学法学部卒業。Harvard Law School (LL.M.)修了。現在、学習院大学法学部教授。専攻、商法。
『非営利法人の役員の信認義務―営利法人の役員の信認義務との比較考察』（商事法務・2014）、「営利法人による公益活動と非営利法人による収益活動」NBL1104 号 13 頁（2017）、神田秀樹編『会社法コンメンタール⑭ 持分会社[1]』（商事法務・2014）第 611 条～第 613 条

萬澤陽子（まんざわ・ようこ）　＊8章
1975 年生まれ。国際基督教大学教養学部卒業。東京大学大学院法学政治学研究科博士課程修了。現在、専修大学法学部准教授。専攻、英米法、商事法。
『アメリカのインサイダー取引と法』（弘文堂・2011）、「取締役等の訴訟防御費用と代理法」樋口範雄・佐久間毅編『現代の代理法―アメリカと日本』（弘文堂・2014）、「スチュワードシップ責任と受託者責任―英米における考え方の比較の試み」旬刊商事法務 2070 号 23 頁（2015）

【編者】

樋口　範雄　武蔵野大学法学部特任教授、東京大学名誉教授
神作　裕之　東京大学大学院法学政治学研究科教授

【著者】

石川　優佳　大阪学院大学法学部准教授
小山田朋子　法政大学法学部教授
加毛　　明　東京大学大学院法学政治学研究科准教授
佐久間　毅　同志社大学大学院司法研究科教授、京都大学名誉教授
田中　和明　三井住友トラスト・ホールディングス・
　　　　　　三井住友信託銀行法務部アドバイザー
溜箭　将之　立教大学法学部教授
松元　暢子　学習院大学法学部教授
萬澤　陽子　専修大学法学部准教授

現代の信託法──アメリカと日本

2018（平成30）年10月30日　初版1刷発行

編　者　樋口　範雄
　　　　神作　裕之
発行者　鯉渕　友南
発行所　株式会社　弘文堂　101-0062　東京都千代田区神田駿河台1の7
　　　　　　　　　　　　　 TEL 03(3294)4801　振替 00120-6-53909
　　　　　　　　　　　　　 http://www.koubundou.co.jp

装　幀　後藤トシノブ
印　刷　三陽社
製　本　牧製本印刷

ISBN 978-4-335-35760-2

現代の代理法 アメリカと日本

樋口範雄・佐久間毅=編

石川優佳・小山田朋子・加毛明・神作裕之・溜箭将之・萬澤陽子=著

アメリカ代理法第3次リステイトメントから見た、最新の日米「代理」事情。アメリカの代理法が、社会基盤の重要な一部をなしているという事実から、日本の代理法と代理制度の特質を逆照射。日本の代理制度のより円滑な利用を促進するための一助となる、民商法学者と英米法学者とのコラボレーションの成果。 A 5判 320頁 3700円

医学と利益相反　　　　　三瀬（小山田）朋子

アメリから学ぶ　医師の個人的利害と患者の利益とが対立した場合の利益相反問題に初めてアプローチした著者のデビュー作。 2500円

アメリカのインサイダー取引と法　　萬澤陽子

コモン・ローの発展を分析の軸にして、現行法と判例を検討・整理し、アメリカにおけるインサイダー取引責任の特質に迫る。 2800円

医薬品の安全性のための法システム　　秋元奈穂子

情報をめぐる規律の発展　アメリカ法の示唆を得て、医薬品の安全で適切な使用を阻む問題群を解決するための対応策を示す。 4700円

入門 アメリカ法【第3版】　　　　丸山英二

アメリカの法制度の特徴と民事手続・契約法をわかりやすく解説。変貌し続けるアメリカ法の全体像を浮かび上がらせる入門書。2800円

弘文堂

本体価格は2018年10月現在

アメリカ法ベーシックス

●アメリカ法の正確な基本知識を提供する実務にも役立つシリーズ！

　現在、アメリカ法への関心の裾野は広がり、わが国の法解釈の参考とされるだけでなく、関連企業や個人が直接アメリカ法の適用をうける可能性も多くなりました。

　このようにアメリカ法が身近な存在となり、また日本法との違いが両国の関係にとって大きな壁となるなか、一方でアメリカ法研究の発展のために、他方で実務的にアメリカ法の基本的な知識を必要とする人たちのために、主要な法領域における依拠すべき信頼できる基本書が求められています。

　本シリーズは、アメリカ法の各分野における本格的な概説書として、正確な基本的知識を提供し、具体的事例を用いてアメリカ法の特色を明示します。長く基本書として引用・参照されるシリーズを目指しています。

━━━━━━ 弘文堂 ━━━━━━

表示価格は2018年10月現在の本体価格（税別）です。＊は既刊